メディアと権力

情報学と社会環境の革変を求めて

著者 ジェームズ・カラン
James Curran

監訳者 渡辺武達
Watanabe Takesato

MEDIA and POWER

MEDIA AND POWER authored by James Curran
Copyright © 2002 James Curran
All Rights Reserved.

Authorised translation from English language edition published by
Routledge, a member of the Taylor & Francis Group.

Japanese translation published by arrangement with Taylor & Francis
Books Ltd through The English Agency (Japan) Ltd.

日本語版への序言

　本書『メディアと権力』（Media and Power）はこれまでに五つの外国語で出版されている。しかしこの本の日本語版が出ることはこの三年間、私の家族全員が日本文化のとりこになっているということから私にはとりわけ嬉しいことである。末娘はエジンバラ大学で日本学を専攻し、長女はリーズ大学で二人の日系人と共同で一軒の家を借りて暮らして、最近、英日両国政府の共同英語教育プログラムで一年間の日本滞在をすることになった。この娘たちが私に日本の小説、映画、漫画等に親しむように、それら素材を与えてくれるばかりか、中国人である私の妻にもこの「日本文化研究」に加わるように誘いをかけている。こうして私は今、日本の文化的生産物に親しんでいるのだが、そんなとき、ささやかなりとも、このようなかたちで日本語となった拙著を日本の皆さんに文化的御礼としてお返しできることは私のこの上ないよろこびである。

　本書は大部であり、多くの読者は全体を読み通すよりも関心のあるところだけに目を通されることであろう。そうだとすれば、私がここで特定の文化と言語の差異を超えて本書が関心をもたれると思われる部分や議論の背景となっている重要な点を要約しておくことにも意味があろう。
　本書は三部構成になっており、第Ⅰ部はメディアの歴史学、第Ⅱ部はメディアの社会学、第Ⅲ部はメディアの政治学である。それぞれの章が広範囲で大きな問題を扱っているが共通している部分があり、それらは四点にしぼられる。第一は、メディアの権力とは何か、第二、誰がメディアをコントロールしているのか、第三、社会構造のなかで何がメディアを権力に結びつけて

いるのか、第四、メディアは社会的奉仕をするためにどのような構造のなかに位置づけされるべきか、というものである。本書に収録された文章は書物のタイトルである「メディアと権力」についての総合的な論評であり、メディアを公共善に貢献させるために私たちは何をなすべきかについて述べている。

収録された文章の多くは関連した分野の先行研究を概観する形式をとっている。そしてメディアが「近代社会」の形成に果たした役割に関する多様な議論を歴史的に取り上げることにより、何がメディアに影響し、メディアによる社会の民主化には何が求められるのかといったことにまでふれている。その意味で本書がこの分野の重要な議論への案内書ともなっておれば幸いである。

収録した文章は数年間をかけて書いたもので、それらは比較的新しい研究分野において生起した知的変容をまとめた個人的試論である。またそれらの文章は、私個人がラディカル機能主義論から社会集団の緊張と葛藤がメディアに影響を与える仕方により大きな注意を払うようになったこと、メディアのポリティカル・エコノミーから、より広範囲な文化的影響への着目の度合いを増やしてきたことといった私自身の変化を記したものでもある。しかしそれらは私自身の自己改革ともいえるもので、方向転換ではない。ここに収録したいずれの文章にも背景の共通性があるし、メディアとカルチュラルスタディーズの隆盛がどのような過程をたどってきたかという歴史的目配りについても忘れなかったつもりである。

第Ⅰ部はメディア史の概観である。取り上げた事象の多くは英国のケースであり文化的には特殊・個別論だが一般に通用する方法と枠組みと、より広い観点を採用している。そのため、英国史にまったく関係していない人たちにも関心をもっていただける記述形式になったと自負している。

本書に収録した文章のうち、第3章が最初に書かれたものだが、そこでは新聞の産業化が新聞と社会との関係を根本的に変えてしまったと主張した。

低コストの専門技術による生産に依存していた時代の英国ではそれほど資本力のないふつうの人びとの集団が大きな全国紙を始めることができた。この時期の新聞は広範な世論と社会集団の利益を反映する「民衆代弁」的表現媒体ともいえるものであった。しかし産業化が発行コストを急激に押し上げ、少数の大金持ち、後には巨大企業にしか新聞経営が出来なくなってしまった。それは同時に新聞を社会の保守勢力の代弁者とすることになり、一般の人びとにはどうしようもない市場構造の変化となって現出した。

第2章は新しいコミュニケーション形態が社会に登場するとき何が起きるかを記したものである。それらは社会秩序を解体してしまう新しい社会観を拡大するものなのか、それとも現在の権力構造に適応していくものなのか。その答えを出すには過去1,000年のメディアを概観しておく必要がある。中世にはコミュニケーションの新しい組織としてのカトリック教会の登場が西洋のキリスト教世界の活発な再生をした帝国主義権力の中心を形成した。それとは対照的に近代メディアの影響は、文中でのべているように、それほどのインパクトはなかった。といっても近代社会の発展において近代メディアが重要ではなかったということではないのだが……。

第1章はメディアの影響の蓄積効果を七つのタイプに分類して検証する。リベラル的な解釈ではメディアは政府から自由になり、人びとに力を与えた。ところがラディカル派の解釈では何事も反対が正しいということになり、メディアは社会の背後に存在する権力に従属するしかないからそれは社会統制の機関として存在するしかないというのである。女権拡張論者（フェミニスト）の史観ではメディアは男性支配のための機関から議論の広場に転換したとされ、その過程が追究される。人類学的メディア史では「想像上のコミュニティ」（imagined community）として国民がつくられるというように、メディアの役割に新しい光が当てられる。技術決定論者の説明では新しいコミュニケーション形態がどのように文化、社会関係、社会の権力システムを転換させたかが魅力的ではあるが単純な論理で展開される。私自身はこれらすべての解釈には欠陥があると同時に正しい面があると思う。それらは私が本書

で素描を試みたような新しい歴史的整合・統合を必要としているのであろう。

　私はそれらの競合する解釈を適切に意味づけたく、メディア社会学に関連した第Ⅱ部でおいてその展開をしてみた。第4章はメディア研究における「新しい見直し論」の成立、とりわけ若い世代がラディカルなメディア分析家の先頭集団となっている原理主義左派の立場に対する攻撃の、核心についての記述である。オーディエンス（読者・視聴者）の力を強調するこれらの新しい解釈はその提案者のいくらかが信じているほど実際には新しくはない。それらは米国におけるリベラルな多元論を信奉する分析研究家たちの仕事の影響を色濃く受けている。しかし新しい世代ごとに新しい車を用意するということはあまりにも煩雑であり、それをさけるために過去の仕事の集団的記憶のための場所確保だけをしておけばすむ話であると私は考える。

　第5章では米国と他のヨーロッパ諸国の研究を考慮してメディア研究をより広い範囲から概観する。それは重要な議論を簡単な知的見取り図として示すだけではなく、研究上のラディカリズムの伝統から機能主義論を引き離すことによってラディカル派の議論を弁護することを主な目的とする。この試みの目的は、メディアがしばしばその前に引き出されるエリート層と民衆中心の影響との交差点に注目してもらいたいということである。リベラルデモクラシーの時代にあってはメディアが全面的にエリートのコントロールに従属してしまうことはまれであり、メディアが単純な意味で人びとの声の代弁者になることも珍しくはない。

　第6章はグローバル・ジャーナリズムの新しいベンチャーとしてのウェブ「オープンデモクラシー」(open Democracy Web)のケーススタディであり、本書の他の章がこれまでの学問的成果の「再評価」をしているやり方からはすこし外れている。この章の目的はウェブが出版コストを低廉化し、多様な要素が混合した新しいジャーナリズム形式を登場させ、対話型で超国的なコミュニケーションを可能にしたことに留意したいということである。事実、「オープンデモクラシー」には世界中からのアクセスが可能であり、経営的にもすぐつぶれることはなかった。それは最初ぼろぼろになって失敗するに

違いないと思われていた新しい冒険的メディア事業であったが、9.11同時多発テロ事件が起き、自分たちのメディアの報じてきたことが信頼できないから外国での議論を聞きたいと考えるようになった米国人に見いだされ、アクセスされたのであった。以来、このサイトは真実に近づくために有用で魅力的、かつ専門的で、影響力のあるメディアとして画期的な旗を掲げることに成功した。しかしこのサイトにも二つの問題点があることを警告しておきたかった。第一は、インターネットの世界はコストを下げるだろうが、収益を確実にすることがむずかしいから弱小出版業界にはそれはかならずしも安定依存できるものではないということ。第二は、この画期的な新技術が可能にしたグローバルな対話は成立しはじめていたグローバルな市民社会のさまざまな限界に照明をあてることになったということ。ネットへアクセスすることによって再生産される言語的差異による困難、参考にする知識を自分の判断だけで探す人びとの増加、経済的不平等がもたらすアクセス環境の整備の不平等といったものがそうである。

　メディアの政治学を取り扱った第Ⅲ部には二つの文章を収めた。まず第7章は公共奉仕（パブリックサービス）を目的とする放送が今日その役割を終えつつあるという意見が多くなっていることへの回答である。ここでは公共放送の基盤を浸食している技術的・政治的・経済的・文化的変化の累積を概観したうえで、公共放送の維持に積極的に取り組もうとしている動きが出てきているところもあるという指摘をした。それは英国と日本で、両地域ではより広い公共善の意義を考えない個人の決定の必然的な集合体である市場システムがメディア組織を独占的に管理することがかならずしも受け入れられているわけではない。そうした立場からここでは公衆の支持という遺産が公共放送の役割と理論的根拠の再考によって新しい意義を見いだされ、改革によって実際の放送をどのように質的に向上させることができるかについて述べている。

　第8章ではメディアが民主制において占める役割について私たちが長い間共有してきた問題をあらためて考察する。この点についての共通理解が出来

たのは英国では19世紀でそれからすでに長い年月が経っているし、その時代のメディアシステムは規模も小さく、政治の影響を受けることも多かった。そのような状況変化のなかで、私たちは現代のメディアシステムをどのように説明し、メディアによる娯楽提供の飛躍的な増大の意味をどのように理解すべきだろうか。

　これに対する私の答えは二つである。第一は、現在のメディアは多様であり、それぞれの形態のメディアにはそれに見合った民主制への貢献の役割があるというもの。簡単にいえば、メディアシステムの一部は社会集団を結合させ、組織的にし、その共通関心を促進する。他の部分ではそうした集団間での意見対立を整合し、妥協をはかるというようにメディアが機能するようになればいいということである。一部のメディアが非協和的で党派的であっていいし、他のメディアが「平衡感覚のある」ジャーナリズム性を保っているということも望ましいことである。第二は、メディアの提供する娯楽は社会の民主化機能に重要な役割を果たしているというものである。自治というのは単に選挙、立法、法の執行とパブリックサービスの遂行だけではない。それにはたとえば親や子どもとしての社会行動や社会規則の遂行のための暗黙の規則やガイドラインといった公共の規範の集団的形成、実行、改訂が求められる。メディアの娯楽は何が適切な倫理規範なのか、何が社会的に受忍すべきことなのかといった、公共的な対話を促進するための人びとの重要な素材と手段なのである。つまりメディアの提供する娯楽には規範的規則によって社会の集団的自己管理を進展させるのだという考察が必要だということだ。

　その意味で本書は三つの目的をもっている。第一に、メディアと権力の現状報告である。第二に、メディア研究上の主要議論への批判的言及である。第三に、これらの議論を私なりに位置づけた試論の提示である。

　この『メディアと権力』の日本語版は原著に改訂をおこなっており、英語版とは内容的に異なっている部分がある。章としてはすでに日本語訳が出て

いる二つをはずした。そのため全体の構成上、英語版の第5章もはずした。それらの代替として、日本語版用に書き下ろした「メディア社会学の中心課題」（本書の第5章）、そしてインターネット・ジャーナリズムに関するもの（本書の第6章「グローバル・ジャーナリズム～インターネットのケーススタディ」）と民主化に関するもの（本書の第8章「民主制の維持とメディア」）を入れた。第8章は米国のアネンバーグプレス委員会から発行される英語版報告書の発表用ドラフトを若干修正したものであることをお断りしておきたい。

　本書の日本語版がこうして出版されることになったのは旧来の親しい友人である渡辺武達同志社大学教授のおかげである。同教授が代表される同志社大学メディア・コミュニケーション研究センターの関係者の皆さんが翻訳にご協力いただけたこと、さらにはこうした学術書の出版を引き受けていただけた論創社社長森下紀夫氏の名前をここに記して深甚なる感謝のことばとしたい。

　　ロンドン大学ゴールドスミスカレッジの研究室にて
　　　　　　　　　　　　　　　　　　　　　　2007年1月10日
　　　　　　　　　　　　　　　　　　　　　　ジェームズ・カラン

本書の読者のために

1．注記の付け方

翻訳本文内の原注は（注1）というように記し、各章の末尾にまとめて記載した。引用された文献等の著者名については、読者が専門的関心のある大学院生以上の研究者ないしはメディアの実務専門家や政治家であることを想定し、原文のまま英語とした。原著に挙げられた参考文献リスト（Bibliography）についても同様である。これについては読者の便宜性を考慮し、英語原著にあるリストをまず掲載し、日本語版用に差し替えられた三本の論考のリストについてはその後に一括して掲載した。

2．参考文献

原著本文部分の参照文献表示は Grossberg, Wartella and Whitney 1998（著者がGrossberg, Wartella , Whitneyの三人で、1998年刊ということ）のようになっており、翻訳本文においても、読者の検索が容易になるよう、その表示のある部分の日本語訳文の適切な部分にそのまま入れた。当該文献は末尾の参考文献リストに名字を先にした著者名のアルファベット順に記載されている。

3．重要な単語の訳例

重要な単語のいくつかは読者がメディア研究者であることを想定し、その便宜上、訳語の後に原著の英語表現をそのまま（　）に入れて記載するようにした。例：英国映画検閲委員会（BBFC）、ロサンゼルス市警（LAPD）など。

4．以下はキーワード（アルファベット順）の訳例である。

・audience　これは一般に「受容者」、「受け手」などと訳されるか、メディア別に、「視聴者」あるいは「読者」などとされるが、本書ではその使用

例の意味を理解したうえで、そのまま「オーディエンス」とするか、「視聴者」または「読者」、あるいは「視聴者・読者」とした。

・core media は第8章の中頃に頻出するが、「社会の中心的メディア」という意味で著者が使うもので、一般にいう「主流メディア」に物理的には近い概念である。しかし著者がこの言葉で意味したいことは、「社会を維持するために、中心的に機能し得る大メディア」ということであり、「中核的メディア」、「中心的メディア」と訳した。

・corporatism　北欧の社会福祉国家の政治思想について使われ、政治学で広く用いられるようになった呼称で、社会各層の人びとや組織が国家を介して助け合う政治形態のことである。訳せば、「協同組合主義」などとなり、一部はそうしたが、企業との融和的なやり方をいう場合には、「企業親和主義」などともした。

・democracy　これは一般的に民主主義とか民主制、あるいは民主政治、あるいはそのままデモクラシーと訳されるが、本訳書では一部をのぞき、基本的に「民主制」または「民主主義」とした。

・feminism　女権拡張論。フェミニズムとすると日本では一部に誤解があるので、このようにした。

・liberalは「リベラル派」または「自由主義者」とし、libertarian（第1章、第6章）は、「リバタリアン」、「自由意志派」もしくは「解放派」あるいは「完全自由派」として区別した。前者の時代が1695年の印刷物免許制の廃止に関連し、後者のそれが自己主張の強い1960年代に言及して使われていることと、原著の脈絡上からの判断である。ただし、liberalismについてはそのまま「リベラリズム」もしくは「自由主義」とした。

・narrative　本書ではメディア史論の「流派」の意味で使われているが、主として「言説」、「議論」、「主張」などとした。この語がジャーナリズムの記述方法について用いられるときにはナラティブ・ジャーナリズム（Narrative Journalism）のように、記事をストーリー仕立てにして、読みやすさに重点をおいたものである。

・papacy　第2章の前半部に頻出する用語で、一般的にはローマ教皇（の職位、教皇権、教皇制）のことをいい、メディアなどが使う「ローマ法王」（制）と同じである。カトリック中央協議会では呼び方を「ローマ教皇」に統一しようとしているが、まだ一般では「法王」のほうが通りがよく、本文ではそのように訳出したものが多い。またpapalという形容詞の場合には「法王の」（教皇の）あるいは「ローマカトリック教会の」などとした。

・paternalismを「父親的干渉主義」、「保護者的配慮」「家父長主義」などと訳し分けたのも同じ理由である。

・populismはしばしば「大衆迎合主義」、「ポピュリズム」とされ、民衆（people）を侮蔑的に理解する文脈で使われる場合が多い。しかしこの本来的意味は「多くの人びとの判断に依存する」という意味であり、本書では「ポピュリズム」、「大衆依存主義」などとした（第4章）。

・pressは本書全体に出てくる単語だが、「マスメディア」あるいは「メディア」または「出版」もしくは「報道」、「報道機関」などと、時代によって本文の含意に近いものに訳し分けた。もともと、pressは捺して（プレスして、印刷して）情報を社会に伝播するメディアのことを指したからである。

・radicalは基本的に「ラディカル派」としたが、「急進派」とした場合もある。これには「根源的」と「急進的な」という意味があり、強い社会改革の姿勢が含まれている。著者がハーバーマスについて言及するときは「基本的な……」という意味が強い。またradical newspaper（第3章）のような用例では、抑圧された労働者の代弁をする新聞のことであり、「社会的根源性」と「急進的改革性」の両方の意味を包摂させるため、本文訳ではそのまま「ラディカルな新聞」と訳したり、「急進紙」とした部分がある。メディア研究のアプローチについての用語法では「ラディカル派」（の主張）などとした。

・representativeは、第5章や第8章に頻出するが、著者の用法では、ある社会層や集団を代表、代理して発言する、表象メディアのことである。だからrepresentational roleは、「代理、代行表現をする役割」、representative processは「代理・代弁の過程」などと訳している（いずれも第8章）。カラン

氏の使用するキーワードの一つである。

・respectable newspaper は第3章に頻出し、労働者階級の不満を代弁する radical newspaper とは対照的なものである。文中では、政府が新聞統制の手段とする印紙税 (stamp act) などに抵抗することなく納税する新聞のことで、「お上品な新聞」、「権力迎合的新聞」などとした。

・revisionism は文字通りでいえば、「修正主義」である。だが、その本来的意味は「過去の主張に修正を求める主張」ということで、積極的な提案といった意味合いも強い。ところが、歴史やイデオロギーに関する日本語の用法ではマイナスイメージをもたされている場合が多い。著者は主として第4章でこの用語を用いているがそれは「新しい提案」という含意であり、本訳書では「見直し論」などとした。誤解が生じる可能性が少ない場合にだけ、そのまま「修正主義」とした。

・traditionalist は「伝統主義者」としたが、従来的な考えを踏襲する人びとということで、日本でいう「守旧派」に近い。本書では「伝統主義者」（守旧派）などとし、traditional については「従来的な」とした。

・west とか east という単語（第2章に頻出）はキリスト教に関連して出てくるが、これは「西洋」と「東洋」ということではなく、ローマカトリック教会の成立史としての説明部分であり、「西方」（西ローマ帝国）、「東方」（東ローマ帝国）などとしたり、（ローマ帝国の）「西部」、「東部」ともした。

・また読みやすさのために、逐語訳ではなく、中心的意味が伝わるような訳語を採用した。たとえば、a democracy of print を「活字文化の促進する民主主義」としたように、である。ただし、専門研究者の便宜のために、そうした場合でもできるだけ原語を（ ）に入れて同時掲載した。

5．固有名詞は原則として、カタカナ表記し、読者に必要だと判断される場合にはその便宜のために英語表記をその後につけるようにした。雑誌名や大学名、番組名なども基本的に、「キャシー・カム・ホーム」（Cathy Come Home）のようにし、検索が容易になるようにした。

目　次

日本語版への序言　1　ジェームズ・カラン

本書の読者のために　8

第Ⅰ部　メディアの歴史学

第1章　メディア史論の相克　19

はじめに　メディアの自由と地位向上：リベラル派の主張　女性の進出：女権拡張派の言説　文化的民主制：「ポピュリスト派」の主張　文化戦争：解放派の主張　国民国家の形成：人類学的言説　肯定論理に立つ議論　エリートによる支配：ラディカル派の議論　専門家の支持　批判的な現状調査——リベラル派のメディア史　ポピュリスト派のメディア史　政治的肯定論理によるいくつかの歴史理解　ラディカル派のメディア史　新しい課題　新しい統合理論へ向けて　エピローグ：第7番目の主張

第2章　「新しいメディア」と権力　107

新しい権力中枢の登場　緊張の増大　仲介機関(メディア)の交代　メディアと階級闘争　メディアと社会統制

第3章　資本主義と報道統制　147

はじめに　統制システムの崩壊　ラディカル紙のインパクト　ラディカル紙の経済的構造：1815-55年　改革の醜い側面　統制システムとしての市場の力：1855-1920年　資本の自由　新たな免許付与制度　印

　　　　紙税廃止後の新聞：1855－1920年　　近代的新聞：1920－75年　　結　論

第Ⅱ部　メディアの社会学

第4章　メディア研究とカルチュラルスタディーズにおける新たな見直し　195

　　リベラル派とラディカル派への二極化：1975年頃　　権力とイデオロギー表現についての見直し論的モデル　　メディア機関についての見直し論者の説明　　オーディエンスの受容に関する見直し論者の評価　　車輪の再発見？　　メディアの影響についての見直し論者のモデル　　連続と断絶　　文化的価値についての見直し論者の評価　　結　論　　エピローグ

第5章　メディア社会学の中心課題　228

　　いくつかの支配理論の衰退　　葛藤の再発見　　相対立するニュース・ソース　　民主制の記号論的解釈　　強力な視聴者　　ラディカル派の後退　　リベラル多元論の主張　　社会の鏡として　　限定効果　　なぜメディアを研究するのか　　再評価の必要性　　メディア組織の再評価　　カウンター・フィルター　　相対的な違い　　メディアの権力　　結　論

第6章　グローバル・ジャーナリズム：インターネットのケーススタディ　291

　　はじめに　　起　源　　『オープンデモクラシー』のグローバル化　　サイバースペースの政治経済学　　ジャーナリズムの再定義　　グローバルな会話　　これからの展開

第Ⅲ部　メディアの政治学

第7章　グローバル化・社会変化・テレビ改革　319

　　英国の例外　　「分断化」という神話　　公共への奉仕の危機　　グローバル化の神話　　未来予想図を描く？　　思想の衰退　　マーケット・リベラリ

ズム　　社会変化　　社会的傾向への抵抗　　修復の必要性　　福祉の経済学　　民主制のためのシステム　　社会システム　　文化システム　　「国家」という歪み　　自主再生　　多元主義とグローバリズム　　制度面での改革　　伝統の再構築　　結　論

第8章　民主制の維持とメディア　366

メディア中心主義の歪み　　メディアの描くもの　　メディア・フォーラム　　メディアの役割の分業　　メディアによる監視機能　　情報面からの役割　　競合する民主制のモデル　　自　治　　政治と娯楽　　エピローグ

原著掲載の参考文献および新章用追加文献　400

監訳者あとがき　渡辺武達　445

訳者紹介　452

第Ⅰ部　メディアの歴史学

第1章　メディア史論の相克

はじめに

　19世紀、新聞の先駆的な歴史研究者たちが近代メディア研究の基礎を築いた。彼らは新聞という英国における新興メディアの組織、内容、影響を真剣に受けとめ、深く研究することになった最初の人たちであった（注1）。しかしこの幸先のよいスタートにもかかわらず、メディア史はこれまで正当な評価を受けてこなかったばかりか、現在なお、メディア研究の分野としては軽視され、孤立し、子どもや孫たちもあまり訪れることのない祖父母のような存在となっている。

　この軽視はグロスバーグらの著作においても例外ではない (Grossberg, Wartella and Whitney 1998)。そこでは「メディア史の主張」という章が設定されているが、従来のメディア史の記述とは相当に異なり、マーシャル・マクルーハンのような文化研究の大御所が指摘したメディアの発展における技術決定論、あるいはフランスの社会学者ジャン・ボードリヤール（Jean Baudrillard、『物の体系』、『消費社会の神話と構造』などの著作がある＝訳者）のような文化論者たちに影響された、近代主義からポスト近代主義への移行についての説明が重点的になされている。

　しかし、それらの立論の基礎になっている議論がメディア史研究者の仕事に依存しているものであるならば、研究者のほうにも責められるべき責任の一端があるといえる。一般に、メディア史の研究者は、新聞は新聞、テレビはテレビ、映画は映画というようにあつかう対象を限定して論を展開する。

だが、こうしたやり方ではしばしばその研究は狭い専門領域に限定されてしまう。しかも新聞や放送の歴史研究者たちは社会制度の発展に焦点を当てる傾向があるのに、映画の場合は一般的に映画の内容、それもほとんどの場合、きわめて短期間の映画に研究対象を限定してしまっている。しかも、映画というメディアの発展史を記述してもあまり注目されないということで、これまで無視されてきた「祖父母」への関心があらためて惹起されることもほとんどない。

だが、これまで見過ごされてきたこうした観点に立つ研究にも学ぶべき重要な面がある。それは近代社会を形成するマス・コミュニケーションの中心的役割に光を当てる作業であり、そのことによって過去と現在のメディアを形成するさまざまな影響を洞察できるからである。またそれは社会とメディアの関わりについてこれまでに指摘されていない考え方を提起することにもつながる。くわえて、歴史的観点に立つと、現代の脈絡で考察されるだけでは全体の脈絡における理解がむずかしいものが、適度な距離感をもってより正確にとらえられるようになるからである（注2）。

そうした視座から本章では競合しているさまざまなメディア史論を比較、検証することによって私なりのメディア史を論述、問題提起しておきたい。また他の文献の照会にあたり、通常のやり方よりもいくらか積極的な再解釈を試みたい。それぞれ個別のメディアの歴史は全体的なメディアの発展の説明に必要だし、それぞれが合わさって全体の説明も可能となる。またそれらは社会のより広い動向との関連で位置づけられ、動いてきている。だから、個別専門のメディア研究の成果がこれまで深読みされて解釈されてきたわけだ。こうした作業がなければ、メディア史の中心課題の多くが埋もれてしまったり、明確にならなかったであろう。

この論文を間違いのないように書くために私は具体例を英国の過去300年ばかりのメディア史に限定して記述することにしたい。もちろん、英国の例を中心に記述することだけでは狭すぎるかもしれないが、本稿ではその方法によって、より広い範囲で応用できる結論を導きだしたい。ここで言及する

ことになる論考の多くは他の経済的に発展したリベラルな民主社会に存在するメディア史と響きあう部分をもっているからである（注3）。

メディアの自由と地位向上：リベラル派の主張

　英国では多くのメディア史が書かれているがリベラル派の主張が最も古く、最も安定した地位を確保している。その背景には、英国に議会が成立したことによる「立憲政府」の発達があったこと、法制度の確立、君主権力の縮小、近代的な政党政治の進展、目的論的な歴史の絶頂期における大衆民主主義（マス・デモクラシー）の導入といった歴史事象がある。英国では投票権は1832年、1867年、1884年、1918年、1928年と5回にわたって段階的に拡大されてきた。これは無記名投票制度を導入した1872年の法律改正、1883年の国会議員選挙費用の制限、1911年の上院議員の拒否権の制限、1999年の投票権をもった世襲貴族制度の廃止へとつづき、いずれも政治過程の民主化を促進した。

　リベラル派によるメディア史の中心的論点はこの民主化の過程がまずもって近代のマスメディアの発達によって可能になったというものである。この主張の流れは二つの主要な論点から成立している。

　その第一は、メディアは政府からの独立闘争に成功したというものである。そして、その自由を最初に獲得したのが新聞であることは明白だという（注4）。

　17世紀に新聞は政府による免許事業であることから脱した。18世紀にはますます経済的独立の度合いを高め、法的制約を受けることも少なくなった。その根本的変化は、一般市民・民衆には高価でとても購入できない値段設定を強いていた新聞税が撤廃された19世紀中ごろに起きたといわれている。

　英国の映画もまた国家の政治的統制から脱したという観点から説明される（注5）。英国映画検閲委員会（BBFC）は地方議会の検閲委員会の無定見な干渉から逃れるために1912年、映画産業界によって設置されたが、この自主

規制としての「自発的」組織は後に国家と結びついて専制的な思想統制を行うようになった。両世界大戦の間、この委員会は君主制・政府・教会・警察・司法、そして友好国の批判をする映画を禁止した。委員会はまた、1939年に、ニーモラー牧師にたいするナチの迫害をはじめ、時事問題で論争を呼びそうな題材の映画化を禁止した。しかしこうした規制を緩和する動きが第二次世界大戦中に始まり、政治的検閲（これは「道徳的」検閲とは違う）が実質的に廃止されることになる戦後の平和な英国社会に引き継がれた。

　リベラル派メディア史家によれば（注6）、放送もまた国家による背後からの干渉を脱し、独立することができた。国家へのBBC（英国放送協会）の最初の従属は1926年のゼネスト時における臆病な行動に象徴的である。当時のBBCは、政府に従順ではないという理由で、労働党の党首とカンタベリー大主教に発言の場を提供しなかったのである。だが、その後のBBCは試行錯誤しながら少しずつ自由の枠を拡大してきた。これは遅々とした歩みではあったが、意見の分かれる問題ではラジオ討論番組を放送してはならないという条項が1928年に廃止されたこと、1930年代における議会取材チームの設置、第二次大戦中におけるBBCの権威と自治体制の発展、1956年の二週間以内に議会で議論されるべき問題の報道を制限する「14日間ルール」の撤廃といった、いくつかの画期的な出来事からもわかることである。リベラル派によるメディア史に共通していることは1955年に商業テレビが登場したことにより、1950年代に放送が政府から実質的な自由を獲得したということである。労働党の党首がスエズ戦争に反対であることが、政府の命令にさからって報道され、まさに戦闘に入ろうとしている軍隊にまで伝えられたことで、このBBCの自立は強烈にアピールされた。BBCは1985年、政府から政治的検閲という圧力をかけられたが、現場のスタッフはそれに反対して一日ストをしようとした。これについてリベラル派は、政府からの一斉攻撃にさらされたとき、民衆の圧倒的支持が得られたことによって、放送人たちがラジオとテレビを政府からの統制から自由にすることができたと説明する点で一致していた。

リベラル派によるさまざまなメディア史論を検討すると、中心的なメディアシステムが3世紀以上の時間をかけて自由を獲得したという点でそれらが共通点をもっていることがわかる。

リベラル派の第二の主張は、自由なメディアが人びとの権利意識を高めたということである。これはリベラル派の主張の要点であり、もう少し詳しく説明しておく必要があろう。

18世紀のより自由な新聞の登場は政治の私的で、貴族的な側面に光をあてることになった。1695年に免許制が廃止になると、新聞はその数、発行部数、そして社会問題の報道範囲のすべてを増大、拡大させた。18世紀前半になると、いくつかの新聞は下院議員たちの動きを市民の視点で報じるようになったし、18世紀の後半では、民衆が請願権を政治の主要な道具として使うようにし向けるようになった。1771年からは、それまでは牢獄にぶち込まれる罪であった議会における討論の報道も可能になった。ボブ・ハリスらは、新聞によって18世紀における「多くの政治事象が民衆の意見に左右されるようになった」といっている（Harris 1996：47; Brewer 1989：243）。その結果、政治システムはいっそうオープンで、外部からもその実相がわかるようになった。

新聞の発達はまた政治的共同体の拡大にも貢献した。新聞社が増加するにつれ、発行部数も政治分野の報道もともに増えた。結果、新聞は政治に関与する人びとの範囲を地理的にはロンドンから遠く離れた場所にまで、社会的には階層の下方部分にまで拡大することになった。じっさい、当時の政界を牛耳っていた伝統的なエリートたちの論争や対立が新聞によって拡大しつつある読者層の前に開示されるようになった。18世紀後半には、新聞紙面からも検証されているが、政治への民衆の反応がますます重要視されるようになってきた（Barker 1998）。

だが、この点におけるリベラル派の新聞史の主張は混乱しており、最初から整理し直す必要がある。やや重複している部分もあるがリベラル派のそれには3.5通りの解釈がある。伝統的なリベラルであるホイッグ派（'Whig' version）は、新聞は自立性を高め、権威をもつものを批判的に考査、検証することによって、議会と政府にたいし民衆の見解を代表して伝えたと主張した。新聞は権力の回廊において民衆の声を代弁する「社会機関」（fourth estate）となり（注7）、その変化は19世紀初頭から中頃にかけて起きたというのである。これは先に言った3.5通りの0.5の部分だが（注8）、その変化は新聞が政党システムの延長とほぼ同じであった不幸な時期から1世紀ほど後に起きたという解釈もなされている。

　第二の論は、新聞の中心勢力は主として「新興」の商業・産業社会集団を代表するものであったと主張する。新聞はそれらの新興改革組織に広報面での酸素を与え、独立した政治課題を支持し、さらなる民主化のために強い圧力をかけ、伝統的なエリートにたいし、公共の秩序を守るためにいっそうの譲歩をすることが賢明であるとの警鐘を鳴らしたというわけだ（注9）。

　第三の主張は、以上二つに比較して客観記述的に見えるが、実際にはそれらの流れに沿いながら、もう一つの新しい解釈を提供している。

　それは民主的改革以前の旧体制（ancien regime、ヨーロッパでは一般的に1789年仏革命以前のことをいう＝訳者）がうまく保持されていたこと、1832年以後も伝統的なエリート層が長期にわたって政治的支配をおこなってきたこと、19世紀英国のほんとうの権力構造は参政権の拡大と経済的変化によってほんの少しだけ改善されたにすぎないという主張である（注10）。この着実な説明では、新聞は圧力集団の関心を政府に伝えることと、社会構成員が自由に交わることによって民主制度をうまく成熟させることに貢献したのだとされた（注11）。

　これら三つの解釈に共通しているのは、方法は異なっているにせよ、新聞は社会の民主化という課題を促進させたという積極的な見方である。この考え方は編集基準の質的低下と新聞貴族（バロン）の登場という、二つの特徴的な主張がリベラル派の新聞史でもなされるようになった1880－90年代に後退していく（注12）。しかしこうしたリベラル派の中心的主張が新聞研究から姿を消していけば、それはラジオとテレビが20世紀になって民主制度

を拡大、深化させたとして描写されるリベラル派の放送史記述も見直さねばならなくなる。

　パブリックサービス（公共への奉仕）としての放送は、社会的仕組みの実相を明らかにすることによって政治的エリートと一般大衆との知的ギャップを小さくした。放送はプライムタイムの報道をニュースと時事問題の解説に分け、わかりやすく、情報的にも豊かな、すぐれたジャーナリズムのスタイルを開発することによって、英国の「上下二つの国民分離」を解消するように努めた。この戦略はテレビが大半の人びとにとって情報を得る主要な手段になったという意味においても成功した（注13）。

　それが暗示する第二の主題は、放送が新しい方法で政治に関心をもつ国民を増加させたということである。BBCは1930年代からずっと時事問題を親しみやすい「会話」体で放送するというスタイルを開発、発展させてきた。そのことは、政治は日常的な出来事についてのものであり、すべての人がかかわる権利のあるものだという、重要で民主的なメッセージを伝えることになった（Cardiff 1980）。1950年代にはさらに積極的なテレビインタビューが導入され、それは政治家による大衆への説明能力を誰にも分かるかたちで示すことになった（Cockerell 1984）。1960年代に入っての、テレビによる政治の風刺的描写の開始とそれにつづく、かならずしもそれより過激とはかぎらないが、政治家への尊敬の念が少ない形式の放送番組が開発され、権力者たちへの疑いの目を醸成することにつながった（Wagg 1992; Seymour-Ure 1996）。さらには、遅まきながら1990年代になってから、放送は王室報道への遠慮をとっぱらい始めた（Pimlott 1998）。このように、やり方をいくつか進化させながら、放送は民主化以前の文化的遺物を弱体化させるように機能した。

　第三の主張は、ここでも明白ではなくしばしば暗示的記述によって、ラジオとテレビは不利な立場におかれながら組織化されていない人たちをふくむさまざまな集団が相互に意見交換し、社会集団としての意見をまとめるという仕方で民主政治発展への貢献をしたというものである。失業者たちがBBCラジオにたいし、自分たちが福祉の恩恵に浴せるかどうかが、非情にしかも

確たる根拠もなく決定されていると話したことによって起きた1930年代の政治運動がその好例である。激動の60年代、忘れられた貧困層は「キャシー・カム・ホーム」(Cathy Come Home) といった有名なテレビドラマによって人びとの注目を集めた。サッチャー首相の1980年代、テレビの連続ドラマ「ブラックスタッフの少年たち」(Boys from the Blackstuff) は激しい皮肉を込めたユーモアによって、産業構造の変化のなかで就職できず、社会の周辺部で犠牲となっている人たちの困窮に照明をあてた (Millington 1993)。1970年代以降、電話インタビューなどの視聴者参加番組、スタジオ参加番組、新しいかたちのドキュメンタリー運動が一般大衆に社会の将来について考え、発言する機会をより多く提供するようになった (Livingstone and Lunt 1994 ; Corner 1995)。より一般的な言い方をすれば、この立場では、パブリックサービスとしての放送が社会性のある題材を議論の対象としただけではなく、説得性があり、証拠を押さえた政策提言的な公的言論を促進したとの主張がなされた (Scannell 1992)。

　言い方こそ違うが、要するに、リベラル派の考え方はますます自由度を高めたメディアが社会の民主化過程を早めたという見解では一致していた。メディアが社会構成員に共通する情報を広く知らせ、民主制を促進することによって国民の政治的関心を高めたというわけである。またメディアは伝統的な権威を点検し、世論を政府に伝えることによって人びとに力を与えた。結論的にいえば、メディア、とりわけパブリックサービスとしての放送は社会のさまざまな集団間の建設的で互恵的なコミュニケーションを奨励することによって民主制がうまく機能するようにしたというわけである。

　これらのリベラル派の議論はメディアが自由になり、その忠誠の対象を政府から民衆に変え、民主制の確立に尽力したという観点によるメディア史を主張する。これは現在でも強い説得力をもつ主張であるが、それは、とりわけ歴史は主として男性が作るという視点からの記述だという点をふくめ、いくつかの点での弱さをもっている。これは男性によるメディア史 (history) ではなく、女性による歴史記述 (herstory) というもう一つの書き方により

修正を求められることになる。この単純な視点の移行をするだけで非常に異なった歴史の説明が可能になる。

女性の進出：女権拡張派の言説

　17/18世紀の英国では女性は男性より劣っていると一般に認められていた。女性は理性的ではなく、情動的に不安定であると考えられていた。彼女たちはおとなしく、謙虚で、従順であることを期待されていた。そうした位置づけはその法律的な地位にも反映し、結婚した女性は自分の財産の処分権を失い、法的に夫によって家庭にしばりつけられていた。ローレンス・ストーンによれば、「結婚した女性は自由社会における奴隷に近い存在」（Stone 1990：13）であった。

　しかし21世紀に入った今日、女性が先天的に男性に劣るという考えをもっているのは高年齢層のほんの一部だけである。女性の法的権利は妻への殴打を禁止する虐待防止法（1853年）や1970年代の性差別禁止、賃金平等法といった一連の画期的な改革によって向上してきた。また女性は1979年の最初の女性首相、サッチャーの登場をふくめ、それまでと比較して経済的独立と社会との関わりという点で大きな進歩の足跡を記してきた。

　メディアがこうした社会革命の継続にどのような役割を果たしてきたのかを記述するのが女権拡張派（feminist narrative）の主要関心事である。この派の議論はリベラル派の主張ほどには知られておらず、ここではより多くのスペースを割いて、詳しく述べておく必要があろう。じっさい、この立場の主張はこれまでのメディア史ではまったく無視されてしまうのが普通であったのだから……。

　18世紀初期には家父長的価値観が人びとの生活・文化に深く浸透し、男性優位を強固にしていた。ジェンダー的な夫とは違う「弱くて恐妻家的な夫」といったイメージは大衆歌謡においても嗤いの対象とされていた。こうした見方が当時の「作法の教本」でも称賛され、新しい文化形式である小説にお

いても肯定的に書かれた。

　しかしこの家父長的な文化の背後には、そうした秩序への抵抗が見え隠れしているといったあいまいさもあった（注14）。ディアン・ドゥゴーは17世紀と18世紀の100以上の大衆歌謡を分析し、女性たちは着飾って暮らし、男性たちは勇気、臨機応変、自立心といった「男性」的価値観をひけらかしていることを確認した（Diane Dugaw 1989）。同時に、これらの大衆歌謡は暗黙のうちにジェンダーが恣意的で交替可能な性質を持っていることをも示していた。さらに、いくつかの18世紀後半の小説では女主人公がそうした男性像の男をどのように愛や優しさで作り変えていくか、女性らしい知恵で打ち負かしていくかということが描かれた。こうした小説には女性が表面的な「優しさ」を武器にして権力を行使する、つまり女主人公たちの「女性らしさ」に変化はなかったが、従来的な男性性への批判として読める楽しさもそこには込められていたのである（Todd 1989; Shoemaker 1998）。

　この二重性の理由には、多くの女性が前近代的な経済体制のなかに組み込まれていたからといって、全面的に男性に依存して暮らせるとは限らなかったという実情がある。18世紀はより多くの中・上流階級の女性が教育を受け、商品市場の発達のなかで経済的な力を発揮し、小説や有料借り出し図書などの中で自己主張を見いだした移行期間であった。いくらかの女性は積極的に社会的な役割を果たし、なかでも英国国教会のやり方への反発が特筆されることであった。

　女性解放に向かうこうした試みが、18世紀から今日まで、伝統に戻ろうとする側からの反撃を受けたのも事実である。女性にとって家庭にいるのが最善であるとの主張がそれである。男性が社会に関心をもち、強く自己主張し、理性的で自制心があるのに対し、女性は生まれつき純粋で、優しく、自己犠牲的かつ情動的であるというわけだ。女性の美徳は家庭内において子どもを育て、教育上の影響を与えるということに使われるのがベストであるのに対し、男性の身体的強さと行動や理性、克己心は世間の厳しさに、より適切な対応をするのに向いているというのである（Hall 1992; Gorham 1982）。

こうした「男女による世界の二分化」思想は中世の神学や文学、歌謡に見られる伝統的な考え方を思い出させる（注15）。それはまた男性と女性は独自の生理学的、生殖的システムにより異なった性質をもっているという新しい哲学的、医学的思想からも支持されることになった。この生物学的決定論は生来的に沈着である男性とはちがう存在として女性を描いた。この主張はまた「男性と競い合って職を得ようとしたとして非難され、その苦境に同情を求め、職を確保するために自分と家族を犠牲にしたとして中傷された」女性たちへの批判としても用いられた（Kent 1999：73）。

　女性へのこうした家父長制的な攻撃は、広範囲にわたる男性優位的な制度と社会の動きから支持された。さらには、女性の側にもそうした考え方をもったものがいたことも事実である。女性のための定期刊行物の出版が1690年代に始まったが、初期の女性雑誌のいくつかには幅広い文化的関心が見られた（Shevelow 1989）。しかし、それらも「1825年までに……女性の社会的役割と立場という、はるかに狭い範囲に話題を限定するようになってしまった」（White 1970：38; cf. Ballaster et al）。男性と女性は神の思し召しによって異なった社会的役割を運命づけられているという女性向け雑誌が広く受け入れられるようになったのである。大手の女性雑誌『レディーズ・キャビネット』（Ladies' Cabinet、「女性会議」）は1847年に急に調子を変えてつぎのように呼びかけた。

　　（女性は）男性のよき伴侶であり、悪徳を彼に思いとどまらせ、高潔な行為を促し、家庭を喜びと楽しみの場所にする……そうした優しくて神聖な慈愛によって女性は天職を果たすことができる。少女時代と、結婚後も夫婦二人だけの時期にはこの考え方はなじみにくいかもしれないが、子どもができると自然に受け入れられるものである。母親になってはじめて着実な市民としての生活ができ……神の摂理によって与えられた神聖で威厳のある社会的役割を通して幸せをつかむことができる。(White 1970：42から引用)

1850年代になり、中流階級の女性を読者対象とした定期刊行物が登場した。これらの雑誌は家事切り盛りの方法を伝授し、家庭内の仕事を専門職としてとらえた。その後、美しくなるためのハウツウ情報も掲載するようになった。つづいて働く女性のための雑誌や女性を男性との関係においてとらえ、恋愛の話題を中心とした10代の少女向け雑誌が登場した。20世紀の最初の20年間は全国紙も女性は大いに伝統的であれという姿勢をその特徴としていた。つまり18世紀から1918年までは大衆的な女性ジャーナリズムが多くの読者を獲得し、女性の中心的な関心は男性を引きつけ、家事をし、母の役目を果たし、魅力的になるにはどうしたらいいかを考えておればよいという視点から女性を描いた。

　女性らしさは家庭内で発揮されるという理想は他の社会思想と結びつけられ、ますます説得性を高めた。そうした女性らしさは品位、細やかな配慮、家庭内の優雅なたしなみなどと関連させられ、女性の常識とされた。一方で、女性らしさの欠如は労働で骨張った手、無頓着、粗雑さ、へつらいといった、賃金目当ての「男性」の世界と同一視された。男性による保護主義的な思想も社会道徳の装いで登場した。女性は、家庭にいる母親が幸福な家庭をつくり、よき子どもを育て、社会をよくすると教えられた。半面、「外で仕事をする」女性は家族を見捨て、育児に失敗し、飲酒や犯罪を増加させるとされた。くわえて、女性が家庭に入ることと男性の誇りとは不可分であるという強固な道徳が形成された。尊敬に値するほんとうの男性とは妻を家庭に置いておくだけの稼ぎをするものであり、不出来な男性は家計を助けさせるために妻を他人のために働かせると主張された。

　ところが、家庭内の妻と外で稼ぐ夫というモデルは19世紀初期の多くの人びとにとって理想ではあったが、達成不可能なものであった。賃金を求めて外で働く女性の数が相当に減少するには1850－1914の期間を待たねばならなかった。男性と女性の世界を分けるこの思想は同時に他の面でも影響をもたらした。女性の生来の「純粋さ」を強調することによって女性の性的関

心を抑圧することになったのである。またそれは男女の生物学的差異による生活役割の条件付けをすることになり、政治と経済分野における男性優位を正当化する主要因ともなった。

　男女の役割分担は違うという考え方は文化的性差としてのジェンダーの再構築に大きく影響したが、じっさいには女性を家庭内に閉じこめておくことを促進したわけではない。ある意味では女性を家庭の天使として描くことによって、オルウェン・ハフトンの皮肉な言葉を借りれば、「高潔さの再分配」（Hufton 1995：501）にもなったから、そのことが裏目に作用したともいえる。女性にますます道徳的権威を与えることが、女性が家庭の外へ出ることを正当化することになったからである。女性たちは1780年代から、反奴隷制度、キャロライン女王への支持、禁酒運動、売春問題の改善、女性と少年労働の規制運動といった政治と「道徳」が関わる分野においてますます活発に活動するようになった。女性らしさに基づいた政治への関与が自分たちの家族と慈しみの役割を家庭外にも延長、拡大せよという仕方で、いくつかの社会問題に女性が取り組むように機能したのである。1840年代までに女性たちは外での集会で演説し、社会運動組織とも連係するようになった。そうしたことは女性が家庭外、新聞、宗教、そして新しい産業経済においてその存在をよりはっきりさせるようになった出来事の一部であった（Shoemaker 1998）。

　女性たちが公共の場での活動を増やしたことは組織化されたフェミニズム運動に必要な技術、団結や他との連係といった面での訓練になった。最初の婦人参政権要求組織は1851年にシェフィールドで組織され、1860年代には英国で最初の全国的な女性の権利拡大運動となった。これは女権拡張運動を促進する新聞の発達によって伸張し、運動の統一性を強化し、思想を伝達するうえで大いに役立った（Harrison 1982）。女性の男性従属についての考え方も改善され、既婚女性の収入や財産の確保、離婚手続きの簡略化といった重要な法整備がなされた。こうした女性たちの存在は中流階級出身者の職場進出の増大によってますますその重みを増した。にもかかわらず、婦人参政権問題は1903年まで大きな運動とはならず、その成功は第一次世界大戦とい

う特別な社会環境を待たねばならなかった。

　1918年に参政権が30歳以上の婦人の権利となり、組織化された女権拡張論がはじめての勝利を得た。しかし、この画期的な出来事につづくことは多くなく、その他の女権拡張が円滑、迅速に行われたわけではない（注16）。そして1920年代に従来なら男性がほぼ独占していたいくつかの職業が女性にも開放された。軽工業と事務職の増加が1939年からはそれまでは他人の家事の手伝いが主であった女性の雇用形態を変えた。第二次世界大戦が多くの女性たちにより大きな経済的・文化的自由を経験させる解放の時代となったわけだ。また1950年代は既婚女性が外で働く割合を飛躍的に増大させた。ほとんどが女性と家族の問題についてではあったが、女性はますます家庭外という公的な場においてその存在を大きくした。しかしロス・マッキビンが初期の社会的知恵としてうまく説明しているように（Ross McKibbin 1998）、職場やつきあいを優先し、かつ自立的であった男性に比較して、1940年代の後半、50年代の初期においてさえ、多くの既婚女性は家庭中心的であったのであり、制限が多く、他者依存的な生活を送っていた。多くの女性は家庭内ではかなりの権限をもっていたが基本的には不公平と言わざるを得ない、男性とは違う世界に住まざるを得なかった。

　この相変わらずの不公平についての重要な説明の一つは婦人参政権が文化面よりも政治面においてより大きな成功を収めていたというものである。1918年に男女は平等な市民となったが、まだ女性が社会進出する場合には学校、家庭の伝統、マスメディアが家庭的で男性に従う存在としての枠組みのなかで女性を受け入れていたということである。

　この社会化の枠組みの変革速度は遅々としたものであった。たとえば、女性向け新聞は、時代と連動しているようと思われたときも、長い間、社会的には保守的であった。こうして、中間市場向けの女性誌は、主婦業とは最新の家内切り盛りの技術と育児の知恵の集積であると吹き込んだように、1930年代には分野を特化させ、40年代には何でもリフォームして使う「倹約型」の奨励となり、50―60年代には「ショッピングと消費が幸せ」というイメ

ージを理想とする編集方針を立てたのであった（Green-field and Reid 1998; White 1970）。しかしこうした変化にもかかわらず、それら雑誌の基本部分には女性の生活はいい男性を獲得して暮らし、幸せな家庭を築くことだという思想があった（Ferguson 1983）。

　1960年代に入り女性雑誌は消費を強調しはじめたが、それでもこれまでと同じ女性性の枠内における独自性の表現としての消費行動であった（Thumim 1992）。伝統的なジェンダーの規範は少女雑誌（Murphy 1987）、恋愛小説（McAleer 1992）や大衆映画によって維持されていた。そこでは男性と女性はそれぞれに顕著な特徴をもち、それぞれが異なった役割をになうのがあたりまえだというように描かれていた。こうしたジェンダーとしての秩序から逸脱した女性は大衆向けメディアでは不完全あるいは未熟とされた。映画ではそうした女性は途中で死ぬか、過去の罪から逃れられないか、好きになった男性をより素敵で女性らしい女性に奪われてしまうといったように、しばしば比喩的、象徴的なかたちで罰せられた。ジャネット・シュミム（Janet Thumim）は「1945〜1969年の大衆映画を調べると、それらが女性に関するかぎり、彼女たちへ抑圧的であった点で首尾一貫していることがわかる。家庭という枠組みの内外を問わず、個人の意志で自立して行動する女性はかならずなんらかのかたちで物語のなかで傷つけられる」（Thumim 1992：210; cf. Harper 1996）との研究成果を発表している。

　しかし、こうした一般化では男性性の理解という点で、ひそかに進行していた変化が見えてこない。両大戦間の英国の中流階級としての大衆向け文学では、ビクトリア時代に理想とされた家父長的な男性像とはかけ離れた、家族思いで家庭中心的な、都市郊外に住む男性が描かれるようになっていたのである。少女雑誌に掲載される小説の理想的男性は1920年代の支配的で厳格というものから1950年代の天真らんまんで優しさのなかに強さをもつというイメージに変わってきた（Murphy 1987）。男性は思いやりがあり、かつ男性優位的であるという、同時に実行することがむずかしいこの二つの新しい要請に応えねばならなくなっていたのである。こうした状況に対す

る男性の不安がさまざまな理由から多くの1950年代の映画の特徴となった（Geraghty 2000; Street 1997）。

　もう一つの穏やかな変化は女性の社会的地位の顕著な向上であった。第一次大戦中の大衆小説では貨物車の運転、飛行機の操縦、銀行の経理担当といった「注目に値する」仕事に従事した女性は大変な称賛でもって描かれた（Rowbotham 1997）。対照的に、第二次世界大戦中の映画や雑誌では、淡々と「男性と同じ仕事」をする女性たちが描かれたが、彼女らにそれほど特別の評価が与えられてはいない（Murphy 1992; Waller and Vaughan-Rees 1987）。さらに女性の自己実現欲求も増大してきた。このことはたとえば、自己確認と情動面での自己確立を求める若い女性に焦点を当てた1960年代の映画や（Geraghty 1997）、1960年代、70年代の「自立した女性」向けの新しい雑誌群に見られたテーマであった（Winship 1987; Ferguson 1983）。

　注目すべきはそれが女性たちの憤慨の深層で起きている逆流であったことだ。マーシャ・ランディの重要な本が述べるところでは、たとえ伝統的なジェンダー価値観に与しているように見えたとしても、1930—1960年のいくつかの映画は「女性の多様な立場に言及しようとした」（Landy 1991：485）。たとえば、1940年代のゲインズボロ（Gainsborough）のドラマ映画シリーズは「義務」と道徳についてのジェンダー的解釈に対して抵抗する女性を描いている。これらの女性たちはすべて不幸な結末を迎えるが、彼女たちの逸脱行為は「ある種の犠牲の代理行為として、従来的な女性の立場から抜け出る可能性の喜びとのあいだの緊張」を主題としてドラマを盛り上げた（Landy 1991：17; cf. Aspinall 1983）。もっと最近ではクリスティン・ジェラフティが1940年代と50年代のいくつかのリアリズム映画が不幸な結婚がどこから来ているかを描き、孤独で満たされない妻たちを通して社会における女性の「適切な立場」について、暗示的な問題提起をしていると述べている（Christine Geraghty 2000）。こうした研究からわかってくることは伝統的なジェンダー秩序では参政権を得た後の女性たちの十分な満足を用意できなかったということである。これは逆に、それ以後の変化がなぜそれほど速かったか

という理由の説明にもなろう。

　20世紀の最後の四半世紀は女性の運命についての第二の決定的な転換期であった。これは婦人参政権論の盛り上がりとともに経済面での諸変化と結びついていた。1970年代における製造業からサービス業への移行は、英国社会における経済的な機会配分を大幅に変更することになる伝統的な「男性」の仕事の縮小と「女性」の仕事の拡大の原因となった。ますます多くの女性が給与所得者となり、歴史上はじめての経済的独立を得た。女性の社会進出への伝統的な障壁も同様に低くなった。驚くべきことに、1999－2000学年度には1950年代には主として男性の学びの場所であった大学において、女性の卒業生の数が男性を上回るという逆転現象が起きた。また、メディア産業と行政の分野でこれまで女性がトップになることを妨げていた見えない制約が崩れ始めたことにも注目したい。女性の権利も法律上の保護を受けることが多くなり、より多くの女性が政治分野での役割を果たすようになった。といっても、ジェンダーによる不平等が権力、収入、社会的立場、家事分担といったさまざまな分野で残っていることも事実であった。しかし、女性の全体的立場が1900年のそれよりも2000年のほうがはるかに向上したことに間違いはない。

　この改善は伝統的なジェンダー規範に文化的な攻撃が加えられることによって促進された。女権拡張論は1960年代後半からふたたび活発になったが、その象徴は1968年のロンドンにおける女性解放ワークショップの開始であった。それは、ある女権拡張の思想は女性の優越性を宣言し、男性による排外的議論を打ち負かし、別の思想は女性にもさまざまな違いがあることを強調するといったような大きなうねりを作った。このうねりは最終的に、男女は解剖学的に違った構造を持っていることから違った性質をもっている（この考え方が過去二世紀以上にわたりジェンダー的な差別の構造を作ってきた）という生物学的な決定論の否定に行きついた（注17）。

　メディアによる描写の変化は現実社会のより大きな変化の表出である。女権拡張論者による研究によれば、1970年代のメディアは家父長的な価値観が

主流であったが（注18）、1980年代から90年代までに多様な女性像を提供するようになっていた（注19）。たとえば、いくつかの若い女性向け雑誌はそれ以前の雑誌よりも女性らしさをさらに広くとらえた女性像を提供していた（McRobbie 1996）。英国で人気のあるアメリカの映画やテレビ番組は逆に英国の女権拡張運動から大きな影響を受けていた（Shattuc 1997; D'Acci 1994）。かつては伝統的な女性像を肯定的に描いていた全国紙の婦人欄でさえ、女権拡張論に紙面を割きはじめたのである（注20）。

　もちろん従来的な主張もあったが、過去との大きな違いも出てきていた。1955年にはテレビ界初の昼番組の女性ニュースキャスター、ITVのバーバラ・モンデル（Barbara Mondell）がそれにふさわしくスタジオ内にセットされたキッチンに登場した。背後には皿がいっぱい入ったサイドボードと洗い場がしつらえられていた。しかし今日では、すべてのニュースアナウンサーはジェンダーにとらわれることなくその役目を果たしている。紆余曲折はあるが広告分野でも同様の進展があった。いくつかの1960年代の広告は車のボンネットによりかかっているビキニの女性を売り物にした。それから30年、いくつかの車のCMは落ち着いて運転席に座っている女性を中心にしている。表現上のこうした変化は20世紀後半という女性の進歩のもっとも重要な社会的変化を象徴している。

　女権拡張論者たちはメディアによるこうした展開を女性解放へ向けた多種多様かつ不完全ではあるが、先駆的でもある運動として位置づけている。これらは過去二十年のあいだに多く研究され、人びとを啓発してきた説明であった。この期間になされた加速度的な女性の地位向上は過去を見渡す新しい視座を用意した。それはまた、社会史の研究者にジェンダーの視点を提供し、たぶんその結果としてそれらの研究者の視点に変化をもたらした。

　女権拡張論じたいは比較的新しいものだが、これ以後にも新しい名前を用意しなければならない特徴をもつ思潮がある。それを私たちは「ポピュリスト派」もしくは「民衆派」の議論（populist narrative）と名づけよう。

文化的民主制：「ポピュリスト派」の主張

　「ポピュリスト派」（民衆派）が形を表したのは十五年ばかり前のことで、今なおいくつかの個別的な専門研究としてばらばらに存在している。この派の研究がまとまりをもって採り上げられるのは本書をもって嚆矢とする。もし以下の検討が他の主張の紹介よりも力点が大きいとしても、それは新しいものの紹介にはより詳細な説明が必要だということだけで、筆者がその主張に無批判に賛成しているからではない。

　ポピュリスト派の論には善と悪とのはっきりとした区分けがある。「悪」はビクトリア時代的な知識人とその追随者たちで、自分たちの文化的な趣味を人びとに押しつけようとしたというのがその理由である。「善」はメディアにたいして民衆のニーズに応えるようにさせたのが「市場」であったという主張である。この主張は社会秩序の枠組が弱体化し、人びとにますます自信をつけさせ、自己主張をする消費者に変貌させたことによって補強された。

　メディアの大衆中心主義は、大衆からの人気が妥当なものとして認知されることにより、民主的な勝利として描かれる。それはまた「大衆の反逆」の一部とされ、社会的平等主義の増大がヒエラルキーを溶解させたという。とりわけ、そこではメディアが大衆の娯楽の主要手段になるという大変化が起きたとされる。

　こうした主張は、ポピュリスト派のカルチュラルスタディーズ（cultural studies）に共通した明白な特徴である（注21）。それはまた、1980年代にケンブリッジ学派の歴史家たちが提唱した消費者中心主義の歴史の延長としてとらえることができる。その視座から、ここではポピュリスト派によるメディア史を位置づけ、そのいくつかの重要概念を要約して紹介しておくことにしよう。

　店舗のネットワーク化が進展し、「新しい商品の世界にとって……18世紀の新しい興奮の場所」が提供された（Brewer and Porter 1993：7）。たとえば、

ロンドンのリージェント通りに立ち並ぶ、大きな窓、びっくりするほど高く積まれた商品、素晴らしいオイルランプで照明された店舗は1780年代の驚嘆と畏敬の対象であった（McKendrick 1983a：79）。この伝統によれば、消費は単に「物質」現象ではなく、個人性、社会関係や共同体の関係を表すという意味で、「文化」現象でもあった（Bermingham and Brewer 1995）。とすれば、物を所有することは表面的によりもむしろ深い部分での快楽をもたらしているということだ。たとえば、18世紀のランカシャー地方の1人の女性の書斎は、その女性が家や家族のことを考え、どのようにお金を使ったのかということの表現だという重要な意味があることになる。またそれらの購買品は彼女が財産をつぎの世代に贈り、「自分の歴史」を伝えるという方法でもあった（Vickery 1993）。

17/18世紀の小売り「革命」は19/20世紀の消費社会の萌芽であった。列車、自動車、飛行機は地理的に社会を拡大した。魅力ある新世界は、かつては権力を持つものだけが享受できたストッキングや口紅に代表される商品をすべての人びとのものとした。水道やセントラルヒーティング、冷蔵庫のような便利なものが誰にも利用できるようになった。大量消費が近代生活を変化に富み、楽しく、快適なものにした（注22）。

この文明肯定的な史論の核心は市場の興隆が民主化の力となったということである。市場は18世紀には中流階級に新しい文化的経験をさせた。それまではそのいくつかが上流階級の独占物であった（Plumb 1983a）。市場化によって、演劇などの芸術を宮廷、教会、貴族のパトロンから入場料を支払って鑑賞する大衆が支配するものへと変貌させた（Brewer 1997）。さらに一般化していえば、市場は顧客を生まれや社会階級によって区別せず、平等主義を基礎にしていた。たとえば、それは祖先から受け継いだ財産とは関係なく、誰もが好きなものを購入し、「何でも着る」ことを可能にした（Klein 1995）。社会を変革するこうした民主制は芸術への大衆の影響の増大をもたらしたため、エリートたちはそれを抑えようとして自分たちの基準による審美理論の再興をはかろうとさえした（Bermingham 1995）。それはその昔、エリー

トの服装をまねることを制限する節約令を制定したようなものであった（McKendrick 1983b）。より一般的にいえば、市場は少数者の快楽と所有物を多くの人びとのものに変えたという意味で好ましいものであった。「文字通り、〈商品を行き渡らせる〉」能力に欠如していたために転倒してしまった共産主義とは対照的に英国の社会制度を安定させたと主張された（Brewer and Porter 1993：1）。

　ポピュリスト派の議論は「従属からの解放」（de-subordination）の社会史の延長としてもとらえることができる。多くの研究が教えるところでは、時代によって強弱があるにせよ、全体として神の崇拝、君主や上流階級への尊敬、軍や知的職業への敬意、年配者が持っている知恵にたいする尊敬といったものがすべて減少するといった文化革命の蓄積がその背後にあったという（注23）。ポピュリスト派のメディア史は文化的エリートの指導性にたいする民衆の「反逆」を総体として記録する点において独創的であった。

　ポピュリスト派はエリート層については、自己宣伝的、自己満足的で軽蔑の対象であるとして描いている。ジョン・カリーは高度な法廷技術をもった検察官のように、1880－1939年の有名な小説家、詩人、文芸評論家たちの作品を読み解き、彼らの家父長的な公的・私的思想を明らかにした（John Carey 1992）。カリーは、それらの作家たちが俗悪、感傷、情緒障害、あるいは、最近では「愚民化」ともいわれる、まさに現実に起きている文化的堕落と結びつけて、エリートたちがどのように「大衆文化」に対する不満をつのらせていったのかを記している。そしてこの不満の背後ではしばしば、中流の下の階層に社会的に受容されていった新しい時代を本能的な上流階級意識から、「無教養民主主義」、「無教養生活」、「事務職文化」として軽蔑し、拒否するということが起きていた。このエリート主義は明白に民主制と対立し、大衆文化の堕落を女権拡張主義と結びつけるような女性差別思想でもあった。大衆の嗜好についての見方は人種差別主義的と思えるほどで、ウィンダム・ルイス（Wyndham Lewis）はジャズ音楽を批判して「黒んぼ労働者」の「ばかな大音響」（Carey 1992：194－5）といったという。「大衆」への敵対心は

社会的負荷の大きすぎる人口増加、人類の優生学的な退化、群衆行動の不合理性と破壊性についての予兆に満たされた、時代迎合的な研究によって正当化された。カリーによれば、それはエリートたちの好むものと指導力が民衆によって拒絶されてきたことから起きる憤慨の増加によっても影響されていたという。それは、時代を超えた価値をもつ芸術と文学によって具現化する、感情に左右されず公平な美の基準によって証明されるともいわれた。そうした考え方こそ、高貴な趣味と洞察力を備えた世襲貴族階級が、興隆してきた商業的実利主義に対抗する価値観としてもつべき義務とされたわけだ。

　カリーは「大衆の反逆」にたいする知識人たちの主要な反応はあいまいさと前衛主義（アバンギャルド avant gard）として、最終的にはそれを拒否する形をとったと主張する。彼はまた「20世紀初頭はヨーロッパの知識人たちが大衆を文化面から排除するという決断をしていた時代であった」、「英国ではこの運動はモダニズムとして知られるようになった」（Carey 1992：16）とも書いている。モダニストの実験は選ばれた少数者によってのみアクセス可能であるとして、民衆の力とその社会的立場を否定することにその目的があったことは明白である。

　カリーが学問的な著作によっておこなった精妙な批判は、モダニストの「高級文化」と民衆文化の否定には正当性がないことを示していた。しかし彼はそのことを知識人一般を一括りにしておこなうのではなく、民衆を軽蔑して彼らに背を向ける知識人だけに注意を向けるという巧妙な描き方をした。1860－1939年という時期を全体として眺めれば、ヘンリー・ブローガム、マシュウ・アーノルド、G.M.トレベリヤン、ジョン・レイスといった、知識と高級文化へのアクセスを誰にも可能にしようとした影響力のある知識人集団も存在した。これらの人たちがそれを実現しようとした主要な方法は、学校、博物館、美術館、図書館、パブリックサービスとしてのラジオといった、国家が運営する無料もしくは安価な文化制度や施設を設置することによってであった。

　この後者のグループは、ル・マヒューが両大戦間の英国の文化史について

書いた著作でもどちらかといえば軽視されている。彼がいうには「教育を受けたエリート」は市場のもつ平等性を恐れ、国家干渉によってその活動を制約しようとした。彼らはBBCを国家による放送の独占組織として設置しようと画策し、その後、芸術とドキュメンタリー映画運動にたいする国家による財政援助を保障した。このことがもし、特権をもつ者たちによる文化へのアクセスの拡大を狙ったものだとすれば、それは「文化的ヒエラルキーへの復帰」を画策したものにすぎなかった（LeMahieu 1988：138）。

　大衆文化の勃興にたいする文化的エリートの反応はあいまいな知性偏重主義（理知主義＝intellectualism）に逃避するか、国家という虎の威を借りてエリートの優位性を示すかのどちらかであった。ポピュリスト派による議論の多くは、喜々として、後者の戦略がどのように駄目になったかを明らかにすることに専念している。

　私たちはこの派の「主張」の説明を、各地で少しずつ市立の公共図書館が設置されだした1850年からはじめよう。これらの図書館設置の主な目的は道徳の向上、文化的啓発、社会的調和ということであった（Black 1996）。そのような高潔な目的が掲げられたから、いくらかの道徳主義者は、小説などは公共図書館に入れるべきではない、さもなくば、他の教育的著作とは違い、貸し出し料金を取るべきだきだとも主張した。ピューリタニズムと倹約主義による、小説からは料金をとれという意見は1880年代になって実質的になくなった（Snape 1995）。

　それ以後、公共図書館の重要問題は収蔵図書のうち、教育、啓発、「余暇の楽しみ」用という三つのバランスをどうとるかということになった。1880－1914年、市立図書館はそれぞれの地域の文化政策を反映してさまざまなやり方で運営された。リベラルで、会衆派教会信徒の多いダーウェンでは、軽い内容の小説購入を止めるという1901年になされた決定にしたがい、純文学的で道徳的価値のある書籍が優先されることになった。これはダーウェンの共同体リーダーたちによる「市民福音」団運動が発展した論理的な帰結で、彼らは「希望団」あるいは裁縫や読書サークルを結成したり、新しい

聖都・ニューエルサレムを築くと称し、ピクニックを計画したりした。しかし本を読むという新しい娯楽への干渉は政治的に目覚めた共同体から猛反対され、時おかずして廃止となった。同様に、娯楽のための書籍の収蔵を減らすという政策が保守的なウィガンでも採用されかかった。これは参考になる書籍を集めた図書館という施設を教育と学問の殿堂に転換しようとしたもので、地域のトーリー党高官で、クロフォードの26番目の伯爵の個人プロジェクトであった。この場合には抗議はなく、図書館から借り出される書籍数が急激に落ち込んだだけであった。それとは対照的に、保守的なブラックバーンでは図書館の購入書籍が人びとの需要と密接に連関した。議会を牛耳っている地域の商売人たちは生活に満足し、問題を起こさない労働力と地域社会を求めた。しかし彼らのこうした柔軟性のあるプラグマティズムには限界があり、市立図書館は社会主義者たちが発行する新聞の購読を許可されなかった。

　20世紀に入っても公共図書館では、利用者の暮らし方、考え方を変えようとするやり方が継続した（注24）。いくつかの図書館はノンフィクションを読ませようとしてフィクションとは別の書棚を用意したし、借りられる冊数をフィクションでは少なくしたり、利用者の読書傾向を指導するための講義プログラムや読書サークルを用意したりした。ミルズやブーンの恋愛小説のような、「教養が低く」、大衆的な書籍は二の次にされるというのが長い間の公共図書館の標準的な政策であった。この政策はしだいに一般ユーザー向けにシフトしていったが、そのプロセスはまだ十分に解明されてはいない。

　もし大衆化の最初の波が無料貸し出しによるものだとすれば、それに続いたのが1880/90年代の「ニュージャーナリズム」の登場であった。大衆向け新聞のレイアウトは読みやすく工夫され、表現は断定的になり、政治関連記事を少なくしてゴシップや犯罪、スポーツ記事が多くなった。ジョエル・ウィーナーによれば、その大部分は米国から派遣されてきたジャーナリストの手助けと、彼らによって輸入された新聞の「平等主義」に刺激された「活字文化による民主制」（a democracy of print）の始まりになったという（Wiener

1996：62)。

　かくして以前ならば編集水準の低下とされてきた変化がウィーナーによって進歩として再解釈された。同様に、D.Lラ・マヒュー（D. L. LeMahieu）が両大戦間期のゴシップ的記事の増加は読者の関心を高度な政治のエリート的世界から日常生活に移し、ふつうの人びとこそ大事であると主張したことが象徴的であった。新聞用語も、より平等主義的で、「友人間の会話体的なもの」になった（LeMahieu 1988：55）。くわえて、新聞は映画スターに多くのスペースを割くことによって、若者、性、美、富、名声といった娯楽的な世界に読者を誘うことになった。

　ラジオについても頑固な父親的干渉主義（paternalism）はほんの最初だけで、新聞の大衆化の影響を受けることになった。スキャネルとカーディフはその先駆的な研究で、BBCの「上昇の時代」（1922－34）について、地方局（そのいくつかは各地の住民が自発的に発足させた）の全国ネットワークからトップの指導による文化的な役割を担った統一組織に転換したものだとのべている。その文化的な福音伝導的責任感から、いくつかの定時番組を「怠け者」にもちゃんと聴かせねば……ということで何回も再放送するということも実行された。つぎの番組をちゃんと聴く準備をさせるために番組のあいだに適切な休憩時間を置くようにもされた。BBC番組ではまじめな音楽、トーク番組を聴かせる前に、心の準備として朝の宗教番組「日曜道徳アワー」や夕方の宗教番組などが計画された（Scannell and Cardiff 1991：232）。この期間のBBCの姿勢についてはたぶん、BBC発行の文化週刊誌である『視聴者』（Listener）の編集長であるR.S.ランバートの経験に耳を傾けることがもっとも適切であろう。彼は編集長の最初の5年間（1929－34）、実際の発行部数を知らされず、そのため編集上の判断を狂わされたという（Chancy 1987：266）。

　しかしこの状態も終わった。1931－1938年、BBCの有料受信契約数は英国の全戸数の27％から71％に急激に上昇したのである（Pegg 1983：16, 図表1.2）。とくに質のよい送信機能をもったルクセンブルグやノルマンディーといった海外の商業ラジオ局がその重要な競争相手となった。1930年代のラジ

オの熱狂的流行と外国との競争が合わさって、BBCは大衆の要求に応えねばならなくなり、1936年にはBBCは第一線の広告市場の研究者をトップにした視聴者研究組織を立ち上げた（Silvey 1974）。1930年代にはより多くの予算と放送時間がクイズ、自宅でやれるゲーム、気楽な連続ドラマ、新しいかたちのバラエティやコメディのために使われ、ラジオが潜在的にもつ創造性とコミック性が開発されていった。

　第二次世界大戦中（1939－45）、BBCは新しい圧力を受けることになった。今度は軍隊と情報省が士気を高めるために娯楽番組の提供に力をいれよというのである（Cardiff and Scannell 1986）。この圧力はBBCへの尊敬の度合いが小さくなり、大衆の要求がますます強くなるにつれて勢いを増した（Cardiff and Scannell 1981）。それにたいしてBBCは番組戦略と文化的アプローチを再考することによって応えた。戦前、BBCの二つのチャンネルは聴取者の文化的視野を拡大するために番組の多様性を重んじていた。しかし1940年にBBCは娯楽主体の軍人向け番組を導入した。これには「働く者の楽しみ」（Workers Playtime）、「お仕事中に音楽を」（Music While You Work）といった、主として労働者階級の聴取者向けの番組、方言のアクセントのある話し手、話題性にとみ、諧謔的なコメディ、米国から輸入された番組、大衆的なダンス音楽や「クルーン」（感傷的な歌で、1930年代のBBCはこれを禁止しようとしていた）などが含まれていた（Scannell and Cardiff 1991：189）。

　この軍人向け番組は大成功であった。そのため1945－6年には「一般向け」「家庭向け」「第三」といったそれぞれに特徴をもたせた三つのチャンネルでの放送体制となった。これは英国放送史における重要な分岐点となった。こうしてBBCの創始者リースによる、聴取者を文化的に向上させる「縄ばしご」や「登山案内人」としてのラジオ番組だけではなく、放送全体の概念が修正された。それは人が変わればいやでもそれに合わせた番組がつくられるということがしぶしぶ認められるようになったということである。

　BBCラジオが聴取者大衆とより親密な関係を作り出したように、1930年代の英国映画もそうであった。ジェフェリー・リチャーズによれば、これは英

国の大衆文化をそれぞれの観点から具現化した3人の英国人映画スターの登場によって証明された（Richards 1989）。一人は多くの労働者階級の女性たちに仲間意識をもたせて人気のあった、親しみやすく活発で、賢そうな「ランカシャー州の女優」グレイシー・フィールズ、二人目は音楽ホール（音楽主体の娯楽劇場）のユーモアや海岸での美しい絵はがき写真などに打ち勝つほど面白いコミカルな映画「どこにでもいる労働者」（Richards 1989：206）のジョージ・フォームビー、三人目は中流階級と上昇志向のある聴取者に受けたブライト・ヤング・スィングズ（Bright Young Things）のうらやむべき世界で大胆な活躍をした映画で人気が出たジェシー・マシューズであった。

英国の映画は危機の時代に娯楽を提供し、社会の民主主義的価値観に応え、聴取者の生活の実質に注意をはらうことによって、戦争中の大衆の感情に巧みに取り入った（注25）。おなじ時期、「デーリーミラー」紙と「サンデーピクトリアル」紙は労働者階級の言葉遣いを記事表現に取り入れ、彼らとの「心理的一体化」をはかり、売り上げを大幅に伸ばした（注26）。

ポピュリスト派メディア史学者たちは英国のメディアが1930年代と40年代に利用者中心になったというが、この変化の度合いと程度についての意見は人によって異なっている。ラ・マヒューによれば、平等主義的な共通文化の形成に合わせ、より商業化されたメディアの拡大が1930年代に起きたという（LeMahieu 1988）。また英国はいまだに社会的ヒエラルキーに深く根づいているので、あらゆる階層の人たちが文化的な避難所を求めているのだと別のポピュリスト派学者はいう。1930年代のことにふれて、スキャネルとカーディフは「英国の労働者は自分たちを劣等視せず、英国よりも平等でオープンな社会であることを証明している米国の娯楽を受け入れて楽しんだ」という（Scannell and Cardiff 1991：298-9）。同様に、ジョージ・ペリーは、英国の観客たちが「中産階級の制度」としての「米国映画の階級なきアクセント」のほうを好んだので、両大戦間の英国映画はあまりふるわなかったという（Perry 1975：65）。

これらの「批判的」な見解のなかでもっとも精緻な議論はポール・スワン

による1940年代後半の英国映画の研究である。1947年、労働党政府は、ハリウッドが新しい映画の輸出を禁止する原因となる輸入関税を導入した。これが英国大衆の猛烈な反発をよび、政府は屈辱的な政策転換をせざるを得なくなった。スワンによれば、このエピソードは米国映画が文化的にも審美的にも民衆の支持を得て絶対的な優勢にあることを示すものだという。ハリウッド映画には「ほとんどの英国映画に欠如している基本的に平等な要素」があるというのだ（Swann 1987：64）。米国映画には個人の尊重があり、人びとに向上心をもたらすのにたいし、「英国では映画でも実生活でも個人の願望がかなえられることはほとんどない」。そうした英国の集団主義文化のなかに押し込められた人びとにハリウッド映画は熱狂的に歓迎された（Swann 1987：64）。また米国映画は戦後の英国映画の貧しく、配給に頼る生活とは対照的な魅力、楽天主義、活力、ぜいたくな消費を見せてくれた。こうして、グローバルな市場が英国の映画観客をして自国社会の文化的制約から自由にさせ、より平等で成功を夢見ることができる価値観と経験を連想させることに貢献した。

　ポピュリスト派学者はまた英国のメディアは戦後初期には大衆の要求にある程度応えたが、いかんせん時間がかかりすぎたという。たとえば、ロバート・チャプマンはBBCラジオは質の維持に力をいれたが、その予算配分では背後に階級的偏見が見え隠れしたとの不満をのべている。1952年には、聴取者が1％にも満たないのにBBCの音楽番組予算の46％を第三チャンネルに振り向けた。だが、聴取者の70％をつかんでいる第一チャンネルの「軽い番組」の音楽予算はわずか15％であった（Chapman 1992：20）。

　同様に、ピーター・ブラックはこの時期のBBCテレビには、その脱却を試みたものの、家父長的で親しみに欠けるという特徴が相当に残っていたという。彼によれば、1953年11月、BBCがもっとも最近に戴冠したエリザベス二世女王の栄誉をたたえ、チューダー・エリザベス女王時代と変わらぬ式典を夕方からずっと放映したとき、このことが実にはっきりしたという。アナウンサーは仰々しく、ダブレットとタイツ姿で登場し、テレビ局の料理の

専門記者は「アナウサギの毛皮服」を着るというふうに、局の服装考証家は「当時のフランス」そのままの衣装での放送を準備した。そして円形劇場での公演がおこなわれ、俳優はウォルター・ローリー卿が記者会見する場面を演じた。BBC幹部には陽気な雰囲気をかもし出すと思われたものが視聴者にとっては鉛の風船のように沈み、BBCテレビがもはや視聴者からかけ離れてしまっていることが明らかになった。

　しかし商業テレビが1955－6年にスタートし、圧倒的な視聴者の支持を得るようになった。ピーター・ブラックによれば、「いったん商業放送が選ばれると、悪貨が良貨を駆逐するように、労働者階級の視聴者はBBCを離れた」(Peter Black 1973：109)。商業テレビは英国において新しいかたちの番組を開発した。「あなたのお金を二倍に！」(Double Your Money)といった、楽しい雰囲気の賞品付きクイズ番組、友人との複雑なジョークの応酬を組み合わせた「おかしな人たち」(People are Funny)、日常生活に題材を得たソープオペラ的な娯楽番組がなかでも特筆すべきものだ。それらの成功はBBCに大衆的人気のある「ビリー・コットン・バンドショー」(Billy Cotton Bandshow)的な番組に戻ることを決断させ、つづいて、会長のヒュー・グリン卿(1960－9)のもとで、家族劇から風刺的なものまで、新奇性のある娯楽番組を開発させることになった。商業的競争はBBCをして「最高のものを送り届けるということと、楽しませたい……という二者の妥協」をさせることになった(Tracey 1998：97)。それは「民衆が選択するという民主化」を導き出し、「エリートのチャンネルから民衆のためのチャンネル」への転換となった(Tracey 1998：92 and 96)。

　商業的競争はBBCラジオがロックや若者向けポップミュージックの人気の高まりに十分対応できなかったことを大転換させる刺激となった。1960年代の初頭、BBCの「一般向け番組」(Light Programme)チャンネルは大衆嗜好の視聴者を満足させるために「動物」から「マントバーニ」(Mantovani)、はては「ギルバート＆サリバン」(Gilbert & Sullivan)にいたるまでの番組を提供しながら、もがき苦しんだ。それでも、若い聴取者の怒りは高まるばかり

で、その対策として一定の割合で時間を決め、ポップ・ミュージックのヒット曲を放送せざるを得なくなった。

　若者文化と、それにたいし中年的感覚で反発していたBBCラジオとのギャップをうずめたのが無免許の「海賊」（pirate）ラジオ局であった（注27）。1950年代後半と60年代前半には沖合の海上から20以上のこうしたラジオ局が放送を展開していた。1965年にはこれらのうち、キャロライン・ノース／サウスとラジオロンドンの二つが若者に愛好されるトップの２局になっていた。これが遅まきながら1967年に、それら海賊ラジオDJのスタッフを中心として、BBCが当の海賊ラジオ局をまねて、第１ラジオ（Radio 1）をスタートさせる基礎となった。それは各聴取者層に合わせた番組を提供するというBBCラジオ全体の再編の一部となった。このことが1940年代におこなわれていた、聴取者に「聴かせるべき」番組とその他のものを組み合わせて提供するというやり方の撤廃ではなく、その修正というかたちでの変化をもたらしたのである（Lewis and Booth 1989）。

　英国の映画産業も1960年代にはこの世の春を楽しんでいた。制作されたものには社会革新的なリアリズム映画の「ウッドフォール」（Woodfall films）があったし、国際市場で大人気を博したボンド作品（Bond films）、そして経費の安い国内向け映画「キャリーオン」（Carry On films）も隆盛であった。ポピュリスト派メディア史研究者の注意を引いたのはこの国内向け映画で、彼らはその人気の根底に何があるかを探るためにテキスト分析に取り組んだ。こうしてマリソン・ジョーダンは長期間にわたるキャリーオン映画の成功が「繊細さよりも下層階級による男の力強さ」を強調し、性的な抑圧を解放するユーモラスな表現、「きわめて過酷な産業社会のもたらす困難」に積極的に立ち向かうという姿勢によってもたらされたと結論づけた（Jordan 1983：327）。

　ポピュリスト派の議論は20世紀の最後の三十年間にはあまり活発な展開を見せていない。しかしその中心的な議論はこの時期の特徴をよく説明しているといえる。その歴史観の重要な論点は、放送はエリートによる教養面の

制約から解き放たれ、より緊密な視聴者との関係を形成するようになったというものである。この経過をしめす特徴的な出来ごとは、BBC第1ラジオによる労働者階級の家族に焦点をあてた1937年のシリーズ「プラム一家」(the Plums)、1940年の娯楽中心のラジオチャンネル「兵隊さんたち」(Forces Programme)の設立、1950年代の商業テレビの家族向けドラマで展開された市民の日常生活の描写、1960年代のBBCラジオのポップミュージックへの全面転換、1973年の商業地方ラジオ局の導入とそれにつづく総合チャンネルへの発展、1980年代のテレビコメディの質的転換と民衆の要望に対応したスポーツ中継、1992年の商業ラジオの全国展開、1990年代の新しいテレビスポーツと映画チャンネルの拡大等である。

　要するに、メディアは保護者的なやり方で一方的に情報を提供するやり方から消費者中心主義に進化してきたのである。それまでは啓発的な書籍中心であった図書館はポップのビデオを収蔵しはじめ、議会演説などをコラムで紹介していた指導的な新聞がピンアップを掲載したり、娯楽番組との差別化のために休憩時間を挿入していたラジオがそれをなくし、テレビは「億万長者になりたいのは誰？」(Who Wants to Be a Millionaire?)といった景品付きクイズの娯楽番組を提供するようになったのだ。この変化はメディアが価値あるものだけを放送するという考えからの脱却として熱烈に歓迎され、人びとが望むものが与えられるようになり、民主的文化が促進されたというわけである。

　とりわけこの派の主張する、映画・ラジオ・レコード・テレビといったニューメディアがどのようにして、驚きや興奮をともなって人びとに広く受け入れられ、家庭と社会生活の必需品となり、日常会話の中心になってきたのかの説明には説得性がある（注28）。そこで強調されたのは、メディアが人びとの希望する生活を描き、積極的な反応を引き出し、豊かな情報の案内役となっているということであった（注29）。メディアが意味のある大衆娯楽の提供源になったのだ。

　そうした議論を展開したのはネオ・リベラリズムからネオ・マルキシズム

にまで至る多種多様なイデオロギー集団の出身者であった。その人たちには誇り高く自国の文化を愛するアメリカ人たち（LeMahieu, Swann, Wienerなど）から英国の熱烈な愛国者たち（RichardsやSmithなど）までいる。また、エリート文化についての雄弁な批評家たち（CareyやHebdige）だけではなく、自分たちが酷評するエリート主義的啓発主義の残滓を引きずる論者（ScannellやTracey）もいる。このきわめて多彩な人たちの多くに共通している唯一のことは、専門家や国家権力を信用せず、「文化が民主制をつくる」という社会的観点をもつことの重要性を強調し、メディアをまず消費者が楽しむべきものとしてとらえるという点である。このグループを結束させ、相違を乗り超えさせているものは、1980年代と1990年代に主導的であった価値観である。ポピュリスト派の議論はレーガン‐サッチャー時代と脱共産主義以降のイデオロギーの流れと同一線上にある。

　ポピュリスト派の議論は生誕後あまり時間がたっていないのだが、さらにこの時期、別の新しい議論が芽を出す準備をしていた。私たちはこの萌芽の出現を観察してみることにしよう。

文化戦争：解放派の主張

　19世紀の最後の四半期から今日まで、脱キリスト教化がじわじわと進行してきている。英国は宗教が民衆の態度を形成する基軸になっている国から世界でもっとも神の影響力の小さい国になった。同期間にますます市場主義が浸透し、工場・労組・教会・近所づきあい・家族等の弱体化が個人主義の増大をもたらした。宗教の退潮、個人主義の強化という二つの歴史的変化がより大きな道徳的多元主義と多様なライフスタイルの受け入れを可能にした。この変化の重要な時期は1960年代で、離婚・同性愛・堕胎といった私的世界に関する法律上の制約が緩和され、婚前性交渉のような、それまでは「罪」とされてきたものへの社会の考え方が修正された。

　このリベラルな傾向は道徳的な保守主義者から猛烈な反発を受けた。しか

し、このことが解放論者（リバタリアン、liberterian）のあいだで秩序の破壊として詳細に説明されているわけではない（注30）。この抵抗は原始宗教的信念の産物、社会変化への憤り、もしくは女性が示す性欲・新しい技術・労働者階級への恐怖が要因となっているとされただけである（注31）。

　このことをいみじくも指摘した、もっとも有名な著作はジェフリー・ピアソンの「フーリガン文化現象」（hooliganism）の考察である（Geoffrey Pearson 1983）。彼によれば、過去一世紀以上にわたり、どの世代も自分たちの幼年期には社会秩序があったこととか犯罪が少なかったことをあげ、大人になった現在の無法状態を嘆く傾向があるという。1840年代の「街中の暴漢」、1860年代の「強盗」などから1950年代の「テディーボーイ」（訳注：Edward 7世時代の服装をまねた1950年代の少年）、1970年代の「強盗」にいたるまでの、こうした時代的特徴は実際には犯罪率とはほとんど関係がない。しかしそれらの現象には若者の道徳的退廃、有害な外国の影響、メディアの悪影響（それがビクトリアの音楽ホール、エドワードの漫画、1920年代の映画、あるいはテレビのどれが原因であるかは別にして）が作用しているという。この画期的な研究が示しているのは、法律と秩序重視の態度とメディアへの道徳面からの規制指向がしばしば郷愁、偏見、あるいは社会的神話からできているということである。

　サッチャリズムに関する二つのすぐれた研究業績とそれに先立つ仕事がこの議論を補完している（注32）。そこでは道徳的な権威主義がアジア・アフリカ系移民、1960年代の若者革命や国力の低下に起因する不満や恐怖のはけ口となっていると主張される。ビクトリア時代の道徳的価値と安定に立ち戻れば、現在の諸悪の解決がはかられるというわけである。この保守的な伝統主義者たち（社会秩序派）の考え方が1970年代と1980年代に、政治変革をもたらした強力なイデオロギー的主張を誘発した。

　道徳的伝統主義はこのように非合理的、抑圧的かつ反動的であるが、同時に強力であった。それは解放論者からは、寛容と道徳的多元主義という「近代」の伝統には合わないとして反対された。メディアの発達はこれら二つの

伝統の、マニ教的な二元論対立という観点から説明された。

　この対立はしばしば、1920年代に自由を求めて服装・行動などで慣習をやぶったフラッパーたちから1970年代のパンクや道徳的「逸脱者」、性的マイノリティから未婚の母までの、象徴的な「アウト」（逸脱）集団に付随した、断続的な「文化戦争」として噴出した。これらの闘争は「どこまでならば許されるか」という許容範囲の線引きをした。伝統主義者にとってこれらのアウト集団は道徳的な乱れであり、社会として適切な対応の必要なものの象徴であった。それは今後の「よりよい例」にすべきものなのか、それとも、若者を教育によって道徳面から抑制すべきか、あるいはきびしく制裁したり、新しい懲罰法をつくるべきかといった議論をもたらした。解放派にとってこれらのアウト集団はしばしば偏見の犠牲であり、受け入れ難い権威主義の拡大の口実にされていると受け取られた。

　この規範論争についてメディアと性的マイノリティの関係を例にして簡単な歴史的経緯の説明をしておくとすればつぎのようになる。ビクトリア朝時代、増大する伝統主義者たちの圧力によって、公共の場であろうと私的な場であろうと、男性の同性愛は犯罪行為であるとの条項が1885年の刑法改正で付加された。これはゲイの男性にたいする民衆の敵意がもっとも高まりを見せた時期であった。オスカー・ワイルド（Oscar Wild）は当時、若者を堕落させる悪い作家だとして新聞で広く批判された。あるロンドンの新聞は「道徳を守るには健全な頑固さが必要だ」（Ellmann 1988：450から引用）とさえ書いて、ワイルドを大上段から批判した。ますます同性愛嫌悪の意見が強くなる傾向のなかで、「めめしい」（effeminate）という言葉は、女性と多くの時間をすごし、女性とのつきあいからその感覚的な影響を受けすぎる男性という意味から、同性である他の男性が好きになり、その男性とセックスする男性を意味するように変化した（Kent 1999：248）。この言語的変化は社会がいっそう同性愛「問題」に過敏な反応を示すようになったことの反映でもあった。そうした状況下、1898年に新しい、抑圧的な反ゲイの法律が成立した（Weeks 1991）。

レズビアン（女性の同性愛者）はゲイの男性ほど批判の対象にはならなかった。女性同士の愛というものがあまり知られていなかったことと、女性愛者のほうが「違和感がない」と異性愛者たちが考えたのがその理由であった。しかし大きく報道された裁判をふくめ、もう一つの道徳向上を目指した法律によってこの問題が社会的に注目されるようになった。1928年、ラドクリフ・ホール（Radclyffe Hall）の女性愛者についての小説『独りぼっちの井戸』（Well of Loneliness）が告訴され、猥褻だとして有罪となった。「サンデー・エクスプレス」紙によれば、「健全な若い女性にはこの小説を与えるよりも青酸カリを与えたほうがましだ、なぜなら身体を殺すよりも道徳的な毒は精神をダメにするから……」というわけである（McKibbin 1998：324から引用）。これほどの意見が出るようになった原因には、現代の女性たちの一般的考え方の形成に影響を与えた女性愛主義を抑えようとする、新聞が支持した十字軍的な活動があった。同性愛一般に関する偏見はゲイ男性を虚弱で愚鈍、あるいは悪意があり堕落しているとして描く両大戦間の映画にも見られることである。

　1960年代、リベラル派はゲイの男性に共感をしめし、「ふつうの人」として描くことはまれであったとはいえ、社会の犠牲者あるいは誠実な友として描く映画を制作することによって抵抗することもあったし（Street 1997）、検閲の対象になりにくい書籍や演劇を使ってそうすることもあった。ゲイの共同体もうまく組織化され、1962年には『ゲイ通信』（Gay News）も成功裏に発行され、彼らの声が外へ出るようになった。十年前に出たウォルフェンデン報告（Wolfenden report）による勧告にしたがい、1967年には大人の同性愛が合法化された。

　しかし、リベラル派の主張のそれ以上の進展は1983－7年のエイズによるモラルパニックによって中断させられた。大衆紙はゲイ男性について、「汚れなき」社会に「殺人疫病」をもたらす者として描き、同性愛嫌悪の社会観を復活させた（注33）。いくつかの新聞は性行為がなくともエイズ患者と日常生活でふれ合うだけでHIV陽性になる危険性があるとの誇張報道によって

ゲイ男性への憎しみをかきたてた。タブロイド新聞のこうした報道は、英国最大の発行部数をほこるザ・サン紙が「ゲイよ、飛行機で去れ！切符代金は払おう」(Watney 1987：147から引用) という見出しをつけた、いつでも乗れるノルウェーへの片道切符を提供するという記事により頂点に達した。ゲイ差別禁止の法律はいくつもある。とりわけ、1988年に、いかなる地方自治体も「その運営する学校で同性愛者の家庭生活は偽りの家族関係であると教えること」(Kent 1999：352から引用) は違法であるとする法律（第28項）が制定されたことは画期的であった。

こうして、エイズによるモラルパニックは1980年代後半までにしずまった。その結果、映画やテレビはゲイやレズビアンに関して多様な描写をするようになり、寛容性が出てきた (Dyer 1990：Gross 1998)。タブロイド新聞も1963年の『サンデー・ピクトリアル』の「ホモの見分け方」(Weeks 1977：163から引用) といった、「珍奇性」だけを売り物にするようなことをしなくなり、偏見の度合いを小さくしてきた。これらのメディア表現の変化とその背景にある態度が法改革への道を整備することになった。2001年にはゲイの性交渉は異性間のそれと同様、十六歳で社会的に合法とされるようになった。

リベラル派と伝統主義者の衝突の第二幕はメディアにたいする道徳的規制についてであった（注34）。リベラル派が優勢になった1950年代以降のこのテーマを検証すると、まず1951年、成人向け映画を「X」指定として許可する制度が導入された。それは厳密な制限のもとで、外国映画からまず……ということで、字幕入り上映のかたちでセックスが公開された最初であった。しかし当局は、性の自由化がますます拡大する傾向を抑制しようとして、1960年、D.H. ローレンスの『チャタレー夫人の恋人』を「猥褻である」として告発した。「それはあなたが妻あるいは使用人に読ませたい本ですか？」(Morgan 1999：186から引用) と、告訴した法廷弁護士、マーヴィン・グリフィス・ジョーンズは驚いている陪審員たちに尋ねた。だが、彼らは閉じこめられていた性を解放した出版社のペンギンブックスに軍配をあげた。

「血まみれ」場面は1963年、「同性愛者」は1967年、「直接の性行為」(fuck)

は1970年に解禁された。1950年代の健康志向の裸体主義者が登場する映画における肉体の控えめな露出は、1968－9年までに、成人向け映画における正面からの全裸体映像としても全面解禁となった。犯罪者は失敗するか、最後のシーンでは困った状況に追い込まれるという「公共の徳目」的なお決まりの慣習も1960年代には終わりを告げた。映画の検閲制度がまだ継続していたのに、演劇についての公式な検閲者としてのチェンバレン卿の役割は1968年にはなくなってしまった。彼はその職を終える少し前、そうした風潮に挑戦して、ビクトリア女王をレズビアンとして描写しているとして、エドワード・ボンドの演劇「早い朝」(Early Morning)のその部分をカットしようとしただけである。

　この性に関する「寛容な態度」を変更して元へ戻そうとする社会的動きが1980年代と90年代初期になされ、マーガレット・サッチャー首相（1979－90）は明白にそれを支持した。1984年にはビデオにたいする検閲がよりきびしくなったし、1988年には道徳問題の「浄化」を目指して放送基準評議会（Broadcasting Standards Council、後に「……委員会」……Committeeに名称変更）が設立された。しかしこの道徳的見直しは失敗した。主な理由はテレビの商業主義がテレビの規制緩和をいっそう推し進めたからである。1990年代にはそれ以前にもましてテレビにおける性・暴力表現が多くなった。伝統的な道徳を守ろうとする活動は市場自由主義を促進しようとする動きによって抑制された。

　解放派は、自由主義者と伝統主義者がメディアとそれにたいする統制について、いかに相互に対立してきたかをこのように説明してきた。この論を形成する諸研究は20世紀半ばの文化革命によって大きな影響をうけたアルドゲイト、バーカー、マードック、ピアソン、ピトレイといった学者たちによってなされた。もしポピュリスト派の言説が1980年代と90年代の産物だとすれば、解放派の言説は1960年代共通のテーマ音楽であったといえる。

　しかし、社会の寛容性の増大に貢献した個人主義の発展は同時に人びとの相互の結びつきを解体していくことになった。このことが、人びとの社会的

絆を支え、国民の共同体意識を維持するためにメディアが果たす役割に関する第5番目の主張に目を向けさせることになる。

国民国家の形成：人類学的言説

人類学者のベネディクト・アンダーソンによれば、国民とは「想像上の政治共同体」である。「もっとも小さな民族でさえ、相互にすべてが知り合うことはまずないし、出会い、消息を聞くこともないが、心のなかで仲間意識のイメージをもつわけだから、〈想像する〉としかいいようがない」というわけだ（Anderson 1983：15）。彼によれば、小説と新聞の登場は一民族のアイデンティティを形成するうえでとくに重要である。アンダーソンは①国民は文化的な概念であり、②メディアがその形成に役割を果たしているという。こうした議論は社会史にもメディア史にも影響を与えた。この二つの分野が合体して新しく、説得的なメディア史の言説が生まれた。

正式名称を「グレート・ブリテンおよび北アイルランド連合王国」（United Kingdom of Great Britain and Northern Ireland）という英国（Britain）は比較的新しい国家である。連合王国はイングランドとウェールズに1707年、スコットランドが政治的に合併してできた。だが、アイルランドは法的には1800年まで英国の一部にならなかったし、北部の六つの国と別れて1921年に独立している。

英国はこうして異なった言語、宗教、歴史、伝統、アイデンティティをもった「民族」で構成されることになった。くわえて、1707年の英国は多くの人びとの生活が地域の慣習、結びつき、さまざまな義務といったことで決定される教区付属的な社会であった。このような分散的で複合的な国家にとって、住民が相互にアイデンティティを感じ、国民的統合という感覚をもつにはどうしたらいいのであろうか。

1707年以降の半世紀間、英国を国民国家として統一することに貢献した偉大な力となったのはプロテスタントによる自分たちは運命共同体であるとい

う考え方であった（注35）。印刷メディアも英国は他のヨーロッパの専制主義的なカトリック諸国とは違う、自由で立憲的なプロテスタント国家であるという考えを広めた。この見方は、英国は外国のカトリック教徒という敵、とくにスペインとフランスの「カトリック教徒」、ガイ・フォークス（訳注：1570－1606の火薬陰謀事件の首謀者）からジャコバンの抵抗にいたるまでの国内の不埒なカトリックの裏切り者たちからの脅迫を受けているという、歴史陰謀主義理論を導き出した。それは16世紀以来、国家と教会での説教ならびに印刷物によって煽動された民衆の反カトリック主義によって支持された（注36）。

しかし統一は単に精神面で起きただけではない。それは国民国家の拡大によって促進されたし、国内の自由貿易やイングランド、ウェールズ、スコットランド、アイルランド人エリートたちの相互の結婚の増加による部分も大きかった。しかし英国が想像上の共同体であるかぎり、自分たちはプロテスタントであるという強固な信念がその基礎には存在していた。

1760年代以降、この全国的な宗教的アイデンティティの上に帝国主義というアイデンティティが重なるかたちで、主としてその後の200年間にわたり多くの英国民はつぎの世代をどうしていくかを考えるようになった。英国全土への帝国主義のアピールはイングランドだけではなく、スコットランド、ウェールズ、アイルランドのどこでも、各地域の利益を念頭に置いてその考え方に賛同し、帝国を運営し、経済的利益のために帝国の拡大をしたのであった。しかしこの帝国主義という統一力もまた想像上の産物として機能した。最初からこの「帝国」は勇敢な探検家、航海者、商人、宣教師と行政官という活発なプラスイメージを創出した。それらのイメージは第一に、栄誉、男らしさ、冒険、勇気、第二に、進歩、道徳的率先垂範、質実剛健といった二つに大きく分類できる。それらのイメージは冒険物語と道徳的義務という二つの柱からなる帝国の理解を生み出した。それら二つの特徴は後期ビクトリア朝時代には帝国主義の成功が強固な国民性の育成に寄与するというアピールの仕方でますます多くの人びとを引きつけるべく利用された。英国が世界

最大の巨大帝国を建設できたのは軍事技術と経済力によってではなく、英国民が優秀であったからだという論が広く信じられるようになった。英国的であり、英国人的特徴をもつことは大英帝国の偉大さの一部を共有することであったわけだ。

　この高慢さは19世紀の最後の四半期にピークに達し、その後しだいに小さくなった。帝国主義は学校、軍隊、教会、そしてとりわけ興隆してきたマスメディアによって支持された。じっさい、後期ビクトリア朝の音楽ホールはきわめて帝国主義的であった（Bailey 1986 and 1978）。ビクトリア時代、エドワード時代の英国の多くの人気小説、たとえば、G. A. ヘンティの作品は他の人種よりも英国人が優秀であることをさかんに書いている（Mackenzie 1984）。リチャーズが書いているように、英国の映画は「帝国の神々は英国的な価値観や徳目を体現する英国の典型である」（Richards 1997b：57）という帝国主義推進の連続叙事詩となった。英国の全国紙のほとんどが1850－1939年の時代、帝国賛美の記事を書きまくった。BBCはこの帝国王朝の大衆化に中心的役割を果たし、1935年の番組「帝国の日」（Empire Day）で、「大英帝国は一つの大きな家族から出来ている……」（Cardiff and Scannell 1987：163から引用）と放送した。偉大な帝国の中心部にいるという感覚がときどき人種差別的で外国人への嫌悪の行き過ぎとなり、それは少年漫画においてもっとも明白な表現となった。その代表が、何かあれば「白人どもはいつか必ず黄色人種の怖さ（Yellow Peril）を思い知るであろう」（McKibbin 1998：498から引用）と言って対立感をあおる、よく知られたマンガの主人公で中国系のワル、チャオフェンであった。

　いっぽう、帝国主義への批判は20世紀初頭から高まった。たぶん、それが理由となって、英国らしさというものが、1930年代、40年代、田舎ののどかさに象徴的な、おだやかで他者を気にしない地域主義として理解されるようになってきた。だが、英国はおおいに産業化され、都市化された国であり、英国をこのイメージで理解することは本質的に間違っている。しかし、のどかで楽しい田園という非現実的な英国イメージの神話は英国を描写する

ための、長期間にわたる修辞ゆたかな歴史となった（Williams 1973）。その神話は18世紀にとりわけさかんであったが、実際には新しい農法や社会問題の増加が神話を裏切っていくのであった（Brewer 1997）。1930年代と40年代、想像上の田園風景のイメージは、受け取る人にその解釈を自由にさせたから、英国の強力な統合シンボルとして強力に機能した。右派にとってそれはヒエラルキー、調和、秩序といったものの消滅をおしとどめるものとなり、左派にとっては産業資本主義による破壊以前のシンプルで快適な生活を可能にした自作農の夢を見させてくれるものであった。かくして、英国らしさは過去についてのあいまいな虚構に基づいて形成された。

英国の統合イメージがときおり弱まることがあったとしても、国家の民としてのアイデンティティはメディアの構造がそれに合わせて変化を続けることで強化された。説明をわかりやすくするためにまず1800－1960年までを語ろう。この時期以降、英国人の自画像がおおきく変わるからである。

「全国」展開の新聞は19世紀初頭に登場したが、1930年代になってはじめて地方・地域新聞の総発行部数に追いついたにすぎない。全国展開のミュージックホールのネットワークは最初、1880年代にはじまり（Bailey 1978）、映画館の全国展開のスタートは1920年代の後半であった（Street 1997）。中央からのラジオ放送が地方をカバーする全国放送になるのは1920年代で、テレビが実質的にそのように計画されたのは1940年代（BBC）と50年代（ITV）で、そうした放送の実施はそれよりずっと遅い。もちろん、長期にわたり、地方や地域の新聞、スコットランド・ウェールズ・北アイルランドの名を冠した新聞もあり、それらの地域に対応して事業展開をするラジオやテレビもあった。しかし、さらに重要なのはメディアの大半が組織的に全国展開となるのは1920年代と30年代で、ビクトリア朝時代（訳注：女王の在位は1837－1901）にはすでにその基礎的体制ができていたのである。

19世紀の新興メディアシステムの内容もだいたいにおいて英国的であった。ところが、映画とレコードが登場してからはその傾向に変化が出た。英国人がグローバルな、とくにアメリカの文化的影響に接することになったか

らである。1910年以降、アメリカ映画が英国市場を席巻し、1947－8年の説明でのべたように、1927年にはじまり、1938年に強化された自国製品保護法の成立をうながした（Street 1997）。アフリカ系アメリカ音楽とひとくくりにしていえば、この分野の保護政策は米国人ミュージシャンを雇用する際のビザ制限によってなされたが、1920年代と30年代のレコードブームによって事実上撤廃されていき、1940年代までにその種の音楽が英国における主流ポピュラーミュージックとなった。

　しかしそれに抵抗する動きが英国のメディアシステムをふたたび安定に導いた。1922年にラジオが国家の独占形式ではじまり、外国との競争に立ち向かった。テレビは民間放送の形式も可能であった1955年にはじまったが、国民メディアとして手厚い保護を受けることになった。英国政府の所有系列に入らないものは禁止され、番組の輸入についてもきびしく制限された。米国が席巻した映画を犠牲にしてまで、英国主体のテレビ政策が採用され、メディアの独占が強化された。20世紀初頭、英国が外国との交流をするための文化的ハードルが事実上下げられたが、その後また高くされた分野も出た。

　しかしこうして保護された英国のナショナルメディアが単純に国民的な「共通文化」を育成したわけではない。英国社会が強力な階級差、ジェンダー、ケルト文化、その他のサブカルチャーによって階層区分されていたからである。そのため、1930年代に多くの労働者階級の人びとが日刊新聞を購読しはじめたとき、その大半は、中流階級が主として読んでいた新聞とは違うものを選んだ（注37）。スコットランドに住んでいる人たちであれば、そのいくらかは全国紙のスコットランド版ではなく、スコットランドで発行されている日刊紙を選んだ（注38）。おなじ時期、女性たちは男性とは違う雑誌、書籍、そしていっしょに購読している新聞でも男性とは違う紙面・記事を読むようになっていた（注39）。しかしこうした文化やアイデンティティの差異はやがて、ものすごい勢いで資本からの攻勢に浸食されていくことになる。多くの町には一つのスクリーンしかない映画館、それも数が少なかったから上映演目もわずかで、1930－60年には独立系の映画制作会社も減少し、大

手配給会社と大手映画会社が組んだネットワークがそれに取って代わった（注40）。テレビは同期間にそのチャンネルを一つの独占から二つによる寡占となったが、ともに全国民、大衆向けの番組を放映していた。ラジオだけが1940年代、はっきりと特定の聴取者階層をねらっていたが、それ以前は全国民向けの番組編成をしていた。要するに、大多数の人びとはどこに住み、どの階層に所属していようとおなじメディアの共通部分にアクセスしていたわけである。

　全国共通メディアの展開は全国民に共通の経験をさせ、共通の話題という枠組みを提供した。同時に、一つの国民としてのアイデンティティを強化した。とくに、1930－70年の黄金時代の英国映画は人びとに自国のイメージを映像として認識させた。それは国民を利口なスコットランド人、叙情的なウェールズ人、率直な言い回しの北部の人、危っかしいが愛らしいロンドンっ子、素朴な西部の人たちといったように、人びとには地域としての特定の属性があるとして描き、相互が一つの共同体としての親しい感情を共有し、交友が可能であると思わせた。それはまた布製の帽子をかぶる労働者からクリケット投手の帽子をかぶる公務員まで、それぞれ特徴をもった雑多な階層が構成する集団としての国民像を形成した。それらの階層は潜在的に相互の対立要素をもっているが1930年代の英国映画では社会集団間の相互依存、人間的な面での共通性、統一を求める相互の願望等が強調される傾向があった（注41）。第二次世界大戦中の映画やドキュメンタリーは違う階層の人たちが共通善に向かって私心を捨てて努力する場面を理想的に描いたし、1950年代に製作された映画は戦時中の神話的ともいえる社会連帯を強調した内容をもっていた（注42）。事実、1930年代と40年代の英国映画には一つの共同体を指向する傾向が強く、それが国民映画としての顕著な美学となっていた。ハリウッド映画が個人的な面を強調し、個人の私的内面に入り込んでいくのに対し、英国映画は多様な社会空間で活動する多彩な人物が織りなす筋書きから成立していた（Higson 1997）。

　もし映画、それに続くテレビ（注43）が人びとに英国社会を視角的にとら

える助けとなったとすれば、ラジオもまたその傾向を助長した。1930－55年のラジオの優勢時代、それは多様な要素をもつ国民生活を一つのまとまりをもったものとして人びとに説明した（注44）。主要な宗教的な祝祭、共通の思い出としての休戦日、「帝国の日」（Empire Day）をはじめとする国家的栄誉、ラグビー協会杯決勝戦のようなスポーツ大会、サリーの森のウグイスの声を中継した春の訪れの告知、その他の国民生活の多彩な特徴が英国民の団結を喚起するためにBBCラジオによって放送された。聴取者はそうしたラジオ番組を聴くことによって国民的行事に出席し、自分は国民の一人であるという感情を有することになった。BBCがそうしたラジオイベントが年中開催されるという予定表を当然のこととして事前告知することも国民生活の安定と継続が大切だという国民感情を再確認させた（Scannell and Cardiff 1991）。

　新聞はそれぞれに固有の読者向けであったが、各紙に共通するニュースの価値感によって「私たちはこう思う」という思考法を伝えた。大衆紙の紙面割付の割合を見ると、1947年時点で読者は、外国ニュースよりも国内ニュースに八倍もの関心をもっていた（注45）。国内の出来事への関心は、たとえば海外における事故に英国人被害者が含まれておればそれが報道価値をもつという傾向のことである。全国紙もまたこの時期に、英国の成功にたいして読者が誇りをもつようにし向けたし、とくにクリケットの国際試合やオリンピックで負けるといったことを民族的敗北として報じていた。

　1960年代初期、こうした民族的アイデンティティと帰属性の強調への反発が出てきた。夜、映画館の上映が終わって国歌がながされるとき、立ち上がってそれに敬意を表することをしない若者が増加したのである。帝国のほとんどは1960年代までに解体されていたから、帝国のイメージがロマンをかもし出すことなどもはやなくなっていた（Mackenzie 1984）。昔の城守の肖像画は新しさと近代性を前面に押し出そうとする時代にそぐわなくなっていた。英国民族は一心同体だという考えは息が詰まるものとされるか、国家順応主義として攻撃され、1960年代に影響力のあった映画のなかには見られなくなった（注46）。

この英国の民族的アイデンティティの弱体化は1973年の欧州連合 (EU、当時はヨーロッパ経済共同体・EEC) への加盟によって加速した。EUはその後の大陸ヨーロッパ諸国との政治的主権の共有、文化とスポーツ面での協力、貿易の再編といった面での提携のはじまりとなった。そして、自分を「ヨーロッパ人」と考える人たちも出はじめた。しかしヨーロッパ人という意識はメディアの発達からいえば、まだほんの少しの支持しか得られていない。全ヨーロッパ向けの公共衛星テレビ放送を目指した1985年の試みは不名誉な失敗に終わった (Collins 1992)。さらに一般化していえば、ヨーロッパのテレビ産業が国家ごとに存在していることを克服しようとするヨーロッパ委員会の試みも米国からの番組輸入の増加をもたらしただけであった (Levy 1999)。大陸ヨーロッパで制作された番組は英国ではほとんど視聴者がつかなかった。結局、萌芽期のユーロメディアのシステムはEUというヨーロッパ国家の出現に応じて計画されただけで、1990年代の後半までにほんの一握りのエリート層に受け入れられたにすぎない (Schlesinger 1999)。逆に、大部数発行の英国の新聞がますますヨーロッパ型社会制度に敵対するようになった (Anderson and Weymouth 1999)。

　国内では、英国的ナショナリズムに対して、復活したケルト人のナショナリズムが挑戦した。スコットランドとウェールズの地域民族政党が1970年代以降いっそう大きな支持を得るようになってきた。その拡大は1999年のスコットランド議会とウェールズ議会の設立への道を開いた。これに先立ち、新しい民族議会センターの発足を見越して、スコットランドメディアの再編がおこなわれた (Schlesinger 1998)。こうした1707年以前の仕組みへの「回帰」はEUという脈絡からはもはや信じがたく思われたのだが……。

　一方で、英国の民族的アイデンティティはグローバル化の進行によっても解体しつつある。グローバル経済による規制緩和と国境を超えたビジネスの増加によって、雇用を創出し、企業から税金を徴収し、経済を運営する国家としての英国の能力は低下した。こうして自国民の利益を保護する力が弱まるにしたがい、国家としての英国は国民への忠誠心を求めることができなく

なった。ときとして強調されすぎるきらいがあるにせよ、グローバル化がメディアシステムと国家との関係をゆるくしたのも事実である。英国の映画産業は1970年代初期から深刻な危機に瀕した。数こそ多くはないが、公共放送の庇護を受けられなかったものは米国資本に依存するというかたちで国際化する傾向が出てきた。非ヨーロッパ製番組の割合はそれまで放映時間の14％までと厳密に決められていたが、1993年にはITVでは35％に、チャンネル4と5の場合には1998年にそれぞれ40％と45％にされた。しかも、ケーブルや衛星テレビではもっとゆるやか、ときには無制限であった（注47）。

しかし英国の民族的アイデンティティが弱くなれば、ヨーロッパ以外で製作された番組の率はさらに高まるであろう。不確実性と論争の時期をへて、「新型」の民族アイデンティティーとも呼べるものが1980年と90年代に出現してきた。その背景には移民をもっと受入れ、社会の変化を流動化して、遅まきながら、より多元的な社会を創出しようとする英国的な考え方があった。この新しい考え方は新聞界の一部からは猛烈な反発を受けたが、他のメディアシステムからは支持された。アフリカ系のカリブ海地域出身者、アジア系英国人がテレビや映画に多く登場するようになり、プラスイメージをもった、多様な存在として描かれるようになった（注48）。マイノリティ・メディアとしてのチャンネル4、同性愛映画、インド映画のボリウッド（Bollywood）、フェミニズム関連の出版、少数民族向けのラジオ局、特殊専門雑誌、独立したレコード会社といったもののすべてがそのような傾向をもち、人びとは「英国らしさ」をより多元的で雑種的なものであると理解するようになった（注49）。

要するに、この三世紀の間に、「想像上の共同体」としての英国はいくつかの変身を遂げてきたのであった。それは融通性のないプロテスタントの信仰の中から生まれ、その他の宗派や別の宗教、はては無宗教の人たちをも取り込みながら進化してきた。最初は帝国主義的で人種的な優越感で構成されていたのに、摩擦を起こしながら、しだいに非白人系英国人をも含めるようになってきた。

この議論は英国の民族的アイデンティティが作られたものであり、それが多彩な変化をしてきたことを強調している。だからといって、対立関係にあるケルト民族のアイデンティティのほうが英国人のそれよりも強いとか、彼らが具体的にイメージする民族のほうがより「自然」で「本質的」であると考えるのは妥当ではない。事実、チューダー王朝のときにイングランドに吸収されるまで、ウェールズには中央政府も人びとが合意した首都もなかったし、彼の地の19世紀における産業化の不徹底の残滓は今日まで問題として残っている。スコットランドはイングランドとウェールズに合併するとき、ゲール語を話す高地人とスコットランド語を話す低地人に分けられた。アイルランドはロンドンとペールに分かれた当時の支配者によって複雑に分割され、入植者たちは北部に集中し、歴史見直し論者たちが指摘するように、その他の部分は一つの非抑圧集団ではなく、内部対立と相互に搾取し合うようにし向けられた（注50）。

　英国では、その多様性のなかに統一性をもたらすためのイデオロギー的な「作業」が必要であった。そのため、19世紀後半のスコットランドにおけるロマンチックなケルト主義の復活が多くの神話を作り出すことになった。なかでも、スコットランドでは歴史的人物である詩人のオシアン（Ossian）を引っ張り出し、スコットランドらしさのシンボルとして、もともとは民族の、というよりも地位を表すものであったキルトとタータンチェックを再生させた。それらを慎重に部族の象徴として使い出したのは18世紀後半の英国軍隊であり、19世紀の織物製造業者とソビエスキー・スチュアート家であった。その二つの夢想家たちがいう、タータンチェックは王家につながるものであったという主張にはもちろん根拠などない。縫い込まれたプリーツがついた格子縞とは別の短めのスカートのキルトの現代版は18世紀の英国のクエーカー教徒の実業家、トーマス・ローリンソンによって「最初にデザインされ、最初に織られた」というのが正しい（Trevor-Roper 1983：22）。

　ハリウッドは、20世紀におけるケルト民族主義者の夢の偉大な創造者であった（Richards 1997b）。『ブレーブハート』（Braveheart、1995）、『静かなる男』

(The Quiet Man、1952)、『緑織りなす私の谷間』(How Green Was My Valley、1941)、『インフォーマー』(The Informer、1935) といった作品はスコットランド人、アイルランド人、ウェールズ人の温かくて実直な人柄を表現したもので、イングランドとその同調者たちの冷酷さや不誠実さとはしばしば対照的であった。これらの映画のなかには過去を神話的に語るものもあった。たとえば、『ブレーブハート』における自由の闘士は千年も前の入れ墨をしていたし、実際より500年も早く民族衣装であるタータンチェックを着ていた (Richards 1997b：185)。プロテスタントの謀略理論、帝国主義的空想、のどかな楽園イメージなどは英国を一つの国民国家として結合させることに役だったが、アイルランド、ウェールズ、スコットランドを民族国家としようとする神話もその動きへの対抗として用意されたのであった。

こうしたメディア史はナショナリズムのイデオロギーの実態を明らかにする。それは不変で、秩序だったものごとの一部としての、国民国家の「所与」の性質が、増大するグローバル化の進行の結果として問題とされることによって明らかになってくる。こうしてメディア史の、次の新しい設問が私たちの前に開けてくる。

肯定論理に立つ議論

ここまでに取りあげた五つの論には明確な類似性がある。それらのすべてが事態はいい方向に向かっているとしている点である。

リベラル派の歴史ではメディアの自由の獲得が人びとに力をもたらした。ポピュリスト派の歴史では人びとは自分たちが望むメディアによる娯楽を要求し、獲得した。女権拡張論の歴史ではメディアは女性の自由の拡大をいっそう促進した。解放派と人類学派の議論では、メディアはいっそうの社会的寛容を求め、包摂的で対立を解消する方向で国民国家を形成しようとした。

私たちはこうして、これら五つの考え方を進歩という観点から一くくりにすることができるだろう。ある意味ではカーディフ、スキャネル、リチャー

ズといった三人のすぐれたメディア史家がこの考え方の先頭に立っているといえる。彼らの仕事はおなじではないし、同一のメディアを対象としたものでもないが、いずれも肯定論理に立った議論（affirmative narrative）である。だから彼らが到達した点から研究の継続をすることは可能である。

しかしこのように概括してみると、そこからは六番目の試論として、「ラディカル派メディア史」（radical media history）というものを取りあげざるを得なくなってくる。そしてこれはメディアの発展が明るさよりも暗さをもたらしたと説明する新たな物語となる。

エリートによる支配：ラディカル派の議論

この派の仕事でよく知られているものの多くは、公共的理性（公共性／public reason）の勃興と衰退に関するユルゲン・ハーバーマスの主張である（Habermas 1989 [1962]）。彼によれば、18世紀に理性的な議論の場である公共圏（public sphere）が出現した。すくなくとも原理的には公共善への関心がそれをもたらし、政府に影響を与えるコンセンサスを形成した。この公共圏という空間は主として、喫茶店やサロンにおける対面コミュニケーションや、理性ある議論をし、政府にたいして世論を伝える独立した新聞を通して機能したという。しかしこの公共圏は表面的にはすべての人に開放されているはずなのに現実の傾向としては特権層のものになっていた。

ハーバーマスによれば、19世紀と20世紀にこの公共圏は構造的転換を経験した。公衆として集まった私的個人の集まりから、その大部分が組織された私的な関心と利害および拡大した国家に引き継がれたという。理性に基づいた公的生活の機能は彼のいう「再封建化」によって堕落し、近代メディアは広報、広告業、巨大ビジネスの影響に屈した。初期の新聞は理性ある公衆の議論に参加したが、新しいマスメディアは消費者の無関心をもたらし、政治をスペクタクル化し、事前にパッケージ化した便利な思想を提供した。要するに、それらは公衆の意志を表現するよりも公衆を支配したというわけで

ある。

　この説明では、メディアは条件つきで進歩したということにすぎなくなってしまう。つまり限られたメンバーによる理性に基づいた「公共圏」の創造というものが歴史の経過のなかで、操作と支配体制に組み込まれてしまったということである。しかしこの広く引用されるラディカルな議論はこれ一つだけではない。おなじく興味ある論がほぼ同時期にレイモンド・ウィリアムズによって発表されている (Raymond Williams 1965 [1961])。彼によれば、マスメディアの勃興は①民衆による自治政府をもたらした民主革命、②読み書き能力と教育を向上させた文化革命、③経済的繁栄をもたらした産業革命という三つの革命と複雑に関係しているという。これらがいっしょになって「古い社会形式の過程をぶちやぶる」ことにより、社会進歩の「長期間にわたる革命」となり、新しい発展が可能になった (Williams 1965：375)。この進歩は時代の抵抗を受けたのだが、同時にそれは「驚くべき成功」も記録した。ウィリアムズはこのことについて、「初期」のハーバーマスを含む大衆社会への悲観論者に配慮しながらも、彼らに反対の立場を明らかにしている。

　しかしこのウィリアムの議論には長い間、はっきりしない点があった。後に彼が明確な態度を打ち出すまでに、「自分の前に立ちはだかる葛藤」について大変率直に記し、歴史家でもない自分が何世紀も結論が出ていない問題である「社会の進展の総過程」の議論に参加していることについてその資格があるかどうか悩んだと言っている。「もし自分が専門分野を超えて発言するとなると、信頼できないと反論されたとき、それに対抗できなくなってしまうことが分かっていた……」とウィリアムズは打ち明けている (Williams 1979：152)。そのため、彼の先駆的な労作『長い革命』(1965) は、示唆的ではあるが明確な枠組みを提示しないゆるやかなエッセイを集めた形式をとっている。

　ウィリアムズがこの論をそれ以上発展させなかったのは彼の思考が変わったということもあるだろう。彼は過去二世紀についてのラディカルで社会民主的な初期の自分の見方を、変更する可能性を示唆しながらも、長期的には

やはり民衆勢力の敗北だと認めざるをえないとした、はるかに悲観的で明白なマルクス主義的見解に近いもので、起伏を経験しながら、改善されてきたプロセスとして説明するようになった（注51）。この視点の修正は正式な歴史論として提出されなかったが、商業新聞によるラディカルなジャーナリズムの取り込みについての説明 (Williams 1970)、民衆本位の公共サービス放送をエリートがひっくり返したとする何回かの説明(Williams 1966 and 1974)、民衆のラディカルな伝統的遺産を使い切ろうとする労働運動の指導の失敗 (Williams 1984)といったことで断片的に取りあげられることはあった。

マルキストのレイモンド・ウィリアムズがその視点からの仕事を止めた地点から、スチュアート・ホールによる歴史についての仕事が出発しているという議論があるが、それは過小評価されている（注52）。ホールは政治権力を共有し、「平等化」すると約束した大衆民主主義がなぜ、より平等な社会を構築できなかったかという設問を立てた (Hall 1986c)。結局のところ、彼がさまざまな論考で指摘したように（注53）、それらは、従来的な「政治」形態を必ずしもとっていないとしても、18世紀の道徳経済の集団から1960年代、70年代の潜在的に「相容れない」サブカルチャーにいたる草の根ラディカリズム（grassroots radicalism）の周期的な表れであったと彼はいう。それではなぜ、それらは社会変革を実現できなかったのか。

彼はその理由の一部を左派系組織の欠陥、つまり社会リベラリズムの矛盾 (Hall and Schwarz 1985)、共同組合的社会民主制の限界 (Hall et al. 1978)、「労働主義」イデオロギーの不十分な指導力 (Hall 1983 and 1984)によるものだとした。しかしホールの「民主主義の抑制」についての主要な説明 (Hall 1986c：38) は社会の指導層による文化的権力の実践のことである。このことから彼は支配層が団結して新しい事態に適応し、自己改革をしたとする。そこで彼は、イタリアのマルキスト、アントニオ・グラムシの仕事を引用しながら、支配層は下層からの挑戦に直面し、新しい権威を確立しようとしたのだという複雑な理論化をおこなっている（注54）。

これに対抗するラディカル派の論では、人びとの前進しようとする動きが

止められたり、押し戻される時期がかなり続いた後で、進歩が訪れると考える。それはより大きな自由、民衆の力、ならびに娯楽の提供ということを述べる多くのメディア史のホイッグ派的ゆらぎに対し、もう一つの新しい思考法を提供する。しかしこのメディアの発展に関する新しい見方には不透明な部分が多い。その水彩と粘性ゴム絵の具との混合は興味ある輪郭をつくってはいるが曖昧模糊としている部分が多いことに変わりはない。

専門家の支持

この曖昧さのいくらかは専門の歴史家やメディア社会学の研究者からいっそう注目され、なぜ「自由」なメディアがエリート層の統制下に置かれるようになったかが説明されるようになった。

この説明の一部は自由市場それ自体が自由を推進するものではなく、統制のためのシステムの一つだというものである。この系譜では、ジェームズ・カランが、新聞の職人的生産から産業的生産への変化、広告依存の進展、売り手寡占の増大がジャーナリズムを体系的に歪めるようになったと主張する（注55）。この議論は本書の第3章でおこなうのでここではこれ以上ふれない。

ピーター・ベイリーはミュージックホール（音楽主体の娯楽劇場）の歴史について同様の論を展開している(Peter Bailey 1978)。ベイリーによれば、19世紀前半にそれがラディカルな様相を見せていた時代、典型的なミュージックホールはアマもプロも通っていたパブの歌える場所よりもちいさく、典型的な小規模新規事業であった。しかしこれが1850年代に大衆娯楽として飛躍すると大きな資本が投下されるようになった。巨大で、目的のはっきりしたミュージックホール劇場が建設され、全国的チェーンの展開となり、高給を出すスターシステムが採用された。1900年までに、モス帝国ミュージックホールのグループは200万ポンド近い資本を有するようになっていた。ベイリーによれば、演劇への資本投資家の登場はしだいに保守的になる労働者階級の文化と連動して、ミュージックホールからラディカル性を奪っていった。

この主張では、メディアでは多くの労働者階級のことが表現できなくなってきた、つまりそれでは市場にうまく受け入れられなくなってきたため、替わりに右派の見解が強く出るようになったとされる。また何人かのこの派の歴史家による主張のもう一つの関連意見には、市場には本質的にラディカルな変化に抵抗する性質があるというものがある。利益追求をする企業は政治的目的をもったラディカルな組織よりも市場のニーズによりよく適合するものを歓迎するというわけだ。企業は営利を最大にする戦略を採用する。そしてそれはラディカルな民衆文化の漸進的減少と部分的な企業化を促進する。つまり近代の民衆ジャーナリズムの基本形は、まず大衆向けの日曜紙として1840年代と50年代に成立した。それらはラディカルな運動としての新聞が掲載した悪漢小説の道徳的娯楽の伝統や、修辞が豊かで現実から素材をとった大衆文学の両方の特徴を兼ね備えていた（注56）。そこでは社会の主流的考え方に異議を唱えるというよりも、表面的にだけラディカルな調子の記事が繰り返し掲載され、ラディカルな読者とそうでない読者の両方にアピールする編集方針がとられたのである。その支持階級に基礎を置いた固い伝統を尊重しながら、金銭とスター性を評価基準とする楽しい大衆娯楽の発達と並行的に、反ラディカリズムの動きが出てきたと説明された (Williams 1970)。

　この第二の主張はたいてい、市場は労働者を無知にしたが、楽しませることだけはしたと結論づける。ジーン・チャラビーがいうには、商業新聞は大衆層を楽しませ気分転換させる、社会を映し出す神秘のマジックミラーであるが、同時に「世間の実相を知らせず、自分たちの置かれた社会的立場についての判断材料を与えない」(Chalaby 1998：5)。同様に、レイモンド・ウィリアムズは結論として、大衆／商業文化は人びとに「不利益な点を忘れさせ、支配的な社会秩序に適応させ、その代替としての安堵・満足・慰安を提供する」という(Williams 1970：25)。

　ラディカル派の歴史家の何人かは、メディアは大衆デモクラシーの導入前も導入中も導入後も国家によって馴化されてきたとも主張する。抑圧的な法律や親政府系の新聞には秘密援助金を出すといった18世紀に見られた統制

の方法は、19世紀にはさらに巧妙なやり方に取って代わった。1885年、認可されたジャーナリストに定期的におこなわれる非公式のブリーフィングであるロビーシステムが、情報への商業的ニーズを満足させることで新聞との友好的な関係を拡大する方法として確立された。くわえて、政府の大臣と新聞経営者との結びつきは宴会その他の社交関係の拡大によって強化された（注57）。

　しかし広報（PR）の近代的装置ができたのは20世紀に入ってからである。1919年、政府による最初の平時のプレスオフィスが開設された（Taylor 1981）。1930年代には政府の広報機関が首相府を報道管理本部として再構築され、ジャーナリストによる国家の他の部局へのアクセスを制限した。メディアの支配者・実力者たちと、首相であるネビル・チェンバレンおよびその直接関係者との接触もしばしばなされるようになった。リチャード・コケットによれば、政府と新聞支配者との実質的な同盟は1930年代後半、ヒトラーをなだめる融和外交政策を支持して展開された。彼がいうには「新聞発行の方針は上部の少数の人間によって作成され、1938年までに、ある意味でチェンバレン内閣からの直接の指示に従うようになり、多くのジャーナリストの意向や世論の動向とは別のものになったという（Cockett 1989：64）。BBCもだいたいにおいてヒトラーへの譲歩に反対する評論家を登場させなかったし、こうした構造に組み込まれていないニュース映画でさえ、この融和政策を支持したのであった（Pronay 1987）。

　国家の広報組織はその後も、とくに1980年代と90年代に急速に拡大した（注58）。これには単に報道対応係官の大変な増加だけではなく、効果的な国家コミュニケーションを目的とした世論工作、対象工作、広告分野対応の人員の拡充も含まれる。政治家も1950年代以降、電子コミュニケーションの技術を学び、その有効利用をはかった。報道管理も担当者をその時々に任命する従来のやり方から、さまざまな技術をもった多くの専門家を雇い、最新技術を駆使するシステムへと転換した。

　よって、この派の議論では、市場と政府による報道管理とがコントロール

の二重構造として機能したと主張される。しかしこれだけではいくつかのやっかいな問題には答えているとはいえない。たとえば、BBCモデルをとっても、ITVのような規制された商業放送の形式をとっても、市場によるコントロールという主張はどのように公共サービス（公共への奉仕）を目的とする放送を担保するのか。ただし、これらの局がたえず娯楽番組をながしつづけているからといって、公衆を非政治化していると非難することはできない。こうした放送局も憲章や免許取得の条件として相当量のニュースや時事問題を扱う番組の放映を義務づけられているからである。またそれらが圧倒的に保守的な新聞のように右翼的であるとは言い切れない。というのは、それらの放送は論争になっている問題について、公平な情報提供をすることを法律で求められているからである。同様に、広報の巧妙化の影響のせいにする言い方もバランスを欠くものである。報道管理がいっそう精緻になってきているとはいえ、ジャーナリストの職業的良心の拡大が自分たちは政府の宣伝担当者を務めるばかりではいけないという自律の精神を育んでいる面があるからである。

　こうした設問はそれとなく設定され、先駆的なラディカル・メディア社会学によって提示され、答えられてきた。以下、それについてふれておくと、その中心的議論は放送メディアへの政治エリートによるコントロールは政治組織と社会思想への影響をとおして間接的に実施されたという答えがある。ここでいうエリートとは高級公務員と主要政党の指導層のことである。彼らの共通の見解や主張が放送内容の枠組みを形成しているというわけだ。

　1970年代におこなわれたすぐれた研究によれば、放送関係者が自分たちは公正／中立な情報提供をしていることを示す戦略は、きびしい時間的制約のなかで、議会（立法）、政府（行政）、司法、市民サービス、政党といった国家の公的組織を出席させて政治討論番組をつくるという枠組みとして実施された。「国家によって事前に大枠として定義された公正／中立概念の範囲内において、それ（BBC）は独立性を保障されているにすぎない」とフィリップ・シュレジンジャーは書いた（Philip Schlesinger 1978：178）。

こうした国家の意向に即した議論が、BBCの場合、過去の反省、報道局長の権威、報償と処罰（配置転換をふくむ）によって、より一般化した言い方をすれば、ジャーナリストを組織の規律に馴化させることによって、その秩序を維持してきたのである。シュレジンジャーは「国家権力による放送メディアのニュースや時事問題報道、その解説の規制は……公然の検閲ではなく、編集上許される範囲を放送局内で前もって決めておくという間接的なやり方で干渉してくる」(Schlesinger 1978：205)と結論づけた。

シュレジンジャーによれば、この組織的な自主検閲は、テレビにおいては、1960年代とそれ以降の「新しい政治」、つまり学生の抗議、デモ、座り込み、賃上げ闘争、少数民族の抗議、非合法スト、工場占拠などを「低く評価」し、大きく取り上げないことによって実施された(Schlesinger 1978：168)。それはまた政治的エリートの同意を得て、さまざまな問題をめぐる議論を閉ざしてしまった。たとえば、ベルファーストやダブリンとは違い、北アイルランドの英国支配の継続の是非はロンドンで議論すべき問題ではないという理由で、1970年代のテレビはそれを取り上げなかった。その代わりに、シュレジンジャーによれば、ロンドンの英国議会のコンセンサスは北アイルランドの対立を主として法の支配とテロリストとの対立とする見解であった。この結論はドラマをふくむ広い範囲のテレビ番組の検証から導き出された。だが実際には、それらの番組のなかには「多くの制限や条件をつけられたとしても、ある種の反対意見には合理性がある」ということを認めて制作されるものがあった (Schlesinger, Murdock and Elliott 1983：110)。にもかかわらず、この第二の研究による総合的判断は、北アイルランドについてのテレビ報道において、「国家が全体としてそうした枠組みを押しつけることに成功した」というものであった(Schlesinger et al. 1983：137)。

広い観点からこれと比較し得る議論は、1970年代中期の英国の経済運営に関するテレビ報道を分析したグラスゴー大学メディア研究グループ（略称、GUMG））によってなされた (Glasgow University Media Group 1980)。テレビ報道の準拠枠は「主として支配的な政治集団の見解」から形成されており

(GUMG 1980：111)、英国の主要な経済問題はインフレであり、その主要解決策は賃金抑制であるというのがその例である。そこではその他の考え方は一般的に除外されるか、この支配的な枠組みのなかでの補助的要素とされるだけであった。一般的にテレビ報道は経済体制の仕組みと、「権力者たちがいう枠内において、何が重要で、必要、可能なのかという主張」を暗黙のうちに受け入れている (GUMG 1980：115)（注59）。

要するに、放送が政府から独立したというリベラル派歴史家の主張は、放送は国家を支配している政治的エリートに従属したままであるというラディカル派メディア社会学者から反論されたわけだ。このメディア社会学派が追求したのは、正式な表の政治での出来事の影響が直接的統制をおこなうことなく、どのように放送という別の分野への影響となったのかの説明であった。

これと似た議論は政治だけではなく、より広く社会の文化性に関心をもった過去の議論に見ることができる。それは、支配集団が自分たちの考え方をメディアワーカー（メディア産業の従事者）たちにその周囲の環境から不本意ながら受け入れざるを得ないようにさせたというものである。このヘゲモニー的な影響がしばしば支配的イデオロギーとして理解されるものである (Mackenzie 1984)。また社会によく浸透したイメージとして(Higson 1997)、あるいは相互に連結した主旋律のゆるやかな言説ネットワークとして (Hall 1985) とらえられることもある。それらのアプローチは各論ごとに大変異なっていることもあるが、メディアは時代の支配的思想に影響されてきたという主張では一致していた。

このラディカル派の議論では市場・国家・エリートの文化権力を通して実施されるコントロールの結果として、広い意味でメディアは社会秩序を支持するようになると主張される。この論は1970年代に最高潮に達した。それは、大学では新左翼が最大の影響力をもち、政府による正式な行政・政治と、かなり多数の人びとの経験と見解とのギャップが開いた時期と重なっている。そうしたなかで、メディアは「いつ政府から自由になったか」という、それまでの設問が、メディアは基層に存在する権力構造から独立したのかという

新しい設問に姿を変えた。だが、1980年代と90年代という、より保守的な雰囲気のなかで後者の設問はますます口に出しにくくなってきた（注60）。

批判的な現状調査

　本章は一つの歴史について異なったいくつかの説明を見せる魅力的な演劇『コペンハーゲン』を鑑賞した後で着想したものである（Frayn 1998）。ただし、この演劇ではどの説明が「正しい」かが述べられていない。だが、ここで私はもう少し踏み込んで語っておく必要があるだろう。

　私たちはこれまで六つのメディア史について見てきた。それらは大きく二つに分類できる。第一にはそのうちの五つが入り、事態は改善される方向にあると説明するものである。残る一つは人びとの進歩が引き戻されるか、止められてしまうという悲観的な説明である。これらの主張は便宜的に次頁の図1-1のように要約できる。

　これらの違いに対処するひとつの方法は、歴史の解釈というものは時代と「言説の立ち位置」の産物であり、それぞれがその「妥当性」を主張できる平等な権利をもっているのだと、ある種の留保をつけながら結論づけることである。ところがこのやり方は二つの点で不十分である。第一は、どの主張が証拠と論理的な推論からいってもっとも妥当であるかという重大な問題が避けられていること。第二は、それらの違う主張がさらに充実した説明となるためにどのような組み合わせができるかが判然としないことになるからである。

　要するに、それらの論を順番に批判的に、検証、評価していく必要があるということである。評価を簡潔におこなうために、それぞれのすぐれた部分ではなく弱点のいくつかを中心にして述べることにする。

リベラル派のメディア史

　リベラル派史論の中心テーマは、メディアは自由になり、人びとに力を与

図1-1 対立するメディア史の論点比較

	リベラル派	女権拡張派	ポピュリスト派
文　脈	大衆デモクラシーの導入	女性の進出	消費者市場の勃興
メディア史論	政府からの独立	ジェンダーによる統制への異議	文化的エリートの敗北
分岐点	印刷物免許制の廃止（1695）	参政権の実現（1918）	1940年代と1950年代
結　果	民衆の力の増大	家父長制の弱体化	消費者の快楽
	解放派（リバタリアン）	人類学派	ラディカル派
文　脈	宗教の衰退	新しい国民の創出	民主制の封じ込め
メディア史論	伝統派とリベラル派の対立	想像の共同体としての英国	新メディア管理システム
分岐点	1960年代	18世紀初期	19世紀後半
結　果	より大きな自由と寛容	社会統合の進行	エリート支配

えたというものである。この解釈にたいする主たる挑戦はラディカル派と社会学からによるものである。簡単にいえば、それらは、メディアは決して社会の権力構造からほんとうに自由になったことはないし、民衆の権利の強化機関として十分に機能したことはないとの反論である。この主張に欠点がないわけではないが、リベラル派メディア史の再評価をするにあたって、根拠に基づき、かなり強力かつ否定できない事実を提供している。

　リベラル派にたいするもう一つの挑戦は女権拡張論的メディア史論からなされている。この論はリベラル派が擁護する「民衆」を男性と女性に区分し、新機軸を提示している。女権拡張論の歴史家たちがいうには、長い時間をかけて修正されたとはいえ、男性は女性を犠牲にしたメディアによって力を与えられた。この点でも、女権拡張論という新しい見方によって集められた証拠はリベラル派のメディア史にその再考を求めるものであった。

　しかしリベラル派の命題にも明らかに真実の核心がある。16世紀、国家は体制批判を文書で発表するものを拷問したり死刑にしたし、17世紀には

新聞に発行免許を与えるとき、きびしい社会的統制と法的強制をおこなった。しかもそれらは重要な社会的争点が出てきたときに目立つだけの、19/20世紀の秩序維持のやり方とは異なり、じつに厳格であった。リベラル派のメディア史が主張する、自由なメディアは「民衆の声」の代弁者であったとする構図があまりに理想化しすぎたものであったとしても、正義感にかられた当時のジャーナリストたちがビクトリア朝の若い女性たちによる売春から、サッチャー時代の英国が爆発物事件に関して無実の人びとを収監したという権力の濫用にいたるまで、きちんと批判的に書いたことは事実である。

　ここから先へ進む方法は、リベラル派のメディア史を廃棄することよりもそれを改良していくことであろう。しかし必要とされる主要点の再構築はもちろん、微調整をすることさえもリベラル派の歴史家たちには気の進まないことであろう。彼らの解釈はこれまでのメディア史のなかではもっとも長期間、もっとも広く受け入れられてきた。そうして彼らは正統的思想の先導役とされてきたから、自分たちの知的世界の外からの批判を無視したり、拒否する傾向がこれまであった。

　こうした例は数限りなくある。ここでは一つだけ例をあげておきたい。というのは、それは放送についてのもっともすぐれたリベラル派歴史家によって書かれたきわめて啓発的な論文だからである。パディ・スキャネルがその人で、ラジオとテレビの発達は、人びとが知り、理解し、発言し、説明を求め、聴き、そして聴いてもらう権利という意味での、人びとの「コミュニケーションする権利」を拡大したという（Paddy Scannell 1992）。この主張は多くの説得的実例を用意周到な仕方で挙げながらなされている。しかし放送がエリートのもつ権力と影響を支持したというメディア社会学の根幹的主張はリベラル派のそれと矛盾するから、結論をくだすには若干の猶予が必要であろう。ところが、そこではスチュアート・ホールとそのバーミンガム学派の仕事のみが考察の対象とされ、「深みがないもの」として片づけられてしまっている（Scannell 1992：339）。同様に、1970年代のテレビ研究におけるラディカル派の議論をふくめ、その他のすべての重要な仕事がまるごと無視され

ている。こうした論の進め方が、リベラル派が自分たちの神聖な論に挑戦する証拠を無視、あるいは軽視するときの典型的方法である。

ポピュリスト派のメディア史

ポピュリスト派の史論の中心的主張の一つは、メディアがエリートの文化的統制を脱し、人びとに望むものを与えたというものである。この主張は家父長主義対相互尊重、向上心対快楽追求といった二分法的理解によってさらに進展する。このような枠組みを採用すると、すべてのものが扱えるようになる。誰もが自説の価値を率先して低めたり、自説が打ち負かされることを喜ばないから仕方のないことだが……。

しかしこのアプローチの基本的な欠陥は市場以外の価値判断を拒否していることであり、二つの点で混乱をつくりだしている。第一は、大衆に人気のないメディアのいくつかにも有用性があるという考えを認めたくないこと、第2は、大衆向けのメディアによる送出情報にも善と悪があるのだという考えを拒否することである。このアプローチの限界はホールとホワネルによる、今では話題にならないが、とてもすぐれた研究が明らかにしてくれている (Hall and Whannel 1964)。二人の著者は概してマスメディアの娯楽を積極的に評価する見方を採用するが、それを単純にほめそやすことはしていない。彼らは最近の文学研究で使われる用語でいう「価値評価基準の多様性」を採用した批判的評価をしている。その結果、精緻で示唆に富む議論の展開に成功した。

この新しいアプローチがいかにすばらしいかは、ホールとホワネルが、BBCで1962年から1970年代まで放映された、大衆向け警察ドラマ『Z車』(Z Cars) を取りあげ、テレビドラマの顕著な進歩として分析した研究を挙げれば理解いただけるであろう。このドラマは、警察の専門的仕事とその公正な権力執行をとにかく称賛するだけであったそれまでの連続ドラマとは違い、一定の距離を置いて警察を批判的にも描けるという新しい地平を開拓したと二人はいう。『Z車』は視聴者の土地勘と地域社会についての、視聴者の理

解をおおいに深めた。また放映中一貫して一つのグループに焦点をあてて詳しく観察し、そこで人物が成長するさまを闊達に描いた。警察ドラマにつきものの暴力についても鋭い洞察力によって描写した。このシリーズは活劇、編集、カメラワークのいずれをとっても現代ドラマの多くを凌駕していたという。

ただしこの二人の分析に確実に欠けていたのは、なぜこのシリーズにそれほど人気が出たのかをきちんと説明することであった。もちろん、二人の研究には多様な評価基準という原則にしたがい、イデオロギー性（批判的）、審美性（オリジナリティの有無）、道徳性（暴力についての洞察）、文学性（場所と人物への想像性）、技法（編集技法の水準など）といった観点からの分析がある。多くのポピュリスト派のメディア史に欠けているのはこうして慎重に議論され、素材を直接の対象とした検証である。

この派の第二の主要な主張は、メディアの民衆化が社会的ヒエラルキーに対抗する平等な価値観を促進したというものである。この変化の先陣を切るのはおそらくメディアの市場化と、英国よりも「平等でオープンな社会」の文化的産物を供給できるようにしたハリウッドの勃興であろう。

これを一般化して議論するには利用できる証拠を批判的に評価する必要がある。たとえば、新聞の大衆化はどのようにして「平等化」を達成したのか。20世紀に入ってからずっと、多くの全国紙は不平等性を市場主義に必要かつ望ましい特徴であるとみなし、企画力と勤勉性は経済が繁栄するためにはそれなりの報酬を受けるべき要素だとしてきた。事実、20世紀最後の四半世紀にはこの考え方はますます支持されるようになってきている。たとえば、1980年代の中頃から後半にかけて多くの社論（社説）が発表され、それらは富裕層への報酬が増大し、それが「下層への流れ」となり、全員の利益となったという見方への支持であった。

なぜ新聞が両大戦間期にいっそう平等主義になったかについて、ラ・マヒューは、新聞がふつうの人びとの営為により多くの注意を払い、彼らが望むものに応え、より親密でとっつきやすい書き方をするようになったからだと

いう。彼は「デーリーメール」紙を例にして、この平等主義的傾向をこれまでにないほど詳細に検討した（LeMahieu 1988：27-43）。しかしラ・マヒューがここで見落としているのは「デーリーメール」がこの期間中ずっと人種差別的かつ貴族趣味的、くわえて右派的であり、最初、ヒトラーの登場を歓迎していたという事実である。ナチの反ユダヤ主義は、ドイツ国内において「国際的な活動をおこなうユダヤ人たちが枢要な社会的立場を占めるようになっている」という、あいまいな理由をつけることによって正当化されさえした（「デーリーメール」1933年7月10日号）。こうした歪められた社会観があるのだから、その新聞の平等主義を証明するものは、そうした明白なイデオロギーについては背後に隠して、映画スターやふつうの人びとの日常生活的な言葉遣いで、彼らが関心のあるスタンスから記事が書かれたということだけになる。

ハリウッドの映画産業は英国の新聞よりもさらに複雑なケースである。いくらかのハリウッド映画は明らかに反平等主義的であった。たとえば、両大戦間期、ハリウッドは英帝国を賛美し、アジア・アフリカ系民族を蔑む『グンガディン』（Gunga Din、1939年）のような映画を製作した。また先住アメリカ人をほとんど絶滅させたアメリカ型「ホロコースト」を正当化する、さらに多くの「西部劇」を製作した。しかしハリウッドは1930年代の後半から40年代前半にかけて、ラディカル民主主義の側面を見せたこともあるし、60年代後半から70年代前半にはその反動としてきわめて保守的になったこともある。たえずこうした内部的な進歩性と保守性のあいだの矛盾をはらみながらいくつかの有名なアメリカ映画が作られてきた。このゆらぎと複雑さを一つの一般論に要約することは容易ではないし、おそらく意味のあることでもなかろう。しかしマキビンがアメリカ映画は「内容を魅惑的にすることによってその不平等性を不平等と感じさせなくした」（McKibbin 1998：524）と表現したことは、それとは反対の主張をするポピュリスト派を代表とする議論よりも真実に近いと思われる。

ポピュリスト派が平等性と階級文化について主張したことも、先述したよ

うに、単純化されすぎていた。それがメディアの商業化とそれがもたらした市場価値は生まれや家柄に基づく社会の階層化を弱めたと指摘していることは正しい。しかしそこで忘れられているのは、市場価値の強化が労働者階層の文化や、よりいっそうの社会的平等の実現を目指した英国の主要組織である労組や「旧」労働党を弱体化させたということである。それら勢力の後退は1980年代と90年代に起きた経済的不平等の拡大をもたらしたのである。

　ポピュリスト派の歴史観の単純化は「認識」と「分配」の政治学の区別ができていないことから来ている。ポピュリスト派による平等主義の理解は本質的に認識についてである。それはマスオーディエンス（一般読者・視聴者）、「ふつう」の人びと、民衆の嗜好といったものに反映された評価の平等性のことである。それらはいずれも富・収入・権力・消費・生活上の機会均等あるいは空間、等の平等な分配という次元とはほとんど関係がない。にもかかわらず、ポピュリスト派はこのような多くの制限があり、ほんの一部だけに平等主義的であるにすぎない概念を、しかもその一部に限って、なぜそれほど頻繁に取り上げるのであろうか。その答えは、ポピュリスト派の研究者の多くが貴族主義的価値観には反対するがビジネスや市場の価値観に反対しない資本主義的共和論者から出てきているからであろう。この学派では市民に高い尊敬の念を付与し、米国を平等の国として高く評価する。そこでは米国では他の主要欧州諸国よりも財産と収入における不平等がより大きいという事実は重要視されず、大きな問題とはされない。これもまたポピュリスト派のメディア史（そのカルチュラルスタディーズも）の多くがもつ不可解な点、つまり民主的な社会認識と再配分の政策との関連への関心の欠如を示すものだといってよい。それが焦点を合わせているのは、例外があるにせよ、表面でラディカル性をどれだけ標榜するかを規定する「認識」面に限定されている傾向があるのだ。

　しかしこの学派は、メディアの内容と方向性における重大な変化を証明し、余暇時間の増えた時代の娯楽源・快楽源としてのメディアの役割の増大に注目することの重要性を指摘した。それはまた伝統的な専門職業がもっていた

「文化エリート」の影響が消失したことも明らかにした。このようにポピュリスト派の議論には選鉱され取り出されるべき金の砂粒がたしかに含まれていると筆者は考える。

政治的肯定論理によるいくつかの歴史理解

誕生して間もない「政治的肯定」論者の言説（affirmative tradition）の評価に多くのスペースを割くべきではなかろう。本章で再構築される女権拡張論はメディア史というよりも社会史の分野からその大部分が派生しているし、女権拡張論のメディア史研究の進展は速いほうではない。映画と女性雑誌の歴史を除けば、この派によるメディア史論にはたくさんの空白があるからである。

女権拡張論のメディア史にも、ジェンダーが階級差別に起因する何かだというよりも、むしろそれとは別の問題であると理解する傾向がある。そのようなアプローチでは、過去20年ばかりの間の中流層と労働者という二階級の女性間のギャップが大きくなっていることを認識できないし、この過程でメディアが果たした役割の位置づけも出来なくなる（注61）。

人類学的アプローチにも、英国という「想像上の共同体」を繰り返し構築させるうえでテレビが果たした役割について、大きなギャップがある。またこの派には、異なる社会集団の利益が「国家利益」との関連でどのように表現されているかということ、そして誰が英国人で誰がそうではないかといった、社会におけるより大きなイデオロギー上の問題の議論を避ける傾向がある。だが、実際には、メディアがどのように国民を表現したかは、どれが正しく、「可視化」された形で描かれているかという、社会各界各層の対立による影響を大きく受けているのだ。

リベラル派の場合、その深層の存在、継続性、道徳的伝統主義の抑圧的性質などを検証する何人かの研究者は、それらが急激に弱体化していることに気づいていないように思われる。一般にこの派の論は伝統主義を理解するよりもそれを攻撃するときに力を発揮するのだが、その代わりとして増大して

くる個人主義がもたらした諸問題に十分な注意を払ってきたとは言いがたい。
　しかしこれら三派の議論のいずれもがメディア史の新しい重要な発展であり、私たちの理解をおおいに深めたことは確かである。それらへの言及なしにどのようなメディア史の発展の説明も完全ではない。

ラディカル派のメディア史

　ラディカル派のメディア史には、現時点では、上述した五つの肯定論理的な主張とは相容れない面があり、さらに詳細な批判的検討が必要である。これについては数は少ないが信奉者をつくりだしているという理由で、先に要約したように、この論議の系譜的創始者であるハーバーマスのいう「公共圏」(public sphere, Habermas 1989 [1962])の成立と衰退を簡単に概観することからはじめよう（注62）。ハーバーマスの歴史観の前半部分はリベラル派に好まれ、後半部分はラディカル派によって評価される。その理由は、彼の論が最初は完璧なリベラル歴史観ではじまり、最終的にはフランクフルト学派の特徴としての不幸な結末となるからである。

　ハーバーマスのいうブルジョア市民の公共圏は原理として何が起きるべきであったかという規範的分析と現実に何が起きたのかという記述の間を不安定にゆれ動く（注63）。その結果、18世紀の公衆の理性の役割を不適切に理想化してしまうことになる。これでは人間の公的生活(public life＝社会生活)が権力者の保護者的慈悲によって構築され、その仕組みの変化によっていかようにも動くということがほとんど無視されてしまう。またそれでは活字刊行物がハーバーマスの提示した「理性と批判の交換」モデルに合わないものが多くあったことに注意を向けさせることもすくなくなってしまう。いくつかのロンドンの新聞は政治的迎合によって財政的秘密援助を得ていたし、いくつかのスキャンダル紙が他紙による口汚い記事への反論あるいはその封じ込めを代行することへの報酬として金銭を要求していた。またいくつかの地方紙は強力な地域利権に歯向かえないほど小規模で影響力の小さな事業であった（注64）。公共圏の説明に関するハーバーマスの第一の問題は、このよ

うに、現実の政治、権力者と民衆との関係、堕落したジャーナリズムといった点をあまりにも軽視していることである。

　第二の問題は、ハーバーマスが公衆の理性を理想化しすぎていることについてである。この点については、公共圏の議論が散漫かつ抽象的になされることで女性が周辺に追いやられてしまうことになったとの正鵠を射た議論がすでになされている(Fraser 1992)。同様のことは労働者階級一般についてもいえる。ハーバーマスは「政治領域における公共圏に大衆を参加させないように作用したのとおなじ経済状況が、ブルジョア市民によるあたりまえの生活と定期刊行物の購読を可能にする教育レベルを否定した」と告白的に書いた(Habermas 1989：168)。しかし事実は、大衆はその上位にあるブルジョア市民の「日常生活」と「教育レベル」以下に甘んじていたわけではなく、19世紀の前半には、ブルジョア市民イデオロギーによってなされる主張を鋭利な知性で批判する新聞を読んでいた（注65）。そこで起きていたことは理性と非理性との対立ではなく、強大化する労働者階級が自分たちを下に置こうとするブルジョア市民による排外的な規範と利己的な主張、つまり「理性的議論」を拒否することであった（注66）。

　ハーバーマスによる公共圏の黄金時代の説明にこのような欠陥があるならば、その終焉についても同じことがいえる。彼は新しい電子メディアを「魔法をかけるように民衆の耳目を集めるが、民衆が発言したり、反対意見を表明する機会を奪ってしまう」方向で民衆教化を推進するものとしてとらえた(Habermas 1989：171)。しかし、実際にはこの50—60年間の受容者研究の成果はそれとは違う結果を出している（注67）。また彼は公共放送の啓発的役割の説明にも失敗している。くわえて、ハーバーマスは大衆デモクラシーの導入、大衆教育、包括的な国家による福祉政策、女性の解放、経済的繁栄の拡大といったことの成果を無視あるいは軽視している（注68）。彼が新しい封建時代に受け継がれたとするものは「民衆の世紀」として理解したほうがより正確なのである。

　しかしハーバーマスがメディアは権力者の要請によって世論を操作すると

したことには真実の一面がある。この主張はじっさい、メディアが従属している「隠れた」コントロールを証明する専門家による研究がいっそうの説得性をもって展開していることだ。だが、彼の批判を含め、この論調の弱点はこれらのコントロールの効果を大げさに言いすぎ、労組の活動をふくめ、コントロールへの対抗勢力の影響を過小評価する傾向があることである。これについては、これからの新しいメディア史に何が必要かを述べるときにもう一度ふれることにしたい。

　ラディカル派の視座は先駆的なメディア社会学によって強力に支持され発展したが、歴史的観点からしてこの作業の主要な限界はそれが社会学だということである。もしそれらの結論を社会学の枠外でも通用する一般理論にしようとするならば、それらは誤解を導く可能性をもっているといえる。テレビが、1970年代に北アイルランド紛争について、法律と秩序対テロリズムとの闘いであると表現したという社会学的研究がその例である。これは、公共放送は「現状」維持のための制度であると理解する原則論者の見解を支持するものだと思われる。しかし北アイルランド紛争に関するメディア表現（注69）について利用できる歴史的証拠は、その連続性よりも変化というものを示している。1940年代のBBCはアルスターにおける統一主義者の支配を暗黙裏に正当だと認めていた。1950年代と60年代には少数派の意見がメディアのより大きな注目を集めた。1970年代と80年代、テレビは法と秩序による「トラブル」の解決という視点を採用したが、実際にはそれへの反発がしだいに強まっていた。1990年代後半までにテレビは、北アイルランド現地において対立する両コミュニティのそれぞれに穏健派と過激派が存在し、その対立という観点から紛争を描こうとした。このように放送は過去50年のあいだに統一主義者が優勢であるとした見方から、暗黙裏に力が拮抗して妥協が行われているという立場に変化してきた。この変化の背景には多くのことがあるが、もっとも重要なのはカトリック系の少数派が圧力を受けて協力することをやめたことである。

　先駆的なメディア社会学の多くの提起した第二の問題は社会秩序を維持す

る制度としての議会政党についての単純すぎる見方である（注70）。実際には、この見方の正しさは半分にすぎない。政党は国家と市民社会の両方に関係しており、変化についても重要な役割を果たしてきた。たとえば、1900年代と1980年代、さらに複雑な様相を見せた1940年代において、主要政党はそれ以前の政治的合意を破棄し、メディアを実際の言論戦の場として、社会体制を修正するという立場を掲げて民衆の支持を得た。

　より一般的にいえば、ラディカル派の議論を形成する研究の多くの「権力構造」についての特徴描写にはある種のあいまいさが残っているということである。支配階級とエリート（層）、支配グループ（ブロック・同盟）、特権構造等といった、相互に異なるものが交換可能な同義語に近いものとして使われている。しかしこれらの用語は現実にはおなじものを表現しているわけではない。支配的権力がメディアを統制しているというラディカル派の分析の重要な特徴にはさらにいっそうの明確化が求められるゆえんである。

　要するに、この派のメディア史はいくつかの理由で批判に耐えられないといえよう。封建化の再来あるいは進歩の封じ込めという主張は誇張にすぎるし、しばしばあいまいである。それはまた変化を推進するものとしてのメディアの役割を過小評価している。とりわけ、そしておそらくはこれこそがラディカル派の議論の弱さの中心にあるのだろうが、底流としてある葛藤がしばしばメディア側の言い分を聴き、それを支持して改革促進の力としていることに彼らはほとんど自覚がない。だがこのように、ラディカル派の主張が批判に弱いとしても、多くのメディア史が基軸の定かでない楽天的な説明をしているなかで貴重な修正点の提起をしていることは評価すべきであろう。

新しい課題

　上述したこれらメディア史の検証から私たちは何を学んだのだろうか。どのような言説も批判を免れないが、いずれの主張にもそれなりの意味はある。だから次の段階は、これまでに述べてきた六つの史論を慎重に組み合わせ、

新しいメディア史を形成すべきだということになるのは明白だろう。

　これをおこなう第一のステップは多様な主張を統合する必要性の認識である。英国のメディア史研究はあまりにも専門化されており、じっさい、1981年に200頁ほどの、ささやかな「英国」メディア史の学問的な概説書 (Curran and Seaton 1981)が発行されるまで、英国には総合的なメディア史論が存在しなかった。その後二十年間、その第六版が出るまで、英国メディアに関する総合的な研究書が新しく出版されることはなかった。二冊目になったウィリアムズの研究書 (Williams 1998)は挑戦的というよりも、その結論部分では私たちとだいたい同じ方向性の提示となっている。二冊とも対立する解釈のあるものについては同様の取りあげ方をしているし、両書ともに、新聞と放送は異なる進化を遂げ、それぞれに成立の仕方が違うから社会との関係も異なっているとする。しかし両書とも本章でおこなったようないくつかの派の議論の検証をしていない。また両書ともにすでに限界の明らかな従来的手法としての、メディアの個別的発展を記述する方法を採用している。

　新しい統合メディア史の記述法の一つは、それを英国社会史の記述方式と合わせることである。より長い伝統をもつ社会制度についての記述法に学ぶこのアプローチの利点はメディアが近代社会を形成し、またメディアがそれによって形成されてきたことをより明確にできることである。以下の記述は新しいメディア史がどのようなものになるかの試みであると同時に、本章のいくつかの重要点を要約することにもなるであろう。

新しい統合理論へ向けて

　1688年にスタートした「長い18世紀」は1832年に終わった（注71）。この期間の英国は地主である世襲貴族や上流階級に支配されていた。彼らは特権的で、腐敗した支配地域への影響力を駆使して議会をコントロールし、田園地方の主要な土地所有者としての経済権力を用いて、軍隊と英国国教会への指導力を発揮していた。この時期の英国の支配体制は外国から王室を輸入し、

それから挑戦されるのではなく助けられ、プロテスタンティズムとそれにつづく帝国主義という統一イデオロギーによって一つの国家として結束を強めてきた。18世紀中頃より、家庭内の女性らしさをほめそやすことによって家父長的な権威の受け入れを強制していった。

もともと、新興のメディアシステムはこのエリート男性たちの権力と結びついていた。新聞への免許付与制度は1695年に廃止されたが、事業を制限する法律、保護・後援、新聞税の引き上げ、報道統制、思想的影響といったさまざまな新しいやり方で新聞管理がなされた。新聞とその他の勃興する印刷文化は英国の統一に貢献し、ジェンダー文化を原則的に支持し、1790年代の新しいエリート的権威の登場に重要な役割を果たした。

しかし、1760－1832年というこの期間の後半に全体として一つの変化が見えるようになった。英国は指導的な貿易国家となり、産業化された最初の国家となった。経済成長が経済的・文化的余裕をもった人びとの数を何倍も増加させた。それらの人びとはそれまで正式な政治体制から疎外されていた。それらの人びとは自分が所有したり投資した新しい新聞や定期刊行物に支えられ、貴族によるコントロールから自由な言論空間や組織を発展させた。これまでのような体制迎合的な新聞も存在していたが、同時に旧体制（アンシャンレジーム）に対抗するすぐれた新聞も発達した。

「長い19世紀」は1832年に始まり、1918年に終わったと見ることができる。1832年の最初の選挙法改革によって中流階級の男性が参政権を持つようになったが、まだ女性と労働者階級は除外されていた。これは土地を所有するか、産業・金融・専門職業に就いた四つの男性エリート層からなる新しい連合の形成を促した。その完成には三十年もの時間を要したが、ラディカルな労働者階級を周辺に追いやることに成功した。この新しい同盟はいくつかの改革を受け入れることによってより強固になった。なかでも、トウモロコシ法（農業保護法）の廃止、「旧来型社会悪」の漸進的排除、1853－61年の「知識税」の廃止などを特筆しておかねばならない。そしてこの知識税の廃止は、政府からの独立は当然のことだが同時に社会秩序の維持は必要だと考える資

本主義的新聞を育成することに貢献した。

　こうして出来た新しいエリート層の連合は選挙権を拡大し、飛躍的な経済的成功と大英帝国の拡張、社会改革をもたらし、民衆からの政治的支持を得たことによって、1850年代から1918年まで、その支配力をますます強めた。それは教会、国家による民衆教育、公共の図書館、慈善事業、ボランティア組織、家庭を通して、道徳的・政治的な、文字通りの「啓発」を推進して人びとを変えようとする試みの背後に存在する主要な社会力学として機能した。その結果、とりわけ、さらに多くの女性が家庭外労働から身を引き、夫に経済的依存をするようになった。帝国主義的で家父長的な新聞とミュージックホールの興隆がこの社会秩序の再編を助けた。

　しかしこのエリート男性によるヘゲモニーの更新は不完全で、後にビクトリア朝とエドワード朝の英国で葛藤が高まった。全国的な婦人運動がはじめて1860年代に組織され、その影響力がますます大きくなり、「社会的自由主義」が支配層を形成しているエリート連合のあいだにひび割れを起こさせることになった。アイルランドのナショナリズムの発展が同国と英国との決定的な対立の原因となり、1921年にはついに両者の分離となった。未熟練、もしくは技能不十分の労働者が増加し、一般的な労働組合に組織化され、組織労働者としての新しい批判勢力となった。この新しい社会勢力は当初、あまりメディアで取りあげられなかったが、20世紀初頭の社会主義者と女権拡張論を展開する少数派新聞の増加がそれ以後の時代の前兆となるものであった。

　1918年には三十歳以上の女性とそれまで除外されていた多くの男性が最初の参政権を与えられ、労働党が主要な政治勢力となった。それによって起きた組織労働者の影響力の増大と1939－45年の「総力戦」への参加要請が権力構造の再構築をもたらした。結果、エリート支配という旧来の形式はリベラルな企業システムとその位置を交替した。巨大産業の代表、組織労働者、国家という三者の非公式な「相互依存」体制が政治的コンセンサスを形成するようになった。1940年代から1970年代にかけて、このコンセンサスには

経済発展の恩恵の見返りとして、「ゆりかごから墓場まで」という福祉政策、完全雇用政策、産業協力などが含まれた。

　この新しい体制をもたらした社会勢力はメディアの変革をも同時にもたらした。1960年代までは主要な新聞発行は労働運動に依存していた。労働党の政治的伸張により左派寄りの考え方が正当化され、放送は全国レベルの議論の一部としてそれを再生産した。事実、ラジオとテレビは1940年代と1970年代の期間、リベラルな協同組合的システム（corporatist system）としての権力ときわめて緊密な関係をもち、そのシステムの維持につとめた。これは、社会の穏健な再配分システムを支持するという面では進歩派であり、企業ネットワークの影響外にあるラディカルな意見を排除する傾向をもつという点では保守派であった。その意味では新聞はヤヌス（頭の前と後ろに顔をもち、物事の初めと終わりをつかさどる守護神＝訳注）的であったといえる。

　この協同組合的システムは1980年代に多くの新聞に支持されて、マーガレット・サッチャーに指導された保守党政府によって解体された。労働組合は労働法の改正と市場優先という公共政策の推進によって力をそがれた。その結果、1990年代後半には新しい労働党がこうした政策を修正しつつ恒常化し、権力均衡の変化が固定された。しかし協同組合的やり方以後の体制には、それまでの社会システムが依拠していた強力な基盤が欠如していた。それ以前の時代、とくにその最盛期には階級的不満を吸収する二つの大衆政党、かつ産業界と労働界の両方が安定的なコンセンサスの維持のために必要とした「協力態勢」が支持基盤として存在していた。それが今度は、政治とメディアの複合体内部のネットワーク、民衆の支持獲得を目指す政治主義とその巧みな表現活動の仕方に依存することになった。あまり強固な権力基盤をもたないこうしたシステム内部で、メディアはより大きな自治と独立した影響力を獲得した。

　もし組織化された労働界の興隆と退潮が20世紀のメディアを特徴づける一つの変化だとすれば、もう一つの変化はようやく女性が登場してきたことである。1918年以降の五十年間、女性の社会進出は大枠として抑えられてい

た。その理由の一つは多くの女性が外での労働と社会的影響とは別のことだという「二つの世界」論に合意させられてきたからである。メディアはこのジェンダー的区分について、女性の社会的役割は限定されているとし、その区分を補強する役割を果たした。

しかし1970年以降の経済の構造的変化は女性の仕事の機会と経済的自立を飛躍的に拡大した。これが突破口となった文化的変化は、女権拡張論の復活と、ジェンダーは男女の本質的差異に基づくという考え方への継続的な批判によって促進された。多くの女性はまだ男性と同等の扱いを受けられず、女性の間での富者と貧者の差が拡大した。しかし数世紀も前からジェンダーによる不平等と社会的条件付けをしてきた男性と女性との関係に確実な歴史的変化が起きた。メディア産業にも女性が進出し、メディアの描く女性にも多様性が出てきた。その結果、メディアは男性による保護主義思想の伝播機関から、異なるジェンダーの理解が論争をくりひろげる舞台へと進化した。

メディアに影響を与えた三番目の重要なカギは、専門職階級の興隆と退潮であった。1920年代のBBCの設立は公共的官僚組織の威信の象徴であり、公共の利益は「国民に奉仕する」私心のない専門職業人によってもっともよく保全されるという考え方の実現であった。この公共の利益とは国民すべてに届き、良質の番組を提供し、有権者を啓発する全国ラジオ網の設置をすることだと定義された。

20世紀中庸の数十年間に、この専門的職業と市場的価値観のあいだに新しい取引がなされることになった。商業テレビが規制を受けながら導入され、BBCもそれへの適応を迫られた。それは当時の政府が、社会の動きに対する反応の鈍い保護主義に刺激を与える市場圧力だけではなく、公共の利益という目的を忘れないという二つの要請に、同時に最高度に応えるべきだと考えたからであった。この実験が創造的な才能を生み出し、種々の刷新を行い、大衆受けするだけではなくマイノリティをも満足させる番組の大量出現という、1960年代の英国テレビの黄金期をつくることに貢献した。

こうしたことを下から支えたのはとくにドラマや娯楽番組のテレビプロデ

ューサーに許された自律の拡大であった。BBCはスタッフにより大きな自由を与えることによって競争をさせた。一方、ますます権限を強くしてきたテレビを規制する当局は視聴率という市場原理の横暴から商業テレビのプロデューサーを保護した。1960年代にはフリート街のジャーナリストも全体としてより大きな自律性を獲得し、いくつかの新聞の飛躍的な質の向上に貢献した。

しかし1980年代と90年にはそうした専門的職業の権威はその競争力と商業利益性の低さについて繰り返しなされた攻撃によって衰えていった。それは市場の拡大と市場価値の称賛に反比例して衰退したのである。こうしてBBCはジョン・バート会長（1992－2000）の下での市場原理を中心とした管理体制への再編につづき、より中央集権化された組織へと変貌した。商業テレビのプロデューサーたちは、規制委員会の弱体化とネットワークの売買やテレビ局の合併という新しい政策の結果としてますます増大する市場圧力に翻弄されるようになった。番組は全般的にいよいよ平凡なものとなり、商業テレビの報道と時事解説番組はますますプライムタイムの中心から追い出されるようになった。全国的な活字メディアのジャーナリストの自律の度合いは中央集中化と俗化によって減少した。それによって編集基準が質的に後退し、人びとの新聞への信頼度が低下した。

ジャーナリストという専門職業の力とそれが体現していた公共性という目的の衰退には評価すべき特徴もあった。新聞、ラジオ、テレビ、公共図書館における娯楽部門の拡大である。それはまたBBCに見られた「この番組は一級品である」という恩着せがましさを減少させた。しかし専門職業人の力の減少は同時に否定的な側面も生み出した。創造力が落ち、編集の質が低下し、公共情報が減少したのである。さらには、20世紀の半ばに、市場と専門的価値観との生産的な緊張が社会的に固定してしまうことも起きた。そして世紀末に向けて、一方が他方を犠牲にして勝利者となり、英国メディアの質の低下がますます進行したのであった。

メディアを形成する第四の重要なカギは、英国がより多元的な社会になっ

たということである。ビクトリア朝の道徳的コンセンサスの衰退、個人主義の発達、社会的アイデンティティを産み出す場所としての階級の弱体化、サブカルチャーの拡大、ケルト民族主義の復権、さまざまな文化圏からの移民の流入の増加といったことは英国社会の同質性を弱めた出来事のいくつかの例にすぎない。

　メディアは最終的にはこの多様性の増大に対応することになった。1900年、英国人はさまざまな情報源から人種差別的ニュアンスをもち、階級の権威に従順な帝国のアイデンティティが完成しつつあることを知らされた。社会構造の最底辺の人びとは、自分たちは「人類の主人」であるという自尊心をもつようにされ、自らそれを担い、それに向かって進んでいる国家プロジェクトが成功しているという意識を持つようにされた。1940年代までにメディアはますます、島国共同体で、田園的である英国イメージを提供するようになった。1940年代のプロパガンダ映画が描いたように、これは、たとえ平等ではないにせよ、主要階級がそれぞれの権力を暗黙裏に相互承認することによって、和解することの前兆であった。1960年代までに、英国らしさとは帝国的で田園的だという考え方はしだいに否定されるようになり、新しいイメージによる理解が求められるようになった。そして、対抗概念が提案され、議論され、その正当性を競った。最もダイナミックで、最終的に最大の数のメディアから支持されたのは英国らしさとは多民族的、多文化的、多元的であるというものであった。これは20世紀初頭に確立された「希望と栄光の領土」という概念よりも包括的であったし、伝統的な権威主義とは距離を置くものであった。

　社会の多元化が明らかにされたもう一つの理由は、道徳的秩序に関連し、伝統主義者とリベラリストとの間の葛藤が高まったことであった。ここで優勢となったのはリベラル派で、メディアの道徳的検閲はゆるやかになり、メディアにおける性的マイノリティやその他の「疎外された」集団についての描写は全般的に敵視されることが少なくなった。しかし、より大きな社会的寛容をもたらしたこうした変化が私的なことを大事にし、個人中心的な社会

を同時に作りだした。

　こうした統合的説明は従来されてこなかったものである。それはあることの好悪を語るのではなく、勢力の盛衰、出発と終了、ある分野での進歩とその他の分野での後退といったことによって起きる出来事を述べる手法である。メディア史を前後の関係性から検証すると、進歩か後退かといったような、従来的な縦一線の説明には無理があることがわかってくるのである（注72）。

　　エピローグ：第7番目の主張

　最後に、たいていのメディア学の教科書が採り上げている、メディアの変遷への影響を説明する技術決定論者たちの議論についてふれておく。彼らの説明には欠点があり、英国のメディア史の枠組みには適合していない。が、すくなくともこの技術決定論の概説なしに十分なメディア史論を展開したことにはならないのも事実だ。彼らの議論は多岐にわたっているが大きく四つにくくることが可能だろう。

　第一は、新しいコミュニケーション手段はそれぞれ、空間的・時間的次元の変革という点で社会組織に影響したというもの（注73）。イニスによれば、石に刻まれた象形文字によるコミュニケーションは、修正や運搬がむずかしかったから、静的で、地理的にも移動が少ない社会を形成するという特徴をもっていた(Innis 1951)。しかし、現代の紙の原初形態であるパピルスは広大な帝国の発達を促進した、なぜなら、パピルスは軽く、中心と周縁地域の間を持ち運べる柔軟性を備えていたからである。その後に登場した印刷術の発展は時間的制約を取り除き、歴史を超越して知識を蓄積し伝播する、安価で効率的な手段を提供し、持続可能な文化的進歩を可能にした。しかし空間を克服するというその潜在能力は民族による使用言語の違いということばの壁によって制限された。その結果、印刷の発達は主として同一民族や国家内部のコミュニケーションを発達させ、インターナショナリズムよりもナショナリズムを形成した(Anderson 1983)。しかし新しいコミュニケーション形式の

勃興、とくに電信と電話、衛星テレビとインターネットは時間と空間の「両方」を克服するという機能をますます増大させた。メッセージは世界中でほとんど同時に受信されるようになった。この結果はいくつかの違った角度からのべることができる。プラス面での影響としては、それが「地球村」内部の理解を増大させたというものから（McLuhan 1967）、より注意深くみると、それが遠く離れた地域の人びとや出来事にもより大きな責任をとらねばならないということを含む、「新しいかたちの相互の関係性と不確実性」(Thompson 1995：118) という要素をもたらしたということがわかるというものまである。

　第二は、新しいコミュニケーション手段は人間の感覚と認識の性質を変えたと論じられたこと。マクルーハンによれば、口頭コミュニケーションには視覚、聴覚、触覚のすべての感覚の使用が必要であり、それは相互依存の対面コミュニケーション的文化を促進した（McLuhan 1962 and 1967）。印刷機の導入は視力を最有力の感覚とし、一人で読むという行為に没頭することによって、個人的、内省的、そして合理的な思考方式が発達した（参照：Ong 1982）。こうしたいわば感覚の分離を電子メディアが再統合させ、より包括的で相互交流的な「部族」的文化を復活させることになるという。同じく不思議な作用だが、ボードリアールによれば、電子メディアの興隆がメディアを介した世界のイメージを社会に浸透させたことになる。バーチャルなものが現実と融合し、いわゆる「超現実」(hyperreality) を形成するようになったというわけである(Baudrillard 1980 and 1983)。

　第三は、メディアの進化は人間相互の関係を変えたといわれていること。この立場の代表的論客はジョシュア・メロウィッツ（Joshua Meyrowitz 1985)で、活字では社会層によって読むものが異なる傾向があり、男性と女性、大人と子ども、指導層と被指導層といった層的分離がもたらされたと主張した。逆に、電子メディアはそれらの階層間の社会的障壁を低くした、なぜなら、人びとはとくにチャンネル数が少ない、地上波中心時代のテレビ放送では同じ番組を見る傾向があるからだ。テレビは男女が基本的に違うものだという神

話を解体した。公的人物の実態がより広く知られ、身近で親しみやすく、等身大に近づいてきた、なぜなら、彼らはテレビのショーに登場し、そのことがパブリック（公）とプライベート（私）の境界線を引き直すことにつながったからである。同様に、テレビでは子どもが大人の権威を引き下げるような仕方で登場した。より一般的にいえば、テレビは異なる集団間の社会交流の機会を提供し、結果として新しいかたちの社会的自己確認機関になることによって、社会化と物理的立場との相関関係を弱めた。この最後の論点はインターネットを検証素材として展開された（Turkle 1995）。

　技術決定論者たちの第四の論点は、ニューメディアが従来的なコミュニケーションの流れとその影響を変えたというもの。それらはこれまでのメディアが持っていた権威の代行機関としての「仲立ち機能」を停止させ、従来型メディアが提供した情報をひっくり返す可能性を持った強い情報源となったというわけだ。だが、活字はこのような知識と権力を民衆にもたらしたともいわれるし（McLuhan 1962）、同様に、ケーブルテレビは「事実上のエリートたちによる代議政治」を「直接参加の政治」に置き換える原因となりつつあるともいわれる（Meyrowitz 1985：323）。インターネットもまた「ネティズン」と呼ばれるネット利用者によるサイバー・デモクラシー（電脳民主制、cyberdemocracy）を立ち上げたという見解もある。なぜなら、それは地政学的な権力と統制の構造を超越するチャンネルとして、「多から多」へのコミュニケーションを容易にしているからであるというわけだ（注74）。

　以上、はしょりながらの一般化をしてみたが、この派の論者にはしばしば、文章表現の単純化、つまり簡単に思想をまとめてしまうことによって、かえってそこには熟考された思想があるとの印象が誤って形成されてしまうことがある。じっさい、いくつかの大学の講義で、技術決定論はメディア史を「うまく説明している」とされる場合がある。メディアの進歩と人類の歴史におけるメディアの役割について知るべきことは、すべてマーシャル・マクルーハンらの論評の範囲内にあるとの主張がそれである。だが、もしそうであれば、マス・コミュニケーションの歴史は重大な学問的成果を何一つ読ま

なくとも理解できることになってしまう。

　なぜ技術決定論がマクルーハンのような知的権威に依存するだけで成立してしまうのかを理解することはむずかしい。ここにはいくつもの弱点があるが、その最大のものはコミュニケーションの影響力を過大に位置づけ、その他の影響を過小評価していることである。このやり方ではコミュニケーションがすべての原因であると単純化するか、コミュニケーション技術の効果だけを検証するという単純作業で満足してしまうことになる。後者のアプローチではしばしば、考察対象の変化にその他のいくつかの要素が貢献したということが述べられ、検証される。だがその後、それらの要素がどれほど重要な役割を果たしたのかが測定されず、コミュニケーション技術の発展の意味だけが暗黙のうちに過大評価されてしまっている。

　さらにこの論では、コミュニケーション技術が自律的に変化を起こすと考える傾向がある。しかし新しいコミュニケーション技術の発明、開発、応用はより広い社会的な脈絡によって影響されるのがふつうで、必ずしも技術に内在する論理から産まれるものではない。たとえば、金属製の取り外しのできる活字は15世紀ヨーロッパの各地でほとんど同時に発明された。それは書籍市場の発達、それに先んじた書籍取引の組織、紙の生産の増大などのすべてが活字文化の近代化を切望して起きたことなのである（Febvre and Martin 1976）。対照的に、テレビの発展についてはさまざまな理由からそれほど広範な要請はなかったから、アイディアそのものは19世紀に考え出され、特許もとられていたのに、実用化され社会に広く受容されるまでに相当な期間が必要であったのだ（Winston 1998）。

　しかし技術決定論者たちの考え方は批判には弱いが、しばしば鋭い洞察となっていることも事実である。たとえば、新しいメディアはコミュニケーションと権力との従来的な関係を変更するという主張である。このテーマは現在、社会学者たちによって熱心に議論されている。その理論にしたがって、マニュエル・カステルズはインターネット、その他のテレコミュニケーション手段やビデオが、メキシコ南部の州、チャパスの反乱であるザパティスタ

スに全国的、国際的な注目を集め、支持を高めるよう機能したと主張する。「電子情報化時代の最初のゲリラ運動」であるザパティスタスは、全世界的に広がった支持によって軍事的に弱い反乱集団から強い勢力となり、メキシコ政府と対等に交渉することができるようになった (Castells 1997：79)（注75）。同様に、マクネアとスパークスを代表とした論者たちは、ソ連と東ヨーロッパの共産主義体制の弱体化は、一部の人びとが衛星放送や隣国から越境してくる地上波放送にアクセスして、自分たちの社会とは違う思想や情報に接することによって起きたと主張した (McNair 2000, Sparks 2000)。またアナベル・シュレバニーは、中東のイスラム社会における家父長的権威が男性権力と複雑に結びついて強固な政治体制を形成している状態は映画のビデオや衛星テレビによるハリウッド映画型のフェミニズムから挑戦されているという (Anabelle Sreberny 2000)。

　じっさい、これらすべての研究は新しいコミュニケーションのチャンネルがこれまでは検閲によって維持されてきた権威の構造を転換させていると主張している。それは面白くて活力のある、といっても若干の疑いはあるが、さらに検証されるべき価値のある考え方であることは確かである。次章において過去一千年以上のコミュニケーションの歴史を概観することによってこの作業をおこなうことにしよう。

　注
(1) これを詳細におこなおうとすれば、ハーバード大学参考文献システムを参照、注記、引用しなければならなくなる。が、議論・表現をなめらかにしたいことと、本書のその他の部分との整合維持のため、ここではそれを利用しない。しかし必要なときには本稿でもいくつかの引用をおこない、注として記していく。そのやり方でいえば、英国の新聞史の先駆的研究は Hunt (1850), Andrews (1859), Grant (1871－2) and Fox Bourne (1887) らの著作である。
(2) 現代的意味におけるメディアと社会の関係の考察は第５章でおこなう。
(3) これと比較対照すべき論評としては以下のものが役立つ。Briggs (1960), Stevens

and Garcia (1980), Ward (1989), Schudson (1991b), Dall (1994), Garnham (2000)。とりわけ、Briggs and Burke（2002）を参照されたい。

(4) この問題は第3章で詳しくあつかうのでここでは要約にとどめる。「プレスの自由」の獲得の証明についての重要な研究書として、Wickwar（1928）は今でも読む価値がある。他では Siebert (1952), Cranfield (1962 and 1978), Christie (1970), Aspinall (1973), Koss (1981 and 1984), Sutherland (1986), Harris (1987), Harris (1993), Somerville (1996)。

(5) Pronay (1981 and 1982); Pronay and Croft (1983), Robertson (1985), Mathews (1994) and Richards (1997a).

(6) Briggs (1961; 1965; 1970; 1979a; 1979c; 1985; 1995), Burns (1977), Wyndham Goldie (1977), Cardiff and Scannell (1981), Sendall (1982 and 1983); Catheart (1984), Potter (1989 and 1990), McDowell (1992) and Crisell (1997).

(7) とりわけ以下が重要である。Christie（1970), Aspinall（1973), Boston（1988). 訳注＝原文ではこの「社会機関」は fourth estate だが、日本でこれが「第4の権力」と訳されることが多いが誤訳である。マスコミは司法、立法、行政に次ぐ権力だとするものだが、本来は「ジャーナリズム・ジャーナリストは第四番目の社会的財産」という意味である。

(8) これは Seymour-Ure（1977）や Boyce（1978）の著作に見られるリベラル派の内部からの批判に大枠として答えるかたちで Koss（1981 and 1984）によって提起された。Seymour-Ure（2000）は Koss のいくらか偏向した歴史観を暗黙のうちに否定する新聞・政党・公衆についてのより新しい論評である。

(9) たとえば以下を参照されたい。Read (1961), Brewer (1976), Briggs (1979b), Brett (1997). また Barker（2000）は重要な研究で、事実上のリベラル派の新聞史の第1と第2の解釈をまとめたものだといえよう。

(10) とりわけ Gash (1979), Clark (1985), Reid (1992), Rubinstein (1998) を参照されたい。

(11) Harrison (1982), Feuchtwanger (1985), Jones (1988, 1990, 1996), Newsome 1998) がそうである。この新聞の役割を高く評価しない、漸進的進歩という見解を主導したのは Black（2001）である。

(12) とりわけ、Ensor (1936), Lee (1976), Engel (1996) を参照されたい。

(13) Wyndham Goldie (1977), Briggs (1985), Scannell (1992), Negrine (1989).

(14) Dugaw (1989), Todd (1989), Wiltenburg (1992).

(15) ジェンダーの社会史は「二つの世界」の近代性を過大評価する傾向がある。このイデオロギーは12世紀末期に書かれた詩、Romances of Chrétien of Troyes で例示されているように、すでに中世において展開されている。

(16) これとは異なる解釈については以下を参照されたい。Bourke (1994), Rowbotham (1997), McKibbin 4998), Kent (1999).

(17) これは重要議題を未解決なままにしている理由をきちんと説明している。カルチュラルスタディーズとしての最近の女権拡張論には、その男女の差異主義が多元主義の一つとしての進歩の物語であるとして描いていることがしばしばある（例：Kember 1996）。もう一つの見解は、これが1980年代以前の活動家と社会主義フェミニズムを無視しているというものである（Segal 1997）。1980年代に挫折した英国の啓蒙的なフェミニズム通史については Caine (1997) を参照されたい。

(18) たとえば以下である。Millum (1975), Sharpe (1978), Women's Study Group (1978), Baehr (1980), MeRobbie (1982).

(19) とりわけ以下を参照されたい。Desjardins (1993), Geraghty (1991), King (1996), Rowbotham (1997).

(20) これはさらに研究する必要がある。関連する新聞はコリンデール図書館（Colindale Library）で利用できるし、関係ジャーナリストの多くはまだ存命中である。

(21) この議論への批判的な講評としてはMcGuigan (1992) を参照されたい。ポピュリスト派のメディア史論と拮抗するカルチュラルスタディーズとしての多元論については Willis (1990) を参照されたい。彼の論でとりわけ注目すべきは「市場はそこ以外ではみられない矛盾する力を提供する」、「首尾一貫性とアイデンティティとの合体」は「労働ではなくレジャーの分野で、政党ではなく商品によって、集団ではなく個人的に」起きるという主張である (Willis 1990：159)。

(22) なかでも以下を参照されたい。 Walvin (1978), MeKendrick, Brewer and Plumb (1983), Brewer and Porter (1993), Bermingham and Brewer (1995), Brewer (1997), J. Black (2000).
(23) たとえば、以下を参照されたい。 Plumb (1983b), Perkin (1989), Cannadine (1992 and 1998), Hewison (1997), McKibbin (1998).
(24) Kelly (1977), Snape (1995), A. Black (2000).
(25) とくに以下を参照されたい。Murphy (1992 and 1997), Aldgate and Richards (1994), Street (1997).
(26) Smith (1975), Engel (1996), Bromley (1999).
(27) Hind and Mosco (1985), Chapman (1992).
(28) Corrigan (1983), Morley (1986), Moores (1988), Richards (1989), Scannell and Cardiff (1991), O'Sullivan (1991).
(29) 包括的説明の文献としては以下を参照されたい。 Chambers (1986), Buckingham (1987), Hebdige (1988) and Willis (1990).
(30) 例外はTracey and Morrison（1979）である。
(31) たとえば、以下を参照されたい。Barker and Pedey (1997), Murdock (1997), Petley (1997).
(32) Hall et al. (1978), Hall (1988b).
(33) Watney (1987), Kitzingcr (1993), Miller et. al. (1998).
(34) Pronay (1981), Kuhn (1988), Mathews (1994), Aldgate (1995), Robertson (1985 and 1989), Richards (1997), Robertson and Nichol (1992), Barendt and Hitchens (2000).
(35) Colley (1992), O'Gorman (1997).
(36) とくに以下を参照されたい。 Capp (1979), Colley (1992), Guy (1990).
(37) London Press Exchange (1934), Incorporated Society of British Advertisers (1936), Incorporated Institute of the Practitioners in Advertising (1939).
(38) 同上。
(39) London Press Exchange (1934), White (1970), McAleer (1992).
(40) Political and Economic Planning (1952), Spraos (1962), Street (1997).

メディア史論の相克　103

(41) Richards (1984 and 1997b), Dodd and Dodd (1996), Higson (1997).
(42) Murphy (1992), Aldgare and Richards (1994), Richards (1997), Geraghty (2000).
(43) とくに以下を参照されたい。Laing (1986), Cardiff and Scannell (1987), Davan and Katz (1987), Buckingham (1987), Brandt (1993).
(44) Cardiff and Scannell (1987), Scannell and Cardiff (1991).
(45) 王立プレス委員会報告書を参照されたい。Royal Commission on the Press (1949：253, table 9). 訳注＝以下を参照。渡辺武達「メディア倫理の社会的パラダイム～米・英・日の原初的検討から～」『同志社メディア・コミュニケーション研究』創刊号、2004年3月、pp. 1-69。
(46) Hill (1986 and 1997), Geraghty (1997), Higson (1997).
(47) 独立テレビ委員会（Independent Television Commission）による。輸入番組に対する伝統的な制限は英国における放映番組の一定割合がヨーロッパで製作されたものでなければならないと規定する1993年の法律改正（さらに98年にも改正）によってきびしくなった。この製作地別割り当て制度は名目だけのものではなく実質的であり、「可能な場所」としてEU諸国におけるテレビチャンネルの半数以上がEU諸国内製作のものであるべきだという1989年の「国境を超えるテレビ指令」よりもさらに厳格で、効果も高かった。
(48) Dodd and Dodd (1992), Pines (1997), Street (1997).
(49) マイノリティ・メディアの登場の主要原因はメディアシステムの拡大である。しかし従来のテレビチャンネルの支配的状態は継続している。これについては第7章を参照されたい。
(50) この伝統の古典的な貢献はFoster (1989)である。
(51) これはウィリアムズの著作（Williams 1979）において、『ニューレフト・レビュー』（New Left Review）誌の編集者たちによる尋問要請にしたがった、好感のもてるオープンさで展開されている。彼の知的な再考につづいたのがイングリスによるきめ細かい解説であった（Inglis 1995）。
(52) 大衆文化の「文学」批評家としてのホールの初期の業績に関する歴史的回顧は彼の仕事と影響の批判的評価をするMorley and Chen (1996) と Gilroy,

Grossberg and McRobbie (2000) の二著においても大部分が無視されている。後者はホールの最高著作 (Hall et al. 1978) まで実質的に無視している。

(53) たとえば、Clarke et al. (1976), Hall and Jefferson (1976), Hall (1986c).

(54) これはホールの以下の一連の著作集に収録されており読むことができる。Hall(1977), (1978), (1982), (1985). 最後の著作はCurran, Morley and Walkerdine (1996) にも収録。その後の展開はHall (1988b) において具体的になされている。

(55) この一般的な議論のその後の展開については以下を参照されたい。Curran (1978b, 1986 and 1980), Curran, Douglas and Whannel (1980) and Curran and Seaton (1997).

(56) とくに以下を参照。Williams (1970), Berridge (1978), Chalaby (1998), Conboy (2002).

(57) Lee (1976)and Brown (1987).

(58) Tulloch (1993), Scammell (1995), Miller and Dinan (2000), Davis (2002).

(59) 同様の議論を展開させた研究としては以下を参照されたい。 Glasgow University Media Group (1976 and 1982), Connell (1980), Morley (1991).

(60) これは単にネオリベラル派が優勢であったからではない。「権力構造」という概念がフーコーやポストモダニストの分析によって複雑にされ、いくらかの人たちには首尾一貫した形で理解することがむずかしくなってしまったからである。

(61) 重要な例外は以下の二冊である。Thane (1991), Skeggs (1997).

(62) とりわけ以下を参照されたい。Garnham (1986 and 2000), Skogerbo (1990), Calhoun (1992), Neght and Kluge (1993), Dahigren (1995), Corner (1995), Thompson (1995), MeGuigan (1996). 訳注＝またハーバーマスの公共圏論についての日本語訳基本文献としては、ユルゲン・ハーバーマス著、細谷貞雄訳『公共性の構造転換　市民社会の一カテゴリーについての探究（第2版)』未来社、1994年を参照されたい。

(63) ハーバーマスがいうところの「様式化」された歴史分析は規範論としての初期新聞史、記述論的な20世紀メディア批判におよぶ (Habermas 1989)。さらに

問題を混沌とさせるのは、彼がこの記述論的方法で現実を語るべきだとして初期新聞史についての文章も書きだしたことである。

(64) とくに以下を参照されたい。Cranfield (1962), Werkmeister (1963), Wiles (1965), Smith (1978a), Black (1987), Harris (1987).

(65) とくに以下を参照されたい。Thompson (1963), Wiener (1969b), Hollis (1970), Harrison (1974), Thompson (1984).

(66) ハーバーマスは自己弁護的序文のなかで、「一般市民的公共圏」(plebieian public sphere) を認めているが(Habermas 1989：xviii)、ブルジョア的公共圏や初期新聞の規範的見解を開陳するときにはこの見方を示さない。このことについては Eley（1992）の鋭い論評を参照されたい。

(67) 第4章を参照されたい。

(68) これに対する見事な反論は事実上、Habermas（1992）自身によっておこなわれている。ハーバーマスはまたメディアによる教え込みに対するマスとしてのオーディエンスによる受け入れについて、自らの著書(Habermas 1996) において記している。

(69) Schlesinger (1978); Schlesinger et al. (1983); Cathcart (1984); Curtis (1984); Bromley (1991); Butler (1991a and band 1995); Miller (1994); Rolston (1991); Miller and McLaughlin (1996); Rolston and Miller (1996).

(70) とりわけ以下を参照されたい。Schlesinger (1978), Hall et al. (1978), Connell (1980).

(71) この期間の全体的な説明の理解には O'Gorman（1997）を参照されたい。

(72) こうして新しい整合性を図る試みはメディアのコンテクストに基づく国民史の形式を採用した。もう一つの方法はメディアの比較史を体系的に展開することである。先駆的な研究としては以下を参照されたい。Smith (1978b), Ward (1989), Smith and Patterson (1998), Crook (1998), Briggs and Burke (2002).

(73) このように主張する重要な研究は以下である。Innis (1950 and 1951), McLuhan (1962 and 1967), Eisenstein (1979), Ong (1982), Anderson (1983), James Carey (1992).

(74) Rheingold (1994), Negroponte (1995).

(75) Zapatistas は Castells がいうような「情報化時代の最初のゲリラ運動」ではな

くて、こうした運動のなかで出てきたものの一つである。私が指導している博士課程院生であるMaurice Walshはたとえば、アイルランド独立戦争（1919－21）においてシンフェン（Sinn Fein）がいかに成功した情報ゲリラ運動を展開したかについて書いている。

（訳：渡辺武達）

第2章　「新しいメディア」と権力

　マス・コミュニケーションはあたかも近代特有の現象として議論されるのが一般的である（注1）。実際、この見方はほとんどの社会科学の定義で採用されている。たとえば、デニス・マクウェールは「マス・コミュニケーションは、専門家集団が技術装置（出版、ラジオ、映画など）を使うことで、表象内容 (symbolic content) を巨大で、同質的ではない、そして社会の広い範囲に存在しているオーディエンス（視聴者・読者）に伝える社会制度と技術から成立している」(McQuail、1969：2) としている。一般的に言われていることは、近代の技術があってはじめて、多くのオーディエンスへのコミュニケーションが可能になったということである。とりわけ、マイセルが私たちに信じさせたのは、「産業革命以前、コミュニケーション・システムは個人個人の直接的な対面コミュニケーションに限られていた」(Maisel、1973：160) ということだった。
　だが現実には、対面コミュニケーションとは別の多様な表現形式（建築、絵画、彫像、コイン、旗、ステンドグラス、歌、メダリオン（大メダルの円形浮き彫り）、その他のあらゆる種類の儀礼）が産業社会以前に、ときにはきわめて複雑な概念表現をするために工夫され、利用されてきた。そしてしばしば、これらの表現形式は広い範囲の人びとが接するものとなっていた。たとえば、中世中頃、日常的にミサに出席するヨーロッパの成人の数は、現在のヨーロッパで日常的に新聞を読む人口よりも比率として確実に多かったにちがいない（注2）。礼拝式にはさまざまな宗教儀式があったから、中世の中頃のローマ教皇庁（法王庁、ヴァチカン）のほうが、一般信者の出席する礼拝によって、現代ヨーロッパにおける高度に集中化され、独占的な新聞の支配

者たちよりも、はるかに中央集権的コントロールがなされた表象内容・記号情報を伝達していたといえる。

　このように、マス・コミュニケーションの集中管理は何ら新しいことではない。多くのオーディエンスだけではなく、少数のエリート層へのコミュニケーションを含む古いコミュニケーション形式との歴史的比較をすることは、調査と研究室での実験的技法に依存した「効果」研究の伝統が無視する傾向にあったコミュニケーションメディアの影響のいくつかの側面についての、より精緻な説明を可能にするだろう。本章では主として、新しい方式のコミュニケーションの登場が社会の権力構造にどのような影響を与えかについて検証する。新しいメディアが、それまでの社会で一般的であった権威の構造に緊張感をもたらし、新しい権力の中心を発生させたこと、さらには、新しいメディアがしばしば既存のメディア機関を乗り超え、これまで禁止あるいは制限されていた情報を伝達することによって、社会的知識を階級ごとにコントロールするやり方を揺るがせたことについても検証する。新しいメディアには、権力システムの内部でその一部としてふるまい、既定の権力の流れを妨げる潜在力を内に秘めている時代があったことにも触れてみたい。

　そうした課題について、主として中世中頃と近代初期のヨーロッパおよび英国に焦点をあてて本章での議論を展開していくことにしよう。また、メディアが与えた衝撃を明らかにするため、時代を前後に行き来しながら、図示的・概括的な分析手法（schematic analysis）を採用して述べていくことにしたい（注3）。そのため、きわめて広い範囲をカバーすることになり、素材を恣意的に選択することになるのは避けられない。しかし、もし可能であれば、そのことによってこれまで信じられてきた「効果」研究に対するゆるやかな修正ができればよいがと希望する。なぜなら、効果研究は精力的に測定してもあいまいな結果しか得られないのに、暗黙のうちに、メディアを個人の集合体としての受容者にメッセージを送り込む自律的組織として描くという問題点をもっているからである。

新しい権力中枢の登場

　ローマ教皇庁（法王庁、ヴァチカン）の勃興は、中世においてもっともめざましく、驚くべき特徴の一つである。四世紀初頭のローマにおいて、法的な承認もなく、傑出した存在でもない、単なる地方の監督者にすぎなかったものが、どのようにして全西欧世界のキリスト教会の最高位を占めるようになったのか。さらに驚くべきことは、大きな私設軍を持たず、最初はそれほどの物質的な富もなく、長期間イタリアの小貴族たちによって支配されていた地方の教会が、どのようにしてヨーロッパで最も強力な封建的支配力を持つ裁判所となり、諸国の王や王子に忠誠を誓わせ、厳格な徴税を行い、キリスト教世界全体の出来事に干渉し、中東様相を変えてしまうことになった十字軍という帝国主義的侵略を始めることにさえなったのか。

　もちろん、このローマ法王庁にはその初期の影響力の基礎を作ったいくつかの利点があった。ローマ帝国の首都に位置していたこと、キリスト教区を西方にまとめることに熱心であったローマ帝国のキリスト教を支配し、まとめようと切望しているコンスタンティノープルの皇帝たちと特別な地位の付与について合意していたこと、教皇庁が西ヨーロッパにおいて聖ペテロが設立した唯一の教会と考えられていたこと、等がそれである。

　ローマ法王庁は先頭に立って、自らの配下のキリスト教会に教えを広めながら、中世ヨーロッパの権力構造の分裂を巧みに利用することにそうした初期の能力や資産を使った。歴代のローマ教皇（法王）はライバル関係にある君主国同士を戦わせ、緊張と衝突を利用し、まれには君主国家と封建国家の貴族的抑圧にたいして抵抗する人民の背後にいて、その抵抗を支援しさえした。教皇庁はまた、とくに司教と君主国的秩序との間に見られる、教会内部の緊張とライバル関係とともに、世俗的なコントロールから出来るだけ独立したいと考える何人かの指導的聖職者の願望を利用することもあった。ローマ法王庁の支配拡大は、何人もの研究者が説得力ある説明をしているように、

自分の権力を拡大するために競合する権力集団の利害と影響力を手練手管でうまく利用した結果の一部であった（Brooke 1964; Southernh 1970; Southern 1970; Richards 1979）。しかし、法王庁の帝国主義性やキリストから受け継いだ遺産、さらには分割して統治するという政治的なやり方をいくら挙げても、一地方の教会がなぜ法王庁になれたのかの説明には十分ではない。とくに、それらだけではローマ法王（教皇）が「どのようにしてではなく」、なぜ中世ヨーロッパの権力政治への介入をし、それによってどれほどの利得を得たのか、あるいはなぜ、法王がローマの皇帝たちから与えられた権威以上の権力をもつまでに権力の急速な拡大を遂げることができたのかを十分には説明できていない。法王庁（教皇庁）の台頭は、権力の執行をさせ、その継続を支持した思想的営為を社会制度の運用過程として早い時期から実現できたという観点からのみ適切に説明することができる。その証拠に、聖ベルナールは1150年、ローマ法王宛の洞察力の鋭い手紙で「あなたの権力は財産所有においてではなく、人びとの心を動かせることにある」（引用：Morris 1972：14）と記している。

　近代初期のヨーロッパにおけるキリスト教会の拡充によって、法王庁（ローマカトリック教会）が組織的支配を行う基礎ができた。西ヨーロッパ中に、共通のイデオロギーを送信することが可能な新しいコミュニケーション・ネットワークが構築されたわけだ。しかしながら、ローマカトリック教会は西欧の教会（注4）に対する権威を確実にするまで、このネットワークを効果的に利用することはできなかった。ローマ法王は4世紀に、聖典の権威によりその他の教会を指導することを認められていると主張することで、東方の皇帝たちに認められている地位を向上させることができた。その主張は聖マタイの福音書にある、イエスが聖ペトロに呼びかけた「この岩の上に私の教会を建てよう…」という記述に基づいていた。そういう願望がおおいにあったにせよ、そこには「ローマの地に……」という記載がなく、それは権利証書としてはきわめて弱いものであった。しかしながら、そこに地名の記載がなかったことが「クレメンスの手紙」（Epistola Clementis）という偽書を創り

出して、疑うことが出来ない証拠にすることを可能にした。その手紙は、歴代のローマ法王が自分の後継者であると指名している聖ペテロの最後の意志を聖ヤコブに伝えるものであった。これに続いて、いくつかの偽造文書が作成された。そのうちで最も影響があったのはコンスタンティヌス帝の寄進状で、それにはコンスタンティヌス帝がシルウェステル教皇にたいし、広大な領地、といっても特定の表示のない地域の西半分を与えるということが記されていた。それは「イシドールの偽書」と呼ばれる一連の教会法で、そこには初期キリスト教議会の偽の命令が含まれ、初期キリスト教会の指導者としてローマ法王が選ばれたと記している、初期のローマ教会議会の捏造教会法や、同じく偽造された、初期のローマ法王たちの教会布告などもあった。初期のキリスト教会の発達については、事実とは明らかに異なっている文書が捏造され、法王への神話がしだいに作り上げられていったわけだ（注5）。こうしてローマ法王とその謀略仲間たちは、すべての偉大なイデオロギーに共通しておこなわれている歴史の再解釈にとりかかったわけである。しかし、このケースで驚くべきことは、それらのすべてが実際の出来事として現実に起きたかのように、矛盾のないように徹底的な捏造がおこなわれたことであった。

　イデオロギー的なローマ法王の強さは聖書の記述（これはもちろん重要であるけれど）や、特定の歴史観に基づく以上に、カントロウィッツが「聖書の独占化」と名づけた、世界の見方を規定してしまう聖書の選択的解釈の権利をもっていることから来ている（Kantorowicz 1957）。ローマ法王と教会のプロパガンダはキリスト教信者のすべての振る舞いは救い（salvation）を得るためであるとする、生存の目的論的な観点を作り出した。この観点にしたがえば、教会の最高支配者たるローマ法王には、すべての人びとに神の御名による法体系によって救いを目指すことを指揮する義務があることになる。そして、すべての人間を教会と親和的かつ不可分な関係をも持たせることで、教会の先頭に立つローマ法王は人びとに対する普遍的な支配権を持つことになる。ローマカトリック教会のイデオロギーにおいては、権力や財産を受け

継ぐ固有の権利はないものとされていた。それらは神の恵みに由来し、神の代理人によって破棄、あるいは剝奪されるべきものであったからだ。要するに、ローマ法王は①自らが神からすべての権力を与えられていること、②教会は神と一体不可分であるという、二つの中心的な前提に基づくイデオロギーシステムを組み立てたわけである。これらの前提が、ローマ法王が教会の首脳部に下す命令は神聖な神から与えられた権利であり、人間への絶対的な権威であるという、精巧な思想の上部構造の土台を作っているのである（Ullmann 1970）。

　法王庁（＝教皇庁）の宗教的統治にかかわる教えは、組織内においては位階に応じて確立されたチャンネルから出来ているコミュニケーション体系を介して伝えられた。法王庁は、中世の初期と中期にかけて、西方世界においてもっとも膨大な記録や文書、もっともすぐれた学者や理論家集団を擁していた。その態勢のうえに、手紙や公的な布告、法的判断などといった手段を用いて、そのプロパガンダを止むことなく繰り返したのであった。

　教会という組織体系のなかでも、ある程度まで法王庁の監督から独立して法王庁のメッセージが伝達されていた。ウルマンによれば、たとえば、カロリング朝時代、フランク人の監督団が地域の貴族や封建領主たちからの独立を目指して、法王庁の主権とそれを裏付ける主張を強調したという（Ullmann 1969）。ということは、遠く離れたイタリアの地にあるローマ法王庁とキリスト教世界全体における各地の教会の階層的秩序との利害はもともとよく似たものであったということである。そのため、一部では法王庁の主権と各地域の聖職者の組織人としての権限とのあいだにある種の乖離がもたらされた。逆にそれが、西方世界におけるキリスト教の宗教としての伸張につながった面がある。教会の上級役職者の任命や各地からの聖職者が続々とローマもうでをしたこと、修道士の位階についての法王庁の直接的支配の拡大などによって、法王庁はカトリック教会への中央集権的支配権力を増大させ、その資産を西ヨーロッパにおける自らの権力と権威の拡大に利用したのであった。

貴族を含む人口の圧倒的部分に識字能力がない時代に、カトリック教会（法王庁）が洗練された聖職者政治のイデオロギーを、たやすく理解できる図式や絵画の形に移しかえることに成功した。しかしながら、情報を文学的にしか解釈できない中世史の専門学者たちは先入観にとらわれ、非言語的コミュニケーション、とりわけ宗教的なある種の魔術、魔力（magic）が中世の人びとのイメージと見方の形成をするうえで果たした役割にほとんど注意を払ってこなかった（注6）。だが実際には、教会の魔術と儀式にかかわるすべての装置は、ローマ法王のヘゲモニーを支える現実の宗教的解釈を伝える点で決定的に重要なものであったのだ。

　中世の教会は、人びとの幅広い日常活動と俗世間の問題の処理を助けることを誠実におこなう、不思議な力を備えた場所としてその役割を果たしていた。教会はまた、そのような仕方で、同時に神の不思議な力とその仲介者としての教会の特別な役割を力説しながら、教会と神との一体不可分性を象徴的な仕方で説いた。その結果、教会は通過儀礼（洗礼、堅信式、婚姻、誕生後の斎戒、最期の塗油と埋葬）を人びとのライフサイクルのあらゆる段階で宗教的に意義あるものとし、人間の存在のあらゆる側面が教会の指導の下にあると主張したのであった。それらの影響はそれぞれの儀式に付与された数々の迷信によってさらに大きくなった。たとえば、洗礼は単に原罪の免除を意味するだけではなかった。もし子どもが洗礼を受ける前に死んでしまったら、子どもは永久に煉獄の死刑囚となり、地獄の拷問を受け、身の破滅を招くという教会の主張を多くの人が信じ込まされた。同じように、教会は中世の聖人たちの奇跡を認めるばかりか、それを積極的に宣伝した。たとえば、奇跡を起こす聖人の霊がおり、そのご加護によって人びとの巡礼の旅は安全になる、あるいはお祈りをするだけで御利益があるという迷信である。聖職者たちは神聖な魔術、魔法が使われる場面での補助医にすぎなかったが、聖人は特別な技術が必要な場面にその指導が必要な権威ある専門医であった。たとえば、胸の痛みに一番効果があるのは聖アガタ、苦しみを軽減させてくれるのは聖マルガレータであるというように人びとは信じるようにされた。教会

もまた諸々の儀式を独自に執り行っていた。たとえば、儀式には司祭と聖水と特有の呪文が必要であると中世の典礼書には明記されていた。それらがそろわないと、一家を祝福し、井戸を清め、窯が壊れるのを防ぎ、道具類を安全で便利なものにし、女性や牛を身ごもらせ、豊作や安全な旅を保障することはできないとしていたのである。事実、教会から出される一種のおまじないと無関係な日常生活上の活動はほとんどなかったし、教会の魔術的な療法と無関係な世俗的問題もほとんどなかったのである。

人びとは宗教的なお守り、護符、魔除けといったものが不運を払う予防薬の役割を果たすと信じこまされ、身につけさせられていた。そのようなしつらえが中世の迷信を支える必需品であり、教会が伝える宗教的魔法の力を象徴的に示すものであった。教会はまた、聖餐の秘蹟によって、無機物に生命を与えるという印象的な魔法を日々披露していた。そうした魔法の力は、人びとのこの世の苦行を軽減することができない場合には、死後の世界の幸せが増大する祈りのために使われたのであった。この神聖な魔法という強力な武器に加え、教会は宗教建築や美術によって、ローマ法王庁による数々の基本的なイデオロギーを人びとに伝えた（Panovsky 1951; Evans 1948）。田舎の人びとの頭上高くにそびえ立った教会の建造物は、人生のあらゆる局面を見下ろしている神の存在を象徴していた。彫刻、絵画、キリストの神秘性と気味の悪い地獄の拷問を描いたガラス窓も同様の目的を果たしていた。それは神がこの世と来世における全能の力を人びとに思い知らせるものであった。法王グレゴリーⅠ世が評したように、それらは「たとえ字が読めなくても、少なくとも壁を見て理解することができる人たち」（引用：Innis 1950：124）のためのものであったわけだ。

だが、中世の人びとの信仰の一助となっていた奇怪な迷信のすべてが必ずしも上から強制されたものではない。一部は迷信を信じたいと願う一般の人びとがいっしょになって作り出したものであった。しかし、それらの迷信的儀礼は中世の教会によって公布され執り行われていた神聖な魔法にその起源をもっていたし、神とその子どもたちである信者をより緊密に結びつける敬

虔な崇拝表現として、見識ある聖職者もそれを黙認していた（Thomas 1973）。それらはまた、ローマ法王庁の帝国的拡張主義を正当化するための宗教的世界観を維持するという、より大きな目的を果たす役割をしていた。

　じっさい、ときにはそうした宗教的儀式の精緻化をともなった意識的なイデオロギー上の「作業」は、たとえば、ローマ帝国西部における皇帝たちの即位式の宗教的儀式の中でなされた継続的な修正のうちに明確に示されている。それが中心的重要性をもつ儀式であったのは、一人の西方の皇帝を擁立することによって、法王を東部の諸皇帝たちから引き離すことを目的としていたためである。すなわち、西ローマ帝国皇帝の宗教儀式上の戴冠式典がローマ法王に対する従属を人びとに理解させられるように細心の注意がはらわれた。最初の西ローマ帝国皇帝であるカール大帝（シャルルマーニュ）の戴冠式につづき、ローマ法王は皇帝を聖油でぬぐい、神によって「与えられた」帝国の権力はローマ法王が仲介したものであるというプロパガンダの核心を象徴させる新しい儀式を導入した。次の戴冠式（823年）の時にはもう、新しい目玉商品として、ローマ法王から皇帝に与えられる剣が生み出された。それは、もし必要ならば物理的な力を使ってローマ法王の楯となって法王をお守りし、安全を確保するという意志を実行する皇帝の役割を強調するものであった。はては、あいまいな解釈や誤解（たとえば、皇帝は自治権を持った、聖職者と同等の支配者であるとして聖油を与えられたといった考え方）をさせないために、11世紀までには戴冠式に皇帝に塗る聖油は礼拝式において使われるよりも低質のものを用い、以前のように頭ではなく、右腕と肩甲骨の間にそれを塗るようになった。こういったことや、新しいシンボル、振る舞い、祈りの文句の採用といった様々な革新には、法王庁による多様な複雑かつ理論的な思想を、一つの儀式を通じて、識字能力のない貴族にもはっきりとわからせるための視覚的な工夫などがあった（Ullmann 1970）。

　各教会もこうした非言語的コミュニケーション技術に加え、従来からのさまざまな方法を用いて一般民衆への布教を積極的におこなった。聖職者たちは大勢の聴衆を一か所に集め、各地域の言語で説教を行った。法王使節制度

はヨーロッパの隅々にまで及び、ローマカトリック教会の法王特使は巡行のあいだじゅう、大勢の群衆に語りかけた。教会の法廷が制定した法律が法王による階位制に基づく教権政治を具体化し、民衆に伝えた。そして13世紀以降、こうした使節となった修道士がますます増加し、福音伝道だけではなく、好奇心旺盛な聴衆に「ニュース」を届け、法王の効果的なプロパガンダの武器となった。

　教会の階位制度もまた法王の権威の執行を支える仕方で、明確なエリート文化を形成した。13世紀になると大学における筆写が盛んになったが、それまでは修道院が書物の生産を支配していた。だが、そのような大学による筆写は結果として、ローマ法王のイデオロギーを支え解釈した書物、つまり、教会の世界観・宇宙観に対して、直接か間接かは別にして、挑戦する書物が発行されることを阻止することになった。中世初期と中期を通じ、聖職者と修道士の階層もまた、正式な教育制度によって、知識の伝達を支配していた。11世紀まで、教育の権限はたいてい聖職者の手にあり、少なくとも9世紀以降、教育内容は教会の階位制度によって、はっきりと定められていた（Laistner 1957; Leff 1958）。実質的に一般の教育と学習の拠点が増加したのは12世紀だけで、その期間でさえ、各地の教会が直接的あるいは間接的に学校の多くを監督下に置いていた（Cobban 1969）。

　こうした文化支配の本質は、アリストテレスがいみじくも指摘したように、脅威を封じこめるための手続きによって説明できる。アリストテレスの教えは、政教一致、つまりローマ教皇のヘゲモニーを支える不可分の教会という支配的理解に挑戦するものであった。おそらくこの理由によって、アリストテレスの主要な著述が中世初期に「姿を消した」状態にもっていかれたのであった。こうして「消えた」ものが後に再発見されたとき、パリ大学ではそれらの研究は「現実への影響力がなくなる」時期まで禁じられた。そして、13世紀についにウィリアム（William of Moerbeke、1215 – 86）がアリストテレスをギリシャ語からラテン語に翻訳したとき、中心的な概念についての訳語に、彼は当時のほとんどの学者・聖職者仲間になじみのない「政治的」

(politicus)、「政府」(politia) という用語を使用せざるを得なかった。つまり、宗教と政治、教会と国家を区別することは、ローマ法王のイデオロギーの重要な前提に直接的に挑戦することであったため、新しい言葉の使い方をしなければならなかったのである。文化的エリート層が使うコミュニケーションの主要メディア、つまり普遍的なキリスト教世界の言語はこのようにして作られ、法王のイデオロギーの教えに従って定義されたのである　(Ullmann 1975)。

このことからわかることは、ローマ法王の権威を支えてきたのは単に宗教的な信仰だけではなかったということである。支配的な文化を形成することに成功した教会の階位制度は、長い間、完全にではないが総合的な観点から見て、教会の土台を揺るがしかねない思想や概念を巧妙に排除してきたのだ。そのため、学者は教会の敬虔な信者であろうとなかろうと、すべからく、法王庁の支配ルールを支持する方向で現実（reality）をとらえ、「経験」するようにさせられたのであった。

しかし、法王庁の文化支配は、その全盛時の中世中ごろにおいてさえ、誰しも認めるように完全からはほど遠かった。歌、踊り、物語、詩といった「世俗的な」価値観を表現する民衆の文化が、より教会に近い宗教的文化と重複しながらも独立して存在していたという、豊富で明白な証拠がある (Southern 1959)。中世社会の世俗的な組織もまた、法王庁のプロパガンダの投影となっている教会的秩序とは大きく異なった原理によって、しばしば機能していた　(Bloch 1961)。法王庁が主要なマス・コミュニケーション機関としての教会に及ぼす直接的支配は、その全盛時でさえ、実際には完璧なものではなかったわけである。

しかし、法王庁のヘゲモニーはけっして完全ではなかったけれども、精神的な生産組織である教会とマス・コミュニケーションへの二重支配を可能にしたことにより、無限に近いほどのさまざまな手段を意のままにして、反対者を押しつぶすのに十分な権威と権力をますます大きくすることができるようになっていた。この権力の強大化のプロセスについて、おそらく中世に起

きたもっともよく知られた対立事例によって簡単に説明してみよう。

1075年、法王グレゴリウスⅦ世は、叙任（聖職者の役職を世俗のものに与える象徴的な儀式）を禁止することで、教会の人事に俗界が干渉することをはげしく攻撃した。これに続けて、それを指示する公告、説教、パンフレットによるプロパガンダ戦争を起こした。ドイツの君主であるハインリヒⅣ世にとって、このイデオロギー攻撃はじつに手痛いものとなった。というのは、教会のプロパガンダが数世紀にわたり繰り返され、世論がその方向で一致するような工作となったからである。彼が破門され、一時的に退位を余儀なくされ、そして家臣たちの君主への忠誠の誓いもローマ法王によって一時停止となり、彼の地位はますます危ないものとなった。彼にたいしておこなわれた巡回裁判では、法王自身による宗教的支配の正当性の主張を効果的に批判するときに必要となる歴史的な記録は残されなかった。そして、自らが教会から独立した支配者としてもつ権威を正当化できる、教会とは別の考え方を文書として提出し、残すことも許されなかった。彼は神の恩寵を受けた王にすぎず、その恩寵は神の最高代理人である法王庁によって奪われたのである。家臣たちの離反は実際にはもっと世俗的な理由で起きたことでもあったのだが、ブルークが説明するところでは、彼らの離反は「地獄の門が開く音が彼らの耳に聞こえた」ために起きたという(Brooke 1964)。トレブル（ドイツの都市、Tribur）で開催された会議で、肝心のドイツの王子たちがハインリヒⅣ世は法王の許しを得られなければ、王位を失うと正式に宣言した。西ローマ帝国で最大の権力者は、慣習によって認められていた世俗的叙任を続けようとしたにすぎなかったのだが、ローマ法王の免罪を請う者としてイタリアへ向かうことを強いられたのである。ローマ法王がその理由として挙げたことにも多くの反対者があったが、こうしてドイツの君主は最終的に1122年のヴォルムス協約の後、聖職者の叙任権を放棄することになった（Davis 1957; Brooke 1964; Ullmann 1970 and 1977)。

要するに、中世初期と中期におけるローマ法王政治の勃興は、究極的には、法王庁のリーダーシップの正当性の主張だけではなく、キリスト教による支

配を正当化する思想的世界観を伝えるためにエリート層とマスメディアを法王庁がうまく操作することが出来たことよるものである。法王庁のイデオロギー的支配がはじめて崩れたのは、法王庁によるエリート層の知識の中枢とマス・コミュニケーションが中世後期に挑戦を受け、首尾よくそれが成功したときであった（注7）。イデオロギー的な統制がなくなると、法王の権力もかげりを見せた。破門の布告が1077年にはヨーロッパ最大の権力を持っていた君主を文字通りひざまずかせたのだが、15世紀になると、教会税の徴収すら十分に確保できなくなっていたのである。

中世初期、ヨーロッパ中に拡がったキリスト教会が法王の権力に依拠していたように、新しいコミュニケーションメディアの発達が新しい権力集団を誕生させることになった。おそらく、イギリスのメディア史において、もっとも悪名高いのは「プレスバロン」（press baron）と呼ばれる、新聞の寡占的所有者たちであろう。しかしながら、そうしたプレスバロンの出現にはローマ法王支配のそれと比較、対照するととても興味深いものがある。

18世紀当時、大部分の新聞の発行者は取るに足らない、尊敬に値するとはとてもいえない商人であった。下品なストーリーをでっちあげ、それを正式な発行前に生け贄の犠牲者に見せ、記事にしない見返りに金を取るなど、新聞関係者の評判を落とすことなどが多かった。たとえば、1777年に、文書偽造で告発され、ほぼそれが確実であるとの証明をされかけたウィリアム・ドッド（William Dodd）という伝道師について、「身を落としてついに新聞編集者になった」（引用：Smith 1978a：65）という記述さえ残っている。18世紀後半に最大の発行部数を誇った「ホイッグデーリー」（Whig Daily）紙の裕福な発行者、ジェイムズ・ペリー（James Perry）のような例は別にして、新聞発行は概して洗練された社会から認められる業種ではなかった（Christie 1970）。新聞に原稿を寄稿することさえ、貴族出身の政治家である、ブローガム卿の言葉を借りると「汚い仕事」（引用：Asquith 1976：277）とされていた。新聞発行者の評判が低いことは政治的な独立性を欠如していることの反映でもあ

った。1800年以前には、1,000部を売り上げる新聞はほとんどなく、多くの新聞は政治的理由でパトロンになったものから補助金をもらうか、実質的な仕事なしに給料だけもらうか、もしくは政治的意図のある広告や折り込みチラシなどによる収入に大きく依存していた。

19世紀に、努力して発行部数を増大させ、政治的に自立するための対策をたてた結果、新聞発行者たちの名声が高まり、影響力も増した。指導的な新聞発行者と編集者は政府の閣僚に重用され、議員になるものさえ多く出た（Anon 1935 and 1939; Hindle 1937）。こうして彼らの政治的重要性が増すにつれて、1868年から1888年にかけて、かなりの法律的特典が新聞に与えられるようになった（Lee 1976）。同時に、新聞の役割が社会的に広く再解釈され、ボイスが論じたように、新聞が「イギリスの政治システムのなかで認められ、尊敬される地位を占める」べきだという要請に応えられる、独立した第四の社会的財産だと考えられるようになったのである（Boyce 1978）。

しかし、新聞の発行部数が増大したときにはじめて、その発行者たちの地位に根本的な変化が起きた。「ロイズ・ウィークリー」（Lloyd's Weekly）紙は1896年に最初に100万部を獲得した日曜新聞であった。そして、「デイリー・メール」（Daily Mail）紙は20世紀への変わり目に、100万部という大台を超える最初の日刊紙となった。1920年までに、全国の日曜新聞「サンデー」（Sunday）の総計部数は多くの労働者階級と中間層を相手に1,350万部に達した。

全国の日刊紙もそれに続いて、労働者階級に多くの読者を得て、1920年と1939年の間に、部数を540万から1,060万部に伸ばした（Kaldor and Silverman 1948）。マスメディアとしての新聞の成長が所有権のますます集中を促進し、何人かの有力発行者たちに、系列を合わせると巨大な発行部数となる新聞を支配させることになった。ロザミア（Rothermere）、ビーヴァーブルック（Beaverbrook）、ケムズリー（Kemsley）の三人で1937年、たとえば、全国紙発行部数の45パーセント、地域朝刊紙の発行部数の51パーセントを支配し、夕刊紙を含めると、総計1,500万人以上の読者層を獲得していたのである（注8）。

「新しいメディア」と権力　121

　主要な政治的コミュニケーションを支配する新聞発行者の社会的地位に変化が起きた。ちょっと前まではただの商人として貴族出身の政治家たちから人づき合いを避けられる原因となっていた新聞発行者が肩書きや名誉を山のように与えられるようになったのだ。ノースクリフ卿の姉妹であるジェラルディンが1918年に冗談半分に書いているのだが、「紙不足であることを考えると、ノースクリフ家は皆さんが一度にサインできるようなカードを発行すべきでしょう。つまり、カンタベリー大司教、ローマ法王、公爵、子爵、騎士等々からの多くの祝賀を一枚のカードにまとめられるようにすべきです」（引用：Ferris 1971：215）。ここで彼女が言っているのはまったくの冗談だともいえない。というのは、彼女の兄弟のうち五人は、二人が子爵位、一人が男爵位、二人が准男爵位を与えられたのである。じっさい、ロザミア子爵はさらに上位の栄誉さえ与えられた。彼の新聞がハンガリーの領土回復の活発なキャンペーンを行ったあと、彼はハンガリーの君主制主義者たちから、空位になっているハンガリー国王、聖ステパノの座を継いでくれないかと真剣に頼まれることさえ起きた。彼は125万人ものハンガリー人による感謝の署名に満足した。

　新しいメディア王たちもまた、現実の権力を行使した。1915年、ノースクリフ卿の西部戦線の弾薬不足に関するキャンペーンはアスキスへの反対運動を猛烈に強め、1916年のロイド・ジョージによる連立内閣の形成に貢献した。新聞王たちの活動が政治的地位の獲得を助けることにもなった。たとえば、ロザミアが空軍担当大臣（1917年―1918年）、ノースクリフが敵地プロパガンダ局長（1917年―1918年）、ビーヴァーブルックが国務・生産担当大臣他のポスト（1941年―1942年）といった具合にである。だが、彼らはそうした目に見えるものよりもはるかに重要な影響を与えた。彼らが両大戦間に、優勢な政治的世論の一致を形成し、急進的な変化に反対する保守的な勢力を戦時動員に駆りだすうえで大きな役割を担ったからである（Curran and Seaton 1981）。

　しかし、彼らが新聞によって直接的な影響力を行使しようとしても、うまくいかないことが多かった。彼ら新聞発行者たちが隠然たる政治権力に対す

る挑戦として始めたキャンペーンはむしろ、失敗することの方が多かった。ロザミアによる、第一次大戦後の「浪費癖」についてのキャンペーンはわずかに限定的な成功をおさめただけで、その他の三つの注目すべき成功にもかかわらず、議会の補欠選挙において反浪費同盟の候補者を応援することによって連立政権にその政策を実行させようとした彼の試みは、三人の候補者についてはめざましい成功を遂げたものの、最終的には失敗した。ビーヴァーブルックとロザミアが共同して推進した帝国自由交易（Empire Free Trade）キャンペーンもまた、トーリー党の賛同が十分に得られずに失敗した。つぎに、連合帝国党（United Empire Party）を立ち上げて、政策の変更をさせようとした試みも、完全にではないが、全体としては不成功に終わった（Taylor 1972）。これらもろもろの失敗は、大勢の読者が、巨大新聞社が発行する新聞を日々読みながらも、独立した思考が出来るようになってきたことを明確に示している。新聞界の大立て者たちが持つ影響力がより現実的に評価されるようになると、彼らの保守党内における組織内政治にたいする影響力も減少していった。ロザミアがこれからも継続的に支援していくことの見返りにボールドウィンの次の内閣の、少なくとも八人から十人の閣僚名を事前に知らせて欲しいと要請したことが、ボールドウィン自身が1931年に行った有名な絶縁スピーチ「非常識で傲慢な要求」によってこの要請を拒絶し、それとともに、新聞の影響力の限界が白日のもとにさらされることになった。このことは、数週間後にボールドウィンに忠実に従う保守党の公認候補者がセントジョージのイギリス国会の中間選挙で、ロザミアとビーヴァーブルックの両者が推した無所属系の保守候補を打ち負かしたときに、痛感されることになった。現金を動かす能力をバックにした巨大新聞の発行者たちがいくら大勢の読者に話しかける能力を有していたとしても、政党への忠誠を訴える政治組織にはとてもかなわないことがはっきりしたのである。

　中世中頃にローマ法王が行使した大規模な世俗的権力と新聞王たちの限定的な影響力を対比してみると、いくつかの重要な相違点が明らかになる。法王庁が普遍的な主権、支配権を追求したのにたいし、新聞王たちの野望はそ

れほど大きなものではなかった。法王庁が神聖権による君主国を正当化するための強力な思想的プログラムを発達させたのにたいし、新聞王たちはより自己防衛的で、国家の政治体制における自分たちの立場を正当化するための新聞の「第四の社会的有用価値」(fourth estate、第1章の注7を参照)論を認めてもらいたかっただけであった(たとえば、以下を参照：Northcliffe 1922; Beaverbrook 1925)。法王庁は一時期、主要なイデオロギーを生み出すすべての組織を支配し、その優越性を正統化する現実解釈を広めることに成功した。それにたいして、新聞王たちは自分たちもその構成要素の一つである、他人(政治家、公務員、判事、主要な利益団体)が作り上げた代表制度を拡大したにすぎなかった。そのうえ、新聞王たちは人びとがメディアをどう見るべきかについても統一した観点を形成することにも失敗した。また、新聞界自らの自己統制も不完全であった。業界内では必ずしも同じ政治的見解が共有されていたわけではないし、さらには、書籍、映画、ラジオ、のちにはテレビなどの他のマス・コミュニケーション機関にもほとんど影響を与えることができなかった。ローマ法王と比較すると、巨大新聞の発行者たちは、はるかに統一のとれた権力集団を相手にしたが、競合する諸勢力を出し抜いて、自分たち自身の権力強化をはかる機会はほとんどなかった。

緊張の増大

　新しいコミュニケーション・チャンネルの発達と結びついた新しい権力の中心の出現は、権力の全体構造の緊張を高める傾向がある。このことは中世の法王庁や近代のマスメディアがイギリスの政治システムの発達に与えた影響によって社会的葛藤が増大したことからも理解できることである。

　全ヨーロッパにカトリック教会が拡張したことは、ある意味で、中世社会に新しい不安要素を作り上げた。これまで見てきたように、法王庁と宗教的な位階制度は、封建社会の伝統的指導者が享受してきた権力と権威の一部を横取りするために、中世のコミュニケーションをコントロールすることで、

社会的知識を統制しようとしてきた。この構造の強化の過程がいかにすさまじいものであったかは、法王庁が対抗者を征服する軍事的な手段なしに彼らを切り崩し、自ら道徳的権威を所有することになった事実があますところなく語るところである。それは、法王庁が自ら武器を取ることなく、そうした物理的行為は他者をたきつけて、やらざるを得なくするということでもある。そのことは、時おり、中世の君主国家の建設や中央集権化戦略に反対する、国内分裂の積極的な誘因ともなったのである。そのため、法王庁は聖職者の任命を誰がおこなうかについての、延々と続いた対立の間じゅう、ドイツ君主国家に反対するため、意図的かつ積極的にその家臣たちを怒らせるようにしむけた。その結果、11世紀と12世紀における、ドイツと北イタリアの政情はますます不安定になったのである。

　宗教的な支配下に置かれたコミュニケーションの発達が、さらに婉曲的な方法で、もう一つの不安定要因となった。教会の位階制度は君主権の強化をはかるために中世のメディアをコントロールした。君主自身がしばしばこのやり方を推進する一方で、彼らは自分たちの権威の思想的な再興のためそれを希望し、そのことに長けた者たちがいることに気づいたのであった。その理由の一つは王位についての伝統的で封建的な概念とそれが出てくる思想的伝統が、教会が広めようとする宗教的世界観とあからさまな対立をすることになるからであった。法王庁の考え方によれば、あらゆる権力は神から「授かった」ものであり、神の子たちにたいする絶対的な権威を備えた法王の法的支配権の下で、神の力によって定められた君主国の法律によって制度化されたものであった。しかし、地域の固有の封建的伝統に従えば、すべての権力は「下から立ち上ってきた」、つまり、君主は絶対的な支配者ではなく、封建的な契約の互恵的な義務関係にしばられ、慣習として出来上がってきた自然法に拘束された、平等な人間の中の第一人者にすぎなかった。中世初期の君主制という社会制度は、法王庁が広めてきた非人間的な宗教的秩序を事実上否定し、法王庁のイデオロギーの前提に直接的に挑戦する、法王庁のそれよりも古く、口頭で伝承されてきた秩序に基づいていた。

教会の位階制度は、布教のための小冊子、説教、公告、威厳をもたらす典礼に関する規則や一般人への儀式を通じて君主制組織を改変しようとした。このようにして、たとえば、西暦400年から1300年の間に、おびただしい刷新が王の戴冠式に行われ、王位についての伝統的で封建的な概念を抑えこみ、その代わりに教会の仲介によって神から権力が授けられたとする神性に支えられた君主制をつくりあげる試みがなされた（Kantorowicz 1957; Ullmann 1969, 1975 and 1978）。君主の座に就いたものは法王によって神聖な魔法の力を与えられ、ヨーロッパのほとんどの地域において、君主には病におかされたものを身体に触れるだけで治癒する力が備わっているという迷信が信じられるようになった。君主にたいする武器を持った抵抗は、君主が教会によって退位させられないかぎり、それは神の油を注がれた者にたいする冒瀆行為であるとされた。こうして君主の権威の根拠を定義し直すことに加えて、聖職者は裁判をより実効的な統治機関として発展させる上でも中心的な役割も果たしたのであった。

こうして、中世の君主を法王庁の利益とイデオロギーに沿って作りかえるという、君主と聖職者たちの協同行為は、既存の権力構造の中で既得権を持つ者たちにとっては大きな脅威となった。というのも、それは貴族の力を失墜させることによって国王の権威を伸張させたからである。さらにそれは、制限された力を持つ封建領主というそれまでの君主から、神とその代理人である法王にたいしてのみ義務を有する、神から与えられた絶対的な権力を持つ君主へと、君主と家臣の関係を根本的に変えるものであった。必然的に、この権力の再編となる試みは激しい抵抗を招くことになった。13世紀初頭に成功した、イギリスのジョン王に対する男爵たちの反乱はそうした多くの事例の一つにすぎない（Ullmann 1978）。

近代のイギリスにおける専門的なコミュニケーション業者（新聞発行者と記者）の登場は、相対的に穏健であった。というのは、彼らは社会的権力構造における中間管理職的な役割を進んで引き受ける傾向にあったからである。

中世の聖職者と違って、ジャーナリストは新しい権力機構の中心に自らを置いて、社会を変革しようとはしなかったのである。

しかしながら、ジャーナリストの登場は新しい緊張を政治構造の中に生み出したことも事実である。19世紀後半の時期には、そのことはあからさまな形で外へ知られることはなかった。というのは、新聞の多くは政党政治を拡大する手段として使われていたからである。多くの中心的な新聞発行者と編集者は熱心な政党の支持者で、新聞を政党活動の促進のために捧げた。しかし実のところは、この時代の政党の主張を広めようとする「政治新聞」の拡大は英国の議会政治を貴族の派閥的なものから大衆の政治運動に変えるための重要な要素となっていたのである（Vincent 1972; Lee 1976）。

20世紀になるとイギリスの新聞はその性格を変えた。より多くの新聞は政党との関係をゆるやかにし（注9）、相対的に以前よりも二大政党に目配りした報道をするようになった（Seymour-Ure 1977）。大衆紙はさらに娯楽指向を強め、1936年から1976年の間に、娯楽面が記事全体の中で半分を占めるものも出てきた（Curran, Douglas and Whannel 1980）。このことは政党新聞とその読者層との関連を弱くすることになった。1979年までに、三分の一以上の日刊全国紙の読者が自分の支持政党とはことなる論調の新聞を購読するようになった。残りの読者の多くも、新聞は自分たちの政治的立場を強化するものというよりも、世の中の出来事の概略を伝えるとともに娯楽を提供するものだと考えるようになっていた。

メディアはまた、法律によって政治的な公平性を保つことを求められたラジオとテレビが登場したことによって変化せざるを得なくなった。1950年代から1960年代にかけて、テレビは政治報道を大幅に増やし、プライムタイムのニュース番組によって多数の視聴者を引きつけるようになった。そうした報道番組が社会問題への主要な情報源となり、有権者が政党の主張に対して中立的なコミュニケーションにアクセスする時間を大きく拡大した。

こうした変化の影響はジャーナリストと政治家の間に激しい職業的対立が拡大するに従って、複雑な様相を見せた。グレヴィッチとブラムラーが指摘

したように、それら二つのグループは異なる正統性の様式をつくり出したのである（Gurevitch and Blumler 1977）。政治家は、自分たちが民主的に選ばれた代表者であると主張したのに対し、ジャーナリストの方は「第四の社会的役割集団」(the fourth estate) の一員として、民衆の代理として政治家の振舞いを監視する権利を持つと主張した。二つのグループの緊張は、お互いにお互いを必要としながらも、相互の関係から求めるものが異なっていたという事実によって高められた。一般的に、政治家は政治的かつ個人的な目標の達成を望み、ジャーナリストの主な関心事は「いい記事のネタ」を得ることにある。

　この緊張関係は非党派的というよりも反党派的なメディアの体質的変化を生み出した。このことを典型的に表している例を「サンデータイムズ」(Sunday Times) 紙の社説から引用しておく。

　　チャラガン氏は、トーリー党とその他の野党が政府に押しつけた所得税の減税は金持ちへの手厚い配慮をする一方で、家計を直撃すると非難している……首相は政治家であり、ルールの範囲内で政治的ゲームに勝つための行動をする権利を与えられていることに疑問の余地はない。しかし、新聞には読者にたいして、政治の本質を伝える権利が与えられている。私たちは大臣たちの発する言葉のレトリックに惑わされてはならないし、彼らが過去に何と言ったのかをも忘れてはならない。保守派が高額納税者のためになしたことは、政府自身に政治的感覚があればどの政府も成すであろうこと、もしくは彼らの所属する政党がそうさせるであろうことなのである。（1978年5月14日付　Sunday Times紙）

　この社説はいつもと違い、あからさまな形で、メディアが反党的レトリックの基底にある前提を実証するものとなっている。そこでは首相が「政治をもてあそんでいる」のに、「サンデータイムズ」紙は公平無私である。政治家は真実を隠し、ウソをつくのにたいし、新聞は恐れることなく真情を吐露する。政治家は既得権益と所属政党と関係からの制約を受けるのにたいし、

「サンデータイムズ」は公益にのみ関心をもち、たとえ、それが裕福な「サンデータイムズ」記者と読者にたいする減税を支持するキャンペーンをするときでさえ、そうなのだ。

　しかし、このメディアの反党派主義はしばしば、単なる職業的な対抗心を超えて、文化的な衝突という様相を帯びることがあった。20世紀になってからの大半の期間において、政治体制はそれぞれに異なる階級に基盤を置く、二つの相反するイデオロギーの対立から構成されていた。しかし、ジャーナリズムが引きつけられる専門的職業としての文化には強い「反イデオロギー的性格」がある。その文化は先入観と思慮に欠けた政治性に批判的であり、正当性の中心になるものとして、知識と専門的技術、合理性を強調するものであった。またジャーナリストたちは経営からも労働からも独立していたので、社会的利益（公益）に奉仕する公平無私な専門家集団としての誇りをもっていた。

　言い換えれば、メディアの反政治的意識はそうした文化的伝統と、専門の情報伝達者として仲介的役割を果たすという自己規定から影響を受けていた。BBCの創立者であったリース（Reith、エンジニア出身）は日記にはっきりと書いている。「私はときどき〈政治〉について思いめぐらす。恐ろしい政治のテクニックは、根絶されるべきだろう。国家の政治とは政策の問題であり、適切な行政、すなわち、効率性の問題である」（Stewart 1975、1932年10月11日記事から引用）。このような中立性の主張は1960年代と1970年代初期に、メディアの報道記事と解説にますます多く見られるようになった。本来、政治は合理的な問題解決と効率的なサービスの提供であるべきなのに、その背景にそれとは反対の極にある人間関係の対立、うわべだけの態度、ごまかし、面従腹背、卑屈な妥協を常套とする実態があったからである。政治家だけではなく、じっさいは伝統的な政党制さえもが「報道機関」（press）からたたかれていた。

　しかしながら、政治家とジャーナリストの間の緊張と対立は、選挙制度の原理と機能を支えるという枠組み内の出来事であった。メディアは議会の手

続きを大きく報道することによって、政党に正当性を与えた。メディアが総選挙の報道をすることも、政党が支持者を投票所に向かわせ、民主制のプロセスの正統性の再確認としてきわめて重要なことであった。しかし、古い政党新聞の衰退、中立的コミュニケーション手段としてのテレビの登場、反党派的メディアの発達も政党の影響力を弱くした。かつて彼らが操った人びとの政党への忠誠心は1960年代から衰えはじめ、政党はその党員も影響力も失っていった。このように政党政治の衰えの原因となることによって、メディアは伝統的なリベラルデモクラシーの基礎をぐらつかせることになった（注10）。

仲介機関（メディア）の交代

マス・コミュニケーションの新しい技術の導入は、社会に伝統的に存在する各種組織や集団の仲介をするというメディアの特権と影響力の基礎を揺るがせる傾向が出てきた。というのは、新しいメディアは既存の管理構造を飛びこえて、新しい思想と情報を人びとに伝えるようになり、現行の社会体制への脅威となった。この仲介機関交代のプロセスとそれに伴う既存秩序の崩壊は中世後期から近代にかけてのヨーロッパにおける書物の普及を見ればよく理解できることである。

13世紀以降、書物の原材料として急速に紙が羊皮紙と入れ換わった。その結果、写本の作業は安価で、簡単で、速くなった。この重要な技術革新は、中世の後半には、写本に従事する人びと（大部分は女性）の数を大きく増加させたし、写本を商売として成立させ、大学における写本作業を発達させ、国際的な書籍の取引を組織できるだけの十分な環境を整えていた。つまり、1450年に、商業目的の、取り外しのできる金属活字による印刷が可能になったことは、書物が基本となる文化の重要な拡大の始まりというよりも、むしろその最高点にあったということである。しかし、エイゼンシュタインの推定した数値によれば、活版印刷術が本の生産性を100倍にした、つまり一人

あたりの生産性が高まりそれまでの100倍を優に超える莫大な利益を生み出されるようになったのである（Eisenstein 1968）。印刷コストは急速に低廉化し、たとえば、マルチン・ルターの著作は1520年のイギリスでは一部あたり4―6ペンスで購入できるようになった。それは職工のわずか一日分の給料であった。この生産量の向上とコストの下落は識字率の向上と合わさり、驚異的な書物の需要となった。1450年から1500年の間に約二千万冊の書物がヨーロッパで生産され、その後も書物の生産は急上昇を続けた（Febvre and Martin 1976）。

　この本の生産の拡大が宗教書、とりわけ聖書の現地語訳の大量の普及をもたらした。たとえば、ルター以前の聖書の高地ドイツ語訳には十九の版があっただけだが、ルター自身の聖書翻訳によって、全体訳と部分訳を合わせて、1522年から1546年の間に460以上の版が出版された。この聖書の普及が聖職者による宗教的コミュニケーションの地位独占の土台を揺るがし、神の教えを人びとが聖書に直接接触することで学ぶことができるようになり、宗教的知識の仲介者としての聖職者の権威が脅かされることになった。ジョン・ホッブズ（John Hobbes）が17世紀に不満気に次のように書いている。「すべての人、いやすべての英語を読める子どもが男も女も全能の神と話し、神が何とおっしゃったのかを理解したと考えるようになってしまったのだ」（引用：Hill 1974：154）。

　16世紀に、一般の人が聖書への直接の接触を制限する断固たる措置がとられたのは聖職者の位階による宗教的知識の支配を維持することを主目的としていた。カトリック教会は人びとが理解できる言語で印刷された聖書を追放した。ヘンリーⅧ世統治下におけるイギリスの教会はさらに差別的なやり方を採用した。外部からの影響を受けやすく、特別の保護が必要な人びととして、女性、徒弟、農業従事者に聖書を読むことを禁止したのであった。

　すぐ効果が外から確認できるわけではなかったが、こうした大量の本の流通はしだいに聖職者による儀式上の役割を少なくし、その権威の土台を揺るがせた。聖職者の権威は最終的には、七つの神聖な儀礼を通じて、神の恩寵

を媒介する、つまり、神の愛によって祝福を与え、罪を救済することに由来していたからである。より一般的にいえば、表現豊かな聖画像やお祈りのときに奏でられる音楽もまた教会の共同体的組織を通じた媒介と超自然的な力の感得を強く呼び起こすものであった。しかし、書物に基づく文化の発達は、そうした宗教的経験の再定義すなわち、印刷物によって媒介される神の言葉を中心とする宗教的経験を促すことになった。このことが共同礼拝を少なくし、代わりに聖書の研究とより私的で個人的な形式の祈りを増加させた。より極端な影響としては、この聖書依存主義は「文字に記されていない」宗教的儀式への隷従への疑問、はては宗教的儀式の意味と効果への疑問すら導いた。印刷物はキリスト教徒と神の間に新しいコミュニケーションのチャンネルを提供することになり、その結果、司祭が担っていた神との媒介・調整の役割、そして教会そのものの役割を減ずる方向に機能したのであった。

　非聖職者による筆写と印刷文化の発達もまた教会のイデオロギー的優越性の土台を揺るがせた。商業目的の筆写とそれに続いた商業的な印刷事業は、かつては直接的に本の生産を支配し教会当局が実効的に検閲を行うことをいっそう困難にした。教会は中世後期には教育機関を支配し続けることができなくなったため、エリート文化の中身に対する支配力も弱まった。書かれた言葉あるいは印刷された言葉によって、人間がその取り巻く環境を左右する内的能力を強調し、神と人とを平面的に視るかのような世界観は法王庁の帝国主義を支える、神が予定し秩序づけた世界という、より伝統的で神中心の見解とは直接的に対立するものとなった。政治思想の発達の代表として挙げられるのは近代的な教会と国家の区別、および国家権力の正当性は神からではなく、人びとによって与えられるものだとする考え方だが、この区別もまた、書物を媒介（メディア）としてより広範囲なエリート層に伝えられ、法王庁の主導権を支えていた前提を突き崩していった（Wilks 1963; Ullmann 1977)。

　印刷物の登場はときには目立つ仕方で、しかしたいていは周辺からじわじわと、空間的・時間的距離を圧縮し、教会の統率力を弱めるように機能した。

書物やパンフレット、ビラなどは、ローマがあまり目立った役割を果たせないでいた初期の教会史の知識を増やし、ルネサンス時代の法王庁のどん欲さや堕落は、10―11世紀頃とあまり違いはなかっただろうが、そうした情報を広め、周知のこととした。より一般的な言い方をすれば、原稿執筆の増加とそれが必然的にもたらす印刷された書物の増加はそれまでとは違う種類の文化の発達を促したということである。写本と初期の印刷物の多くはラテン語で書かれ、その内容は宗教に関するものであったが、各地域で生産され普及が計られたから、地域特有の伝統文化を尊重しつつ、それぞれの地域の言語や方言を基礎とする世俗の文化の並行的な発展をもたらした。中世後期のヨーロッパにおける教会のヒエラルキー（位階制度）はこの「新しい学習」の脅威を検閲制度や直接的な牧師任命権、あるいはサザンがフランシスコ会とドミニコ会による「別組織の大学体系」と呼んだものの創設などによって封じ込めようとした（Southern 1970）。しかし、そのやり方ではもともと、既存のカトリック教会の秩序に基づく情報システムに左右されない印刷物のものすごい影響力を無力化することなど不可能であった。

　じっさい、書物の出現は教会の権威を崩壊させただけでなく、教会内部においても集中監理体制から離れようとする直接的な力として働いた。聖書を直接読むことと異端派の登場には密接な関係があると多くの歴史家が指摘している（たとえば：Dickens 1964やThomson 1965）。なぜこの両者には関係があるのかについては現代のメディア研究が参考になろう。

　現代のメディア研究によれば、人びとは読書行為を通して、自らが読み、理解し、記憶に残す部分を選択しており、それを各人が先有傾向や信念に沿って行っている（たとえば以下を参照：Cooper and Jahoda 1947; Hovland, Janis and Kelley 1953; Klapper 1960）。印刷された聖書がじつに多様な反応を呼び起こした理由のいくつかは、新しい聖書が読者層を形成した人びととのさまざまな宗教的傾向、文化的伝統、社会的経験といった観点から説明できることである。だが、民衆が聖書を直接に読むことで異端が「生み出された」と教えることは誤解を招く表現である。むしろ、聖書に直接接したことにより、読む人た

「新しいメディア」と権力 133

ちがそれまで個々の内部で育んできた違いがそれぞれに聖書の記述によって支持されたり、教義としての不一致という破壊的形となって表現されることになった。それまでのまとまりのない意見の不一致が、聖書を読むことによって神学的な反論へと変わっていったのである。

　他にもいろいろな要素が各地で印刷された聖書が異端派を生み出す力を強めたであろう。数世紀にわたる聖書解釈学による分析と解釈はカトリックの教義には聖書に基づいていない部分があることを突きとめた。聖書は本質的に解釈が幾とおりも可能な多義的な文献である。ところが法王庁の各組織が聖書を受け入れるための素地を用意できなかったことで、異端が生み出す影響を無力化する能力も制限されてしまった。ヒースやエルトンのような歴史家は宗教改革以前の教会が「腐敗していた」という伝統的解釈に疑問を投げかけているが、改善されたとはいえまだまだ不十分な聖職者の訓練や中世後期まで続いていた教会によるかしこまった儀式が、聖書にたいする一般民衆の反応を効果的に教会側が把握し対応する妨げとなっていたことに疑いの余地はない（Heath 1969; Elton（1975）。

　プロテスタンティズム（新教）出現の理由はきわめて複雑であり、それに宗教が起因しているといえるのはじつはほんのわずかである。しかし、少なくともある水準から見れば、プロテスタンティズムとは新しいマス・コミュニケーションの技術が、さまざまな形で発動した分裂的傾向が合わさったものだと規定することが可能である。それは印刷された聖書という宗教的教義についての新しい解釈源に人びとが直接接したことにより起きた運動であったといえる。印刷された聖書はそれまでの法王庁による宗教的ヒエラルキーによる権威付けへの抵抗となったのである。それは文書に基づき聖典を解釈しキリスト教の教義を原理的に再構築するという形をとった。またそれはカトリック教会の宗教的コミュニケーション儀式とそれらが中心となった神との仲介をする役割といった、印刷聖書以前の多くのやり方を拒否する、書物に依拠した宗教的経験の再定義をすることになった。それは、印刷された言葉が法王庁の特権と思想的支配の没落に貢献することによってその反抗の高

まりを助けたのであった。そしてプロテスタンティズムは非聖職者による写本と印刷文化の発展が助長した世俗主義とナショナリズムの成長が表面化したものでもあった。

　プロテスタンティズムは、ある点では印刷文化の産物であるという事実は、プロテスタント教会が印刷された言葉による新しいコミュニケーション体系によって、それまでの文字によらない宗教的コミュニケーション形式を意図的に押しのけることによって強調された。教会の壁画は消し去られ、美しいステンドグラスは粉々にされ、ふつうの窓ガラスに替えられた。聖なる遺物は破壊され、聖人像は子どもが遊ぶ玩具にさえされた。いくつかの儀式は取りやめになったり、簡素になったり、聖職者の役割は修道上の独身主義の放棄により神秘性が取り除かれた。その代わりに、プロテスタント教会は聖書の大量印刷を推し進め、牧師を聖書の専門家として訓練し、人びとが印刷された言葉によって神の教えを理解できるよう、人びとに読み書きを教えた。

　それとは対照的に、カトリック教会は16世紀後半から、印刷物の影響を最低限にするための効果的なプログラムを実施しはじめた。その結果、禁書目録がつくられ、各地域語による聖書だけでなく、多くの人びとに親しまれた宗教解説書が危険なものとして追放された。またカトリックの諸国では初等教育があまり奨励されなくなった。教会はカトリック音楽、美術、建築様式の刷新を進め、宗教的経験の中心に聖職者が神の教えを仲介するように図った。プロテスタンティズムは印刷物にその基盤を置いていたのであり、反対に、カトリックのトレント公会議は聖像と宗教儀式によって宗教の力を引き出そうとしたといえよう。

　エリザベス朝の宗教政策で決まったイギリス国教会（Anglican Church）はこれら二つの宗派の間で不安定に揺れ動いていた。じっさい、礼拝の形式はカトリックの聖像学とプロテスタントの聖書中心主義との折衷であった(Thomas 1973)。教義上のあいまいさも、実際のところ、印刷物が引き起こした言葉の戦争によって煽られた信仰内容の違いを受け入れるための現実的試みであった。イギリス国教会は印刷物への支持をしたわけでも閉め出したわ

けでもなく、それが作り出した問題が大きくならないように鎮めようとしただけであった（注11）。

メディアと階級闘争

ここまでに議論してきたのは、新しいメディアの勃興は教会を代表とする従来的な媒介機関の権威を脅かし、それらによる知識の支配を転覆させたということである。しかし、これを総合的に論証するにはより精緻な作業が必要である。まず、新しいメディアはそれまでの影響力や権威にたいして必ずしも挑戦したわけではないということを言っておかねばならない。新しいメディアの影響力はそれがどれほど効果的に規制され、その生まれた環境がどれほど安定していたかによって変わってくる。このことについて、18世紀と19世紀に新聞が勃興してきたときと、20世紀の近代メディアのそれとの対照によって述べておきたい（注12）。

18世紀初期、英国の中間階級の大部分は、小さく、かつ民衆を代表しない選挙区を大土地所有者に効果的にコントロールさせる、制限的選挙制度によって社会制度としての政治プロセスから閉め出されていた。そうした中間階級は貴族がもつ役得利権の恩恵にもあずかれず、エリートを構成する土地所有者たちが一致して民主化に反対であったため、社会の端っこに追いやられていた。このやり方の核になったのは、土地所有者出身の政治家たちがたとえ民衆から実際に選出されていなくても、公平無私の心と民衆への奉仕の伝統をもち、民衆を代表することができるから「実質的な代議政治」ができるという考えであった。また、そうした政治家が、議会で選挙区から離れて審議を行うという役割と、政治技術の複雑さが強調され、民衆が直接に政治参加することはむずかしいという風潮がつくられた。バークが述べたように、有能な国会議員とは「患者のたわごとを聞いて治療法を決めるのではなく、独自の判断のできる医者」（引用：Brewer 1976：237）のようであらねばならないというわけだ。

新聞への規制は貴族の政治支配のための一つの手段であった。治安維持のための名誉毀損防止法は政治システムへの批判を防ぐために使われ、当局者にたいして扇動的な名誉毀損をした疑いのある人間のすべてに一般逮捕状を出し、議会報道を禁止するといったきびしい法律の下に新聞は置かれていた。くわえて、新聞・広告・用紙への課税をする法律が1712年に導入されたが、その主な目的は新聞の値段を高くして販売部数を減少させようとすることにあった。歴代の政府は秘密裏の財政補助、政府の広告、親政府の新聞への特別情報の提供、御用記者への金品その他の利権の授与などをおこなった。議会内の野党集団もまた対抗手段として自分たちへの支持を確保するために政府と同様の手練手管を使った。その結果、こうした「政治」新聞（主としてロンドンで発行）は当初、政府と議会をコントロールしている、土地を所有したエリートたちに支配されていた。
　しかし、継続的な経済成長が新聞を購読する中間階級の人たちを多く作り、広告出稿量も増え、新聞がますます発展することになった。地方・地域新聞の数は1714年から1782年の間に二十二紙から約五十紙に増えている (Cranfield 1962; Read 1961)。地域の新聞は、地域内の交通や郵便事業の整備に後押しされ、さらには増加しつつあった大都会の新聞から臆面もなく記事を盗用することによって、社会・公共に関わる記事を増加させた。こうして政治記事面を拡大した地域の新聞が英国の地方におけるクラブ、政治組織、コーヒーハウスを中心とした中間階級の政治的文化を発達させることになった。そうした新聞読者の政治意識を高めることで、勃興する商業新聞は中間階級による貴族支配秩序への攻撃の基礎づくりに貢献したのであった。
　各地の商業的な新聞は主としてこうした商業を営む中間階級のために提供され、主に彼らによって支配されていた。大多数の新聞発行者は商人か貿易商、あるいは印刷業者か書籍業者であった。ジャーナリストの出身元はより多彩であったが、一般市民が大部分であったと推定される (Cranfield 1962 and 1978; Rogers 1972)。政治システムの外にあるものが、重要なコミュニケーション手段を実質的に支配するという状況を作り上げたということである。

商業的新聞のこうした社会変革への潜在力を開放したのは政治には門外漢の、裕福な醸造家の一族の娘と結婚したジョン・ウィルクス（John Wilkes）であった（Brewer 1976）。彼は政府を攻撃する記事を書いたことで逮捕、投獄されるという、当時としてはあまり珍しくもなかった出来事を政治的大事件にしたのである。その後、何回も再選されたが、彼はそのたびに下院から除籍されたことで、この事件は全国に知られる醜聞となってしまった。議会についての報道をしたという罪で罰せられた印刷業者・新聞発行者を、彼が行政長官として釈放するという計算された挑発行為を行うと、彼を支持する大群衆はロンドンの通りを埋め尽くし、議会を驚愕させた（Rude 1962）。
　このウィルクスをめぐるさまざまな議論は、18世紀に新聞の一部が貴族の影響から自由になり、独自に政治的課題を決めるようになった最初の特筆すべき事件であった。また大衆的に人気のある闘士をつくり出す新聞の力、そして、その闘士がエリートの頭ごしに広く大衆の支持を求めて訴えることを可能にする新聞の力を証明したのである。ビラや印刷された物語詩（ballad）などに支えられた新聞報道は、トウィード川に接したベリック州からファルマスにいたるまでの多くの地域で「ウィルクスと自由を！」（Wilkes and Liberty）と叫ぶ、デモ行進や誓願へと人びとを動員した。人びとがこうして圧力をかけた結果、一般逮捕状制度は1765年には違法となり、1771年には議会についての報道禁止条項は実質的に撤廃された。こうして新聞は議会の審議や政府について報道し、民衆の監視下に置くことができるようになった。そのことによって新聞は中産階層の関心にいっそう応えるようになった。寡頭政治は終わりを迎えた。ウィルクスがビジネスとして成立する新聞によって支えられた、新しい政治参加の時代の幕を開けたのである。
　1760年代はまた別の意味で歴史の転換点であった。商業的新聞が初めてそれまでの政治システムの正当性に疑問を呈しはじめたからである。その批判はよく考えられ、直接的な形をとらず、まずアメリカにたいするイギリスによる植民地支配についての批判を広く行うという形をとったのである。「代表なくして納税の義務なし」という、アメリカでの印紙税への抵抗の議論の

高まりがイギリスで大きく報道され、それを支持する批判の連鎖反応が巻き起こったのである。1780年代までに、改革的な商業新聞のいくつかは、政府は民衆を適切に代表していないため、高圧的で腐敗しており、かつ効率的ではないから、選挙制度を改善してもっと多くの人びとが参加できるようにすべきだと論じるようになっていた。

ジョージア朝末期からビクトリア朝初期にかけて、商業的新聞は着実に拡大した。1781年から1851年までに、新聞の数はおよそ76紙から563紙に増えた。年間の総販売部数は1780年の1400万部から1851年には8500万部となった（Asquith 1978）。19世紀中ごろに新聞紙税が廃止され、拡大の速度はさらに増した。

商業的新聞はこうして、より当局から独立するようになった。法律によって新聞を支配しようとする政府の能力は二つの重要な改革によって制限された。第一は、1972年に煽動的名誉毀損罪の法律が陪審員を判事にするフォックス名誉毀損法（Fox's Libel Act）によって実効性を弱められたこと。第二は、従来の名誉毀損法が1843年のキャンベル卿名誉毀損法（Lord Campbell's Libel Act）によってさらに修正されたこと。後者は公益に資する真実の公開は名誉毀損に基づく刑事裁判における抗弁となることを規定していた。それと変わらぬ重要性をもっていたのは、新聞の広告収入が驚愕的な伸びを示したことで、たとえば、1782年から1820年の間に、ロンドンの主要日刊紙の広告収入は5倍になった。そのことが新聞の性格を根本から変えることになった。広告収入が増加したことによって、それまで新聞が公的な情報に依存しその提供源に拘束させられていた状態を、自前の手段で情報源をほぼ確保し取材できる態勢を整えることを可能にしたのである。新聞発行者は、そのことから、従来のように政治的さじ加減による補助を求めて政府や野党にこびを売ることよりも、部数を拡大して広告収入の増加を最大にすることのほうが企業利益になると考え、政治的に独立する道を選ぶことになった。新聞広告収入の増加がもたらした効果は一般論として広く神話化されてしまっているが、この特定の時期において、商業新聞の編集権が貴族たちの影響から大

きな独立をかちえたという面で少なからぬ貢献をしたことはたしかである（Aspinall 1973; Christie 1970; Asquith 1975, 1976 and 1978; Cranfield 1978)、(注13）。

　この商業新聞拡大の効果は、読者に自分たちはイギリスの経済と道徳の屋台骨である「中間階層」(middle classes) だという積極的な社会的アイデンティティの形成をさせたことにも見られる。「太陽の下にあるどの国においても、イギリス社会における中間諸階級よりも評価され、価値があり、賞賛され、褒められる価値をもっている人間はいない」(引用：Read 1961：119) と、1821年に「リーズ・マーキュリー」紙が宣言している。このマーキュリーの評価は同時代の中間階級が発行した他の印刷物の表現よりもむしろ控えめなものであった。たとえば、ジェームズ・ミルが1826年に、『ウェストミンスターレヴュー』(Westminster Review) にこう書いて彼らを褒めちぎった。「イギリスの栄光。あまたの国民のなかで最高の人たち。国民のなかに良質のものがあるとき、その起源をさぐればかならずそれは彼らの資質に行き着く」(引用：Perkin 1969：230)。フロリドもまた中間階層的な言葉遣いで彼らをほめそやし、商業新聞の読者として新しい自己規定、新しい社会階層としての重大性を自覚すべきだと説いた。

　それ以上に、改新的な商業新聞は中間階級の利益になる（同時に他の人たちのためにもなる）ことを直接的に書いた。1830年と1874年の間に、そうした新聞はキャンペーンによって選挙制度の改革、農業と商業の統制緩和、中間階級の雇用促進に新しい道を開く行政サービスや軍隊、大学の改革などのきっかけをつくった。

　土地を所有したエリート層は19世紀末まで国内政治を支配しつづけたが、中間階級が関心をもっていることを無視することはできなくなっていた。もちろん、その背景には選挙制度の改革による選挙戦の熾烈化という原因もあったが、同時に、改新派の新聞や定期刊行物が民衆の関心をたくみに煽ったということもある。いくつかの大新聞が1832年以降に形成された貴族と中間階級とのあいだの新しい支配の連合内部におけるコミュニケーションの流れと相互に影響を与えあうやり方を促進した。くわえて、商業新聞は市場シ

ステムがその発達過程でともすれば混乱していた時期に道徳的な枠組みを導入し、市場システムが無理なく社会に定着することに貢献した。

　それでは、どのようにして18世紀と19世紀における商業新聞の衝撃を全体的にとらえておくべきであろうか。革新的新聞は時に大衆の煽動にかまけ、社会秩序の一時的崩壊をもたらしたという意味では破壊的であった。1760年代半ば、1810年代、1830年代初期にはこうしたことが起こった。しかし、長い目で見ると、商業新聞は社会の安定のために効果的に機能した。それは選挙権をもたないが、影響力を拡大している階層の声を掲載したし、選挙権の拡大に反対する勢力を抑制し、貴族による保護的な政治から政党政治への転換を求め、国家の腐敗の一掃に努めた。とりわけ、貴族的ルールを穏やかな形で取り入れながら、再構築された権力構造に中間階級を組み込んでいった。要するに、商業新聞の登場は経済の変化にともなって起きてきた社会勢力の基礎的なバランスの変化に社会システムを順応させる助けとなったのであった。

　こうした性格をもった商業新聞とともに、19世紀初期にはラディカルな新聞が力を増してきた。そして、労働者階級の内側からの資金によって、あるいは民衆のラディカルな運動と密接に結びついて、旧体制（ancien regime）にたいして商業新聞よりもはるかに真剣な挑戦をしたのであった。その政治活動は急進的で、失うものがあまりない人たちの一部に受け入れられた。また個々のラディカルな新聞は、1815年から1855年のほとんどの期間、発行部数において個々の商業新聞を凌駕していた。

　この新しい新聞は、社会の財産は労働者によって作られるという主張により、積極的な労働者階級のアイデンティティの形成に貢献した。こうして、この種の新聞が従来の社会的ヒエラルキーとしての身分を逆転させた世界観を作り出した。また労働組合の設立やチャーチスト運動（普通選挙要求運動）を支援した。人びとが「連帯」すれば、社会的諸条件は変革し得るという主張を繰り返して、世の中に新しい希望の雰囲気を醸成した。とりわけ、労働

者向け新聞は、社会を新しく、ラディカルな方法で把握し直し、その改善のための思想を発展させることができる議論の場を提供することになった。これは、反対というものは単に政治的ではなく、経済的なプロセスとして理解されるべきだという、いっそうラディカルな批判を盛んにした。このことから、リベラルな革新的新聞が提起したよりもさらに広大な政治的プログラムを導きだした。1833年10月19日付け「プアマンズガーディアン」(貧者の守護者) 紙は、労働者は「社会の底辺の座からトップに取って代わるべきだ、あるいは底辺もトップもまったくない社会を作るべきである」と宣言した (注14)。

結果的には、1850年にチャーチスト運動が挫折し、労働者階級の運動は一世代以上にわたり勝利することができなかった。ラディカルな新聞もまた衰退し、組織労働運動が回復し、より戦闘的になっても、民衆ジャーナリズムにおいて、前時代の立場に再び立つことはできなかった。この失墜の理由については次章で明らかにするので、ここではこれ以上述べない。新聞が産業化すれば、新しい経済規制のシステムに従わざるを得ないと言っておけば十分であろう。

メディアと社会統制

それぞれ1920年代と1930年代に登場したラジオとテレビという「ニューメディア」もまた効果的に規制されるようになった。公正中立 (impartial) について法的に要求されているのは「中道的な立場を保持すること」(holding the middle ground) だと、放送事業者はその意味を広く解釈することになった (Kumar 1975)。放送事業者はまた、社会を表象 (再現) する中で、無意識のうちに支配的文化を内面化していった (Glasgow University Media Group 1976)。

じっさい、メディアは全体として社会統合のための組織であり、まさにそれは中世中期に教会が果たしていた役割と類似していた。中世の教会のように、メディアは異なるグループ同士を結びつけ、社会の団結を強める経験の

共有を促進した。メディアはまた、人びとを緊密に結びつける共通の価値を強調したが、それもまた、中世の教会の影響とパラレルであった。一般市民のキリスト教信仰という共通性は、消費のための祭典である消費主義と、儀式化された国家的なメディア・イベントに後押しされるナショナリズムという共通性に取って代わった。じっさい、時代こそ異なるとはいえ、教会とメディアという二つの組織はきわめてよく似たイデオロギー的な「作業」に従事している。君主制は近代イギリスのメディアによって、中世の教会がそうであったように、共同体的アイデンティティの象徴として描かれている。近代のメディアはまた、ときおり、若年のならず者、追いはぎ、不法居住者、麻薬中毒者、急進派学生、戦闘的な労働組合員といった「社会的部外者」（異端者）に不釣り合いなほど大きな注目をし、これら部外者を社会にたいする大きな、そして不合理な脅威として描きがちである（Young 1971; Cohen 1980; Hall 1974; Morley 1976; Hall et al. 1978; Whannel 1979）。こうして「部外者」の烙印を捺すことは、中世および近代初期の教会が魔女狩りをして、さらし者にした行為と同様の影響を持っている。いずれのケースにおいても、モラルパニック（道徳的混乱）が作り出されることによって、支配的社会規範への固執が強化されたのだし、大きな危険に直面しているから、社会は団結してそれらに対処すべきだという世論喚起がなされたのだといえる。

　近代のメディアは、より現世利益主導の時代において、かつての教会がそうであったように、大衆にたいし世界を解釈し、その意味を教えるという役割を引き受けている。先輩の聖職者たちがそうしたように、コミュニケーションの専門家たちは、社会体制に正統性を与える表象システムを拡大した。聖職者たちは権力の構造は神によって認められたものだと信者の集まりで語ったが、その後継者たちは一定期間をおいて行われる投票によって権力行使を承認されているとほのめかしている。それに反対する者はしばしば教会によって、神の意志に抵抗する意志を持つ「異端者」だとして疎外された。現代イギリスの部外者たちも同様に民主制に反対する「過激派」という烙印を押されている（Murdock 1973）。中世の教会は、不正を是正する唯一の正しい

「新しいメディア」と権力　143

方法はその行為者の良心に訴えることで、もしそれでうまくいかない場合には、より高次の世俗の執権当局に訴えることだと言った。近代のマスメディアもまた立憲的で法律的な方法だけを正当な異議の申し立て方だとして是認している (Hall 1974)。中世の教会は、社会的な不平等の原因を個人の罪から来ているとすることによって不平等の原因を覆い隠した。近代のメディアの娯楽は個人の世界観を提供し、問題とその解決の両方が社会構造によるものだというよりもむしろ個人的なものであるとして描く傾向がある。神の見えざる手のきまぐれを強調することによって、中世の教会は人びとが社会における従属的立場を受動的に受け入れるようにさせた。運命のきまぐれというテーマは、近代メディアの娯楽において幾度となく繰り返されている (Curran, Douglas and Whannel 1980)。それにもかかわらず、教会は千年至福説によって「地球を受け継ぐのは弱き者である」という永遠の救済を提起してきた。同様にメディアは「力のないエリート」になり代わって希望の象徴としてそれを実現してくれるショービジネスの人たちやサッカーのスターを用意している (Alberoni 1972)。

　もちろん、中世の教会の教えと同じように現代のメディアが世の中に送り出す情報内容も多様である。またメディアと近代のイギリスにおけるその他の中心的諸権力との間には葛藤がある。それはちょうど、中世の法王庁と司教団、君主同士の葛藤のようなものである。しかし、それらは通常、権力体制の枠組み内部における対立にすぎなかった。近代メディアは不平等な社会秩序に対する合意をつくり上げることによって、新しい時代の「聖職者」と成ったのである。

注
(1) 中世の法王庁（教皇庁）を扱った本章の原稿について詳細かつ有用な論評をしてくれた故 Walter Ullmann の名前を記して私はここで感謝したい。訳者＝なお、本章における教皇庁と法王庁は同じ意味であるが、神学では前者を、メディア・ジャーナリズムでは後者を使っており、本章では一般的用法として後者を

多く使った。

(2) 中世半ばまでには、カトリック教会は、東はエストニアから西は北部スペインまで、北はアイスランドから南はシシリー島まで、ヨーロッパの大部分に及ぶ独占的な地位を固めた。宗教心を強めるための教会でのお祈りへの出席だけではなく、欠席者にはしばしば罰が与えられるというように、定期的に教会へ行くことが求められた。ヨーロッパの各国で新聞の読者層のレベルが異なっていることについては以下を参照されたい。JICNARS (1979), Hoyer, Hedenius and Weibull (1975), Smith (1977).

(3) 「ニューメディア」（新しいメディア）の文化的衝撃についての一般的な問題についてはこれまで大部分が無視されてきた。印刷の文化的衝撃についてのすぐれた検証についてはとくにEisenstein（1968, 1969 and 1979）を参照されたい。それらはよく知られたMcLuhan（1962）の解説よりもはるかに興味深いものである。

(4) とりわけローマ法王の権力拡大についてのすぐれた論証を詳細にしているのは以下の書籍である。Ullmann（1969, 1970, 1975, 1977 and 1978）を参照。

(5) たとえば、5世紀初頭にローマ法王インケンティウス一世は、聖ペテロ本人または、その弟子がイタリア、スペイン、ガリア、アフリカ、シチリア島ですべての司教職を創設したと主張したが、その主張には大いなる誤りがある。

(6) これについての多くの情報はThomasの著作（1973）から得られた。彼の研究は主に近代初期に焦点をあてているが、中世の庶民の宗教への帰依についても述べている。

(7) このことはCurran（1977）がより深く議論している。

(8) 新聞についての王立委員会報告書（1949）の付録3と4による。（訳者＝渡辺武達「メディア倫理の社会的パラダイム〜米・英・日の原初的検討から〜」『同志社メディア・コミュニケーション研究』創刊号、2004年3月、pp. 1-69を参照）。また新聞一部あたりの読者数については、広告業研究所のデータ（1939年）による。

(9) この政治の場からの脱却のプロセスにより、1974年10月の総選挙において、

半数の日刊全国紙が単独与党政府の出現に反対することになった（Seymour-Ure, 1977）。しかし、1990年代にふたたび衰えるまで、新聞の党派性は1980年代のサッチャー政権時に盛んになった。

(10) BultlerとStokesがその著作（1976）で見事に論評したように、いくつかの政治的・社会的変化もまたイギリス人の政党への忠実な支持を減少させた。

(11) 近代には「新しいメディア」が取って代わったおびただしい例がある。たとえば、非聖職者によって管理されたマスメディアの登場は、ほとんど確実にイギリス人の宗教心を低下させた。離婚や中絶、避妊についてのカトリック教会の教えに反対する見解の伝達はカトリックの社会内部におけるこれらの問題についての意見の違いを作り出すことになった。また、労働組合への敵対心をもつマスメディアの発達が、労働組合内部におけるコミュニケーション・システムを妨害し、労組を弱体化させることになった（Hartmann, 1975/6 and 1979; Morley 1976; Glasgow University Media Group 1976 and 1980; McQuail 1977）。テレビスタジオでの討論が増え、国会の場での議論の重要性を減少させた。テレビを通じた選挙キャンペーンの増加、世論調査と照明があたるグループの増加といったことのすべてが、政党員による仲介業務と投票の意味を弱めた。しかし、おそらくもっとも重要な最近の「仲介断絶」の例は、「ニューメディア」が非聖職者の管理の下で、神が支配したイスラムの教えとイスラム国家の宗教的正当性にたいして示した挑戦である。それは反改革とはいえなくもない抵抗のプロセス（訳者：原理主義への回帰）を描き始めている。

(12) 印刷物がもたらした社会秩序への初期の挑戦は16世紀に、イギリスの唯一の社会革命として起きた。それは平等主義者の反乱によって代表される「革命の内部の革命」といわれるものであった。シーバートが示したように、検閲制度は革命が起きるまでの数年間に崩壊した（Siebert 1952）。革命自体がそれまでにはなかった多くの論争文書を作り出した。ストーンは1640年から1660年にかけて、22,000にものぼる演説、小冊子、説教、新聞記事が出されたと見積もっている（Stone 1972）。学問的ではあるが、それほど魅力的ではないこの期間の初期の新聞の研究についてはフランクの著作を見ていただきたい（Frank 1961）。

(13) これらの研究は「第四の社会的財産」としての新聞の興隆について、従来的なホイッグ党的解釈をしている。しかし、それらの多くが1850年以前の段階で説明を終わっている。その結果、彼らの主張に合わない、その後の時代に見られる証拠を無視してしまっている。実際には、政府の金銭的援助は19世紀に入っても、政府の広告をするという名目で行われていた（Hindle 1937）。政府による報道管理は形を変えて相変わらず影響力を残していたのだ（Anon 1935 and 1939）。それに新聞発行者と編集者は職場の内外を問わず、一つの政党、あるいはその他の政党との関係を続けていた (Lee 1976; Boyce 1978)。じっさい、いくつかの主要新聞は20世紀に入ってもなお、政治的な補助をもらっていたのである（Seymour-Ure 1975; Inwood 1971; Taylor 1972）。新聞の政党からの分離、すなわち政府からの独立の過程は、研究書が書いているよりもはるかにゆるやかで、長期間にわたって続いていたのである。

(14) ラディカルな新聞登場の説明については、とくに以下のものを参照されたい。Glasgow 1954, Thompson 1963), Read 1961, Wiener 1969, Hollis 1970, Harrison 1974), Prothero 1974, Tholfsen 1976, Epstein 1976, Berrdge 1978, Curran 1979a, Curran and Seaton 1981.

（訳：中谷聡・渡辺武達）

第3章　資本主義と報道統制

　はじめに

　英国の報道機関（press）についての歴史は過去一世紀以上にわたり、同じ視点から研究されてきた（注1）。それらの研究は、国家による統制との壮烈な闘争もその一因となって、報道機関は今では自由になったとしている。その最初の重要な突破口となったのは、星室庁裁判所（the Court of Star Chamber）の廃止をともなった1649－60年の王位空白期に起きたと通常言われている。それに続いて1695年には新聞発行免許制度が廃止され、1712年には、主として新聞発行諸税（press taxes）を基盤とした、抑圧の程度が緩和された新たな統制制度が導入された。ジョージⅢ世の治世下では、権力側はよりいっそうの譲歩をしたが、なかでも有名なのが1770年代における議会報道の規制緩和と、治安妨害的名誉毀損訴訟の判断を陪審員が参加して行うことを認めた1792年のフォックス名誉毀損法（Fox's Libel Act）の成立であった。しかしこれまでの知見によれば、1843年の名誉毀損法の改革ならびに1853年から61年の間に進歩的勢力が実現した「知識に対する課税」の撤廃という最終的な勝利を勝ち得たのは、なんとビクトリア朝時代になってからであった。こうして、それまで政府が新聞に対して行ってきた法的・財政的統制から独立した自由な新聞が登場したというわけである（注2）。

　こうした闘争の結果、一般的に、自由な新聞の興隆にとってよりいっそう重要な要素だとさえ一般的に考えられている、国家統制からの新聞の経済的な解放ということが起きた。ジョン・ローチがジョージア朝後期の新聞につ

いて記しているように、「真の意味での検閲とは、財政面での自立に新聞が未だ至っていないという事実のなかに存在している」からである（Roach 1965：181）。新聞が国家や政党の補助金の束縛から自由になり、独立したニュース取材組織に進化できたのは、新聞事業における利潤（その大部分が広告収入）の増大が実現してからであった。新聞史に関するすべての標準的な学術書のなかに書き込まれているこうした常識的な知識は、アイヴォン・アスキィスによる、19世紀初頭の新聞についての研究にも以下のように簡潔に記述されている。

　新聞を発行する費用をまかなうだけの販売収入がなかったため、従属から自立へという態度変化の物理的な基盤となったのは、広告収入の漸進的増加であった。その結果、政府が新聞に影響力を行使しうる主要な手段としての直接の補助金、政府広報、優先的な政府情報の提供などがその影響力を弱めていったのだ。なぜなら、そうしたものをあてにしなくとも、新聞発行者は余裕をもって経営を行うことができたからである……広告収入の増加は、英国第四の社会的財産（the Forth Estate）として新聞が出現することを可能にした最も重要な要因であった（Asquith 1975：721）（注3）。

だが、初期のラディカルな新聞の登場に関するいくつかの重要な実証研究は、たとえ明確な表現ではないにせよ、こうした通説的な見方に対して疑問をなげかけている（注4）。ある意味では不幸なことだが、これらの研究はその主要関心をイギリスのジャーナリズム史よりも労働者階級の発達に置いている。それらがイギリスの新聞の史的発展の文脈に明白に位置づけられているかぎり、新聞が独立闘争で勝利したというホイッグ党的な分析枠組みを広く受け入れることになる（Wickwar 1928：310; Thompson 1963：772; Williams 1965：209; Wiener 1969a：11; Hollis 1970：10）（注5）。実際にそれらの研究は、伝統的なホイッグ党ヒーロー論の代わりに新たなヒーローとして労働者階級をもってきているだけだ。こうした研究者のなかで中流階級向けの新聞を専

資本主義と報道統制　149

門的な研究対象としている二人の歴史学者でさえ、広告が新聞の自由の産婆役であるという伝説に同意してしまっている（Williams 1965：209など; Hollis 1970：27-8）。

　メディア史についてのこの伝説は単に学術的に興味をひくだけではない。それは市場主義システムを正当化する新聞史の説得的な解釈でもあった。たとえば、新聞における広告の果たす役割を正当化するために、新聞の歴史に関する著名な歴史学者が、この立場を明白に述べている。その一人、フランシス・ウィリアムズによればこうである。

　　新聞が広告に過度に依存することの危険性というのは、新聞の改革者──通常は新聞業界以外の人間──のテーマになることが多々ある。しかし、もし広告が商業活動に携わる人間に必要なかったのなら、日刊紙は公的かつ社会的生活における影響力をもった存在とはならなかったであろう。広告の増大によってのみ、新聞はその独立性を達成し得たのである（Williams 1957：50; cf. Herd 1952：65）。

　広告主協会（Advertising Association）は1949年と1961年の二度にわたり、「新聞に関する王立委員会」（Royal Commission on the Press）に対してそのような歴史解釈を巧みに利用し、めざましい成果をあげたようだ（Advertising Association 1949 and 1961）。その結果、広告を受け入れたことが「間接的で特定の個人同士のつながりに基づかない人間関係を作り出した」という第一次王立委員会の素朴な見解が書かれる一因となったし、そうした見解の多くが第二次委員会においても採用されたのである（1949：143; 1962：87）。
　このような歴史的伝説を伴った19世紀中期のイギリスの新聞に関する記述が、その他のことに関する類似した神話的な目的形成に役立っている。たとえば、『ニュー・ケンブリッジ・モダン・ヒストリー』によれば、財政的に独立している新聞社は政府や政治家よりも一般民衆の声を広く知らしめることで、「民衆の気持ちを表現する偉大な機関」となったという（Crawley

1965：26）。またクリスティー教授は、独立した新聞が生まれ、世論の激しい嵐にさらされるようになったことが、イギリスの社会制度を民主的にしたと論じている（Christie 1970）。それと同時に、独立した新聞の出現によって非政治党派的なニュース記事が多くなり、人びとがバランスの取れた政治的判断をできるようになり、より成熟した民主政治に参加することを可能にした。「1855年以降の時代はある意味で、党派争いの記事ばかりだった19世紀前半と比べて、ニュース性により重点を置いた、新しくてより優れたジャーナリズムの発達期なのである……そうして新聞はそれまでほとんどが政治宣伝パンフレットの類であったような状態を止めることができたのだ」とレイモンド・ウィリアムズは論じている（Williams 1965：218）。要するに、旧来の見方では、新聞の役割はニュースの独立した情報源あるいは政府と被統治者との間の媒介役という、限定した形でしか理解できていなかった。こうした見方が、イギリスの新聞についての一般的な関心と研究を支配し、構造的な改革に関する真剣な思考を妨げてきたのである（注6）。

　この章は、新聞の発達とその形成段階についての再解釈を評価するための、長い間懸案となっていた試みである。これは、「自由な」新聞の歴史的出現についてのこれまでの通説を批判的に再検討するだけではなく、実際にそれを逆転させる必要性を示すものだ。19世紀中期という時代は、新聞の自由における新時代の始まりというよりも、歴史上最も効果的な新聞の検閲の新たな仕組みが導入された時期でもあることを本章では論じる予定である。法的抑圧ではもはや新聞を社会的統制の手段として使うことが不可能となり、市場の力が近代イギリス社会の発展を左右するものとしてそれを引き継いだのである。

統制システムの崩壊

　イギリスでは、印刷物に対しての国家による直接的な検閲は決して効果的なものではなかった。違反を犯した著者を公開むち打ち刑に処し、彼らの顔

に焼きごてで印をつけ、鼻の穴を切り裂き、耳を切り取る（一週間おきに治療が認められていた）ことも行われていた、抑圧が最も体系化されていたスチュアート朝初期においてさえ、近代的な法執行機関の不在によって、印刷物に対する有効な統制は効果的に実行できていなかった。多くの専門家による研究が示しているように、生産過程の統制、生産物の監視、分配の規制、禁止されている印刷物の輸入の阻止、社会における反体制的要素の無毒化もしくは破壊は強制的な検閲の効果的な運用には不可欠なものだが、それに必要な精巧な組織が出来ていなかった（Siebert 1952; Frank 1961; Rostenburg 1971）。ハンソン（Hanson 1936)が示しているように、1695年の新聞免許制（press licensing）の廃止という称賛すべき事柄は、自由主義的な指向性をもっていたというよりも、むしろ検閲というシステムが実行不可能であるという現実的認識によって促進されたものであった。アン女王のもとで導入された、より緩やかな統制システムでさえ部分的に有効であったに過ぎない（Cranfield 1962; Wiles 1965; Haigh 1968; Harris 1974）。悪名高い1819年治安六法（Six Acts）による強化にもかかわらず、19世紀までに統制システムはますます実効性をもたず、不十分なものとなっていたのである。

　独立した新聞を求める闘争の最前線に立ったのは、指導的立場にあるお上品な出版者や編集者ではなかった。彼らは独立に関し、有名かつ多数引用された宣言などを残しているが、実際には、政府広告という形で政府からの補助金を確保するという取り引きや、政府が引き続きニュースの流れを管理する際に用いた排他的な情報システムに喜んで協力したと思われることが多かった（たとえば、『タイムズ紙の歴史』[Anon 1935, 1939]、Hindle 1937などを参照）。いずれにせよ、お上品な新聞の所有と統制面は、20世紀に入ってからも、議会政治における党派的な関与を通して、政府と分かちがたく結びついていた（注7）。そして、それらお上品な新聞が政府への批判の声をますます強めたことは確かだが、党派と無関係な批判は資本主義システムを正当化するイデオロギーの枠組みのなかでのみなされたのであった。

　ヘゲモニー的な統制に対する重要な挑戦を行ったのは、1830年代までに主

として労働者階級の読者の支持を集めてラディカルさを強めていた新聞であった。そうした新聞に対しては、取材からの締め出しや政府広告の出稿、公的財政援助に基づいた巧妙な管理システムではなく、法的制裁という直接的な圧力が加えられた。新聞を統制するために有効と考えられた最初の法的制裁は文書による煽動規制（治安維持）や神への冒瀆罪によるものであった。これら法律の条項は、どのような形の告発も可能にするような包括的な用語法で書かれていたのである（注8）。しかし、1792年のフォックス名誉毀損法の成立により、その効果は急速に薄れた。なぜなら、その法律では陪審員に有罪を認めさせることが、ますます困難になってきたことに政府が気づいたからである。さらにいえば、名誉毀損で起訴し、たとえ有罪判決が下されても、その結果が逆効果しか生まないことも、ますます明白になってきたからである。たとえば、編集者が告発された1819年に、リパブリカン紙の販売部数は50％以上も増加したという(Wickwar 1928：94)。煽動的な名誉毀損に対する起訴という手段は、ラディカル（急進的）な新聞にとってかえって部数増をもたらすものとなった。その結果、1832年、こうした状況に幻滅を感じた法務長官（attorney-general）は次のようにいった。「法廷における公の裁判という場を価値ある宣伝の場にすることほど、名誉毀損の犯罪人が渇望していたものはない」（引用：Wiener 1969a：196）。こうした理由によって名誉毀損の起訴件数は急激に減少した。1817年から24年までの間に167件あった煽動罪ならびに神への冒瀆罪に対する告発は、続く1825年から34年までの期間にはわずか16件になった（Wickwar 1928：付録のB, 315）。こうして名誉毀損法はもはや新聞の言論の自由を弾圧するための有効な道具ではなくなり、1843年のキャンベル名誉毀損法によって大幅な改訂をされることになったのであった。

　それに代わって、いわゆる"知識に対する課税"——すなわち、公衆に販売された新聞の一部ごとに課税される印紙税や、新聞に掲載された広告に対する税ならびに用紙税といったものに、政府はますます依存することになった。これらの税には二つの目的があった。その一つは、課税が新聞の販売価

格を押し上げることによって、新聞の購読を上流層に限定することである。そしてもう一つは、発行費用の増加によって、クレッセット・ペルハムが「貧乏人が経営する場合よりも上品なやり方で新聞発行をすると思われる」人たちに新聞所有が限定されてしまうことであった（引用：Hollis 1970：vi）。用紙税は、名目上は罰金の支払いを保証することを標榜していたが、実際には、「貧乏人」を新聞経営から排除することを目的とした保証金制度（ロンドンの新聞は300ポンド、地方紙は200ポンド）であった。

　しかし、新聞に対する諸税が1780－1815年の間に急激に増加したにもかかわらず、検閲の道具としてはますます効果がないことがわかってきた。1712年の新聞への課税導入以来ずっと、発行者はその支払いを巧みに逃れてきた。しかも、税務当局は1830年代初期に、まったく新たな状況に直面することになった。非合法新聞の発行者側が巧妙な配布ネットワークによって印紙税の支払い逃れを始めたことと、税務当局によって投獄された人びとの家族を救済するための「被害者基金」が作られたのである。これに対して政府は、新聞発行者と印刷業者の告発、物資の差し押さえ、可能なかぎりの流通網の破壊といった弾圧キャンペーンを開始した。1830－36年の間にロンドンだけで少なくとも1,130件の印紙税未払い紙販売事件が告発された。しかし、1836年の夏までに政府は敗北を認めざるを得なかった。6月20日に大蔵大臣は議会に対して次のように政府の方針を報告している。

　　（政府は）印紙税未払い紙の発行を認めない現行法で許されている、あらゆる手段に訴えてきた。それと同時に、印紙税未払い紙を廃刊に追い込むという目的にとって、既存の法がまったく効果のないことを法務関係各部局は認めざるを得ない（Parliamentary Debates, Vol. 34, 20 June 1836, col. 627-8）。

　1836年の夏までに、ロンドンで発行された急進的印紙税未払い紙の総読者数は200万人を超えた（注9）。そして、その発行部数は政府に従順な新聞の部数さえも上回ったのである（Hollis 1970）（注10）。これに対して、ホイッグ

党政府は用意周到な対抗策で応えようとした。国会を通過した新たな措置とは、政府による印紙税未払い紙の調査・没収権限の強化、印紙税未払い紙の所有が発覚した際の罰金の増額、そして「非合法新聞」の優位性を低めるための印紙税の75％引き下げであった。新聞の自由の象徴である自由化の手段として喧伝された政策はその意図と効果の両面において明らかに抑圧的なものであった。大蔵大臣のスプリング・ライスが議会に説明したように、強制力をいっそう強める一方で、戦略的な譲歩が、現実にはすでに崩壊しているシステムを機能させるために必要であった（Parliamentary Debates, Vol. 34, 20 June 1836, col. 627-31）。こうした新たな対策の目的は、彼が率直に述べたように、「資本家を保護する」、そして「印紙税未払い紙を押さえ込む」ことであった（Parl. Deb., Vol. 37, 13 April 1837, col. 1165）。

　こうした新たな猛攻撃に非合法新聞は不本意ながらも屈することになった。もしも「活字と印刷機なしに新聞を発行できるか、あるいは強制力をもった当局の敷地への立入りを禁止する何らかの手段を考案できないのであれば、あらゆる印紙税未払い紙の発行はうまくいかないであろう」と、指導的な急進紙発行人のヘザリントンは刑務所からの釈放直後に宣言したのだ（London Dispatch, 17 September 1836）。そして1837年までに、すべての主要な急進紙の発行人たちは印紙税を支払うようになったのである。

　このことによって、ラディカル紙（急進紙）は値段を大幅に上げざるを得なくなった。ほとんどの印紙税未払い紙が1830年代初期には1ペニー（1d）で売られていたのに、それらの後継紙は1840年代には4ペニーから5ペニーになり、それは個々の労働者が新聞購読に使える額をはるかにこえる値段となった。しかし、こうしてラディカル紙を潰そうという権力者の試みは購読者側の団結した抵抗によって失敗に終わった。共同で新聞を買うための資金を貯める人もいれば、自分が属する労働組合・クラブ・政治団体を通じて購読料を払うようにした人もいたからである。さらには、新聞を買わないとひいきを他店へ換えると居酒屋に圧力をかける者さえいた。その結果、印紙税を支払うようになったにもかかわらず、主要な印紙税未払紙よりも、さらに

大きな売り上げを得る新たなラディカル紙も登場した。かって最もよく売れていた印紙税未払紙でラディカル派のウィークリー・ポリス・ガゼット紙の発行部数は四万部であった（注11）。1839年にはノーザン・スター紙の部数は五万部を超え、新記録をつくった（Read 1961：101）。しかもこの記録は1850年代に入ってレイノルズ・ニュース紙に追い抜かれたのであった（Berridge 1975）。

　近代的な基準からすれば、こうした発行部数は非常に小さなものに見えよう。しかしそうした見方は、19世紀前半における新聞の読まれ方の実態を知らないものの考えである。1970年代前半における全国紙の一部あたりの一般的な読者数は二一三人であった（National Readership Surveys, 1970－75）。それに対して、1830年代の安価な印紙税未払い紙の1部あたりの読者数は確実に10人を超えており、これらの未払い紙の後継紙でより高価であったノーザン・スター紙の場合には、おそらくさらに多かったと思われる（注12）。ノーザン・スター紙とレイノルズ・ニュース紙とも、その絶頂期である印紙税の廃止前の頃には、読者数は少なくとも五十万人に達していたといえる（注13）。

　さらに言えば、19世紀前半において、発行部数の面でラディカル紙は業界のペースメーカーであった。1816－17年において、ツーペニー・トラッシュ（Twopenny Trash）紙の発行部数は多くの上品な新聞の数倍はあった（注14）。また1836年のウィークリー・ポリス・ガゼット紙の部数はタイムズ紙の三倍を超えていた。ノーザン・スター紙は発行部数の記録をぬりかえて地方で発行されたすべての新聞のなかで最大の部数を誇ったという（Select Committee on Newspaper Stamps, 1851：524-57）（注15）。そして、1850年代初期に最大発行部数を誇った、ラディカル・リベラル派のロイズ・ウィークリー紙にわずかに及ばないものの、チャーチスト運動（訳注：政治体制の民主化、普通選挙を求める「人民憲章」を掲げた大衆的政治運動）派のレイノルズ・ニュース紙は、同時代のジャーナリズムの指導的立場にあった（Berridge 1975）。しかも、19世紀前半におけるラディカル紙の影響力はこうした発行部数の

比較からは正確には理解できない。なぜなら、一部あたりの読者数が政府に忠実で上品な新聞を圧倒的に上回っていたからである（注16）。

　こうして国家によっておこなわれた統制システムは失敗に終わった。名誉毀損法も新聞諸税も労働者階級の利益と気持ちを代表する、19世紀前半の大衆的なラディカル紙の興隆を妨げることはできなかったのである。

ラディカル紙のインパクト

　19世紀前半のラディカル紙（急進紙）の発達に関して、最も重要な事柄のうちの一つでありながらあまり触れることができなかった点は、主要な急進紙が全国規模での発行へと進展していった事実である。1810年代という早い時期においてさえ、ポリティカル・レジスター紙やリパブリカン紙のような主要急進紙は、ヨークシャー、ランカシャー、ミッドランド、東アングリアのような遠隔地においてさえ、イングランド南部と同じように読まれるまでになっていた。1830年代初頭になると、ウィークリー・ポリス・ガゼット紙やプア・マンズ・ガーディアン紙のような発行部数のトップに立つ急進紙は、グラスゴーからランズエンド、そしてカマーザンからノリッジまでという広範囲にわたる配達網を持つようになっていた。その後の数十年間に、急進紙、とくにノーザン・スター紙やレイノルズ・ニュース紙はその配達網をいっそう展開させた。急進紙の影響増大の主要部分は、この配達地域の拡大という核心的な事実から来ている。

　異なる労働団体を統合するうえで急進紙は重要な存在であった。その理由の一つは、主要な急進紙が、全国ニュースを報じ、全国の労働者階級の人びとに読まれる全国的なメディアであったということだ。こうした急進紙は、全国の異なった職業や商売の労働者たちに共通する窮状を示すことで、しばしば排他的となった新しい労働組合主義の職業的連帯を労働運動の他のセクターにまで拡大していったのである。それぞれの地域で労働組合の設立のために闘っている人びとは、たとえば、1833—34年にかけて、ベルギーやド

イツの労働者の闘いとともに、ヨーヴィルの手袋製造業労働者、カーライルとグラスゴーの家具職人、ノーザンプトンの靴職人や鍛冶屋、ロンドンの煉瓦職人や石工といった人びと（これらはほんの一例だが）による闘争を急進紙で読み、知ることができたのである。また、地方の貧民救済局長官への批判、新しく導入された機械、長い労働時間、賃金カットといった、地域に特化したものだと思われていた窮状についての訴えが、実は全国共通のパターンであることを明らかにすることで、地方の労働者コミュニティの地理的孤立性を減じることに急進紙は寄与したのである。くわえて急進紙は、上品な新聞がまったく報じないニュースを伝え、労働者に共通する問題に注意を払うことに力を入れた。こうした方法によって、急進紙はそれぞれの地方への偏狭な忠誠心によって断片化されていた異なる集団間の結びつきを形成する助けとなった。チャーチスト運動の指導者であるファーガス・オコーナーの言い方を借りれば、急進紙は「産業労働者を結びつける絆」であった（Northern Star, 16 January 1841）。

　全国に普及したことによって、労働者階級の組織的発展にも急進紙は重要な影響を与えた。地域的コミュニティの行動を全国的に組織化された運動へと作り替えることに貢献したのである。たとえば、プア・マンズ・ガーディアン紙は、全国労働者階級組合（National Union of Working Classes）各支部間のきわめて重要な組織的連帯をもたらした。それはまさに、1830年代後半から40年代にかけてチャーチスト運動のためにノーザン・スター紙が果たした役割と同じものであった。両紙は、指導者層とその他のメンバーとの間をつなぐ重要な媒介者となり、相互に結束すること、地方の活動に対して全国的視野に立った方向性を与えること、地方の活動家に全国運動の中での位置づけを意識させるための共通の基盤の創出を促進したのであった。要するに、急進紙は労働者階級の意識の向上のための強力な援助機関となったのであった。

　さらに、急進紙は労働者階級の政治組織や産業組織をより具体的な方法で成長させることにも貢献した。具体的には、集会について報道して資金集め

に貢献したし、労働運動の指導者たちを全国に紹介したのである。たとえば、労働組合への加入を理由に1834年にオーストラリアに流刑となったトルパドルという僻地の村の農場労働者に関する記事掲載は、彼らを全国の労働者階級の殉教者へと押し上げることに貢献した。こうした急進紙による報道は、実践的な労働運動の隊列に新人たちを引き入れる役割も果たした。人びとは報道に刺激されて、地方支部を自発的に立ち上げた。また同じく重要なことであるが、報道は労働運動の活動家との結びつきを強め、まるで勝ち目のない局面においても労働運動が成功しているという確信を新しい参加者たちにもたせた。ある地方でのチャーチスト運動の集会では、ノーザン・スター紙がなかったならば、「彼らの声は荒野にこだまするだけだろう（訳注：聖書「マタイ伝」から）」(Northern Star, 18 August 1833) との発言さえなされたという。

　また、労働者階級の文化に新たな方向性を示すことに急進紙が貢献したことは、とりわけ重要である。私たちは私的な環境のなかで新聞を購読したり、社会の各方面からの多様な情報源からの安定した情報の流れに接することに慣れてしまっており、19世紀初頭のイギリスにおける新聞の文化的意味や重要性を理解するためには歴史的想像力を働かせる努力が必要である。当時においては、新聞が手元に届くこと自体が、待ちに待ち続けて実現する出来事であった。「オコーナーが発行するノーザン・スター紙の到着日にはそれを待つ人びとが道に並んで待ちわびていた、じっさい、新聞は当時の一定期間、ほかのなにものにも替えがたい存在であったのである」（引用：Epstein 1976：11）とフィールデンは回想している。新聞を読むことは社会的な活動であった。家の外の社交の場で、あるいは友人同士で共有して、新聞が読まれることはふつうのことであった。とりわけ、しばしば大声で読み上げられることが多かったし、じっさいに声を出して読まれるような形で書かれていたから新聞は社交の中心となった。こうして、直接の購読者の範囲を超えて、急進紙の伝える思想、考え方が広く普及していったのである。

　主として労働運動の前衛たちの意見を反映させながら、急進紙はきわめて

多くの労働者の態度や信念に対して多大な影響を与えた（注17）。つまり、社会を、分断化された出来事の寄せ集めによってではなく、一つの搾取システムとして描いたからである。初期の急進紙は、部屋貸しや年金生活者、王族や聖職者、法律家、独占販売業者や貴族といった、堕落した寄生虫的な"輩"（やから）が生産者階級を食いものにしていると論じた。労働者によって生み出された富を資本家階級が横取りした利潤に焦点をあてることで、より洗練された1830年代の初期マルクス主義的分析とこの急進紙の分析は融合していった。現実は、"事物はまさにある通り"の所与の存在としてではなく、抑圧の過程として定義され、抑圧の過程とは異なる原理に基づいて組織された新たな社会秩序がそれに取って代わるのだとされた。もしも労働者が団結したならば、世界は変革可能であることが、繰り返し論ぜられた。

現実社会の基盤となっている政治経済制度の正当性に挑むことによって、急進紙は既存の社会秩序のための規範的な支柱を揺さぶることにも貢献した。あらゆる土地は前時代において人民から収奪されたもの、もしくは労働者たちの労働を通じて獲得されたものだという基本原理にもとづいて、財産の所有は聖なる権利だという考えが否定された。また法律はこうした"欺瞞"を資本家たちが正当化するための手段として描かれるようになった。「金持ちたちは、すべての法律を自分たちに資するものにすることで欺瞞的な制度を作り、維持しているのだ。そのことによって、彼らは偽りのみせかけの下で、富を自らのものに移し変え続けているのだ」とプア・マンズ・ガーディアン紙は記している（Poor Man's Guardian, 26 July 1834）。同じ主旨の論調としてレイノルズ・ニュース紙は当時の選挙権について次のように明言している。「労働者階級によって生産されたか、あるいは祖先から相続したかのいくばくかの財産を所有しているという理由だけで、自国内の2,600万人と海外在住の100万人を代表して立法者と税の徴収者を選ぶという不当な権利が与えられている」（Reynolds' News, 5 January 1851）。

こうした闘争的な新聞はリベラル改革主義のもたらす害毒への免疫を読者につけさせようとしていた。「中産階級と労働者階級は一つの、そして同一

の利害をもっているのだと語る人間を信じてはならない……それぞれの勢力は二頭の闘牛のごとく、相互に直接的に対峙しているのだ」と、プア・マンズ・ガーディアン紙は記している。また1850年代初期にレイノルズ・ニュース紙が論じているように、貧困と抑圧の解消は、普通選挙と土地ならびに〈政治機構〉の民衆による所有によって国家権力を勝ち取り、そうした体制に基づく社会の根本的再構築をすることによってのみ実現されるというわけだ。

とはいっても、急進紙が既存の社会にたいし首尾一貫して批判的視点を提供できるようになっていたというわけではない。よりラディカルな新聞でさえ、あやふやな理論で自由主義と原始的な社会主義双方の批判を結びつける傾向や、自らが唱える経済計画に関し、かなり曖昧な認識しか持っていないことが多かったのである。しかしそうした急進紙の勃興によって、影響力のある議論の場が労働者階級内部に創り出され、そのことによって労働活動家たちは急速に変容しつつある社会を理解し、社会変革に取り組むことが可能になったのである。また、全国労働組合大連合 (Grand National Consolidated Trades Union)、チャーチスト運動、1842年ゼネストなどを生み出した、ラディカルなサブカルチャーも急進紙によって支えられた。ジョン・フォスターが述べたように、1842年ゼネストは突発的な不満の爆発ではなく、ランカシャー工業地帯、ヨークシャー州の大部分、そしてミッドランド地方の一部において幅広く支持された、計画的な大衆行動であった (Foster 1974)。それが叩き潰され、1,500名の労働運動指導者が刑務所送りになった。しかしそれは、社会がますます不安定になり、急進紙が重要な勢力となっていっていく前兆でもあった。

ラディカル紙の経済的構造：1815－55年

ラディカル（急進紙）は労働組合と民衆によるラディカルな社会運動の高揚によって成長した。それを可能にしたのは当時一般的だった新聞発行の経

済的構造であった。この点は以下で述べる中心的な議論の一つの重要な側面なので、初期急進紙の財政状況についてやや詳しく検討しておく必要がある。

19世紀初期、急進紙を創設するために必要な初期資金は極めて小さかった。印紙税未払い急進紙のほとんどは、蒸気印刷機ではなく10ポンド程度で購入できた手動印刷機で刷られていた。金属活字は1時間単位で借りられることが多く、印刷工には基本的に出来高払いですますことができた。

1836年以降の主要な印紙税支払い急進紙はもっと技術的に高度な工程・手法によって印刷された。たとえば、ロンドン・ディスパッチ紙はネーピア型印刷機で刷られたが、同機は裕福な後援者からの援助とヘザリントンの他の出版物からの剰余金で購入されたものであった。またノーザン・スター紙は、ロンドンで組み立てられた特注の印刷機を持っていた。それでも、その後の時代に比べれば、開業費用は極めて少額であった。たとえばノーザン・スター紙は、北部諸町の一般読者が支払う購読料から発行資金690ポンドのほとんどを工面することができた（Glasgow 1954）。

運転資金も非常に少なかった。印紙税未払い急進紙は税金を払わず、さらには、取材に関しては読者の報酬なしの、自発的寄稿による記事に大きく依存していたし、街頭販売人の多くをあふれる失業者集団から採用できた。また、一部あたりの読者数が多かったために用紙代は少なくて済んだ。たとえば、1830年代の主要紙であるプア・マンズ・ガーディアン紙はわずか2,500の発行部数が損益分岐点であったとホリスは見積もっている（Hollis 1970：132）。

1836年の印紙税法の遵守以降、一部の売り上げごとに1ペニーの印紙税の支払いがおこなわれるようになった。それでも後の時代の基準からすれば運転資金は相変わらず非常に少額であった。たとえば、当時影響力を持っていたロンドン・ディスパッチ紙は次のように報じている。「編集・報道・論評・文学作品への謝礼等、すなわち、〈紙面制作費〉と業界で呼ばれている総費用は、一紙あたり週6ポンドに過ぎない」（London Dispatch, 17 September 1836）。同じ記事の中では、3.5ペニーの販売価格と16,000部の発行部数で収

支トントンだったと報じられている。似たようなことであるが、ノーザン・スター紙は、その先行紙と異なり、賃金を支払って雇った記者たちによるちゃんとした取材ネットワークを展開したが、1841年の時点でその取材／編集組織には週あたり9.1ポンドをわずかに超える金額しか使っていなかったといわれている。つまり、4.5ペニーで売っても、週あたり約6,200部の発行部数で収支トントンが可能であったのである（Read 1961）。同紙は、運転資金が足りなくなると、ほとんどの場合、発行継続に必要なわずかの金額は同紙の所有者であるファーガス・オコーナーによって即座に手当てされたと思われる（Epstein 1976）。

19世紀前半期における新聞の創刊と通常経費の低さはイギリスの大衆紙の基本的な性質形成に影響を与えた。労働者階級内部からの資金提供での新聞発行が依然として可能であったということであり、その結果として、その資金提供に関わった人びとが実質的に新聞を所有し、コントロールすることができた。つまり、織物職人からボイス・オブ・ウェスト・ライディング紙の発行人となったジョシュア・ホブソンの言葉を借りるならば、「自分が所属している社会秩序や階級に誇りをもち、その権利や利害を代表して守る人びと」が新聞発行事業にかかわることができたのである（Hollis 1970：94）。ボイス・オブ・ザ・ピープル、ノーザン・スター、リベレーター、トレイズ・ニュースペーパーなど、いくつかの新聞は基本的に労働者や労働組合によって所有されていた。また、その他の主要な新聞所有者は、クリーヴ、ワトソン、ヘザリントンといった成金で、彼らのほとんどは労働運動を通じて名を知られるようになった下層階級出身者であった。冷酷さやビジネスに関する鋭い洞察力が欠けていたわけではないが、所有者が自己の新聞の編集を信頼して任せた人びとはすべて、ウィリアム・ヒルやジョシュア・ホブソンのような元肉体労働者か、あるいは労働者階級の政治運動に長い間関与した経験を持つオブライエンやロリマーといった中産階級出身の活動家であった。じっさい、ノーザン・スター紙と初期のレイノルズ・ニュース紙の正規雇用の記者たちは、しばしば政治的オーガナイザーとの二足のわらじを履いて

いた。
　こうした男たちは、ジャーナリストとしての自らの役割について、次の時代の大衆紙における組織化されたジャーナリストとは、まったく異なった考え方を持っていた。すなわち、中立的な専門的職業人としてよりも階級の代表者として自らを認識し、ニュースの報道と同様にその解釈／論評に励み、彼らが集めた読者は記者でもあり、ニュースソースでもあった。また、自分たちは読者大衆の代わりに発言する「腹話術師」だとも考えていた。ノーザン・スター紙の編集者が同紙の五周年記念にあたって記しているように、「自分自身の何らかの才能や知性を誇示するためのメディアというよりも、この新聞が読者の心情を反映するものにしようと私はずっと努めてきた。これこそまさに、人民の機関紙はいかにあるべきかという私の考え方である」（引用：Epstein 1976：85）。
　さて、19世紀前半における急進紙の経済的構造の第二の特徴は、販売収入だけで経営が可能であったということである。印紙税未払い急進紙に商業広告が掲載されることは滅多になく、印紙税支払い急進紙の場合にはそれよりは少しましという程度だった。たとえばロンドン・ディスパッチ紙は政府のやり方を批判して次のような辛辣なことを言っている。「我われのような方針を掲げている新聞は、広告主という金になるパトロンから支援を受けるよりも、起訴や罰金、それに類するもろもろの懲罰を受けることで、より多くの社会的尊敬を受けることになるのだ」（17 September 1836）。ロンドン・ディスパッチ紙や他の急進紙が広告主に抱いた恨みにはもっともな理由があった。政府への広告税の申告を検証すればわかるのだが、競争関係にあるお上品な新聞の広告収入は急進紙とは比較にならないほど大きなものであった。たとえば表3-1は、ノーザン・スター紙とその主な競合紙である、リーズという同一地域で発行されていたリベラル派ならびにトーリー党の週刊紙、ならびに同紙のように全国規模で発行されていたロンドンの日刊紙に対する1,000部あたりの広告税申告額である。発行部数の大小を考慮する必要があるため、1,000部あたりの広告税というのは比較に際しての有用な指標であ

表3-1　1838-42年に各新聞が支払った広告税額（単位：ポンド）

新聞紙名	1838年 広告税	1000部あたりの広告税	1840年 広告税	1000部あたりの広告税	1842年（※）広告税	1000部あたりの広告税
リーズ・マーキュリー	943	2.05	1,042	2.11	948	1.97
リーズ・タイムズ	193	1.46	157	0.93	178	1.55
リーズ・インテリジェンス	518	2.99	568	2.66	567	1.97
ノーザン・スター	115	0.20	45	0.04	57	0.08
タイムズ	11,238	2.63	13,887	2.74	15,223	2.41
モーニング・ポスト	3,191	3.64	3,468	3.64	3,662	3.08
モーニング・クロニクル	4,796	2.23	4,415	2.22	4,313	2.25
モーニング・アドバタイザー	3,849	2.46	3,822	2.24	3,068	2.17

出典：「印紙税・広告税収入」（『下院決算報告書』1840年度版29号、1842年度版26号）
※半年分の収入額から試算

る。しかし、競合紙と比較して、ノーザン・スター紙の紙面における広告の比率（ならびにその結果としての広告収入）が非常に低いことをこの指標は考慮しておらず、またその結果として同紙が苦しんでいるという不利を過小評価している。それでも、この表における公的申告額は全体のなかで広告収入が占める割合の大小をよく示している。たとえば、1840年にリーズで発行されていた主要紙および中産階級向け二紙がそれぞれ支払った1,000部あたりの広告税は、ノーザン・スター紙の五倍以上であった。そして、おそらく新聞の将来の発展にとってよりいっそう重要なことは、サミュエル・スマイルズによって編集され、労働者階級を含みつつも下位の中産階級を主な読者層とする、リベラル的改革派のリーズ・タイムズ紙が1840年に支払った1,000部あたりの広告税がノーザン・スター紙のなんと二三倍にも達していたことである。

　広告申告の額が判明しているその他の主要急進紙の場合でも同じようなパターンが見られる。たとえば、1817年にコベット発行のポリティカル・レジスター紙が獲得した広告はわずか三つだけで、その1,000部あたりの広告税は、エグザミナー、エイジ、ナショナル・レジスター、ダケッツ・ウィークリー・ディスパッチといった競合紙の百分の一以下であった。1837年の段階でロンドン・ディスパッチ紙はもう少しましであったが、その1,000部あたりの広告税支払額は、ロンドン発行で全国規模の発行エリアを持つ日刊紙の

二五分の一、同様にマンチェスター、リバプール、リーズ、ヨークといった各都市の主な中産階級向け週刊紙の二五分の一でしかなかった。

　こうした外部からのサポートがなかったため、印紙税を支払っている急進紙の不利はいよいよ深刻なものとなった。これらの新聞は増大する編集費を賄ってくれるパトロンを競合紙によって奪われた。その結果として、広告によって支えられた競争相手紙であれば利益を上げられるだけの発行部数を持ちながらも、廃刊に追い込まれてしまった。印紙税によって新聞の価格が高騰したために、労働者階級の新聞購入が困難になった時代に、パトロンを喪失したことで、印紙税を支払った急進紙の成長はひどく妨げられた。

　しかし、これらの非常に不利な実質的要件にもかかわらず、広告の欠如によってすべての急進紙が廃刊を余儀なくされたわけではなかった。急進紙の発行から大金を得るのは容易でなかったが、急進紙は印紙税を支払っているものも未払いのものも、利益を上げることは可能であった。たとえば、有力な広告スポンサーを持っていなかった、ヘザリントン発行の印紙税支払い紙ロンドン・ディスパッチの1837年の事業利益は1,000ポンドであり（Hollis 1970：135）、同様に、印紙税支払い紙のノーザン・スターの場合は、1839年は13,000ポンド、そして翌40年には6,500ポンドという驚異的な利益を生み出していたという（Schoyen 1958：133）。いずれの利益もこれまで見てきたように、広告収入よりも販売によって生み出されたのであった。

　このように広告に依存しなかったことが急進紙の発展の基本的特徴をつくった。広告主の政治的偏見に迎合する必要がなかったからである。また、誰はばかることなく、「強欲商人」、「工場主」、「資本家」たちを攻撃することもできた。それ以上に、労働者よりも魅力的な広告市場を構成する人びとにおもねることなく、労働者階級にむけて直接的に呼びかけることが可能であったのだ。急進紙の発行を始めた先駆者たちが中産階級と労働者階級の両方の読者にアピールしたのに対して、よりラディカルな次世代の発行者たちは労働者階級への指向性を強める傾向にあった（注18）。これらの新聞は、社会の対立を資本主義対労働者といった二極化したモデルで報道することがで

きた。というのも、彼らは広告主が到達したいような潜在的な中産階級を度外視する余裕があったからである。急進紙が生き残りをかけて頼ったのは広告主から得られる大金ではなく、読者が支払ってくれるペニー（小銭）であった。

改革の醜い側面

「知識に対する課税」に反対する中産階級の運動は、それぞれが特別な利害関係をもつ人たちによって広められていった。その中には、1850年代に、リベラルで自由に取引される新聞の影響力を強めようとしたミルナー・ギブソンとコブデンのような運動家による少なからぬ関心もあった。しかし、新聞税に関する中産階級の支持者と反対者の大多数を分けた中心的な論点は、社会統制の手段としての新聞を確立する最善の方法に関してであった。

保守派は、新聞税はラディカルな出版物の氾濫を押さえるための最終的な防御ラインであると主張した。もしそれが廃止されて新聞価格が下落すれば、「中産階級ならびに上流階級にとって有害な教義が一般に広がる結果となり、公衆の現実的かつ永続的な利益を損なうことになる。したがって、印紙税廃止による悪影響には計り知れないほどのものがある」（Westmacott 1836）というのである。また発行費用が減少し、いっそう多くの急進紙が発刊されるようになるであろうとも主張された。タイムズ紙の経営者であるモーブレー・モリスが、新聞・印紙税に関する特別委員会でこう語っている。「新聞発行も含めてあらゆる産業部門の所有が少数者に制限され、また有力な資本家からなる集団の手中にあるということは、公の利益にかなうのである」（Anon 1939：205）と。

対して、新聞税に反対する中産階級は税が新聞の発展を制限するため、健全な社会原理の普及を妨げていると論じた。広告税の廃止によって広告主に資金的な余裕ができ、それを使って新たな新聞の創刊にも結びつくであろうと、そしてまた、印紙税ならびに用紙税の廃止は新聞価格の低廉化につなが

り、人びとが「健全な社会原理」にアクセスすることが容易になるであろうとも主張された。スペクテーター紙は、そうなれば、「無知」がなくなるし、公序良俗の質的向上ものぞめると論じた (Spectator, 1 August 1835)。「読者たちは暴徒ではないし、乾草に火をつけて歩く輩でもないのだ」と、ヒクソンは新聞・印紙税に関する特別委員会で語った（報告書　1851：479）。課税廃止がなされれば、健全な社会原理の普及がなされ、それらが社会統制の手段として国家による強制よりもいっそう効果的であることが証明されるであろうとも言われた。印紙税に反対する有名な演説の中でブルワー・リットンは、「印刷業者やその保有する活字が、看守や死刑執行人と比べて、自由国家の平穏と尊厳にとって、よりふさわしいのではないのかといったことを考える時が来ているのではないだろうか？」と述べている(Wiener 1969b：68から引用)。

　こうして新聞税への反対勢力が言論の「自由」市場において発露した確信は皮肉なことに正鵠を射ていた。1853年の広告税廃止ならびに55年の印紙税廃止後の19世紀後半、急進紙はその影響力を急速に低下させたのである。しかしその理由については未だ十分な説明がなされていない。

統制システムとしての市場の力：1855－1920年

　印紙税廃止直後の時代に大衆紙の急進性が低下した原因としては、社会秩序の再安定化に伴う労働者階級そのもののラディカリズム（急進性）が衰えたことも挙げられる。しかし、急進紙の減少は、以下で述べるように、社会秩序の再安定化という過程の一部そのものであった。しかも、「時代精神」(zeitgeist) 理論は、その後の労働者階級のラディカリズムの復活があっても、それがなぜ以前のようなラディカル・ジャーナリズムの復活にならなかったのかを説明してはいない。実際に、相対的に平穏であった1860年代の全国紙のほうが、戦闘的な労働者たちのアジテーションが横溢していた五十年後の時代のそれと比べて、よりいっそうラディカルであった。紙面をみる限り、

国内における言論環境と、ビクトリア朝期・エドワード朝期のイギリスの新聞によって広められたイデオロギー的視座の変化と国内の意見風土の間には密接な相関関係が存在していないことは明確である。

　ヴァージニア・ベリッジはビクトリア朝期の大衆紙を対象とした先駆的な研究業績において、民衆ジャーナリズムの変遷について納得できる説明を行っている（Berridge 1965）。彼女によれば、急進性の低下は大衆紙の「商業主義化」によるものだという。具体的には、販売の最大化のため、労力を要する政治的な分析よりも、センセーショナルな報道で安易な問題提起をすることに各紙は力を注いだ。より売れる商品として、犯罪報道とスキャンダルやスポーツ記事がそれまでの主力であった資本主義への攻撃に取って代わったというわけである。

　しかし、この分析が示唆していることは、1830－40年代のラディカルなジャーナリズムの伝統からの、正当化できないほどの大きな逸脱があったということだ。この時代の急進紙の成長には、何人かのラディカルな新聞発行人が用いた、ラディカルなセンセーショナリズムとスキャンダリズムという街頭販売の大衆向け印刷物の伝統を利用したことにあった。1830年代初期に印紙税未払い発行物の間で生じた、定期刊行物的な四つ折り版から新聞紙的な大判への規格変更は、「一般ニュース」やセンセーショナルなニュース記事へと重点が移行していくことに伴うものであった。プア・マンズ・ガーディアン紙とロンドン・ディスパッチ紙の発行人であったヘザリントンは、独特の落ち着いた調子でその変化について述べ、次のような記事を約束している。

　すべての宝石や宝物、遊びや戯れ、一週間のニュースや出来事……警察の情報、殺人、レイプ、自殺、火事、傷害沙汰、芝居、競馬、プロボクシング、そして現在進行中のあらゆる場所のあらゆる種類の出来ごと。要するに、そういう記事が売れるのだから、あらゆる種類の悪魔的所業を紙面に詰め込むのだ……だが、我々の目的は金儲けではなく、政府を打ち負

かすことである。(引用：Hollis 1970：122)

　次の時代の新聞事業者たちは、この傾向をよりいっそう強めるとともに、紙面における非政治的記事の割合を高めたが、このことによって、大衆紙の全面的な変化という、これまで考えられなかったような現象について十分に説明することはできない。なぜなら、従来の急進紙がますます自由主義紙に吸収されるか、淘汰されていっただけではなく、政治的な観点から見て右派的ないしは極右的なものが支配的な、まったく新しい世代の全国的大衆紙が現われたからである。

　実際のところ、商業主義化理論とは、大衆たる読者向けに味付けされた情報素材は大衆の嗜好に共通する性質に応えるため、必然的に枝葉末節的かつセンセーショナルなものにならざるを得ないという仮説に基づく、大衆文化批判の一つの歴史的解釈なのである（Wilensky 1964 などを参照）。この仮説は、時としてうさんくさく、私にはその底流にある文化的判断には疑問がある。別の機会にすでに論じたように（Curran 1977）、それは「商業主義化」という一般化された見出しのもとで、ビクトリア朝中期のイギリスにおける資本主義新聞の強化によって制度化された複雑な統制システムの理解を曖昧にしてしまっている。

資本の自由

　新聞税の主な目的の一つは貧乏人による新聞経営を排除することであったが、それは皮肉にも税の廃止によってのみ達成された。
　新聞への課税の廃止によって生じた巨大な需要増は、A. E. マッソンが新聞における「産業革命」（Musson 1954：214）と呼んだ事態をもたらした。ホー式印刷機は1860年代から70年代にかけて導入されたが、大型化ならびに高性能化した輪転機がしだいにそれに取って代わった。「熟練を要する」組版は、1860年代にハッタースリー組版機によって革命的に変化したが、1880

年代から90年代になると、今度はライノタイプ植字機が主流となった。膨大な数の技術革新は、ビクトリア朝期を通じて写真や絵の複写でも起こった。そしてこうした技術革新は設備投資費用の急激な上昇をもたらした。ノースクリフはデイリー・メール紙を設立する際に、「日常的な作業費に充当される資金とはまったく別に、機械類・建物・インク関連設備などの初期投下資本として」、50万ポンドかかると試算した。もっともこの金額は、他の出版物の印刷をおこなう社屋の費用も含んでいるということはまず間違いないものであった（Pound and Harmsworth 1959：206）。出版に必要な資金の急激な上昇は複数の新聞を創刊し、共有の工場や施設を最大限利用する下請け企業をつくった企業家に、相当なスケールメリットを与えた。これについては1870年代から80年代にかけて、エドワード・ロイドが用紙生産のため10万エーカーにおよぶプランテーションでアフリカハネガヤ（訳注：紙の原材料となる植物）を育て、製紙工場を設立するという形で、出版産業の垂直統合に先鞭をつけ、事業の大規模化を促進した。にもかかわらず、新聞印刷に必要な資金の上昇は全国規模の市場においてさえ、限られた財源しか持たない新規発行者の参入にとって克服不可能な障害とはならなかった。独立した印刷業者に契約によって印刷業務を委託することで、1912年におけるデイリー・ヘラルド紙のように、新聞の創刊は少額の費用でも可能であったからである。

　それよりもはるかに重要なことは、新聞税の廃止による新聞への需要の増大が、新聞発行に必要なランニングコストやキャッシュフローに与えた影響である。まず、大衆市場における発行部数が急増した。たとえばレイノルズ・ウィークリー紙の1896年の発行部数が五十年前の主要紙の約十五倍にも膨れあがった。この期間に一部あたりの読者数の割合が急激に減少したため、部数の増加がかならずしもそれに比例した読者数の増加を意味したわけではない。つぎに、生産規模の拡大は諸費用の上昇をもたらした。ページ数増加とその結果としての新聞印刷費が着実に上昇し、ニュース取材・編集費や販売促進費（その一部は配達業者との残紙引き受け条件付き契約の形をとっていた）も増加した。こうした費用の上昇は利潤を生み出すために必要な最低

発行部数の上昇をもたらすこととなった。さらに、新聞価格が下げられ、損益分岐点もまた上昇を余儀なくされた。また、限られた資金で新しい新聞を始めることが可能になった。経営者が放棄した新聞は相対的に見て安い値段で転売されることが起きたからである。巨大な資金が必要であったのは新聞の創刊に必要な「工場や施設」であった。

　こうした重要な変化はこの時代の個々の新聞の歩みを描くことによって可能である。1855年に、かつてのリベラル紙であるデイリー・テレグラフを復刊し、日刊全国紙として最大の発行部数を誇る新聞として確立するために、4,000ポンドの資本投資が必要とされた（Burnham 1955：2）。1870年代までに、デイリー・クロニクル紙を復活させるため、エドワード・ロイドは15万ポンドの資金を投入しなければならなかった（Herd 1952：185）。1906－8年の間に、リベラルな日刊紙、トリビューンを創刊しようとしてソマッソンが費やした総額は、その約2倍であった（Lee 1976：166）。1919－22年の間に、デイリー・エキスプレス紙の成長のため、ビーヴァーブルックは20万ポンドを投資したが無駄に終わった（Taylor 1972：171）。そして彼はさらに、サンデー・エクスプレス紙に対して、同紙が収支トントンになるまでに、デイリー・エキスプレス紙のために設立した工場や機械を利用することができたにもかかわらず、さらに200万ポンド以上を投資した（Taylor 1972：175）。同様に、ウェストミンスター・ガゼット紙を朝刊紙に変更しようとして、カウドリー卿は75万ポンドほどの投資を行ったといわれる（Seymour-Ure 1975：242）。

　これらの統計は近代的新聞の誕生において、どのように資本が動いたかという「資本の自由」の実態を示している。新規創刊と施設のための資本金が相対的に少なかった1850－60年代でさえ、その額は労働者階級が調達可能な資金を依然として超えていた。たとえば、1862年にビーハイブ紙が創刊された際の資本金は、労働組合や裕福な後援者によって調達された25万ポンドに満たない額であった。この資金不足によって同紙は非常に不利な立場に立たされることになった。主な競争相手の倍の値段での販売を強いられたのである。さらに、わずかながら組合や他の支援者による追加資金の援助があ

ったにもかかわらず、一般ニュースの記事を提供するための独自取材を維持するために不可欠な資金にも事欠いた。実際に、この資金援助不足によって、同紙は、影響力があるとしても専門家向けの週刊紙として、全国的出版物の周辺部へと追いやられたのである（Coltham 1960）（注19）。

　組織化された労働者が増加するにつれて、全国紙創刊のための費用も上昇した。労働運動の活動家たちに統制され、労働者階級内部の資金で賄われた新聞が、日刊全国紙のジャーナリズムの世界に初めて登場したのは、ようやく1912年になってのことであった。しかし、ほとんどの日刊全国紙がすでに万全の態勢を整えていたため、その登場は完全に出遅れたものであった。デイリー・シチズン紙の短命な歩みと、デイリー・ヘラルド紙初期の激動の歴史は、労働者の統制のもとで新聞を創刊するうえでのさまざまな障害を描き出している。1912年にわずか3万ポンドの資本金で設立されたデイリー・シチズン紙は、労働組合員を主たる購読者とし、創刊後二年の間にその最大発行部数は二十五万部にも達した。この部数は、1900年創刊のデイリー・エキスプレス紙にわずか五万部及ばないだけであった。このデイリー・シチズン紙は他のどの全国紙よりも多くの労働者階級の読者を獲得していたのは確かであったが、創刊後の継続した資金サポートが足りなかったため、創刊後わずか3年で廃刊に追い込まれてしまった（Holton 1974）。より左翼的なデイリー・ヘラルド紙はわずか300ポンドの資本金で創刊され、一般人からの寄付（特に二人の裕福な社会主義者、デラウェア伯爵夫人およびプルデンシャル生命保険会長の息子であるR. D. ハーベンからの寄付）によって維持された。しかし、1914年以前の全盛期には発行部数が二十五万部に達していたにもかかわらず、次々と訪れる危機によって急速に傾いていった。同紙は、ある時には同じ一部の新聞であるにもかかわらず、ページによる大きさや形が違う形態で製作されたこともある。その理由は、もはや用紙代の支払いさえままならず、誰かが古くて廃棄されていた用紙を「発見」して工場へ運び入れたからであった。また別のある時には、わずかな量の用紙を、偽名を使って、国中のすべての業者から購入しようとしたこともあった。さらに同紙の役員たち

は担保なしで用紙供給を確保するという策略として、製紙会社に対する組合の争議行為を利用して脅かすことさえした（Lansbury 1925）。デイリー・シチズン紙が廃刊となった一方で、1914―19年の間に日刊紙から週刊紙へと移行することで、デイリー・ヘラルド紙は生き残った。こうしたお粗末な初期の現実の中から、一時期、西洋世界において最大の発行部数を有する日刊新聞が出現したのである。

　19世紀後半における正真正銘の急進紙が、なぜ、クラリオン紙やレイバー・リーダー紙（両紙とも驚くほどたくさんの発行部数を達成した）（注20）のような低予算かつ高価な専門週刊紙か、もしくは地方のコミュニティ紙といったような、骨抜きされた形でしかなぜ生き残れなかったのかということについては、発行費用の高騰があったことも理由付けとして有力である。急進紙がこうしてわずかだが残ったことについての研究は、重要であるにもかかわらず、現在でもその解明は十分ではない。

　しかし、市場参入費用の増大が、なぜ草創期の大衆紙が主として裕福な資本家たちに所有されていたかの説明理由として役立つとしても、新聞税の廃止以前に存在していた急進紙がなぜ、イデオロギー性のほとんどを奪われたのか、あるいは廃刊に追い込まれたのかということについては解明できるわけではない。それだけでなく、時代の変化の中で、小規模急進紙が大規模出版物へとなぜ進化しなかったのか、そして新たなラディカルな出版物の創刊に備えて蓄えた利潤によって資本金を確保できなかったのかということを十分に解明できない。それに答えるためには、別の点に着目する必要がある。

新たな免許付与制度

　新たな統制システムの最も重要な要素は広告税廃止後の新聞の発達において広告が果たした役割であった。1833年に3シリングから1シリング6ペンスに広告税が引き下げられたことによって、一年間の新聞広告量は、ロンドンの新聞で35％、地方紙で27％増加した（Aspinall 1950）。1836―48年の間

に、イギリスにおける新聞広告の総量は、広告数でみた場合に36％以上も増加した。しかし、この増加を地域別に検討すると、ロンドン地域の新聞におけるそれが異常なほど大きいことが判明する（注21）。

　それまでとは根本的に異なった状況が初めて出現したのは1853年の広告税廃止の際であった。広告税は、緩和されたにせよ、広告支出に構造的影響を与えていた。ジョン・カッセルによれば、「有用な知識」の詰まった出版物の発行人が、印紙税に関する特別委員会（Select Committee on Stamps）に対して、「それ（広告税）は特定分野の広告を出にくくしている。広告代金とその税金を支払う余裕のあるのは、高価な本や物品のオークションによる取引をするものだけではないのか」と苦言を呈したという（Select Committee on Newspaper Stamps 1851：236）。同特別委員会の議長であったミルナー・ギブソンは論点を以下のように簡潔にまとめている。「広告税は税をかけるべきではない広告を現実に消滅させているに違いない」（同書、440頁）。

　しかし、税の廃止によって「大衆」紙の広告は急増した。たとえば、レイノルズ・ニュース紙は、1854―58年の四年間に広告量を50％以上増加させた（Berridge 1975）。印紙税ならびに用紙税の廃止を一因とする、こうした広告の成長によって、1850年代における大衆紙の平均的な価格は半額になり、さらに60年代にはそのまた半額となった。こうした販売価格の下落は、大衆向け出版物の経済構造に変革をもたらした。すべての大衆全国紙は、その製作と流通に、販売収入額以上の費用をかけるようになった（注22）。これは、広告主がいなければ新聞が経済的に成り立たなくなったということである。その意味で、今度は広告主が事実上の新聞発行免許の付与者の地位を獲得した。ヘンリー三世によって導入され、もはや執行が不可能になったとして1695年に廃止されたかつての免許制度が、新たな形で復活したわけである。

　新聞印刷費の下落と大量発行という経済規模の拡大が広告への依存度を軽減することはなかった。国内消費の上昇と経済の構造的変化の結果、1860年以降、広告が急増したのである。そのほとんどが新聞によるものだが、イギ

リス全体における総広告費は1907年には2,000万ポンドに達したと、クリッチェリーは見積もっている（Critchley 1974）。新聞広告のこうした増大が今度は発行費用を上昇させる圧力となった。先述したように、編集費ならびにページ数の継続的な増加による費用がかさんだからである。さらに重要なことは、広告収入への依存によってビクトリア朝後期にはほとんどの大衆紙の価格が半減し、半ペンスにまで落ち込む要因となった。こうして全国紙は利益確保のため、広告に依存し続けることになったのである。

　結果的にどんな新聞にどんな広告主がついたかが、新聞業界の構造の大部分を規定することになった。政治的な固定意見を持つ新聞に対して広告主が出稿しなかったことを示すいくつかの証拠がある。たしかに、19世紀の大部分を通し、政府は敵対的な新聞への政府広告・広報の出稿を継続的にボイコットした。1850年代、モーニング・ポスト紙のグレネスク卿のような大手の新聞経営者は、リベラルな新聞作りよりも、トーリー党政府からの広告出稿を当然のこととして期待していた（Hindle 1937）。1880年代の後半に至ってさえ、政府広告は親政府系新聞だけに通常は掲載されていたので、リベラル政党が政権を握ると今度は、モーニング・ポスト紙は出稿紙のリストから除外されたのである（Lucas 1910：113）。

　また、何人かの非政治的な個人広告主が急進派の出版物に出稿したがらなかったことも事実であろう。たとえば、クローザー卿は1832年に、トーリー党の地方機関紙に広告を掲載するように友人にうながしたと語っている（Aspinall 1973：367）。ビクトリア中期のイギリスで最大だったと推測される広告会社のトップであったチャールズ・ミッチェルは、国内のあらゆる新聞の政治的指向性を記録することが重要であると、明確に考えていた。1856年に彼が発行した『広告媒体名簿』（第五版）の序文で説明しているように、「この広告媒体名簿が出版されるまでは、自分の見解に最も適合し、自らの利益を最も促進すると思われる媒体を、正確に見極める手段を広告主は持っていなかったのである」。1925年になっても、ピットマン社発行の実用的ハンドブックの一つである『新聞広告』（Advertising Through the Press）において、

「政治的傾向の健全さ、流通範囲、広告価格によって発行元を選ぶことは、広告の目的に照らして最も有益だと思われる」とノーマン・ハンターは広告主に助言している（Hunter 1925：50、**太字は筆者**）。といっても、ノーマン・ハンターのように公然と発言することは通例というよりもむしろ例外であった。この時代までに、広告の文章において、政治とビジネスを同一視することへの抗議の声が一般化していたからである。それでも、実際問題として、商業的な判断と政治とを分離するのは困難であることがしばしばであった。1930年代になるまで信頼できる読者層調査が存在しなかったため、各新聞の政治的傾向はそれぞれの読者の購買力や社会階級についての有益な指標とされていた。このことが、時として「社会主義」新聞と労働者階級の読者との単純な同一視をさせることになったのである（注23）。

　ビクトリア期とエドワード期の、広告主による（意識的および無意識的な）政治的差別がどれほどであったかということの明確な立証はできないが、労働者向けのメディアが、その読者が広告主にとっての有力な購買層ではないという理由で一貫して差別されていたことは明白である。1856年にミッチェルが述べたように、「帝国内において最も広汎に流通している出版物のいくつかは広告を掲載するには最悪であろう。なぜならば、そうした出版物の読者たちは購買者ではないため、投じられた広告費のほとんどが無駄になっているからだ」（Mitchell's 1856：7）。そうした判断の底流となっている考え方は単純なものであった。『ミッチェル新聞要覧』が記しているように、「（広告媒体は）その発行部数よりもその内容特性がいっそう重要である。上流もしくは中流階級の間で流通している1,000部の出版物は、下流階級の間で流通している十万部のそれよりも良いメディアである」（Anon 1851）というわけだ。ビクトリア中期の広告が中流階級向けメディアをもっぱら好む傾向は、大衆向けマーケティングの発達に伴い19世紀後半には変わっていた。しかし、購読者の収入格差を重視する広告主の姿勢は変わらず、購読者の収入がメディアを評価するうえでの指針であり続けた。このことによって、中流向けメディアと下流向けメディア、そして、あらゆる階級を対象とする新聞と

貧困者向けの新聞との間の決定的な差別化が行われた。すなわち、リージェント・ストリート総合技術専門学校の広告論担当の講師であったシリル・フォックスが、1920年代初期の広告論の標準的な教科書の中で記しているように、「求人広告欄にざっと目を通すためだけに買うような貧乏人が読んでいる新聞に、ロールスロイスのような高級品でも、3ペニーのライターのような安価品でもない、平均的な商品のための広告を掲載してはならない……購買者の大部分に訴えかける新聞がベストなのだ」(Freer 1921：203)。

　広告主が獲得した新聞に対する戦略的な統制力はいよいよ大きくなっていった。広告主はまず生き残るための本質的な戦略として読者層を上方修正することが必要だという、強力な圧力を急進紙(ラディカル紙)に加えていった。つまり、ターゲットにすべき読者層の再定義を行わせ、これが原因で、広告主が望む読者層を引きつける必要性にかられ、急進紙はその急進性をゆるめざるを得なくなった。レイノルズ・ニュース紙がたどった歩みは、この過程を見事に描き出している。同紙は1850年にジョージ・レイノルズによって創刊されたが、彼はチャーチスト運動の単なる全国的指導者の一人というだけではなく、その左派であった。彼は1848年革命では「実力行使」を主張し、1850年代初期には中流階級との連帯に一貫して反対していた。階級意識を重視した急進主義や、産業資本や労働者搾取への攻撃といった、かつてのノーザン・スター紙の伝統が彼の新聞には残っていた。また、労働運動の資金集めをおこない、そうした読者からの投書を掲載するというように、労働運動と密接な組織的連携を保っていた。

　しかし、そうしたラディカルな起源を持ちながらも、新聞発行をめぐる新たな経済的要請の影響のために、同紙はしだいに変容していった。また同紙が当初、批判的な見解を全面的に展開したことがなかったために、イデオロギー的に取り込まれてしまう脆弱性をもっていた。したがって、1850－60年代初期における国内の急進主義の退潮に対応せざるを得なかったのである。しかし、そうして取り込まれていった重要な要因の一つが広告収入を増やす必要性にあったことも事実である。この変化は、広告主を引き寄せる策略と

しての広告税廃止が実施された翌年に、この新聞が友好関係にある企業への投資欄を定期的に掲載するようになったことに象徴的に表れている。急進紙は資本家のそうした動きを、資本主義に労働者階級を同化させるための説得工作、つまり「やらせ」だと攻撃してきたのだが、それが今度は価値ある収入源として従来にも増して必要とされるようになったのである。レイノルズ・ニュース紙は日ごとに起きる主な出来事の大部分に関してラディカルな立場を長い間とり続けてきたのだが、その半面で、ターゲットの読者のもつ個人主義的かつ中産階級的な価値観を紙面化する割合を増加させていった。その結果、同紙は、1850年代には非常に辛辣に攻撃していた政治経済的な考え方の多くを、今度は逆に主張するようになっていった。たとえば、失業の解決策として「分別ある結婚」（つまり、性行為の抑制）や移民といった一時しのぎの人口抑制策を認めるまでになっていった。中流下位ならびに労働者階級を結びつける急進主義のかつての一般的な特徴であった、貴族型政治の「諸悪」、特権、権力層の腐敗、君主制、権力による任命役人、教会などを攻撃する単純なレベルにまで急進紙は戻ってしまったのだ。産業資本への攻撃は独占や相場師たちへの攻撃へとスケールダウンした。レイノルズ・ニュース紙は、生き残りのために中流階級と労働者階級の両読者の要望をいずれも満たそうとして、大衆新聞になってしまった。そして19世紀後半には新たな所有者の支配下で、リベラル派の新聞に変身してしまったのである。そのことで、レイノルズは同時代のラディカルな新聞からは商業的日和見主義だと非難された。しかし、業界全体が広告依存を基盤としたシステムへと転換していくなかで、レイノルズ・ニュース紙が生き残ろうとしたとき、ほかの選択肢は見つけ難い。なぜならば、ラディカルな『人民新聞』(People's Paper)と『ミッチェル新聞要覧（1857－8年度版）』に掲載した広告の中で、「労働者階級一般」だけでなく、「所得の高い職人や商店主の間」でも同紙が読まれていることを強調していたからである。しかし結局は、同一価格で売られていた競合紙の多くと比べて、発行部数ではるかに上回っていたにもかかわらず、同紙は廃刊に追い込まれたのであった（注24）。

新たな経済環境の中で生き残ることができた急進紙は広告主が望んだ読者層をとり込むために中産階級を市場とするか、小規模な労働者階級のゲットーを購読対象としながらその赤字分を寄付金によって穴埋めできるものだけであった。そうしたゲットーを相手にせず、増大する労働者階級の読者を引きつけようとした急進紙は不幸を自ら招き入れることになった。なぜなら、そうした新聞は実際の販売価格以上の生産費用がかかり、広告収集の拡大の支えがなければ、発行部数の増大そのものが損失の増大となったからである。

　急進派のイブニング・エコー紙もこの問題に直面した。同紙は、1901年に裕福な急進主義者によって事業を引き継がれ、翌年には新たな編集者のもとで、いっそうラディカルな立場をとるようになった。同紙は新たな経営体制のもと、「組織化された資本家の専制に対抗する労働党の利益」に深く関与する特別版なども発行した。1902－4年の期間に、その発行部数は60％という驚異的な伸びを見せたが、そのことが1905年の突然の廃刊をもたらすことになった。部数増加と広告量の伸長のペースを合わせることに失敗したため、発行継続が不可能となったのだ（Pethick-Lawrence 1943：65）。1919年に日刊紙として再創刊されたデイリー・ヘラルド紙にもほとんど同じ事態が発生した。他の競合紙と比べて相対的に少額であったとはいえ、同紙は販売促進のために1万ポンドを使った。この1920年代にデイリー・メール紙は無料プレゼントやそのほかのＢＴＬプロモーション（訳注：ダイレクトメールやセールス活動などによる販売促進）だけで100万ポンド以上を使い、それが功を奏して販売量が増大したことに比べればその額はじつに小さい。

　この点に関してジョージ・ランズベリーは次のように回想している。「発行部数増は破滅のもとだった。たくさん売れば売るほど、損失もどんどん増えていく状態であったからだ」（Lansbury 1925：160）。しかし、1920年に同紙の発行部数が伸び続けていくと、状況はだんだんと絶望的になっていった。この一因は、政府の主要メンバーが同紙を、「赤（左翼）の資金」を財源としていると批判、攻撃したことが、思いがけない宣伝効果をもたらしたことにあった。「新聞が売れれば売れるほど赤字が出るのに……」とランズベリ

ーは嘆息し、「政府からの攻撃は逆にますます販売部数をふやしたのだが、それが私たちを破滅へと追い込もうとしていた」(Lansbury 1925：161)。ホイスト（訳注：トランプゲームの一種でブリッジの前身）競技会、舞踏会、富くじ販売などから得られる収益では、ますます膨らむ損失の相殺には不十分であった。小規模競合紙の倍額の販売価格をつけるという捨て身の工夫も広告の不足分を埋めることはできなかった。鉱山労働者や鉄道労働者からの資金は同紙の廃刊を救ったが、同紙の将来についての最終的かつ唯一の保証は1922年、イギリス労働組合連合会議（the Trades Union Congress）による同紙の買い取り以外にはなかったのである。左派陣営が自由に運営することができ、サンディカリストの理念を表明する重要な場である同紙は、労働運動の穏健派指導者の公的な代弁者となった。こうして、同紙は広告収入の不足が原因となって新たな形の統制に従属することを余儀なくされたのである。

　以上のことをまとめると、広告主の要求に合わせることに失敗した全国的急進紙に起きたことは、次の四つのうちのどれか一つになることがわかる（注25）。第一は廃刊、第二は、広告主の圧力に従って読者層を中産階級に上げていくこと、第三は、損失を穴埋めできる範囲に押さえながら少数の読者層に的をしぼること、第四は、これまでとは異なる代替的な資金支援組織を受け容れることである。この反対に、繁栄と部数拡大を達成した新聞は、広告主からの要求を満足させたものであった。すなわち、購読層を絞り込んで市場価値のある人びとに専門的でビジネスに役立つノウハウを提供する実用的な専門ジャーナル、「質の高い」購読者をもっている新聞、「中流階層」に読まれる新聞、社会階級を横断して読まれている新聞、などである。広告費の増大はそうした種類の新聞の創刊を促進した。広告は、新聞の諸費用に対する補助金となり、その発展を財政的に支え、利潤確保に貢献したのであった。新聞をはじめとする出版業界に広告が与えた影響は、1866年の577から96年の2,097という、ビクトリア期における雑誌数の驚異的な増加（その多くは、商売に関する実用的で専門的な「特定階級にターゲットをしぼった」出版物であった）や、広告税の廃止以前にはイギリスには存在しなかった日刊の地

域紙が1900年には196を数えるまでになったこと、さらには中流階級向けの中規模市場をねらったコミュニティ紙の急激な増加（1860年の総計868紙が96年には2,355紙へ）、そしてとりわけ中産階級を読者とした全国的大衆紙の発展などに見ることができよう（注26）。

印紙税廃止後の新聞：1855－1920年

　印紙税廃止後の新聞の発展は労働運動の分断化と断片化を進行させ、自由党およびトーリー党に取り込まれていく原因となった。19世紀前半、ほとんどの急進紙は一貫して議会政党を非難していた。それとは対照的に、新聞諸税の廃止後に創刊された新聞の大多数は政権与党の傘下に収まっていた。具体的には、1855－60年の間に創刊された新たな地方日刊紙のうちの10紙は自由党傘下となり、60－70年の間に創刊された同種の十八紙はトーリー党もしくは自由党に、そして次の十年間に創刊の同種の四十一紙も同じように二つの主要政党と結びついていた（『ミッチェル新聞要覧』1860－80）。こうした新聞は、以前は大衆的基盤を欠いていた議会の政治集団を大衆組織へと変容させるにあたり重要な役割を演じたのだ。ジョン・ヴィンセントが自由党についての研究で述べたように（Vincent 1972）、活発なコミュニケーションの回路をその党員に提供することで、議会内の諸政党そのものを活性化させるにあたり決定的な役割を演じたことを知っておくことが重要であろう。

　1880－1920年の間に著しい発展を遂げた新たな全国的大衆紙もまた、人びとを社会的に結合させる重要な牽引車となった。こうした新聞が伝えた価値観や社会観は初期の急進紙のものとはまったく異なっていた。従来的な急進紙が主張した、現実社会とは搾取のシステムであるという認識は、階級闘争を暗黙のうちに否定するという、社会についての新たな定義に取って代わられ、1926年のゼネスト時にもこの立場は断固として貫かれた（注27）。また、労働が富の源泉だという労働者観は繁栄の原動力は市場だという賞賛のことばに屈した。集団行動の重視は個人主義的な自己研鑽と社会的連帯の強

調へと変わった。実際に編集面でどの程度の変化が生じたのかをおそらく最もよく例示しているのは、労働党が主要な政治勢力となった際、新聞からほとんど支持が得られなかったという事実である。たとえば1922年の普通選挙で、実際の投票では同党は30％の票を獲得したにもかかわらず、日刊全国紙発行部数のわずか4％の支持しか得られなかったのである（注28）。

こうした新聞の再編は帝国主義の伸張を助けることにもつながった。大英帝国の席巻は、冒険物語として、さらにはいくつかの分野の新聞では、文明・キリスト教・繁栄といったものを広める福音伝道的任務として描かれた。以下に引用する、ウェストミンスター・ガゼット紙に掲載された1898年のスーダン探検記は、ビクトリア朝後期の社会風潮をよく伝えている。

　それらのイギリス人たちにはこれまで戦火の経験がなかった……彼らの何人かの顔には興奮を押さえ込もうとして奇妙な表情が浮かんでいた……今も、そしてこれまでも、殺害の喜びから生じる奇妙な輝きが兵士の瞳に浮かぶのを私は見逃さなかった。表面だけの文明化とは違い、テリア犬を使ったネズミの殺害とか、懸賞金を賭けた闘いを見たり、サケ釣りをしたりの楽しみ、ダルウィーシュ兵（訳注：スーダンの熱狂的なイスラム神秘主義的修道僧で、激しい踊りや祈禱で法悦状態に入るのが特徴）を手当たり次第に撃ったりするという、人間の本能に関係した不思議な衝動であった。ある晴れた日、私たちは何かを殺戮しようとしていた。そのことをどのように呼んでも構わないが、その経験は人生の楽しみの大きな要素であったのだ（Knightley 1975：41から引用）。

「ダルウィーシュ兵を手当たり次第に撃つこと」を褒め称える記事は、政治的な観点から見れば「左派」（すなわち自由党的）と考えられる全国紙によって示されたものであり、一年後に起きたボーア戦争に対する憎しみに満ちたヒステリックなキャンペーンに加わらなかった数少ない新聞の一つに掲載されたものであったのである（Spender 1927; Price 1972）。

資本主義と報道統制　183

近代的新聞：1920－75年

　紙幅の制約上、第一次大戦後の新聞について詳しく考察している余裕がない。以下は1920－75年の間に起きた重要な展開に関する素描である。
　イギリスにおける全国紙の産業構造は、1920年"まで"に、市場のさまざまな力学の相互作用によって決定づけられた。発行に要する費用はふつうではとても確保できないほど巨大なものになり、主な発行社の市場における地位は非常に安定したものとなった。そのため、1920年以後の五十年間に新たに創刊された全国紙はわずか二紙にすぎず、しかも両者の発行部数はわずかなものであった。そのうちの一紙が1925年創刊の共産党支持紙サンデー・ワーカーで、同紙は後にデイリー・ワーカー、さらにはモーニング・スターに名称変更された。そしてもう一紙は1961年創刊のサンデー・テレグラフであった。
　新聞所有の集中化がいっそう進行した。上位三つの社が押さえていた全国紙市場の割合は、1890年以前にはほんのわずかであったが、1976年までにその割合は、日刊全国紙の発行部数の72％、日曜発行全国紙の86％までになった（注29）。こうした集中化の底流にあるのは多くの相互に作用する要因であるが、最も重要だと考えられるのは大規模化と合併による経済的メリットである。
　広告受注額によって新聞発行の可否が決まるという事実上の免許制度は存続しており、1920－75年の間、販売収入からだけではどの新聞も利益を上げることができなかった（第二次大戦中ならびに直後の厳格な新聞印刷数の割り当て期間は除く）。しかしそうした状況のなかでも、広告主によるメディア利用戦略に重要な変化が起きて、イギリスの新聞の特質形成に影響を与えた（Curran 1976）。両大戦間期に、大量消費時代に入り、労働者階級向け出版物の価値が高まったのである。市場調査の発達によって、巨大な労働者向け市場の重要性が認識されるようになった。また、読者層調査の確立とメディア

評価基準の公式化が進展し、これまで左派勢力に対して不利な扱いをしがちであった広告発注の主観的要素が減少したのである。これらのあらゆる変化が、ささやかではあるが、労働者や左派向けの出版物に有利な形で広告費が再配分されることにつながった。1936年度の、中流階級向け新聞であるデイリー・メール紙の一部あたりの記事下広告掲載収入は、労働者向けのデイリー・ヘラルド紙の約二倍でしかなく、その差は以前よりも小さくなっていた（注30）。こうした広告の再配分は、デイリー・ミラー紙が庶民向けの大衆紙として1934－6年に復刊することにもつながった。同紙の政治的傾向はより進歩的となり、同時に、より娯楽中心の紙面作りともなった。1937年の同紙は、ニュースに関する全紙面のうちの10％をイギリス国内の政治・社会・経済問題に割り当てたが、この割り当ては十年前の半分であった（Royal Commission on the Press 1949：付録7、図4：250）。

　第二次大戦後、広告主のメディア利用戦略はいっそう進化し、労働者向け出版物に有利となった。とりわけ、製品のカテゴリーを基にした新たな分類法が発達し、新聞読者層がその手法で分析された結果、労働者階級の購買力の増大が強調されたのである。しかし、少なくとも大衆向けの全国紙に関するかぎり、テレビのインパクト、案内広告の増加（主として高級紙に利益をもたらした）、主要紙の非価格競争戦略の結果として起きた発行費用の急激な上昇などによって、こうした利点は相殺されてしまった。実際には広告による事実上の免許制度は修正され、ラディカルさを失った、大規模な発行部数をもつ新聞（保守系であれ、社会民主系であれ）が繁栄することを可能にする形に変わっていった。それでも広告主は、主に労働者階級の少数派から支持を得た新聞に対する支援には積極的ではなかった。このことは、1964年にデイリー・ヘラルド紙が最終的に廃刊を余儀なくされたときにはっきりと示されたことである。神話は容易に滅びることなどないのだ。その神話とは、デニス・ハミルトン卿（タイムズ紙会長）によるつぎの言葉にまさに表現されているような、右派のジャーナリストが繰り返し主張したテーゼである。「政治的理想を掲げているほとんどすべての新聞が直面する問題によって、

ヘラルド紙も悩まされたのである。その問題とは、読者が読みたいと思う記事を十分に提供できなかったことである」(Hamilton 1976)。しかし事実は、廃刊直前でも、デイリー・ヘラルド紙は470万人もの読者に読まれており、この数字はタイムズ、フィナンシャル・タイムズ、ガーディアンの三紙の合計の倍であった (National Readership Surveys 1963 − 4)。別の調査は、同紙が他のどんな大衆向け全国紙よりもその読者によって高く評価され、じっくりと読まれていることをも明らかにしている (Curran 1970)。「労働者尊重主義」(labourism) を一貫して唱え続けた唯一の新聞であるデイリー・ヘラルドは廃刊となったが、その理由は、同紙の読者数が広告主を惹きつけるに十分大きくもなく、豊かな市場でもなかったという点に尽きる。

　左派と右派とに意見が分裂した両大戦間期の二つの出来事である、1926年のゼネストと31年の普通選挙に対する各紙の反応は、新聞の経済的構造変化の影響をよく表している。日刊全国紙十一紙のなかでデイリー・ヘラルド一紙だけがゼネスト（デイリー・ミラー紙はこれを "Strike Evil"〈邪悪なスト〉と呼んだ）を支持した。1931年の普通選挙ではデイリー・ヘラルドと新たに創刊されたデイリー・ワーカーの二紙だけが労働党を支持した。その後の時代において中道左派の新聞がいっそう重要な存在になったのだが、そうした新聞は中道へと強く引っ張られていってしまった。

結　論

　国家による管理という新聞統制の伝統的システムは、政治意識の高い労働者の増加によって支えられたラディカルなジャーナリストからの強い反対によって、19世紀初期に崩壊した。印紙税は、その効力を回復するために、1836年に引き下げられた。しかしこのことは、ラディカルな新聞が伸張する趨勢を止めることはできず、それらの新聞はますます影響力を強め、社会の革新的勢力となった。

　19世紀中盤には、国家による統制システムは人間が直接執行するわけで

はない、経済権力を基盤にした新たなシステムに取って代わられた。法とは異なり、このシステムは避けることも無視することも不可能であった。新聞発行に要する費用の上昇は大衆紙の所有と経営を資本主義的企業家の手に次から次へと移行させた。その一方で、広告主の支援という実質的な免許制度は、初期のラディカルな新聞の吸収もしくは排除を推し進め、それが再興しないよう息の根を止めるのに効果的であった。1920年代以降に起こった市場の仕組みの変化は近代のプレスの在り方を支えたのだが、プレスは依然として、既存の権力を支持し続けている。その継続的な影響力がイギリス社会のきわめて高い安定性とその基盤としての保守性の維持に大きく貢献したのであった（注31）。

注

(1) 本稿の執筆について、ジョン・デニングトン（John Dennington）から受けた教示に感謝する。

(2) このことに関する先駆的研究は、Hunt (1850), Andrews (1859), Grant (1871 – 2), Fox Bourne (1887)である。また、このことが今日でも依然として通説であることは、1945年以降に出版された下記の著作などを見れば明らかである。Aspinall (1973), Siebert (1952), Altick (1957), Frank (1961), Woodward (1962), Roach (1965), Crawley (1965), Williams, R (1965), Webb (1969), Christie (1970), Asquith (1975).

(3) この伝説の良き理解者たちの研究としては、Aspinall (1949), Cranfield (1962), Wiles (1965), Christie (1970) がある。訳注：なおこの引用中にあるFourth Estateの意味については、第1章の（注7）を参照されたい。

(4) たとえば、Wiener（1969a：x）には次のように記されている。「1861年のそれら（新聞諸税）の廃止は正当にも、その効果という点において、1695年の新聞検閲撤廃や1843年の名誉毀損法緩和に匹敵する、ジャーナリズム史上の画期的な出来事とみなされている」。

(5) この章における急進紙の初期段階の発達についての記述は、特にThompson (1963), Wiener (1969a), Hollis (1970), Epstein (1976)らの研究に広く依存している。

(6) Royal Commission on the Press Report (1949：100-6 et passim) and Royal Commission on the Press Report (1962：19-20 et passim). 新聞に関するこうした見解によって、効率性の増大、職業規範の強化、実効性を欠いた独占禁止法の適用といった、限定的な対策が奨励されることになった（Report 1949, ch. 17 and report 1962：112-18.）。

(7) 実際に、党派を超えて存在する自律的な組織としての新聞社の登場に関する伝統的な見解は、自らの見解と矛盾する多くの証拠を無視している。たとえば1906年度の国会議員の中には、30人の新聞所有者が含まれていた（Thomas, 1958）。20世紀になっても編集・経営面で政治の党派的動きに関与し続けていたという新聞の本質的特徴は、膨大な数の伝記・日記・回顧録の中に描かれている。Spender（1927）、Wrench（1955）、Wilson（1970）、King（1972）などがその例である。そして、もしも新聞が第四の「財産」として捉えられるべき存在であるならば、多くの新聞は明らかに腐敗した例外的事例となる。その一例はビーヴァーブルックが政界進出の道具として買収したデイリー・エキスプレス紙である。

(8) 出版者やジャーナリストを苦しめ、また法的出費を彼らに強制する手段として専ら用いられた、「職務上の特権に基づく諸通達」がそれらの規定を補足した。1819年以降はそうした事件に対する裁判は12か月以内に起訴されなければならなくなり、その数は煽動的な名誉毀損の告発とともに一般的には減少していった。

(9) 1836年における主要印紙税未払い紙6紙の総発行部数は20万部と見積もられているが、一部あたり10名の読者がいたとすれば、読者の総数は200万人となる（Hollis 1970：124）。だが、1836年度の印紙税未払いの出版物の数から考えて、印紙税未払い紙の総読者数がさらに多いことは確実であろう。この点については、Wiener（1969b）を参照されたい。

(10) 急進紙の勃興は印紙税の支払いを逃れることによる低価格化によって促進されたが、それが興隆の基盤であったわけではない。このことは、同税の支払いを逃れる前と後の両方において急進紙が隆盛を極めていたという事実によって

裏付けられる。さらには、そうした急進紙は、同じく印紙税未払いの同価格の穏健紙を販売数で圧倒していたからである。規制当局は、穏健紙が急進紙との販売競争に勝利するであろうという根拠のない希望にすがり、1830年代半ばには穏健紙の印紙税未払いを黙認していた。

(11) Wiener（1969：18）とHollis（1970：12）はともに、ウィークリー・ポリス・ガゼット紙の部数を4万部と見積もっている。しかし、ある印紙税未払い紙に関して、同紙の発行予定日の2日前の木曜日に4万部を押収したとスプリング・ライスが下院で語っていることから、その数はもっと多いのかもしれない（Parl. Deb., vol. 3, 20 June 1836, col. 627）。なぜなら、おそらく木曜以降の2日間に更に印刷されていたであろうと推測されるからである。

(12) 19世紀前半における各新聞の一部あたり読者数に関して、50人から80人と見積もっているケースもある（Read 1961：202; Webb 1955：31）。

(13) 一部あたりの読者数20人の割合での見積り。

(14) Hollis（1970：95）の2万部から3万部という見積もっている。対してCole（1947：207）の4万部から5万部としているが、前者のほうがより信頼できる数字のように思われる。

(15) リードの5万部という見積もりは、ごく短い期間の最高部数に基づくものである（Read 1961：101）。ノーザン・スター紙の1839年の年間平均発行部数は、当時は最大部数紙と考えられていたタイムズ紙の3倍をわずかに下回っていた（House of Commons Accounts and Papers 1840）。

(16) 個々の急進紙が発行部数の新記録を樹立した一方で、急進紙全体では1836年の正味の発行部数を1855年以前にはおそらく達成できなかったと考えられる。また、急進紙の発行人たちは家庭向け雑誌ジャーナリズムの分野に食い込むことにも失敗した。

(17) 大衆紙の急進化という傾向が問題なく持続したわけではない。1840年代におけるノーザン・スター紙の衰退および2人の倫理観あふれるチャーチスト運動家の主導によって編集されたレイノルズ・ニュース紙の台頭は超過激な内容からの移行を示すものであった。しかし、結局ノーザン・スター紙は1850年代初期

に急速に部数を伸ばした、当時は頑迷な左派であったレイノルズ・ニュース紙に取って代わられた。

(18) 印紙税未払い紙の読者の所属階級構成の算定についてはHollis（1970）を、またノーザン・スター紙のそれについてはEpstein（1976）をそれぞれ参照のこと。卓越した読解能力を必ずしも持っていたわけではないが、この時代の都市居住労働者階級の三分の二は文字の読み書きができた。この点については、Webb（1950; 1955）、ならびに、より慎重な見積もりを行っているStone（1969）やSanderson（1972）を参照されたい。

(19) しかしながら、Coltham（1960）は、やり方を変えれば、ビーハイブ紙に対する労働組合からの資金提供がなされたかもしれないと示唆している。

(20) Holton（1974）によれば、1906年のピーク時にクラリオン紙の発行部数は7万で、レイバー・リーダー紙のそれは1911年まで4万から5万であったという。

(21) 印紙税から見積もるとこうした広告の大盤振る舞いは、時として、売上高が微々たる新聞にしばしば与えられた。印紙税ならびに広告税の申告に関する情報については、特に以下を参照されたい。The Select Committee of the House of Commons on Newspaper Stampsの付録、Parliamentary Papers, xvii (1851), House of Commons Accounts and Papers 1831 − 2 (xxiv); 1840 (xxix); and 1842 (xxvi)。

(22) 18世紀後期になっても主要各紙の利潤は広告に依存していた。この点については、Cranfield 1962, Haig 1968, Wiles 1965, Christie 1970, Asquith 1975を参照されたい。あらゆる大衆全国紙が広告に依存するようになったことは印紙税の廃止以降の新しい出来事であった。

(23) 広告メディアとしての、低所得者向けの出版物に与えられた低評価は、鍵付き広告（訳注：広告の反応を調査するための仕掛けがついた広告）からの反応を分析した際の反応の低さが根拠とされがちであった。しかしそれらは総合的な広告効果の測定としては不十分である。

(24) その部数は、リーダー、ジョン・ブル、ブリタニア、エンパイア、アトラス、イラストレイテッド・タイムズ、スペクテーターなどの各紙を上回っていた（Mitchell's Newspaper Press Directory 1857 − 8）。

(25) ビクトリア朝中期のイギリスの新聞販売網のかなりの部分のコントロールをW.H.スミスが戦略的に獲得したことに関しては言及されていない。市場におけるその力の大きさについてはChilston（1965）が指摘しており、また書籍の検閲において果たした役割についてはAltick（1957）とMumby and Norrie（1974）が示唆している。スミスの会社新聞に関してもスミスは同様の役割を果たしたかもしれない。これはさらに研究されるべき新聞・出版史の一側面であり、同社が保有する莫大な量の史的記録を考えれば直ちに調査することが可能なことである。

(26) これらの見積もりは、『Mitchell's Newspaper Press Directory』（新聞要覧）の各年度版に基づくものである。なお、地方紙の数は北アイルランドを除くもので、他の出版物のそれはイギリス全体のものである。

(27) ほとんどの全国紙は、1926年のゼネストを多数派と少数派の闘争として振り返った。この闘争は、基本的には炭鉱労働者とその雇用者との間のものであったが、組織化された労働者と炭鉱経営者の支援者（その中には保守党政府も含まれる）との間の争いへとエスカレートしていった。しかし上記のように報道されることで、この闘争の性格はすべての階級闘争的な要素を暗黙のうちに否定する内容に変えられていった。たとえば、1926年5月16日付のオブザーバー紙は次のように宣言している。「この国の労働運動家たちは現在…少数派であり、またいつもそうであろう。そして、彼らが真剣に多数派を打倒しようと試み、挑発を激しくすれば、多数派が確実に彼らを打ちのめすことになると、彼らは確信している。少数派対多数派というこのパラダイムには、闘争がなぜ生じるのかという問題に対する暗黙の説明が含まれている。つまり、闘争は過激な少数派の仕業であり、彼らの敗北は、炭鉱経営者ではなく多数派の勝利を意味するのであった」。またデイリー・メール紙は、「ゼネストの敗北は…ヨーロッパにおける共産主義者の専制政治を終結させるであろう」と記している（Daily Mail, 14 May 1926）。この勝利は、人民が潜在的な抑圧者に対して示した決意と公共サービス意識の勝利として喧伝された。「この危機において、人びとは限りない勇気と不屈の精神を示していた。何十万もの人民が積極的に、厳しい闘い

のなかで勝ち取ってきた自由を脅かす攻撃に対して、抵抗した」(Daily Mail, 14 May 1926) とも報じられた。同じく、多数派対悪意に満ちた少数派というレトリックは、1930年代の全国失業者連合会 (National Union of Unemployed Workers) や60年代のラディカルな抵抗運動の正当性をうばうために用いられた。60年代の同運動についてはHall (1973) の洞察力に富んだ分析を参照されたい。
(28) 発行部数はBelson (1959) から引用。
(29) The Audit Bureau of Circulation から引用。
(30) London Press Exchange Archives 所蔵の新聞広告統計1936年版より。同調査にはある種の案内広告のデータが省かれている。しかしデイリー・メール紙とデイリー・ヘラルド紙の比較にはさし支えはない。
(31) それとは反対の幻想があるにもかかわらず、豊富な経験的証拠は、イギリスの政治制度に対する高度の忠誠心と近現代イギリス社会の継続的な安定性を示している。この点については、たとえば下記を参照されたい。Almond and Verba (1963), Butler and Stokes (1969), Blumler et al. (1971), Rose (1970 and 1974).

(訳：野原仁)

第Ⅱ部　メディアの社会学

第4章　メディア研究とカルチュラルスタディーズにおける新たな見直し

　保守主義が優勢であった1980年代、メディア研究とカルチュラルスタディーズに新たな見直し（revisionism、修正主義）の動きが起きた。もともとはラディカル派の議論から派生したこの見直し論は、その創造的なエネルギーの多くをそれまでの自派の主張や前提を攻撃することに注いだ。こうして新たな見直し論は独り立ちできるようになると、マス・コミュニケーション研究における主流ラディカル派パラダイムの社会モデル、メディアの役割の概念化の仕方、基本枠組みや問題設定の説明などを否定するようになったのである。

　この新しい見直し論は自らを独創的で革新的、つまり伝統の足かせから自由になった解放運動であると主張した。だが、その主張は正しいとはいえない。この新思考はある意味、見直しというより復古主義で、新しい認識というよりもかつて受け入れられていた知恵への逆戻りだ。その一方で、「ラディカル」な伝統の継続といえる部分もあるが、それは新しいアイディアと同じくらい古いアイディアに多くを負っているという脈絡においてそのように言えるだけである。

　同じ時期に、コミュニケーション研究のリベラル多元論な伝統も時代の変化に合わせて変身した。この系譜に連なる研究者の一部は、ラディカルな批判からの攻撃に対応し、そのアプローチを修正した。じっさい、彼らは当時のラディカル派の趨勢とは逆方向に動いたのであった。

　要するに、メディア研究とカルチュラルスタディーズは、1980年代と1990年代初期に大きな変化を経験したのである。これを読み解くために、私はこの時期のこうした発展の主な研究を収録した「選集」を出版したことがある。

そこではイギリスのメディア研究を中心にしたが、大陸ヨーロッパ、スカンジナヴィア、アメリカの研究にも目配りした（注1）。

リベラル派とラディカル派への二極化：1975年頃

　このことを理解するために、1977年発行の『マスコミュニケーションと社会』と1982年発行の『文化・社会・メディア』という二つの選集（実際には双方とも主に1976年に執筆された）を出発点として取り上げておきたい。というのも、これら二つの書籍は、コミュニケーション研究の歴史的発展におけるラディカルな時期を結晶化したものだからである（Curran et al. 1977; Gurevitch et al. 1982）。両著は、メディアについてのリベラルで多元主義的な研究者とマルクス主義的研究者という、理念として典型的な背反する立場をめぐる論文を中心に構成されている。たとえば、次のようにである。

　　多元主義者は社会を競合する集団や利益の複合としてみる。それらのどれ一つとして常に支配的であることはない。メディア組織は社会システムの一部として捉えられ、また、国家、政党、組織的な圧力団体から高度の自律を享受しているとされる。メディアのコントロールは、そこで働く専門家に対してかなりの柔軟性を認める自律的経営幹部の手に握られているとされ、メディア機構とそのオーディエンスは基本的には対等な関係にあると考えられている。というのも、マクウェールの言葉によると、「その関係は一般的には自発的で、表面的には平等な条件下にある」からである（McQuail 1977 b）。オーディエンスは、彼らが事前に持っているニーズや嗜好に応じて、無限に多様な仕方でメディアを操作することができるとされた。オーディエンスが「適応したり、受け入れたり、あるいは拒絶すること」を可能にするような「多元的価値の社会」とハローラン（Halloran 1977）が呼んだものにアクセスできるからだというわけである。

マルクス主義者は資本主義社会を階級支配の一形態と捉える。メディアはあくまで、一定階級の支配の下において、様々な階級的見解がぶつかり合うイデオロギー闘争の場の一部である。究極的コントロールは徐々に、独占資本の手に集中していった。メディアで働く専門的職業人は、自律という幻想を享受しながら、支配的文化の規範を内面化し、それに適応するよう社会化される。メディアは全体として、支配階級の利益と一致する解釈枠組みを伝達し、メディアのオーディエンスは時にはこれらの枠組みを独自に解釈し、それに挑戦するとはいえ、メディアが提供する解釈を拒否して、対抗的解釈を可能にするような別の意味システムへの継続的アクセスをすることができないでいる（Curran and Gurevitch 1977：4-5）。

この選集に寄稿した研究者の多くは上述の二つの見解の違いを象徴する争点が明らかになることを望んでいた。それには教育上の意味もあった。というのは、この選集は英国のオープンユニヴァーシティーのコース用に出版されたもので、二つのうちのどちらの学問的立場に賛成するのか、あるいは、ほかに説得的な中間的立場が存在するのかについて、学生に考えさせる目的があったからである。しかし一方で、英国の学術的世界においては戦後のほとんどの時代、隅に押しやられていたマルクス主義の知的伝統を中心的な論点として提示する目的もあった。とりわけ、我われの多くが積極的な意味はないと考えてきたメディア研究のアメリカ支配への対抗基軸を打ち出したかった。つまり、広く「自明視」されたリベラルな多元的社会モデルの前提の中で繰り返し行われた結論の出ない「効果」研究の、とめどのない流れに反抗したかった。その代わりに、ヨーロッパの知的関心の多様性を反映した議論を生み出したいと考えたのである。

当時のこの分野の研究状況についてはすでに他のところで説明しており、ここでそれを繰り返す必要はないだろう（Curran et al, 1982; Hall 1986b）。議論の余地があるとはいえ、この時期の最も独創的研究はカルチュラルスタディーズであり、そこでは日常生活の文化がもつ決定力とその意味についてのさ

まざまな議論が盛んに行われた。しかし、ジャーナリズム研究に関する限り、最も顕著な研究上の出来事は、公共放送サービスは中立的な情報の提供元で、公的な事柄に関するバランスのとれたフォーラムであるという、リベラル的な考えに対するグラスゴー大学メディアグループによる一斉攻撃であった。彼らは、十分に裏づけられた一連の調査に基づいて、多くのテレビ報道が社会的に強い勢力の考えを反映していると主張した（Gkasgow University Media Group 1976, 1980, 1982, 1985）。この調査は放送事業者からの怒りに満ちた非難を呼び込んだが、一つの重要な例外（Harrison 1985）をのぞき、リベラル派の立場からの詳細かつ学問的な反論にさらされることはなかった（注2）。グラスゴーグループによる一斉非難に続いて、放送局の報道は支配的言説によって構築されていると主張する研究者からの激しい集中攻撃もあった（e.g. Hall, Connell and Curti 1976; Morley 1981; Connell 1980; Hartmann 1975）。これらの研究には、テレビ番組の内容にはあまり解釈の余地がなく、番組についての視聴者の理解は一般に、テクストに内在する意味によって決定されるという暗黙の前提があった。後にこの前提への疑問が出されることになる。

　この攻撃には一連の「モラルパニック」についての研究が続くことになった。これらの研究では、メディアは「アウトサイダー」について、誤解を招くかたちでステレオタイプ的に描くことで、より大きな社会問題から人びとの目を逸らさせ、社会的・政治的に支配的な規範を強化するのを助けているとの主張が数多くなされた。これを説明するために、彼らは政治的反抗（Halloran, Elliott and Murdock 1970; Hall 1973a）、若者ヤクザ（Cohen 1980）、薬物中毒者（Young 1974）、暴力スリ（Hall et al. 1978）、過激な労組活動家（Beharrell and Philo 1977）、サッカーのフーリガン（Whannel 1979）、「かっぱらい」（Golding and Middleton 1982）、同性愛者（Watney 1987）などといったもの（Cohen and Young 1981）が、いかにメディアで表現されているかを研究した。明示的であれ、暗示的であれ、これらの研究の多くには、後に批判を受ける2つの中心的前提が存在した。第一は、メディアが映し出す現実は支配的文化を反映しているということである。つまり、メディアは支配層の利益と一

致する出来事を現実として選択的に映しだすばかりか、誤った意識形成を促進するようなかたちで「捻じ曲げられた現実」を報道していると説明された。もう一つは、メディアは社会の見取り図を示し、人びとが社会を理解するための概念的カテゴリーと理解の枠組みを提供する点で影響力があるということであった。ホールが重要なエッセイで主張したように、メディアは「イデオロギー的効果」を持つというわけである (Hall 1977)。

登場してきたラディカル派の議論のなかで、分離派的かつ衒学的で独特の狭い研究を行っていた『スクリーン』という雑誌に関わっていた映画やテレビの分析家集団がそうしたメディアの「影響力」を強調するグループに加わった。彼らは、観客の「従属的」位置を生み出すとされた映画・テレビ番組上のテクスト戦略を詳細に分析して、多くの研究を発表した。こうした研究の中には、複数の映像を重ね合わせる技法や、切り返しショットを使った場面の構成・編成について、オーディエンスに感情移入させるための「編集上」の工夫であるとするものもある (Heath 1976 and 1977; cf. Heath and Skirrow 1977)。この研究の中核的主張は、メディアの専門的送り手たちは視覚と言葉によって、オーディエンスの反応を型にはめることができるというものである。

本章では説明を簡略化するため、リベラル派による議論への批判に共通している部分に焦点を当て、ラディカルな伝統内部での議論や対立にはほとんど言及しない。とはいえ、「批判的」研究者内部における仲間内論争の一つには触れておく必要があろう。その論争はそれ以後の出来事に直接的な関係を持っているからである。この論争の中心は、メディアが支配的集団との関係において従属的役割を持つ理由の説明の仕方についてであった。一つのアプローチは、レスター・マスコミュニケーション研究センターと「セントラル・ロンドン科学技術専門大学」（後に、ウェストミンスター大学と改称）の関係者たちによるもので、メディアのあり方に重要な影響を及ぼすものとして、経済の重要性、とくにメディアの所有、広告、市場構造と市場論理を強調した (Murdock and Golding 1977; Murdock 1982; Curran 1980 and 1986; Garnham 1990)。もうひとつはラディカルな文化主義者のアプローチで、バーミンガ

ム現代文化研究センターの研究者を中心としたものである。ここではイデオロギー的な支配によってメディアは従属的立場に置かれているのだと説明され、とくに、ジャーナリストが支配的文化が前提としていることを無意識に内面化していることや、ニュースソースとして社会的強者の立場にある集団や制度に依存していることを、メディアの従属性の要因として指摘した (Chibnall 1977; Hall et al. 1978; Connell 1980)。しかし、両者の違いが強調されることもあったが共通点も多い。双方とも、社会をネオ・マルクス主義モデルによってとらえていたし、双方ともが、強弱の違いはあったにせよ、経済的利害とイデオロギー的表現には関係があるとしていた。そして双方ともに、メディアを支配的集団に仕えるものとしてとらえていた。

権力とイデオロギー表現についての見直し論的モデル

ラディカル派の議論はその研究成果の多くが前提としていた階級闘争モデルが説得力を失うと同時に、支持を得られなくなっていった。ミシェル・フーコーの著作によってラディカルな伝統への関心はさらに低下していくことになる (Foucault 1978, 1980, 1982)。フーコーは、多様な権力関係がさまざま状況で働いていると主張した。フーコーによれば、そうした権力関係を、すべてを包括する二項対立的階級対立として説明したり、生産様式や社会構造に還元したりすることはできない。彼はたんたんと、次のような説明を簡単におこなっている。

　権力関係は社会的ネットワークのシステムの中に根づいている。しかしこれは、社会の隅から隅までを支配する権力の主要かつ基本原理が存在することを意味しない。そうではなく、社会のある行為が他の行為者に影響を与えるという、他の社会関係のいずれにも見られる現象、個々の不平等や目的の多様性、自分自身や他者に対して行使される権力の多様性とその程度、また様々な段階での部分的あるいは普遍的な社会制度あるいは多か

れ少なかれ自発的に形成された組織の多様性などとの関わりの違いによって、その人の権力についての定義は違ってくる（Foucault 1982：224）。

　フーコー主義者のアプローチは、ラディカルでありつつも、マルクス主義者とは異なるアプローチでメディア研究を構築しようとした研究者らによって利用された。彼らはメディアの役割について、依然として闘争の文脈で、考察しつつも、階級的権威よりも父権的権威の観点からとらえようとした。
　しかし、功績となるとフーコー主義者は功罪半ばする。権力についての複雑な理論化は、社会の「基礎理論」や社会を「大枠としてとらえるやり方（大きな物語）」（master narratives）をすべて拒絶するポストモダン的アプローチにつながっていった（注3）。この派が好んで使った言葉を借りれば、このポストモダニズムへの「ターン」（転換）は、カルチュラルスタディーズとメディア研究の脱中心化を促進した。いくつかの研究では、メディアの役割は、ある社会的文脈における読者とテクストの出会いの連続に還元され、その場合の社会は、分析的に分解され得る個別部分の集合とされていたり（たとえば、Bondebjerg 1989）、言説以外の権力が排除されたりしている（たとえば、Grodal 1989）。実のところ、これらはメディアを権力関係と分離して分析する典型的な手法、あるいは権力の多元的所有を前提とした社会モデルとしてメディアを位置づける、アメリカのリベラル派の議論とあまり違いがない。事実、多作で影響力のあるジョン・フィスク（Fiske 1987, 1989a, 1989b and 1989c）の作品には、アメリカのリベラル的な議論との接近がかなり明確である。彼が称揚する「記号論的民主主義」では、「巨大で、流動的なサブカルチャーや集団」を出身とする人たちが、自律的文化経済の内部で独自の意味を構築する。そしてフィスクは、多元的な消費者主権をその中心的テーマとして熱狂的に称揚した。
　リベラル多元論の議論の内部でも、暴力や投票行動へのメディアの影響に関する調査のような、従来型の典型的メディア分析とは違う研究法が出てきた。これが事態を一層複雑にした。リベラルな研究者たちはメディアのより

広い役割に関心を寄せていったのである。つまり、政治システムの機能と構造へのメディアの影響 (Seymour-Ure 1989; Blumler 1989a)、社会－文化的統合への影響 (Graber 1988; McLeod 1988)、社会的アイデンティティの形成 (Reimer and Rosengren 1989)、そしてより広くかつ決定的に重要なのは、メディアと社会変動の関係 (Rosengren 1981; Noelle-Neumann 1981; McQuail 1987) といった諸点への関心を増大させたのである。この傾向は、広い意味で「ラディカル」と呼び得るような、比較的少人数の人に対して行われた調査——最も有名なのはオーディエンスの受容調査であるが——の増加と時を同じくしておこなわれた。そのため、理論と実証、全体的アプローチと個別的アプローチ、マクロレベルとミクロレベルといった、かつてラディカル派とリベラル派の議論の違いを特徴づけていた乖離はしだいにあいまいになっていった。

　こうした動向の背景の一部には、全体として物事をとらえるマルクス主義の主張がラディカル派の内部から起きてきた強力な見直し運動からの攻撃を受けたということがあった。スチュアート・ホールは次のように述べている (Hall 1988b)。

　　……古典的マルクス主義は「経済的なもの」と「政治的なもの」の間に想定された対応関係を前提としていた。つまり、人びとの階級的利害と階級的立場から、その政治的態度、関心、動機を読み取ることができるというわけである。この「政治的なもの」と「経済的なもの」の対応関係こそ、現実的にも理論的にも解体してしまったものなのである (Hall, 1988b：25)。

　皮肉にも現在、原始的なマルクス主義的機能主義の代表的論者としてしばしば言及されるアルチュセールが、社会的実践の相対的自律性を強調したため、この見直しに重要な役割を果たしたことになる (Althusser 1971 and 1976)。多くのポスト・アルチュセール主義者は彼にならって、すべてを経済に還元してしまうものではないといった弱い形のものも含めて、経済的な決定性という観念を拒否したのである。この傾向を強めたのは、「ポスト・フォード

主義」の生産体制や社会的文化的生活の多様化に加えて、個人主義と主観性の優位という特徴をもつ不確実性と流動化の新しい時代に我われは住んでいるのであり、そこでは経済的要素が主たる座を明け渡してしまっているのだという主張であった (Baudrillard 1985; Gorz 1983; Lyotard 1984)。

　伝統的マルクス主義の公式への不満を表明したエイバークロンビー、ヒル、ターナー等の書籍も広く読まれ、影響を与えた (Abercrombie, Hill and Turner, 1984)。1970年代と1980年代初期のラディカルなメディア研究とカルチュラルスタディーズに強い影響を与えたキーコンセプトとしての「支配的イデオロギー」は一つの幻想から出発していると彼らは主張した。支配的イデオロギーを精査すれば、それらはほとんどの時代において一貫性のない、矛盾さえするテーマの寄せ集めであることが判明するし、従属階級に無批判に受容されるという意味での支配性をもっていることは稀であった。社会的安定はイデオロギー的支配よりも諦念と惰性によって最もよく説明されるとも主張された。彼らの議論は近代に関しては完全あるいは十分な資料的裏づけを欠いているが、その後の主要な経験的研究から強力に支持された (Marshall et al. 1989)。

　この攻撃はある意味予期されたもので、グラムシの影響を受けて再構成されたメディア・社会理論がすでに回答を与えていた (Gramsci 1971 and 1985)。この動きに従って、メディアの初期の機能主義的パラダイムが再考された。ここでは、支配的権力は単一の統一された集団としてよりもむしろ、異なる社会層の流動的でときには不安定な同盟として再概念化された。支配的イデオロギーは、支配的言説の「フィールド」、すなわちバラバラに解体する可能性も持った、様々なテーマの不安定な配列として再概念化された。メディアは権力構造内部の緊張、そしてときには権力構造への組織的抵抗が存在するという文脈において、対立する社会勢力の戦いの場として説明された。メディアをただ単に、社会秩序への同意確保の機能を果たすものと捉えるのではなく、複数の考えの闘争を実践する代理人として捉え、その闘争の結果は事前に予測できず、偶然に左右されるとされた。この再概念化の背後では、

遅ればせながらも、紛争が生み出す意見の相違や不一致が、メディアによる社会の表現に影響を及ぼすこともあり得ることが認識されたのである。

この再定式化は、すでに1970年代中盤には支持を得つつあったのだが、それはまだ調和のとれた形ではなく、部分的なものであった。たとえば、ホールらの共同研究『危機を管理する』では、ラディカルな機能主義論とグラムシ的見方の統合がしっくりいっておらず、そのことは、「統制支配文化」と「支配者側の諸イデオロギーが圧倒的なフィールド」という、二つのニュアンスの異なる概念が互換的に使用されていたことに反映されていた（Hall et al. 1978）。ホールはその後、イデオロギー的な闘争に光をあてたグラムシ的な分析に基盤を置くようになった（たとえば、Hall 1988a）。この再定式化は、多くの攻撃にさらされた批判的な伝統を革新する説得性の高い試みであった。

メディア機関についての見直し論者の説明

メディア機関についての「批判的」研究の進展を従来的立場からのやむを得ぬ撤退とみることもできる。ラディカル派の内部では、ラディカルな政治経済学がメディア制度を「説明する」支配的方法であり続けた。しかし、ジャーナリストが、事前選別、社会化、管理者による監督によって相当コントロールされているのだという前提についての疑問がバーミンガム学派の研究者からはっきりと出された。つまりバーミンガム学派の研究者らは、現実にはほとんどのメディアで、「ジャーナリストと報道プロデューサーは日常業務において『相対的自律性』を持っている」と主張したのである（Hall et al. 1978：57）。このため彼らは、メディア内部のコントロールよりもむしろ、外的コントロールのあり方に注目したのである。

ラディカル派の政治経済学は、メディアは複雑多様な形で、政治・経済制度から強く影響されていると主張し続けた。しかし以前にも増して、より広い文化的イデオロギー的影響に注目をし始めるようになった。そのため、ピーター・ゴールディングは、「たかり」的な福祉を要求する者に対するタブ

ロイド紙の攻撃を説明するにあたり、プレスの経済的な所有形態よりも、記者のイデオロギー的管理と個人的価値感の重要性を強調した（Golding and Middleton 1982）。同様に、もう一人のイギリスを代表するメディア政治経済学者であるマードックは1981年の人種暴動に関するメディア報道のパターンについて、利用できる情報源と、広く社会に流通していた保守的言説を分析して説明した。ここでも、報道の反動性の原因を説明するにあたり、資本家による所有の問題や経営管理上の圧力はほとんど問題とされなかった（Murdock 1984）。

　しかし、ラディカルな文化主義者の解釈が示した方向性は、確固たるものであったわけではない。ホールとその仲間は古典的なイギリス的解釈を推し進め、権力機構や集団は、ニュースを解釈する組織化された枠組みを提供する「主要（一次的）定義者」（primary definer）であり、また、ジャーナリストはこれらの枠組みを大衆的な慣用句に変換する「二次的定義者」（secondary definer）であると主張したのである。このような見方を支持する事例研究として、警察や裁判官などの情報源が法と治安問題の解釈を提供し、それをプレスが広く再生産するという、閉ざされた解釈の輪が存在していることを示した研究がある（Hall et al. 1978）。

　しかし、フィリップ・シュレジンガーは、ニュース過程の「主要定義者」モデルに対して強力な批判を行った（Schlesinger 1990）。彼はその議論はあまりにも単純であると批判したのだ。すなわち、「主要定義者」はニュースの解釈について同意せず、対立する解釈を推し進めることもある。また、「主要定義者」の信頼性は集団によって異なる。彼らの組織や権威は、より広い社会的文脈での変化に応じて変化する。そして、記者の見解を「二次的」とすることは、彼らの受動性を大きくとらえすぎるものである、などとシュレジンガーは指摘した。彼の議論の一般的主張のいくつかはその後の英米における事例研究によって具体的に証明された（Curran 1990b; Hallin 1989）。実際のところ、この批判は先に述べた見直し論の延長線上にあるもので、「社会内部の闘争」に注目するもう一つの見方によって、社会は「支配されている」

と単純化する見方が挑戦を受けたわけである。

　このように、メディアを闘争の場として新たに強調することは明らかに、議論のための開かれたフォーラムとしてのメディアというリベラルな古典的理解に近づく動きを示している。しかし、以下の二つの主要な論点によって、この二つの立場（ラディカル派とリベラル派）は区別されていた。すなわち、まずラディカル派の分析者は、各階級や集団の間には、メディアへのアクセスや、自分たちの社会観や利害を認識するための方法・手段の保有という点で不平等が存在すると主張した。興味深いことに、リベラル派のメディア研究者内部にも変化が見られた。トゥンスタールの先駆的で示唆に富む研究（Tunstall 1971）は組織的環境におけるジャーナリストの個人的自律性を強調したが、それに代わって、今度はメディア組織と権力中枢との間の相互関係がより強調されるようになったのである（e.g. Hess 1984; Sigal 1987; Ericson, Baranek and Chan 1987 and 1989; Schudson 1989）。実際に、リベラル派の流れに連なる研究者の中には、多くのメディアの内部における日常的仕事とニュースの価値観は権力者の利害に合うように歪められているという見解に近づく者も出てきた。

　メディアを所有する資本家は主に編集幹部の任命権を通じて、ニュース組織の規範と価値を形成することができ、より一般的には、市場は資本家の特権を拡大するように機能するという昔ながらの議論も、ラディカル派の見直し論とリベラルな研究を分けるものであった。ここでもまた、リベラルな研究に変化の兆候が見られた。それは、メディア企業幹部の交代が日々の報道に影響を与える過程を明らかにしたカナダのメディア研究に最もはっきりと示されている（Ericson, Baranek and Chan 1987）。

　こうして、メディアを「開かれた」フォーラムと見る古典的リベラルの見方は、メディアを国家のイデオロギー装置とする古典的マルクス主義の見解と同様に多くの非難を浴びることになった。二つの立場の中間的見解が現れ、リベラルな立場に立つ研究者もラディカルな立場に立つ研究者も互いに揺れ動いていた。しかし、これら二つの学派は、権力を概念化し定義する方法で

相変わらず異なっていたため、両者が完全に融合することはなかった。

オーディエンスの受容に関する見直し論者の評価

　しかしながら、意味の生産とオーディエンスの受容に関わる研究において、見直し論者はもっとも大きな影響を与えた。マス・コミュニケーション研究のラディカル派の議論はほとんど、意味を軽視した分析に基礎を置いていた。しかし、それを見直す新たな研究の流れが起きて、テクスト内部に不整合、矛盾、隙間、そして内部的対立さえもが存在することを強調したのである。ヘレン・ベール（Baehr 1980）編集の、女性とメディアに関する悲観的な「最先端」の論考集と、家父長的価値観に対する内側からの抵抗や矛盾を強調するモドゥレスキ（Modleski 1982）やクックとジョンソン（Cook & Johnston 1988）のような見直し論者によるテクストの楽観的・対抗的な解釈・読解とを比較すると、その変化がよくわかる（注4）。この見直し論者の見解は、テレビは比較的にオープンで曖昧な番組をしばしば生産するメディアであり、つまりテレビは「意味の生産を意味の生産者としての視聴者に委ねている"生産者的テクスト"」であるという主張に、もっとも極端な形で示された（Fiske 1989c）。

　第二の主要な変化は、オーディエンスを能動的な意味の生産者として再概念化したことである。これは広く神話化されたメディア研究の領域である。この主張については後に再度触れるので、ここではひとまず次のように記しておくことにする。オーディエンスはテクストの中に固定的に埋め込まれた意味に決まった形で応答するという、形式主義的分析に見られる前提は疑問視され、意味は、テクストと、オーディエンスの社会的・言説的位置との相互作用を通じて構築されるという考えが登場したということである。この点は、最も高名で影響力を持つ見直し派の批評家のひとり、デイヴィッド・モーレイの研究で十分に論じられた。彼はその重要な研究で、二つの「ネーションワイド」という番組における受け手の反応を調査した。モーレイは、所

属する集団の違いによって「ネーションワイド」への反応も異なり、この違いは、オーディエンスが置かれた言説的な環境と制度の違いを反映していることを示した。それはとりわけ、同じ階級内部でも異なる反応を生じさせるような、サブカルチャーの違いの重要性に光を当てた点でとりわけ鋭い分析であった（Morley 1980）。

　見直し論者によるオーディエンスの自律性の強調は、より慎重にメディアの影響についての評価をしなければならないという雰囲気をつくった。この方向転換の典型は、失敗した上に社会的批判も受けたメディアの「モラルパニック」を検証した事例研究である（Curran 1987）。同様に、汎欧州衛星テレビが広く一般のオーディエンスを獲得できなかったことが、言語的文化的差異に根ざすオーディエンスの自律性によって説明されることになったことにも表れている（Collins 1989）。

　最後に、メディアは限定的な効果のみを持っているという暗黙の結論に促されて、関心の焦点を移動させた研究者もいた。政治的美学が民衆の美学に道を譲ったのである。すなわち、研究の焦点がメディアの表現は政治的文化的な対立を深めるのか、あるいは遅らせるのかという問題から、何故マスメディアは大衆的人気があるのかという問題に移動した。これは、民衆がメディアに見出す楽しみの特質を探ろうとする、メディア内容の「読解」研究を活発にし（たとえば：Drotner 1989）、また、オーディエンスの楽しみの根源を明らかにしようと、オーディエンスのエスノグラフィックな研究を奨励したのである。

　　車輪の再発見？

　この見直し論はしばしば、間違った考えにとりつかれていた人びとが論破され啓発された知的進歩の例として肯定的に紹介された。たとえば、モーレイの評価では「皮下注射モデル」に支配された「効果研究の伝統全体」は、「利用と満足」研究的アプローチが能動的オーディエンスの概念を主張する

まで続いていた（Morley 1989：16-17）。彼によれば、「利用と満足」研究は進歩であった。「この見方が出てからはもはや、オーディエンスがみな同じような影響を受けるという、同質的マス・オーディエンスへのメッセージ『効果』について語ることができなくなった」というわけである。しかし、「利用と満足」研究による進歩は「極めて限られた範囲」でしかなかった。というのも、それはメディアへの反応の違いを究極的には、「個人の性格の違いや心理学」によって説明したからである。新しい見直し論だけが、より満足のいく、十分な説明をもたらすとモーレイは主張していた。

　しばしば繰り返されたこの主張は、驚くべきことに過去の研究を完全に無視した上で描かれた、コミュニケーション研究史の戯画である（注5）。モーレイは、実際には再発見の過程を進歩と解釈した。この神話化はまた、リベラル派の議論に基づくメディア研究と、ラディカル派の議論から生じた新しい修正主義（見直し論）の間の多様な交流を曖昧にしてしまうことにもなった。効果研究は、皮下注射モデルによって「支配された」ことは決してなかった。その反対に、1940年代以来の主要な論点は、オーディエンスの自律性と独立性を主張し、人びとは簡単にメディアによって影響されてしまうという、当時の考えを否定してきたのである。初期のメディア研究では異なる専門用語が使用され、「意味」に関しては単純な理解であったが、1980年代の「受容」研究で新たに主張されたのと同じような洞察はすでに数多く展開されていたのである。

　つまり、効果研究者たちは昔から、人びとがテクストに持ち込む先有傾向が、テクストの理解に影響を与え、様々な理解が生み出されると主張していたのである。今では忘れられてしまった研究をランダムに採り上げてみよう。ハストーフとキャントゥリルは、ダートマス校とプリンストン校の間で行われたアメリカンフットボールの試合のうち、特に荒れたゲームの映像を、二つの学生グループに見せた（Hastorf and Cantril 1954）。両校から集めた各グループに、それぞれのチームが犯したルール違反の数を記録させたのである。プリンストンの学生は、ダートマスチームはプリンストンよりも二倍のファ

ールを犯したと結論づけ、ダートマス校の学生集団の大多数は、双方の違反は同じであったと結論づけた。このことから、ハストーフとキャントリルは、「心的内部に分け入る」(transactional) 研究方法をとるようになった。彼らによれば、「異なる人びとが同じ物事について異なる態度をとると言うことは不正確であるか、あるいは誤解を招く。というのは、対象がラグビー試合であれ、大統領候補であれ、共産主義、あるいはほうれん草であれ、それらは異なる人びとにとっては『同じものではない』からである」。彼らの結論は、「見ることは信じることだ」という決まり文句は、「信じることは見ることだ」と変更されるべきである、というものであった。というのも、認知に先立つ態度が認知に影響を与えるからである。

この研究は、オーディエンスの反応の違いを「個人の性格の違いや心理学」に帰すという、モーレイが断定的に述べたようなものではなかった。むしろこの研究は、反応の違いを共有された気質の違いに帰しているのであり、こうした研究は当時において珍しいものであったわけでない。しかしこの研究はまた、オーディエンスの「意味」の獲得について、比較的単純に一次元的に説明している点に特徴があった。

しかしながら、効果研究者の中にはオーディエンスの相互作用について、はるかに複雑なモデルを開発した者もあった。そうしたモデルは、見直し論者が後に発見する「テクストと読者の出会いという、言説が相互に作用し合う過程」を先取りするものであった。ケンダルとウォルフの、白人アメリカ人男性の反人種主義漫画に対する反応の分析は、早い段階で行われた、さらに精緻な研究である (Kendall & Wolf 1949)。その漫画は、ミスター・ビゴット（偏屈者）という、魅力のない意地悪な中年男性を描いたもので、彼の不合理性さ（それは、彼の小さな頭から出てくる蜘蛛の巣模様によって強調される）と極端な見方を描くことによって、人種主義者の考え方を批判するものであった。この研究では、31％の者が、ミスター・ビゴットは人種的偏見を持っていること、あるいは、この漫画が人種主義を風刺したものであったことを認識することができなかった。また一般に、オーディエンスがその漫画を

理解する方法にはかなりの違いが存在することが示された。ある者は、様々な手段で感情移入を拒み、漫画の宣伝的意図に抵抗した。彼らは、ミスター・ビゴットを否定的に評価したが、それは彼が自分と同じような偏見を持っているからではなく、彼が知的にあるいは社会的に劣ると判断される人間であったからである。少数ではあるが、作者の意図とは反対に、漫画の中に彼らの偏見の妥当性を確認する者すらいた（注6）。

しかし、恐らくこの研究の最も啓発的な部分は、個々の被験者に対する長時間の面接調査に基づいて、漫画理解の個人差の理由を説明したことにあった。人種主義的信念を確固として持っていた被験者集団は、ミスター・ビゴットの人種主義と自分の考えを区別する必要性を感じず、その漫画が自分の考え方を批判しているということに気づかなかった。偏見を持った被験者の第二集団は、漫画の風刺的意図を瞬間的に理解し、罰を受けた気持ちになるが、ミスター・ビゴットをユダヤ人として捉えるなど、彼と自分を同一視しないことによって、漫画の反人種的意図を曖昧に理解することに成功した。彼らの複雑な反応を理解するための鍵は、彼らの人種主義的見解に関する罪悪感、不安、あるいは戸惑いの感覚である。偏見を持った第三の集団は若者集団であった。彼らは著者が意図した理解を覆すような解釈枠組みを用いた。この漫画を彼らの見解への批判として見るのでなく、それらを古い世代への風刺的攻撃と捉え、ミスター・ビゴットを、メッキのはがれた権威的人物（ある被験者は明確に自分の父に言及した）の弱さ、非力さ、不合理さを象徴するものとして捉えていた。この第三集団への面接調査から、父親世代に対して向けられた近代の批判的言説の内部において偏見の再評価を奨励する方向に、その漫画が「機能していること」が垣間見えたのであった。

約半世紀にわたるメディアの効果研究は、マスコミを通して伝えられる「意味」へのオーディエンスの反応は様々であることを主張し続けてきた。ラザースフェルド、ベレルソン、ゴウデットが1944年に早くも指摘したように、自分の考えを強化する情報を探し出し、自分の信念と対立する情報を避けるという人びとの傾向も、オーディエンスの相対的自律性を示す一側面

である。しかし、認知的に不協和なメッセージの防御的回避は、特定の情報に注意を向けなかったり選択を拒んだりという形で存続し続けるとはいえ、1950年代にテレビが急速に普及したことによって、自分の認知に不協和な情報を意図的に避ける態度は減少すると論じられていた（注7）。

　1940年代には、集団が支持する見解は、個人のメディア情報の評価に影響を与えることも示された（例：Hyman and Sheatsley 1947）。これは、「効果」研究で繰り返し見出された知見である。端的な事例として、アメリカの人気テレビシリーズ「オール・イン・ザ・ファミリー」（All in the Family）に関する一連の研究を挙げることができる。同シリーズは、リベラルな義理の息子マイクといつも議論をしている、偏屈で、女性蔑視で、政治的に反動的だが、「愛すべき」労働者階級の代弁者アーチー・バンカーを主役としたものであった。人種的に偏見を持ったカナダとアメリカの青年は、偏見の少ない若い視聴者に比べて、偏見を持ったアーチーが道理を述べ、最終的には議論に勝利していると考える傾向がはるかに強かった（Vidmar and Rokeach 1974; cf. Brigham and Giesbrecht 1976）。オランダでなされた同様の研究は、より複雑な構図を明らかにした。民族中心主義的か、権威主義的か、伝統主義的かといった、集団が持つ態度の違いによって、番組への反応にも違いが見られたのである（Wilhoit and de Bock 1976）。同シリーズの番組についての六～十歳の反応に基づいた別の研究では、オーディエンスの反応は選択的なもので、より広い社会的過程に埋め込まれていることが強調された。その結論は、「タイプの異なる子供たちは、社会化過程の違いから生じる信念、態度、価値感の違いを番組視聴に持ち込むため、その影響の受け方も明確に異なっている」というものであった（Meyer 1976）。

　「効果」研究の他の二つの分野にも、手短に言及すべきだろう。それらの二つともがラディカル派の「受容」研究においては未成熟である。まず、カッツとラザースフェルドの記念碑的調査から始まった仲間集団の影響力に関する研究がある（Katz and Lazarsfeld 1955）、（注8）。そこでは、マスコミのメッセージを遮断し、強化し、あるいは修正する際に仲間集団が果たす動態的

過程が強調された。もうひとつの重要な分野は、情報の選択的保持に関するものである。レヴィンとマーフィーは、親共産主義集団と反共産主義集団は、彼らが元から所有する信念と一致する情報を記憶し、自分たちの世界観に合わない情報を忘れる傾向があること、ならびに、この選択的な忘却性は時を重ねるに従って増加することを発見した（Levine and Murphy 1943）。情報の選択的保持についてのその後の研究は、選択的な記憶に影響を与える変数についての理解を本質的に改め、洗練させていった。

「効果」研究の伝統はこのように、テクストによって生産される多様な意味、オーディエンスの能動的で創造的な役割、社会的に埋め込まれた価値や信念の違いがオーディエンスの反応に影響を与える過程などを実証的に示すことによって、見直し論者の議論を先取りしている。要するに、新しい見直し論者の研究が印象的で革新的であるように見えるのは、雑誌『スクリーン』における映画、テレビ番組のテクスト分析からコミュニケーション研究史が始まるかのように記述し、それ以前の研究を忘却した近視眼的観点に立った場合だけである。

つまり、見直し論者を全体として見れば、そのアプローチが進歩と言えるのは、一つのレベルにおいてのみである。初期の社会心理学のレンズを通して「意味」をメッセージとして捉えるのではなく、記号論やイデオロギー研究によって示された、より洗練された方法に基づいてテクストの「意味」に関心を向けた点である。それは、オーディエンスの受容において言説が相互に影響し合う過程についての、従来よりもはるかに豊かで充実した研究であった。見直し論のアプローチに立った優れた研究の中にはオーディエンス研究をより十分な社会学的コンテクストに位置づけたものもあった。この進歩の多くはデイヴィッド・モーレイの先駆的な仕事と、それに続く研究に負っている。しかし、受容研究は計量的研究の軽視という点では、後退したともいえる。また、グループ討議による調査に依存し過ぎた結果、集団内あるいは個人の差異を十分に調査することに失敗した（注9）。「解読（ディコーディング）」という曖昧な概念に過度に依存したことも、研究の後退の一側面であ

る。というのも、効果研究の伝統では、ディコーディングの過程について、注意、理解、評価、保持などの用語によって、より有益な分析的区別がなされていたからである。

こうした観点から、見直し論者、オーディエンスのエスノグラフィー的研究、「利用と満足」アプローチの類似点を考えるのが適切であろう。見直し論者の間では、自分たちの調査の優位性を主張する前に、「利用と満足」研究の欠点を指摘するのが一般的になった。たとえばアングは、楽しみが刺激されるメカニズムにより多くの注意を払っているという理由によって、見直し論者のアプローチは古くからの利用と満足研究を改善したものであると主張している（Ang 1985）。彼女によれば、人びとの欲求についての本質主義的概念を避けているという点で、見直し論者のアプローチは研究の新しい地平を拓くものであるという。

この主張には納得できる部分もあるが、修正主義（見直し論）、エスノグラフィック的研究と、彼女が批判する初期の研究伝統には類似点があるのも事実である。このことは、いかにしてオランダ人がテレビドラマ「ダラス」を受容したのかを示した彼女の知的で啓蒙的な研究と、約40年前にヘルツォーグが行なったアメリカにおけるラジオ連続番組の視聴についての利用と満足研究とを比較することによって明らかになる（Herzog 1944）。双方の調査とも、メロドラマがオーディエンス自身の抱える問題を相対化し、それを我慢させたり、あるいは状況を楽しませてしまう過程に関心を向けた。また双方ともが、メロドラマが理想化されてはいるが、安易な感情移入を体験させていることを指摘した。半面、ヘルツォーグはメロドラマの内容にはほとんど関心を払わなかったが、欲求と満足を本質主義的に定義しようとはしなかった。実際、ヘルツォーグはメロドラマにおける女性の楽しみについて、ある点ではアングよりも、社会状況に立脚した観点からの説明をおこなったといえる。というのも調査にあたり、アングが手紙を分析したのに対し、ヘルツォーグは面接調査の資料に頼ったからである。このことによってヘルツォーグは、フェミニストの観点を一般化しなかったとはいえ、女性特有の社会

的立場という観点から、アングが「悲劇的な感情構造」と呼んだものを明らかにすることができたのである。

きわめて単純に言えば、利用と満足研究は必ずしも、見直し論には新しさがあると主張する人びとが説明するようなものではなかったのである。二つの学派には類似性を持つ研究がある。さらに、受容研究「全体」から引き出される推論が必ずしも新しい思考の地平を導き出しているわけでもない。新しいとされたこれらの研究は場合によっては、暖め直した古いリベラルな料理を、新しい料理として提示する結果になっていたのである。

メディアの影響についての見直し論者のモデル

オーディエンスの相対的自律性の経験的証明は、リベラルなメディア観の鍵であった。経験的調査の「知見」は、メディアを階級支配あるいはエリート支配の代理人とするモデルに反論するために利用され、重要な意味を持った。この反論は、権力が広く分有され、ひとりひとりの意見とその交換によって世論が形成されるような小集団の集積としての社会という概念に結びつけられるようになった（たとえば：Katz and Lazarsfeld 1955）。

これに幾分似た議論を、異なった枠組みで行う修正論的批評家もいた。彼らによれば、リベラル多元論はポストモダン的な多元主義に道を譲った。オーディエンスの選択性を実証した受容研究は、メディアを社会的秩序に関わる同意を作り上げるための主要手段とする見解に疑義を唱えるために利用された。この新たな修正主義（見直し論）は時折、動態的なアイデンティティと創造的なサブカルチャーを持った社会集団の流動的な複合として社会を見る見方と結びついた。そこでは、多様な方法で社会を理解する自律的な力は広く社会に分散していることが含意されていた。支配的言説は存在せず、多様な意見が併存する記号論的民主主義だというわけだ。しかしながら、この新多元論には誇張があり、とりわけそれが、メディアの影響に対するオーディエンスの抵抗力を高く見積もりすぎたという点で誇張だと言える。

第一に、メディアのテクストは完全でオープンであることは稀で、モーレイがいみじくも「構造化された多義性」と名づけた形態をとる（Morley 1980）。つまり、テクストにおける明示的象徴は、それらが拒絶されることは実際にあり得るとしても、多かれ少なかれ、オーディエンスの理解をそうしたいと思う一定の方向へと導くきっかけとなる。これについての単純な事例は、次のような集団討議での場面に見ることができる（Philo 1989）。つまり、被験者がテレビのある場面を指差してはっきりと「彼らは暴徒のようには見えない」と言うことによって、他の集団が示した解釈に挑戦したという場面である。そこで被験者は、自身の「読解」の妥当性を訴えるために、多くの人びとが理解出来る明示的なサインを「証拠」として利用したのである。第二は、オーディエンスがテレビの意味を解釈するにあたって利用できる言説のレパートリーには限りがあり、社会構造の中でのオーディエンスの位置が彼らに利用可能な言説の範囲に影響を与えているということがすでに実証されている。

　オーディエンスの自律性についてのこれら二つの制限、つまり、テクストにおける意味作用のメカニズムと、メディアについての対抗的「読解」を促進する考えや意味への社会的アクセスの差異は組み合わさって、一定の結果をもたらす。これは、1984－85年にかけてイギリスで行われた炭鉱労働者のストライキに関するテレビニュース報道について、オーディエンスがいかに受容したかを分析したフィロの研究が見事に描いている（Philo 1990）。この研究が示したのは、テレビのストライキ報道で繰り返されるテーマと、かなりの時間がたった後に、多くの人びとが理解し、信じ、記憶することの間には明確な一致が存在するということである。また、恐らくそれは、炭鉱労働者のストライキが長々と、きわめて派手に報道されたということに起因している。その結果、テレビのストライキ報道で提示されたイメージや説明の趣旨はオーディエンスが番組視聴時にもつ、それとは異なった言説よりもはるかに強かったということである。

　実際、この重要な研究が最も啓発的であるのは、それが、視聴者とテレビ

ニュースの間に起こる対話についての二重の洞察を提供している点である。この研究は一方で、テレビの示す意味に抵抗し、独自の解釈をする際に、オーディエンスが主体的に頼る様々な資源、つまり直接的に得られる知識（それらの口コミでの伝達がさらに重要である）、階級経験、政治文化、他のメディアの説明、ニュースメディアに対する懐疑的な気質、そして各人の内面的解釈過程に光を当てている。またその反面で、それは、人びとがテレビから受け取る情報に照らして自らの意見を調整する過程をも示している。とくに重要な点は、研究で調査対象となった人びとの中には、ストライキを行なっている全国炭鉱労働者組合（NUM）に強く同調するが、テレビニュースで繰り返されるNUM批判の論旨をいやいやながら受け入れるようになった人びとが含まれていたことである（Philo 1990）。

　この研究は効果研究の主流の変化と一致する。限定効果モデルは、一世代にわたりアメリカの経験的研究を支配したが、1970年代以降、リベラルな研究者から多くの批判を受けることになった。彼らはだんだんと、メディアは、場合によってはオーディエンスの信念、認知、意見にまでかなりの影響を及ぼしていると主張するようになった（McLeod and McDonald 1985; Iyengar and Kinder 1987; Kosicki and McLeod 1990）。そのように主張することによって、彼らは多元論の綱領の中心的教義を制限していたのである。それゆえ、奇妙な皮肉に聞こえるが、見直し論者の記号論的民主主義の賞賛者は、リベラルな多元主義者が捨て去った位置へと動いて行ったのである。彼らは、復興運動の一幕として、見直し論に加担したというよりも、信用されなくなった過去の英知へと後戻りしていったのである。

連続と断絶

　しかしながら、見直し論者の受容研究は単一ではない。そこには二つの明確に異なる傾向が存在する。ひとつはラディカルな伝統の継続であり、もうひとつは事実上越境的にリベラリズムへと向かう傾向である。

ラディカルな傾向は引き続き、文化的消費をより広い社会的闘争という文脈の中に位置づけていた。ジェニス・ラッドウェイによるアメリカのロマン小説ファンに関する有名な研究はこのアプローチの代表的なものである。彼女が主張したのは、彼女の調査対象者が現実に対する代償として、象徴的な男らしさの再構成を行っているということである。ロマン小説ファンは、がさつで、思いやりや感受性に乏しい男が女性の愛によって人間らしくなり、愛情細やかで情緒や思いやりに富んだ人間に変わっていくという、ありふれた筋に熱中していた（Radway 1987）。このような、文化消費における家父長的側面を指摘した彼女の研究と、それ以前の、バーミンガム学派の研究者による階級的観点からの調査の間にははっきりとした類似性がある。後者の代表的研究者はヘブディッジで、彼はイギリスの「テディーボーイズ（非行少年）」「モッズ（パンク少年たち）」「ロッカーズ」に対して思い入れを込めて叙述し（Hebdige 1979）、人種主義者の「スキンヘッド」についても洞察に富んだ説明を行った（Hebdige 1981）。ラッドウェイもヘブディッジも、調査対象者がいやいやながらも不平等的状況に従属しているという観点に立って、文化消費における楽しみを調査対象者の社会的経験に関係づけようとした。調査対象者のメディア消費における楽しみは、想像の世界で従属的状況から逃れようとする、抵抗の一形態であると解釈されたのである。
　受容研究として発達したもうひとつの流れは、社会概念において上記のものほどラディカルではなく、文化消費を別な意味づけをもつものとして位置づけた。このアプローチの最良の例はフォーナス、リンドバーグ、サーンヒードによる、スウェーデンにおけるアマチュアの十代ロックグループのエスノグラフィック的研究であった（Fornas, Lindberg and Sernhede 1988）（注10）。こうした研究は、基本的に次のことを前提としていた。すなわち、大衆文化は、人びとを支えると同時に閉じ込めていた伝統の壁が崩壊したポストモダン社会の文脈において、社会的アイデンティティの創造的探究のための素材を供給しているということである。この場合、ロック音楽は、独立した自己を模索する青年がアイデンティティを生産するための実験材料として捉えら

れた。その研究は、ラディカルな視点に立った調査ではなかなか見られないような、詳細できめ細かな観察を行ったことで特筆に値する。たとえばラッドウェイの労作でさえも、関心の対象はロマン小説ファンと家父長制への関係であり、調査対象者と実際の夫との関係ではなかった（Radway 1987）。これに対して、フォーナスらをはじめとした一連の研究はほとんど、文化消費とアイデンティティ形成の分析それ自体を目的としていた。それは、「反抗の儀式」に関心を寄せるカルチュラルスタディーズのラディカルな伝統よりも、社会化に関するリベラルな研究により近いものであった。

文化的価値についての見直し論者の評価

　見直し論の特筆すべき貢献としてさらに、大衆文化に関するエリート主義的悲観主義を拒絶したことを挙げることができよう。フランクフルト学派に代表されるエリート主義的悲観主義はラディカル派の議論における重要な要素であった。この変化を引き起こす鍵となる影響を与えたのはピエール・ブルデューである。彼はフランスにおける社会経済的な地位と、芸術や音楽的趣味のパターンとの間には、密接な対応関係が存在することを示した。文化的、美学的な判断は、完全で普遍的な妥当性を持つものでは全くなく、社会的な差異を定義し固定し正当化する方法に過ぎないのだと、彼は結論づけたのである（Bourdie 1986a and b）。この洞察を支持する文化史研究も現れた。そうした文化史研究は、自分たちの社会的なリーダーシップを維持しようとするエリートによって追求された排除の戦略に対応して（Dimaggio 1986）、あるいは、芸術家社会内部における物質的報酬や名声を巡る対立に対応して（Fyffe 1985）、時代の変遷とともに高級文化と低級文化（high and low culture）の間の境界線が移動することを暴いたのである。

　相対主義的傾向はさらに、「意味」はメディア消費の文脈の中で作り出されるのだという認識が増大することによって強化された。このことは論理的に、大衆文化においてはオーディエンスが価値を創造するのだという結論を

導いた。たとえば、ホブソンは、広く軽蔑されていたイギリスのメロドラマ「クロスロード」を視聴するオーディエンスは、そこで得た洞察と理解を通じて、その文化的価値を再構築するのだと主張した（Hobson 1982）。同様に、シュローダーは、シェークスピアの演劇とアメリカのテレビドラマ「ダイナスティ」が生み出すオーディエンスの経験には甲乙つけがたく、それゆえに両者は文化的妥当性において肩を並べていると論じたのであった（Schroder 1989）。アメリカの社会学者のマイケル・シャドソンは、こうした研究の根底に存在する中心的仮説を次のように簡潔に述べている。「芸術の価値とは、その芸術の物体そのものに内在する価値の中に存在するというよりも、その価値が受容される過程、あるいは受容の文脈の中で価値が創造される過程に存在するのである」（Schudson 1987：59）。この主張の背後には、いわゆる大衆文化とか高級文化（popular or high culture）について判断することは、そのオーディエンスやオーディエンスの文化的能力を判断することなのである、ということがある。しかし、文化的能力にはさまざまな形態があり、趣味についての伝統的階層秩序とは一致しない。そのため、ブランスドン（Brunsdon 1981）が主張するように、メロドラマはまさにゴダールの映画と同様に、オーディエンスの側に一定の文化的資質を要求するのである。こうした主張はだんだんと、大衆文化の価値を判断するにあたっての文芸的規範の放棄につながって行き、その代わりに、オーディエンスの快楽をベースにして多様な文化的価値を平準化する暗黙の価値基準システムがあるのだという主張に転換していった。この傾向がスカンジナビア諸国の見直し論的カルチュラルスタディーズの大きな特徴になっているというエリクソンの主張は妥当だろう（Ericson 1989）。

　しかしながら、ラディカルな見直し論者内部でのこの方向転換は実のところ、完全に新しい地平を開いたというわけではない。リベラル派の論者内部でも、見直し論者ほどに喧伝されなかったが、似たような反エリート主義的反応が存在していたのである。それは、詩人のＴ・Ｓ・エリオット（Eliot 1948）やドワイト・マックドナルド（Macdonald 1957）などの大衆文化批判に

対して向けられたものであった。これは当初、シルズ (Shils 1961) やガンズ (Gans 1974) のようなリベラルな社会学者による守勢的主張の形をとった。彼らによると、一般の人びとが日常的に消費するものとの関連から判断すると、マスメディアは文化的に高級なものを一般人にも利用可能にしたというのである。しかしながら、1970年代における「利用と満足」研究の復活によってメディアにおける人びとの楽しみの多様性と豊かさに注意が向けられた際に、より攻撃的な形をとって大衆文化が賞賛された。このことに刺激を受け、マクウェイル、ブルムラー、ブラウン (McQuail, Blumler and Brown 1972) などといった研究者が、「共通の分母」を持った番組の大衆消費は均一で、浅く、表面的であるとのエリート主義者の前提を攻撃するようになった。たとえば、彼らは重要な研究において、テレビのクイズショーを息抜きの娯楽と考える者もいる一方、これを教育的機会として経験する者もあり、こうした態度はとりわけ教育体験としての就学期間の短い者に見られたことを示したのである。

　ブルムラーのようなリベラルな著述家は後に、「利用と満足」研究の暗黙の大衆依存主義 (populism) から離れ、テレビの「質」「基準」に加えて、「オリジナルドラマ」のような価値ある番組を維持する必要性を強調する、きわめて伝統的な主張を行うようになった。彼はまた、放送政策は人文主義的で共同体主義的な関心を考慮にいれるべきだとも主張した。彼によれば、テレビは「人間的、社会的条件に関する経験の表現を深める」べきであり、「社会がそのすべての部分を統合し、再び結びつけ、深く内省する」のを助けるべきなのであるという (Blumler 1989b：87-88)。

　ラディカルな見直し論者の陣営の少なくとも一部において、文化相対主義から離れる動きも並行して見られた。たとえば、セイターらの研究では、大衆的美学への動きがはらむ危険が次のように論じられた (Seiter et al. 1989)。

　　世界中に輸出されているアメリカのテレビ番組が人気を博しているからといって、他のテレビ番組が受け入れられていたかもしれない（そして恐

らくは、よりよく受け入れられた）可能性を忘れるべきではない。オーディエンスがそうした番組を楽しんでいるという事実に関心を寄せることによって、我われはずっと、世界中のテレビ市場のハリウッド支配を承認し続けているという危険をおかしているのである（Seiter et al. 1989：5）。

この議論の根底にあるのは、オーディエンスが独自の解釈をすることがあるからといって、ハリウッド作品が、解放された感受性を活発に刺激するような番組の完全な代替物となるわけではないという認識である。「メロドラマを見て、女性視聴者は悪者の登場人物に感情移入するかもしれない。しかしメロドラマは、女性性というイデオロギーに根本的に挑戦するような人物を登場させないのである」（Seiter et al：1989：5）。

このような考え直しが同時に起こった原因のひとつには、人気があるものを無批判的に称揚することが、企業のメディアコントロールの拡大を意図せずに支援してしまうかもしれないという懸念があった。放送の規制緩和は、それがテレビのエリート主義者的コントロールを終わらせ、人びとが視聴したいと望む番組を生み出すのだと主張する右派によって擁護された（Adam Smith Institute 1984; Gallagher 1989)。メディア研究の分野全体で、部分的には新右翼が強く支持した政策から刺激を受けて政策的問題への関心が復活し、文化相対主義はこの傾向からの挑戦も受けることになった。これは単にイギリスのみに見られた地方的な現象であったかもしれない。しかし、イギリスの放送が、プレスと同様に市場における自由競争の中で設計し直されるかもしれないことになったため、自由競争が権力関係にいかなる影響を与えるのかという点に、新たに関心が向いたのである。その結果、支配的秩序の代理人としてイギリスのテレビを捉える初期のラディカルな説明を評価することによって、公共放送の価値を保とうとする単純な動きが出てきた（例：Hood 1980 and Curtis 1984)。たとえば、マックネアは、マイノリティー向けニュースとドキュメンタリー番組は、主流の番組よりも、より批判的な議論に開かれていると主張した（McNair 1988)。シュレジンガー、マードック、エリオ

ットは、ドラマは時事番組よりも、イデオロギー的な排他性が少ないと論じた（Schlesinger, Murdock and Elliott 1983）。地方公共団体における社会主義的政策についての事例研究によれば、公共放送は、より「閉鎖的」な大衆紙の組織よりも、左翼の議論に理解がある（Curran 1987 and 1990b）。こうした評価の変化に幾分似たものが、イギリスの福祉国家についての研究文献においても見られた。それは恐らく同じ理由によって説明できるかもしれない。福祉国家政策と公共放送はともに新右翼から攻撃されたために、リベラルな研究者とラディカルな研究者は、より多くの共通基盤を見出すようになったのである。

結　論

　本章では、意図的に1980年代に起こった変化に関心を集中させてきた。しかし、こうした変化の強調には二つの留保条件が必要である。第一は、メディア研究者、とりわけ歴史家や社会心理学者の中には、彼らを取りまく知的な動向に影響されず、以前と同じような研究を続けているものがいるということである。第二は、根底では思考の継続性が見られる、つまり、突然生じたかのように見える変化も進化の継続という面があるということである。たとえば、1980年代におけるオーディエンスの受容研究の興隆は、1970年代はじめのバルト（Barthes 1975）、エーコ（Eco 1972）、ホール（Hall 1973b）の理論的定式化にその多くを負っており、我々が見てきたように、1970年代以前の初期のオーディエンス研究と類似点を持っていた。

　にもかかわらず、1980年代は分水嶺となる時期である。この時期には、ラディカル派の内部で、マルクス主義の包括的な説明枠組みからの離反が顕著になった。また、メディアのオーディエンスを能動的で創造的なものとして再概念化した。大衆メディアの解釈の余地を強調する一連の研究があり、さらに、娯楽としてメディアを捉える見方が新たに打ち出された。こうした見直し論者の動きの多くは、ラディカル派内部における議論から触発されたも

のであったため、それがリベラルな立場にどの程度接近したのかという点がややあいまいであった。しかし、1980年代に潮目の変化が起こり、それは、良きにつけ悪しきにつけ、メディア研究とカルチュラルスタディーズの発展を再構築したのである。

　　エピローグ

　この約十年間というもの、筆者は定期的に、友人でもあるデイヴィッド・モーレイが、いつも礼儀をわけまえたやり方ではあるが、新著を出すたびにおこなう筆者への批判を読んできた。モーレイは、だいたい同じような論旨での議論を展開し、ときには同一表現での批判をすることもあった（Morley 1992a and b, 1993, 1996, 1997 and 1999）。彼はそうした批判の繰り返しによって、はっきりと異端の残滓の一掃をしようと願っている。その彼に、モーレスとアングという二人の元気のよい仲間が加わった（Moores 1993 and Ang 1996）、（注11）。

　モーレイの見解によれば、本章は、中心的とはいえない研究を引き合いに出し、それに後知恵的解釈を加えて、オーディエンス研究の歴史について誤解を招く記述を行っているという。

　　カランの基本戦術は、オーディエンス研究の伝統の主流から無視された人びと、つまり「効果」研究における単純な皮下注射理論に反対し、あるいは、メディアの受容における社会的環境などの側面を強調していた研究者を引き合いに出すことによって彼の主張を支え、そうした論者の主張によって、社会環境などを強調する最近の研究は、新しいボトルに古いワインを注いだ以上のものではないと主張したのである（Morley 1992b：22）。

　モーレイの主張によれば、筆者の説明は、見直し論者の業績によってはじめて明らかになった、これまで「注目されず、無視されていた」研究の恣意

的な発見に依拠しているだけだというのである。

　だが、それは真実ではない。私が引き合いに出した1975年以前のオーディエンス研究のパイオニアの多くは、当時から重要と考えられ、その分野での初期の先行研究論文でも重要な価値を与えられていたのである（例：Klapper 1960; McQuail 1969; Wright 1975）。実際、本章についての学術的コメントのほとんどは、オーディエンス研究の根底には継続性があるとの結論を支持している（例：Rosengren 1993 and 1996; Kavoori and Gurevitch 1993; Silverstone 1994; Swanson 1996; Nowak 1997; Garnham 2000; Blackman and Walkerdine 2001）。たとえばニコラス・ガーンハムは次のように述べている。「オーディエンス研究における最近の展開は、革命的な夜明けというよりも、既存の問題意識と研究モデルへの見直し論者の回帰として読むほうが適切である」（Garnham 2000：120）。

　しかし、本章を改訂するにあたり、新旧のオーディエンス研究の差異を若干以前よりも強調した（注12）。モーレイの最近の研究は、オーディエンス研究の第一世代と第二世代の継続性を、十年前の著作（Morley 1989）に比べて強調している（Morley 1999）。恐らく我々の意見は近づいているということを記して、この議論をひとまずおあずけにしてよいだろう。

　実際、我々がより積極的に一致した点について、結論づけることが可能だ。モーレイが、魅力的な自伝的記述の中で、受容研究は「イギリス」におけるラディカルなメディア研究とカルチュラルスタディーズを根本的に変化させたと主張したのは正しい（Morley 1996）。しかし、これは、イギリスのラディカルな伝統の多くが、主にアメリカで（アメリカだけではないが）行われた、過去のリベラルなオーディエンス研究にほとんど関心を払わない議論やパラダイムに閉じ込められていたというだけの理由によるものである（注13）。

　これにたいへんよく似た、仲間の研究を排除するという過程が再び起こりつつある。今度ばかりは、流行から外れるのを恐れているのは主として見直し論者のようだ。1990年代に、見直し論者の研究関心の中心は、オーディエ

ンスからグローバリゼーションへと移動した。これは原理主義的左翼と呼ばれるものへの軽蔑を新たに引き起こし、楽観主義が広まる新しい基盤を提供した。また場合によっては、見直し論者の議論から外れる見解や証拠を無視することによって維持されたグローバリゼーションについての自己満足的な見方を結果としてもたらした。これについては第6章で論じよう（訳注：本翻訳書では第6章の論文が差し替えられ、内容もアップツーデートされているため、より正確には英語原著を参照していただきたい）。

しかし、見直し論者のこの最新の側面をたどってそれを全体的文脈の中に位置づける前に、メディア組織とその社会的位置を広角的見地から再び観察しなおすことが必要だろう。そうすれば、アメリカに基礎を置いた「コミュニケーション」研究の流れをさらに詳しく考察することができるであろう。

注

(1) この選集は、ミッシェル・ギュレヴィッチと共同編集したもので、本章の記述は彼との会話に多くを負っている（Curran and Gurevitch 1991）。
(2) フィロが、グラスゴー大学メディアグループを代表して、この批判に反論した（Philo 1987）。
(3) ヘブディッジは、ポストモダニスト学派はある点では、マルクス主義と自由主義双方に共通する知的遺産である目的論的希望と合理主義を拒絶するとの説得力ある主張を展開した（Hebdige 1988）。
(4) クックとジョンソンの賞賛に値するこの論文は、実際には1974年に、無名の映画祭の出版物の中で公表されており、広く利用可能となったのはそのはるか後のことであった。この論文は時代に先んじていたのである。
(5) 皮肉にも、モーレイ（Morley 1980）は9年後に、初期のオーディエンス研究史についてより複雑で、誤解の少ない説明を行っている。
(6) この最後の点は、クーパーとジョーダが行った同データについての分析によって、はじめて明確に指摘された（Cooper & Jahoda 1947）。
(7) これについての更なる議論については、タン（Tan 1985）を参照されたい。

(8) カッツとラザースフェルドの2段階の流れ仮説が複雑化していった過程についての有益で、簡略なレヴューについては、マクウェイルとウィンダール（McQuail and Windahl 1981）を参照されたい。

(9) モーレイはフィールドワークにおいて、比較的高度な集団的合意が見られたことにある程度疑いを持っていた（Morley 1980）。もし彼が個別面接調査を行っていたら、恐らく、集団内部でより大きな差異が生じていたことだろう。ニュースを理解する過程での、集団内の個人差の重要性を際立たせた調査の事例としては、グレーバー（Graber 1988）を参照されたい。

(10) 筆者（カラン）のコメントは、この研究についての長文の解説と英語で行われた議論に基づいている（Fornas 1989）。

(11) 筆者は1996年の論文において、一度だけモーレイの批判に応答した（Curran 1996）。アングには一度も反論していないが、それは人生があまりにも短いからである。テクストにおける意味作用のメカニズムに反抗し、その意味を脱線させ、テクストの意図を転覆させるようなオーディエンスの創造的な能力について、さらに証拠が必要であれば、アングの「活発なだけで統一性のない」（vivacious）エッセイがそれを与えてくれるだろう。

(12) 実際のところ、最も修正を必要としたのはオーディエンス研究についてではなく、メディアの政治経済学についての説明だった。それは部分的には、モスコからの有益な批判に対応するためであった（Mosco 1996）。

(13) 多くのラディカルな研究者は当時、リベラルなオーディエンス研究は方法論的にも概念的に多くの欠陥があるので、ほとんど役に立たないと主張していたことも、従来のイギリスのメディア研究の状況を説明している（たとえば：Hall 1982）。

（訳：伊藤高史）

第5章　メディア社会学の中心課題

　1970年代から1980年代にかけて、それまで主流であったアメリカ的「コミュニケーション」研究に批判的なラディカル派のメディア論がいよいよ本格的な展開を遂げた。それはヨーロッパのいくつかの地域において一時的にアメリカ型研究をしのぎ、新しい主流の研究法になったといってもいいほどであった。

　この新しいアプローチは次の三つの中心的議論から成立している。メディアは①市場による検閲、②国家による影響、③資本主義思想の三つによって管理されているというものである。メディアは社会秩序を維持するような題材選択と見方で世界を描写する。メディアはまた、強力な説得の手段となり、社会体制のために民衆の「合意」を積極的にとりつけ、体制維持をするための不可欠な存在となっているというわけだ。

　こうした議論は多くの場合、ひとつの命題へとパッケージ化されることなく、それぞれ別個に展開された。たとえば、故・ラルフ・ミリバンドは、メディアは社会秩序と一体化しているという主張を支持して大きな影響力をもった代表的学者である。彼の主張では、英国メディアの特徴を形成したのは、資本家による所有、公共放送の奥深くまでしみ込んだ「官公的な雰囲気」(official climate)、広告主による検閲、メディア産業従事者たちの画一的な価値観であるという。それらが合体して、メディアを「階級支配体制を護る武器」にしたというのである（Miliband 1973：203-13）。

　メディアが支配者的秩序を支持する立場から世界を描写・報道し、解釈しているとの主張は、これまでに数え切れないほどの出版物において詳細に述べられている。たとえば、フィリップ・エリオットはその非常に優れた、し

かし現在では忘れ去られてしまった著作の中で、メディアにおける重要な政治報道は「儀式的」な機能を持っていると主張した (Elliot 1980)。メディアはその「儀式」によって、社会制度や国家機関が人びとを反社会的行為者から守り、社会の心配ごとや不安感を人びとと共有しているとして描写する。そのことによって、メディアは日常的に、現在の国家の社会制度や組織の正当性を高めている。この儀式的正当化は悪意あるものだけが社会的脅威を作り出していると描くことによってさらに強固になる。エリオットはこのことをアイルランドのテロリストについての英国の新聞による報道を素材として論証した。

　このラディカル派の議論にしたがえば、要するに、メディアは権力の本質と力学を歪めて描くことによって人びとがそれらを正確に理解することを妨げていることになる。ピーター・ゴールディングは、「テレビニュースは、社会変革の動きを隠し、それが望ましくなく、不必要だとする世界観を描いている」という (Peter Golding 1981: 81)。また、メディアは経済について、市場原理を暗黙のうちに承認し、解決は支配的な政治集団によってのみなし得るという観点からその構造を理解させようとしているという主張もある (Glasgow University Media Group〔GUMG〕: 1980)。さらには、プレスは国内の政治過程や政府に焦点をあてることで、政治選択はグローバル資本主義によって決められていることを隠す傾向にあるともいわれる (Curran and Seaton 1981)。メディアは日常業務として、広い世界の中から抽出された、別個に独立した出来事としてニュースを報道する。ゴールディングとエリオットによれば、このやり方は、社会構造を所与のものであり、不可避で、時空を超えた必然的なもの、今あるままでいいという暗黙の理解を助長しているという (Golding and Elliott 1979)。メディアのつくるフィクション、それに類似した三面記事的人間ドラマもまた、「現実」というものは社会・経済的構造の産物というよりも、主として個々人によって作り上げられ、それらの問題の解決には社会構造の変化よりも個々人の道徳的な向上が必要であるという視点を強調している (Curran, Douglas and Whannel 1980)。ホールによれば、メデ

ィアは社会階級を「解体」して、社会は個々人の集合体であるとして描くことによって、社会対立は通常そこには存在しないものにされてしまうという（Hall 1977）。そこでの個々人は「公衆」とか「国民」という、相互に対立しあわない存在とされ、「公益」とか「国益」といった想像的な結節点を中心に統合される。レイモンド・ウィリアムズによれば、不平等はメディアによってその本質をはぐらかされ、楽しみの対象となり、人びとに受け入れられやすいものにされてしまうという（Williams 1970）。

　メディアはまた支配勢力をまとめ、その反対勢力を分断させることによって権力構造をサポートしているとも論じられる。メディアは反対勢力の行動のうち、その合理的で理性的な部分ではなくその破壊的抗議行動に焦点をあてることによって、過激派としての負の烙印を捺してしまう（Gitlin 1980）。ストライキはその原因よりもその結果だけに焦点をあてる選択的報道の結果として、非合理的で有害なものであるとして描かれる（GUMG 1976）。メディアはある程度の議論を許容するが、それは社会秩序に挑戦的にならないという線引きをはみ出さないという条件の下でのみなされる（Downing 1980）。

　問題点をこうして曖昧にしてしまう資本主義的メディアの役割は、ラディカル機能論が高まってきたとき、階級やエリートのヘゲモニーを維持するためという観点から論じられてきた。しかし女権拡張派（フェミニズム）の機能主義的アプローチも台頭し、メディアが男性中心社会を支持しているという主張を展開した。タックマンによると（Gaye Tuchman 1987b）、メディアは性的対象、家庭内の消費者として、女性を象徴的に抹殺することで、また、心を健康や家庭に向けるよう女性を教育することによって、男性支配を維持している（比較参照：Sharpe 1976）。また別のラディカル派の機能主義論では、社会階級、ジェンダー、エスニシティはメディアが支える同じ管理構造の異なる側面にすぎないと主張される（Parenti 1993; Downing 1980）。これらの議論が異なったことを対象としていたとしても、それらすべてが、メディアは支配者による表現の場であり、支配を補強する主要な手段であるという論点では一致している。

ラディカル機能主義論の三つ目の柱は、メディアは強力であるという確信である。こうした論者によれば、アメリカにおけるコミュニケーション研究は、その方法論的個人主義と行動主義的指向のせいで、致命的な欠陥があることになる（Hall 1982）。メディアの力は個別に断続的な効果として表れるのではなく、物事の考え方（イデオロギー）への影響力という観点から最もよく理解されるものである。メディアは単に我われが世界で何が起こっているのかを知るのを助けるだけではなく、それらの出来事を理解するのを助けている。メディアは「現実の範囲を決め、問題となる出来事や関係を説明する文脈を与える地図や規則を与えること」によって、我われの理解を構造化している（Hall 1977：341）。実際、その強力な主張の一つは、メディアが中継する支配的な思想や表現のシステムは人びとがその現実の生存条件に対する想像的関係を普通のこととして「生きる」ための手段を提供していると主張する（Althusser 1984）。この視点に立てば、「なぜメディアが強い影響力を持つか」を説明する重要な理由は、家族や教育制度、教会といった、人びとを社会化する機関がメディアのプロパガンダを支えているような、支配と被支配の関係からなる社会にメディアも組み込まれているから、ということになる。

　このラディカル派の伝統は基本的にはヨーロッパに定着し、1980年代にその高揚期を迎えた。同時に、この考え方は他の場所でも一定の支持を得て、実際にはヨーロッパ以外で、より自信をもって根付く傾向にあった。アメリカで最もよく知られた唱道者は、エドワード・ハーマンとノーム・チョムスキーであり、メディアの主要な機能は社会秩序への「合意を製造」することであるというもので、多くの著作で引用されている（Herman and Chomsky 1988: 2）。このことは、メディアの外部でメディア産業内部の勢力とからみあって、メディアをプロパガンダ的役割に従事させることから生じることである。彼らはメディアにおいて反体制派の表出を最小化し、メディアの「プロパガンダ機能」だと考えられるものを維持するフィルターとして機能する5つの主要メカニズムを特定している（Herman and Chomsky 1988: 306）。それ

らの役割は、意見を異にする側の存在をフィルターにかけることで影響力を最小限にとどめ、メディアのプロパガンダ機能を正当化しようとすることである。それらは本質的には、メディア所有の形態、広告、影響力の強い情報源、脅迫、それに「反共産主義」思想の五つである。

　ハーマンとチョムスキーの議論は外交問題に関する報道の緻密な分析によって検証された。二人によれば、1980年代の南米の総選挙に関するアメリカのメディア報道は、それがアメリカの敵となる国家の場合には国民操作の一環という冷めた視点からの報道となり、味方の場合には選挙は民主制の真の実践であるといった視点からなされた。同様に、ポーランド人のポピエルスコ（Popieluszko）枢機卿がポーランドで殺害されたとき、その暗殺の責任は究極的には共産主義体制にあると報道したケースが目立った。しかし、アメリカの「顧客」的国家において反体制派の宗教活動家が殺されてもアメリカのメディアはほとんど注目してこなかった。そして事件の責任所在がどこにあるかについても不明瞭なままにされたのである。彼らはアメリカのメディアについて次のように結論づけている。

　　アメリカのメディアは、地域社会と国家を支配している特権階級の持つ経済・社会・政治的課題をくり返し説き、弁護している。メディアはさまざまな方法でその目的遂行に奉仕している。たとえば、話題の選択、関心事項の周知、論点作り、情報の取捨選択、強調点とトーン、議論を許容範囲内に保つこと、といったことである（Herman and Chomsky 1988: 298）。

　メディアは民衆の公的事柄についての理解を構造化することによって、表面的には自由で自立しているかのように装っている民衆の認識やものの見方に影響を与えるのだが、事実、ハーマンとチョムスキーの意見ではメディアが民衆の思考を統制する力は強くなりつつあり、引き続き次のように述べている。

総体的にみて、アメリカのマスメディアは、効果的で強い影響力のある思想形成機関であり、体制支持のプロパガンダ機能を市場での力、内面化された思い込み、自己検閲といった方法で、しかもそれらを直接的に強制することなくおこなっている。このプロパガンダ機能はテレビの全国ネットワークの台頭、メディア企業の集中、公共ラジオとテレビへの右派からの圧力、そしてPR活動と報道管理の範囲拡大と巧妙化により、ここ数十年のうちにいっそう効果的になった。

　この解釈は単にアメリカのマスメディアの説明や、冷戦期などの特定の時期におけるアメリカ社会におけるメディアの役割についてのものではなく、いわゆる「自由世界」全体のメディアについて多かれ少なかれあてはまる、より意欲的かつ一般的「モデル」として提示された。著者たちはここでリベラルな民主社会における主流メディアの分析と説明の一般枠組みを提供しようとしたのであろう。批評家から批判されると、著者たちは、その結論が湾岸戦争やアフガン戦争、さらには9.11事件以降の政治にも適用できることを指摘した（Chomsky 1997, 2002, 2003, Herman 1999）。他の人びとがこの分析方法の対象をひろげ、その中で1990年代から2000年代初期における米軍とハリウッドの協力関係の始まりをこの方法で説明したものが有名だ（Burston 2003）。事実、ハーマンとチョムスキーのプロパガンダモデルは依然として妥当性を持っており、最初に提唱された1988年よりもさらにその妥当性を増しているではないかとハーマン自身が挑発的に述べている（Herman 1999：271）。

　ただ彼は、二つの点で元のモデルに「説明を加えたい」と言った。第1は、メディアの内外で対抗的勢力と、それが影響力を持つであろう状態についてさらに詳細に記述すべきであったということ。第2は、メディアの影響力は「不確実で多様」であることを「もっと明確に」述べるべきであったということである（Herman 1999: 270-1）。これらのコメントは実際には、元のモデルに重要な制限を課すものである。後に検証するように、この二つのコメント

はラディカル派のメディア研究の内部で、積み重ねられてきた再評価を反映している。

いくつかの支配理論の衰退

ラディカル派機能主義者のメディアに対する理解は一般的に社会を支配構造の観点に立って見る立場に基づいている。彼らはメディアが既存のヘゲモニーを反映し、それを強化するものだとしてとらえている。だが、こうした認識を研究の出発点とする先駆的なラディカル派の研究者は、メディアの効果の限界を示す受け手研究を無視できたのである。たとえば、ハーバート・マルクーゼは、メディアはアメリカ社会の支配に対する従順な性格を「創造した」というよりも、すでにあった支配の構造を補強した、としてこう主張する。「我われがメディアによる社会教育機能を過大評価しているという反論はこの点を見のがしている。そうした支配関係の存在という前提条件は、ラジオやテレビの大量生産や、それらのメディアの中央集権化から始まっているのではない。人びとはこの支配関係が支配するステージに古くから前もって条件づけられた、情報の受け手としてあがってくるのである」（Herbert Marcuse 1972: 21）。

この「前もって条件づけられた」だまされやすい人という大衆観は、ラディカル派の議論でも疑問視されるようになってきた。英国における主要な突破口はバーミンガム大学現代文化研究センター（Birmingham University's Centre for Contemporary Cultural Studies）によって開かれた。支配とそれによる画一化という枠組みで全部をとらえられるというやり方では、1970年代初期の英国における労働争議や若年層の離反を説明できるとは思われなかったのである。若きバーミンガムの研究者たち（当時はそのほとんどが修士課程の学生であった）は多様なサブカルチャーを探索した。その対象には、社会に受け入れられない「ルンペン」（浮浪・失業）労働者階級の生活スタイルや価値観を強調する「スキンヘッドの輩」から、彼らの親が望む社会的地位を拒絶し、黒人

文化を称える「ラスタ」とよばれる者たちにまで及んでいる（Cohen 1972; Clarke 1976; Willis 1977; Hebdige 1979）。若き研究者たちはこれらのサブカルチャーを反体制分子（不満分子）の周辺化された形として描いたのである。これらのサブカルチャーは、社会的不平等の経験に対する、きわめて複雑で、かつ時には矛盾する反応であることが明らかにされた。しかし、こうした人たちが担うサブカルチャーは、一般的にほとんど社会改革のための「政治的」政策を実行したり支持しなかったにもかかわらず、バーミンガムの研究者たちからは、若者世代が「場所を得て」、支配文化に対する「反抗的文化の定義」を実践する「反抗の儀式」を内在化させたものであるとしてもてはやされた（Hall and Jefferson 1976; Clarke et al. 1976）。後になってそれらの研究は、若い男性のみに目を向け、女性を除外している（McRobbie 1981）、異議を唱える文化に意図的に注目しすぎている（Clarke 1990）、具体的行動の伴わない、イデオロギー的に支配された社会的抗議にすぎないものを情緒的に評価しすぎている（Gitlin 1991; Skeggs 1992）といった批判にさらされた。

たしかに、そうした限界があるにもかかわらず、これらの研究は社会が象徴的という理解だけでは不十分であることを、きわめて効果的に示した。調査対象となった若者の考え方や想像力は支配的文化によってロボットのように管理されたものではないことは明確であった。

同様の再評価が女権拡張派内部の議論においてもなされた。女性は資本主義・男性主体社会のメディアやその他の社会機構をとおして従属的立場にあることを受け入れてしまうように社会化されているという理解はいくつかの論点から挑戦を受けた。そこでは、女性は男性主体の管理構造のなかで抑圧され否定されてきた、ジェンダーに基づく生まれながらの性質を持っているわけではないと主張されてきた。これに対して見直し論者が強調したのは、女性は男性とは異なった人格とアイデンティティを持ち、それらの違いは女性がその一端を担っている複雑な社会構築の過程の結果であるということであった（McRobbie 1994; Zoonen 1991 and 1994）。言い換えれば、女性は男性による全面的な管理下にあるのではなく、自己決定を行っている面があるという

ことである。この再評価では、資本主義と男性中心主義は支配体制の二つの側面であるというそれまでのラディカル派の議論がほぼ消えることになる (Women's Studies Group 1978)。その代わりに、組織的な女権拡張論と、より広範囲の社会・経済的な変革に対応した、不完全ではあるが漸進的な女性の進出が注目されるようになった。

メディアによって媒介される「支配的イデオロギー」という、かつてもてはやされた考え方もまたいくつかの理由できびしく批判されることになった (Abercrombie et al. 1984; Hall 1985)。まず、それは実際にはほとんど存在していない、一定程度の文化的支配の存在を示唆していると批判された。「支配的イデオロギー」というとらえ方は経済的還元主義に基づき、思想と社会的アイデンティティの相対的な自律性を無視しているとされた。とりわけ、そこに内在している考え方の対立を無視し、「支配」イデオロギーの一貫性を誇張しすぎているというわけだ。これらの警告のすべてが過度に単純化された考え方の制約を明らかにする、納得のいく批判だといえる。しかしこれらの批判はときには経済的権力の働きと、思考との間には「何らかの」つながりが存在するという考えを観念論的に否定するまでにふくれあがった。

こうして、支配理論が最終的に終焉し、新しい形での多元主義が復活することとなった。フーコー派とポストモダン派の分析が強調したことは、多様な権力の形態、経済・政治・文化の各領域の独自性、相互に対立し権力が分散した国家機関、統一性に欠けグローバル化した資本主義的なポストモダンの世界、「従属的」社会層の文化的な自己決定、そして相対主義と変革、流動性と柔軟性の時代における遊び心のある主観主義運動、といったことであった (McRobbie 1992; Ang and Hermes 1991; Fiske 1989b, 1989c; Lyotard 1984; Foucault 1980, 1982)。この再評価は権力の融合と集中を過度に単純化していた1970年代の「独占資本主義」理論の弱点を批判することからはじまった。しかし、このラディカルな単純さをラディカルでない複雑な議論に置きかえた、わけのわからない世界観を提示するに至ってしまった。この系譜の典型は、「支配する者がいないとき、何も支配されないから、そこには支配からの解放と

いう原則が存在できる基盤はない」といった、社会を批判的に読み解くことの困難さについてのポストモダニストたちの嘆きをもたらすことになる (Poster 1988: 6)。

葛藤の再発見

1980年代、イタリアのマルクス主義者アントニオ・グラムシの考え方 (Gramsci 1985, 1981 and 1971) を取り入れ発展させることで、ラディカル派メディア研究の自己批判をのり超えようとする試みがなされた。グラムシによれば、統制は強制ではなく、通常、同意をとおして成し遂げられる。その結果、メディアは、社会的同意を巧みに形成していくことによって社会体制の維持を図る上で中心的役割を果たすという。

しかし、このグラムシ派の分析では、産業化された社会では支配が完全で競争相手もいないという状態にあることはまれであるともいう。支配的権力を握る集団は通常それが有効に機能するように広い範囲における連合形式をとっている。権力集団内部の各構成要素はそれぞれ個別の利害関係や関心を持っているため、構成要素間で起きる権力集団内部の緊張が生まれやすくなる。くわえて、支配集団の連合はたえず、支配者の思想の範囲内で説明されなければならない新しいイベントや発展に直面しながら、さらには周辺に追いやられたり、間違った説明をされたり、主流に取り込まれたりする潜在的な反対派に対抗して、そのイデオロギー的ヘゲモニーを更新し続けなければならない。

そこには「分野」の相違からくる断絶も起こり得るであろう。主流派が政治・経済的な支配権を確立しながら、それに相応する文化・社会面でのヘゲモニーを確立できないということもあり得るのである。したがって、このアプローチでは現代社会の複雑さを理解する方法として二つのテーマ、すなわち、支配と不同意を利用することを追及した (Hall 1982 and 1985)。それはまた生産面での社会関係だけではなく、ジェンダーや人種といった多様な形態

の不利益に根ざすような広くて包括的な条件下での葛藤を想定できるようになり、それらが現状にたいする広範囲な反対運動の生起を可能にするのである（Simon 1982; Mouffe 1981）。とりわけ、この考え方では、社会は相対立する集団の絶え間ない闘争に応じて進展、変化する、しかもその集団間の力関係は時代によって異なり、連合相手も変化するということが強調された。

　この分析が示唆していることは、時代によって違いがあるというものの、メディアはしばしばエリートや階級支配の仲介者ではなく、その戦場であるということである。相対立する集団は、現在起こっている出来事を自分たちの思考法の範囲内において理解しようとし、自分たちなりの社会理解の枠組みをメディアに受け入れさせようとする。こうしたイデオロギー的闘争は、音楽や服装、そして小説などにまで及んでいる。なぜなら、それらは社会的アイデンティティの探求と表現、他者との距離感の取り方や関係作りに重要だからである。

　しかし、この一般的アプローチは一時的にラディカル派のメディア分析を支える、より柔軟で現代的な方法になったとしても、それは現実にはラディカル派のメディア研究の衰退を止めることはできなかった。問題の一つは議論がしばしばきわめて理論的な形式をとったことである。結果、このアプローチはあまりに多くの流派を生み出してしまい、多くの研究者が集う結節点にならなかった。かくして、旧来的マルキストの何人かはそのほんの一部の主張だけを取り入れたものへと矮小化し（Parenti 1993）、他の研究者たちの論も「女権拡張への入門」になったり（Holub 1992）、ラディカル派的ポストモダニズムに姿を変えたりした。その結果、グラムシ主義（Gramscianism）は何でもありの知的な白紙委任状のような存在になってしまった。

　もう一つの問題はこうした議論が、社会全体の理解や、政治活動との明白な関係をもたずに、多くの文化的葛藤の研究を生み出したことである。グラムシの著作はその根本において、労働者の連帯のために国家権力を獲得するためのロードマップを開発することを目的としている。だが、本来の分析における「政治的なもの」はだんだんと隅に追いやられ、変革をもたらす組織

的、かつ集団的行動にはほとんど注目せずに、象徴的なものによりいっそう目を向ける研究が好んで行われるようになった。

　とりわけ、闘争の強調は支配と統制をするための圧力、そしてそれを支える不平等な関係についての理解を覆い隠してしまった。また、グラムシ派の分析はこっそりとリベラル多元論によく似た立場を持ち込んだ。それは従来のラディカル機能主義にとってかわる新しいラディカルなパラダイムを確立することなく、反対意見に注意を向けさせ、それを強調することによってラディカル機能主義の評価を下げる方向に作用した。これは、グラムシ派の議論がいかに歪んだ仕方で展開され、知的ファッションが移り変わると忘れ去られてしまったという過程からもたらされた一つの結果にすぎない。だが、グラムシ派の議論がいまだにメディアを考察するときのアイディアの宝庫として有効であることも確かなのである（注1）。

相対立するニュース・ソース

　社会における葛藤や意見対立を新たに強調するやり方は報道過程の理解に新しい理解をもたらした。こうして研究者たちは、情報源の間の競合の結果として、メディアにももち込まれる相対立する影響を強調するようになったのである。

　ラディカル機能主義者の見解では、ニュースメディアはほとんどの場合、国家や企業、エリート階級を情報源としており、この情報の流れのパターンが報道の仕方を規定しているというわけだ。したがって、ステュアート・ホールはその新機能主義的議論の中で、ニュースの供給者は社会的に優勢なイデオロギーを維持する上でたいへん重要な役割を果たしていると主張することになる。ホールとその共同研究者らによれば、メディアはニュース源として「権力をもっているもの」に信用できる人物としての地位を与え、ある出来事やトピックについての「主要な」解釈者にしてしまうのである（Hall 1978; 比較参照：Hall 1986a）。とどのつまり、これは「〈議論の範囲を限定〉し、

出てくるすべての議論を想定範囲内に収める」(Hall et al. 1978：58) ということである。社会的に従属的な立場にある集団は、こうして作り上げられた枠組みに合わせることを強いられ、自らの意見を聞いてもらわねばならないのである。このようにして、強制の要素なくして、議論を支配する場はジャーナリストによって「自然発生的に」再生産される傾向にある。

　この分析は、初めは影響力があったが、次のような反論によってその正当性を疑われることになった。それは、主要な情報源は出来事の唯一の解釈をおこなう「権力集団」としての一つのブロックではなく、メディアへのアクセスや信頼度、そして追求するアジェンダ（社会的課題）にも違いがある、競合関係にある集団だというものである。たとえば、シュレジンジャーとタンバーはつぎのことを明らかにした（Schlesinger and Tumber 1994）。犯罪および刑事裁判については、野党とその圧力グループの主張がメディアに取りあげられる度合いは政府機関よりも少ない。が、とりわけ高級紙では、警察は不当な暴力行為や人種差別、裁判での誤審に責任があり、さらには刑務所の総合的な改革と処罰政策の大幅な見直しが必要であるという彼らの主張には、多くの紙面が割かれてきたというのである。この議論とは直接の関連はないが、大きな観点からは同一枠組みといえる主張がダニエル・ハリンによってなされた。ハリンによれば、軍と政府の間の緊張、政治家集団内部での意見の相違の増大がベトナム戦争の報道の仕方を変えていったという（Hallin 1989 and 1994; 比較参照：Williams 1993）。同様に、ラングらは、ウォーターゲート事件がメディアによって明らかにされ、ニクソン大統領が辞任に追い込まれた背景にある、こうした状況を生み出した主要因はアメリカの政治体制内部の対立とその結果として起きた情報源の多元化であると主張した（Lang and Lang 1983）。

　こうした著作から全般的に言えることは、情報源による主張の違いがメディアの多様性を形成するということだが、その半面、この議論の展開における強調点の置き方には微妙な違いがある。アメリカの研究では、非エリートの声がメディアに取りあげられないという文脈の中で、メディアに主要な影

響を与える情報源としてエリート層の相互関係を考える傾向がある（Sigal 1987; Lang and Lang 1983; Hess 1984; Nacos 1990; Hallin 1989, 1994; Protess et al. 1991）。しかし、いくつかの英国のケーススタディでは、たとえば、ひんぱんに政治ストをやるアルスターのプロテスタント労働者や人頭税に反対する非エリート層はある条件の下では、報道機関が優先的に取材する対象になることがあるという（Miller 1993; Deacon and Golding 1994; Davis 2000）。それらは報道機関内部における政治的葛藤に注目することで、さらに複雑な要素を研究につけ加えた。どの情報源がどのように使われたのかといったことは、各メディアの党派的編集方針によってしばしば影響されるというわけだ（Nacos 1990; Curran 1987）。

　しかし、そうした違いがあるにもかかわらず、この議論では一点だけ共通して強調されることがあった。「主要な」情報源は必ずしも「強者のヘゲモニー」を支持するものではないということである（Hall 1982 : 86）。なぜなら、「強者」の側は常に一つの考えのもとにあるわけではないし、その他大勢が常に阻害されているわけでもないからである（Davis 2003）。実際、長い間、国家、主要政党、大企業に奉仕するものとみなされていた広報（PR）技術の向上が状況を変えた。広報は現在では、新しい社会運動やボランティア組織に、メディアにたいし自分たちの関心を伝えるための専門的能力と資源を与え、しばしば驚くべき効果をあげるようになってきている（Davis 2002 : Manning 2001）。

民主制の記号論的解釈

　もしもこうした見直し論の一つが、情報源の競合によってメディアの多様性が生みだされたというものだとすれば、もう一つの主張はメディアの表現に多様な意味が埋め込まれているというものである。ラディカル派の機能主義者は記事には意図的なあいまい性があることを指摘し、見直し論者はあいまいさの実態を発見したといえる。1980年代と1990年代の見直し論で繰り

返し主張されたことがある。それは、メディアの内容にはしばしば、多様かつ対抗的解釈を可能にする矛盾点、混乱あるいは対立点があるということである。このあいまい性が起きる原因は記事上の意味はもともと、「固定、不動のもの」ではなく、「不安定」で「流動的」であり、さまざまな読み方が可能なものだということである。さらには、表現上の面白さを高めるためのドラマ的な構成や、多様な読者・視聴者を獲得するための大衆受けする技術などが用いられることによって、記事表現は閉鎖的になるよりも多彩な解釈に開かれているという面があるということである。

この点での総合的研究の有名な例はタニア・モドレスキーによるものである（Tania Modleski 1980）。そこでは、アメリカの昼メロ、ソープオペラは一般的に考えられているような、単純な方法で男性優位の社会構造を支持しているのではないという興味深い主張がなされている。彼女の主張によれば、従来からの女性の弱さとされていたものを強さに変えてしまう典型的な悪役は、女性視聴者の間では、既存の価値観にとって両義的あるいは破壊的な意味を持つ共感の対象になり得るのである。というのも、女性視聴者は、悪役らが自分の代わりに、従来の価値観を乗り越えて力を行使することに共感しているからである。その後多くの研究がその主張を追認し、メディアコンテンツの多義性を明らかにしてきた。たとえば、クレア・ジョンストンによれば、1930年代にその多くが制作されたドロシー・アズナー監督の古典的なハリウッド映画は、表面的には男性優位の社会構造を支持しているが「混乱と破壊、矛盾」という戦略を用いてそれを破壊する戦略を採用しているという（Claire Johnston 1998）。ジョンストンがいうには、「ダンス・ガール・ダンス」（Dance, Girl, Dance）という映画の女主人公がどのようにして、映画の中で、自己表現と職業的キャリアを熱望し、それを家父長的性格の男性のために放棄せざるを得なかったかを「ばかものめ、もう十分思い通りにやったでしょ」という台詞で表現している。しかし、彼女は最後のシーンで男の腕につかまれ、半分泣きながら、「いろんなことがこんなにも簡単にできたんだと思うと、笑わずにはいられないわ」と叫んだ。ジョンストンによれば、この女性

が皮肉にも敗北を受け入れた場面が含意していることは、ジェンダーによる男女の関係はこれとは違ったものであるべきだというように、女性の観客が心理的に共感できる一つの希望を示唆するものであるという。

　同じ映画を批評した別の批評家は、アズナーがジェンダー的秩序を奇妙かつコミカルに表現することで、それを不自然なものとしてひっくり返したと指摘している（Cook 1998）。おどけたダンサーの衣装が舞台に風を送る扇風機に引っ張り込まれた場面がそのよい例だとしている。その時、衣装を巻き込まれた女性ダンサーは舞台上の木の後ろに逃げ込む。衣装はちぎれて四方八方に飛び散る。すると、興奮した男性客からヤジや鋭い口笛などが巻きおこる。そこでカメラアングルが切り替わり、木の後ろに隠れた彼女が、皮肉なほほえみを浮かべながら、観客からは見えないところに積み上げられた布切れを放り投げているところが映し出される。抑圧されている女性が一時的に優位に立った瞬間を映しだしたのである。

　これらの研究が示唆しているのはメディアは多様な意味を持っており、多様な意味は継続的にオーディエンスの反応を促していくということである。「テキストを単一の意味の支配から救出する」というこれらの教えは、1990年代にはいっそう楽天的な研究によって継承された。男性優位社会はこっそりと変革されたのではなく、積極的な挑戦を受けたのだと主張されたのだ。たとえば、アンジェラ・マクロビーは、英国における新世代の婦人・少女向け雑誌はそれまでのものよりも、女性であるということは何なのかということについて、皮肉的で、多様で、最終的に伝統的考えから解放された理解を提供しているという（McRobbie 1996）。彼女によれば、これは市場競争による圧力、女権拡張派の影響、そして社会変化の結果なのである。

　同様に、ジュリー・ダッチは、アメリカの長寿番組「カグニーとレイシー」（Cagney and Lacey）がこうした変革を象徴するものだという（D'Acci 1994）。この番組には主役として二人の女性刑事が登場する。その二人は有能で権限をもち、他者への思いやりがあり、職場での差別的扱いに耐えるのを助けてくれるような、暖かく、頼れる友情関係を持っている。このドラマの初期の

ストーリーにみられたラディカルな女権拡張思想は主にネットワークからの圧力を受けてなりを潜めたが、その後もアメリカの女権拡張運動の考えとユーモア精神をよりどころとしていた。

　限定的進歩というこの見直し論的女権拡張運動の主張はメディアと人種に関連するリベラル派の著述にその反響が出た。従来、この種の文献では、メディアは民族的少数派を、いつも犯罪や紛争と結びつけることで、問題あるいは脅威として提示する傾向があるとしてきた。この否定的な印象はメディアによる事件の背景と構造を説明しない報道によって助長され、民族的少数派は本質的に犯罪にかかわる傾向があり、社会問題の原因となるという印象がそのまま続いている。しかし、メディアにおける扱いも最近では変化してきたといういくつかの報告がある。今日ではアフリカ系アメリカ人はメディアにこれまで以上に登場するようになり（Martindale 1986）、ドラマの中では社会的にも評価の高い立場にある役割を演じ（Jhally and Lewis 1992）、そして過去に比べて社会的に危険であるという描き方は少なくなった（Wilson and Gutierrez 1985）。英国メディアで少数民族に関する描写はアメリカにおけるそれよりも、昔からの傾向を引きずっているが（Van Dijk 1991; Troyna 1981; Hartmann and Husband 1974）、最近の研究では「1970年代および80年代に見られた〈人種〉問題の過剰な報道はこの数十年、抑制が効いたものになってきている」という結論となっている（Ferguson 1998：153）。

強力な視聴者

　メディアが視聴者を、社会的な従属者の立場にあることを受動的に受け入れさせるように社会化するという考え方は、能動的な視聴者（active audience）の再発見によって見直されることになった。デビッド・モーレイによる画期的な研究によれば、異なる階級や制度によって特有の生活体験から醸成される異なる信念体系や理解ができるため、ビデオ記録された二つの全国ネットのテレビ番組を違うグループに見せたところ、それぞれに異なる反応の仕方

をしたという (Morley 1980)。このことから、受容される意味はメディアが押しつけるのではなく、テキスト内容と視聴者の相互行為をとおして形成されるのだと主張された (Morley 1980：1992)。

彼の議論が発表されると、視聴者の力を高く評価する研究が陸続と発表された。たとえば、ブラウンとシュルツの研究では、アメリカの黒人と白人の大学生は歌手であるマドンナの二つのビデオに対してそれぞれに異なった受け取り方をしたという (Brown and Schultze 1990)。その理由は、両者がその視聴に際してそれぞれ異なった文化的意味と理解の枠組みを持ち込んだためである。コーナーらは、英国保守党と労働党の活動家、国際環境保護団体「地球の友」の運動家と原子力産業の従事者、失業者とロータリークラブの会員（地域のセレブより構成）たちは、原子力発電問題に対してそれぞれ異なった反応を示したことを明らかにした (Corner et al. 1990)。同様に、ジョン・フィスクの報告するところでは、マディソンの先住アメリカ人ホームレスたちは西部劇映画の最初に描かれる、自分たちの祖先が白人入植者の農場と幌馬車を攻撃するシーンを熱心にみるが、白人開拓者らが反撃にかかり勝利を収めるシーンを見ないためにビデオのスイッチを途中で切ってしまうという (Fiske 1991)。彼のこの考察は視聴者の力と自律性を賞賛する研究を象徴するものである。

このフィスクの研究の多くが示唆していることは、視聴者こそ意味を生産する主要な場であるということである。自らの生活の背景に豊かな文化資産をもった視聴者は思い通りにメディアを読み解くことができ、統制から比較的自由な文化圏の範囲内で自身の理解を形成することにおいてかなりの自律性を享受しているのだといえよう（以下を参照：Fiske 1987 and 1989）。

ラディカル派の後退

といっても、ラディカル派の議論には今もいくつかの異なった意見があるのは当然である。ハーマン、マクチェズニー、シラー、レイズ、スパークス、

マードック、そしてゴールディングのような研究者らは初期のラディカル派の議論をその後の動きに妥協することなく継承している（Herman and McChesney 1997, McChesney 1999 and 2003, Schiller [H] 1998 and Schiller [D] 2000, Leys 2001, Sparks 1998 and 2001, Murdock and Golding 2003）。もちろん、それぞれが特有のアプローチをしており、これらの人たちの主張には相互にかなり異なった部分があることはいうまでもない。しかし、1980年代、90年代の保守的な時代におけるラディカル派の大きな流れは、左翼のメディア研究者からかつては激しく非難されたリベラル多元論に向かおうとしていた。ラディカル派の研究者にはそれまでに育んできた信念や主要原理が疑問視され、ときには破棄されるにいたるという、人が人生の半ばで経験する危機状態さえ出現した。また、社会において権力は集中しているという考え方は、権力は実際には分散しているのだという主張によって挑戦された。メディアが権力システムと完全に一体化しているというとらえ方は、メディアは各種の権力が「競合する場」であるという新しい立場から攻撃されたのである。メディアがイデオロギー的ごまかしを行っているという分析はメディアテクストの多義性を研究するやり方に道をゆずった。オーディエンス（視聴者・読者）は条件づけられ、コントロールされているという当初のラディカル派の議論は、オーディエンスには強い自律性と力があるという考え方に「その地位を奪われた」のである。

　このラディカル派の流れがどの程度にリベラル多元論に近づいたかは、テレビを「文化フォーラム」（文化の共同討議の場、cultural forum）ととらえた、ニューコムとハーシュの古典的なリベラル多元論の研究を挙げれば足りよう。二人は、伝統的社会が儀礼を通じて自己観察していたのと同じように、現代社会は芸術、とりわけテレビ芸術によって自己確認をしていると主張した。テレビは「私たちの最も関心のあること」や「最も大きな困難」を提示する。またテレビは私たちの反動的で抑圧的な視座をたれ流すだけではなく、過激な反対意見も示してくれる。テレビは解決されたことよりも、現在進行中の議論を見せてくれる。そこでは、「結果ではなく過程が、教化よりも議論が、

首尾一貫性よりも矛盾や混乱のほうが強調されている」(Newcomb and Hirsch 1984：62) という。このようにして、我われの規範的信念が検証され、問い直され、そのまま維持されたり、変化したりすることになる。テレビというフィクションの世界は、他者との関係において自分が誰であるか、さらには、どのようにすれば社会を改善できるかを私たちに考えさせることができるというわけである。テレビのフィクションの世界は、二人の印象的な表現を使えば、「一般民衆の考え方の劇的な論理」(the dramatic logic of public thought、同書、p. 63) そのものであるという。.

ニューコムとハーシュは、1960年代初期のアメリカの連続テレビドラマ「パパは何でも知っている」(Father Knows Best) のうちの一話をケーススタディとして説明している。劇中の家族の長女はエンジニアになる夢を抱き、技術系会社のインターンになった。しかし、彼女は若い男性の職工見習いからバカにされ、初日から仕事を投げ出してしまった。この回は、その職工が彼女のうちまでやってきて謝罪し、二人の恋愛関係の始まりを予感させる、幸せな雰囲気の中で終わる。ハーシュとニューコムの指摘では、この第一話はテレビが象徴的に問題を解決するか、取り除いていく保守的なやり方として解釈できる。だが、そういう見方だけではきわめて重要な点を見落とすことになるのではないかと二人はいう。つまり、そこでは視聴者は常にその女性に共感し、彼女のエンジニアになりたいという希望が不自然であると考えるよう、視聴者が促されることは決してないというのである。たしかにこの第一話は、職場での男女の役割の違いに疑問を投げかけてはいるが、その設問への答えが提示されているわけではない。それは結論ではなく、論評をしているにすぎないのだ。この点で、それは「社会的な問題についての相対立する視点の提示だけが、実際、ほとんどのテレビ番組を構成する要素になっている」(同書、p. 65) という典型である。

こうして情報内容の多義性を高く評価する研究はその後のアメリカのテレビ番組における意味論的多様性がますますもてはやされることになる前兆と

なった。「それぞれの番組の一話一話が視聴者にたいし、信じられないほどの複雑な考えを提供している反面で、視聴者一般にたいしアメリカ文化特有の幅広い考え方や思想を提供しているのが全体的システムとしてのテレビなのである」(同書、p. 64) などと。テレビの内容についての、この幅広い「解釈上の多義性」は視聴者のじつに多様な反応によって更なる拡大を見せる。多様な信念と社会経験をその背後にもつ視聴者は番組にそれぞれ異なった反応を示すのである。著者たちによれば、このような豊かに織り込まれた多面的な仕方で、多元的社会というものは自らを深く省みるのである。

　二人の本では、社会一般で議論されるテレビドラマの役割についての興味深い指摘がある。しかし、テレビではいくつかの視点が特別に注目され、別のものが軽視されていることを認めようとしない。より一般的にはアメリカのテレビのイデオロギー的多様性を誇張することは、我々をラディカル派の批評が影響力を持つことになる前の無垢な時代に引きもどしてしまう。またそれは、彼らが提起したこの有名な見直し論議、つまり多様化した社会を背景としたあいまいなメディアのテクストをオーディエンスが積極的に読み解くという議論がどれほど簡単に、メディア研究におけるリベラルで多元論的系統に加わりし、実際にそれを活性化させたかを明らかにしている。

リベラル多元論の主張

　このあたりで、リベラル多元論的研究をより詳細に見ておく必要があろう。神聖な誓いをたてた上でなされたかのようなリベラル多元主義のアプローチの出発点は、自由な社会のメディアは自立した社会機関 (independent institution) であるということである。この伝統にもっとも忠実な議論であるパーソンズ派社会学では、メディアは国家だけではなく、政治や経済あるいはさまざまな利害団体からなる社会の「サブシステム」からも独立しているものとして描かれる。この独立性こそ、メディアが社会の「全体主義性」に適切に対応するのに不可欠な自由をメディアに付与するものなのである。パ

ーソンズ派社会学者のジェフリー・アレクサンダーがアメリカの報道機関について、「（独立した機関としての）その固有の社会的立場が意味するのは報道機関が自らを取り巻く社会環境を〈映し出している〉ということである」と主張している（Alexander 1981：35）。

しかし、メディアの所有権や構造の変化は、リベラル多元論の系統に疑問を突きつけた。現在では巨大企業が多くのメディアを管理している。こうした現実は、メディアが独立し、特定の社会集団の利益と妥協することなく、市民にたいしてのみ忠誠を誓うという主張に疑問を投げかけるものとなろう。必ず連続しているというわけではないが、長期間にわたりメディアの集中化が進行してきている。このことはとくに新聞で最も顕著であるが、その他のいくつかの分野でも独占化に向かう傾向にある。このことは、自由市場の競争をとおして、民衆はメディアを従えるという前提に疑問を投げかけることになる。とすれば、メディアは自律的なものでも、あるいはネオリベラルな理論が主張するような、主権をもった消費者の意志に従うものでもないということになってしまう。

リベラル多元論の理論家たちはこうした困難に通常三つの方法で応えようとする。第一は、専門職業人としての目標によって規律されるスタッフは、メディア組織内部で高度に自律した活動をしているというこれまで通りの主張である。これは恐らく、報道関係者が自身の職業の価値を高く評価し、報道機関内での分業と専門化の発達の結果として個々の意思決定権限を増大させ、そして経営者の要求を凌駕する職業的価値規範の内面化を発達させたというような歴史的な過程から導き出された認識だろう。この専門的な権能と良識が確立されたことによって、たとえメディアが巨大企業になった現在でも、メディアが社会的独立機関として存在し続けることが保障されているというわけだ（Gans 1980; Alexander 1981; Hetherington 1985）。

リベラル多元論者たちの第二の弁明は、所有権の「溶解」傾向が強まっていると示唆するものである。巨大なメディア複合企業の持ち株の分散と、活動規模の拡大が彼らの「所有者」としての統制力を弱め、希薄にしている。

その結果、イデオロギー的目的の追求よりも企業利益の向上に心血を注ぐ専門的経営者のほうにより大きな権力が与えられるようになってきた。党派がコントロールする新聞といった特徴をもった時代、あるいはハーストの例のような、個人的で、かつ考えられないほど巨大な権力を行使したメディアの巨人とは違い、新時代のメディア経営者たちは市場指向の現実主義者であるといった主張である（Emery 1972; Hoyer et al. 1975; Whale 1977; Koss 1984）。

市場指向でありながらも、メディア組織にプロ集団が配置されているという考え方からいくつかの推論を引き出すことが可能である。その一つは、メディアのプロたちは社会的コンセンサスにとりこまれて、時には屈折した形をとることはあっても、その社会集団の目的と価値基準を無意識的に代行表現しているというものである（Gans 1980）。また、すぐれたジャーナリストは読者・視聴者と自分を重ね合わせ、みずからの立場から主観的にその生活経験を共有することによって、本能的に読者・視聴者と響きあう関係を構築するともいわれる（McRobbie 1996; King 1967; Smith 1975）。さらには、「公平」（balance、訳注＝この議論は世界的にも未熟である。日本の議論では、中正樹『「客観報道」とは何か』新泉社、2006年を参照）という職業的ルールにしたがい、メディアはすべての重要で、異なった視点を紹介する、あるいは紹介すべきであることが保障されているとの主張もされる（O'Neill 1990）。このように、専門的なジャーナリストが相対的な自律性を享受する結果として、メディアが社会とつながり、その関心事を反映することになる、地味ではあるが重要な方法があると考えられるというわけである。

第三の弁明は、リベラル多元論ではもっとも強調されているもので、市場経済における競争によってメディアは民衆の欲求・要求・見解に対応せざるを得ないというものである。この見解では、民放テレビの視聴率は民衆の好みに合わせた変化を示す最も認識しやすい指標である。テレビ局やその他の商業メディア企業が、どうしたら視聴者・読者が喜ぶのかを見つけることにその努力、エネルギー、創造性の多くを費やしていることになる。メディア企業はこれを行うために、次のような戦略を開発してきた。すなわち、番組

に関する調査や事前視聴の試み、有能な人材を集めた新しいチームの編成、過去に成功した事例の繰り返しや別の方法との組み合わせ、新しい才能やアイディアを発掘するための入念な市場調査、大衆の共感を呼び、熱心なファンをつくりだす新しいスターの発掘、市場の不確実性に対応するため新しい商品を過剰出荷する一方で見込みのある商品を余剰が出るほど生産してバックアップすること、市場管理をさらに徹底するため、ビジネスの垂直的および水平的統合(縦には製品開発から販売まで、横にはメディアを横断して)し、スケールメリットの活用、同じもの、もしくは一部を変更したものを違ったメディア、すなわち一つの作品あるいはいわゆるスピン・オフ作品を様々なメディアで展開する方法の開発、などである (Hirsch 1972; Turow 1991; Cantor and Cantor 1992; Gitlin 1994; Hesmondhaulgh 2002)。しかしどんなに努力したとしても、市場的優位を確立したメディア企業でさえ、ライバルや弱い立場にある対立者からの抵抗を受け、必ずしも思うとおりにはならないとリベラル多元論者たちは主張する (Collins 1990)。そうした気まぐれな市場はメディアを臆病、かつ従順にし、常にわがままな消費者のご機嫌をうかがうようにさせるというわけだ。

さらに、最近多くなった主張がある。新しいコミュニケーション技術のおかげで、メディアはさらにオーディエンスの反応に敏感になっているというのがそれである。ケーブルや衛星放送システム、インターネットの普及、そしてメディア作品のデジタル化等が、情報発信の経路を増加させ、言論の多様性と社会的少数派の意見送出をうながしている。くわえて、デジタルメディアとインターネットの双方向性は消費者がメディアによって供給されるものを受け取らされるのではなく、視聴者が欲しいものを選択できることを可能にした。この新しい環境のもと、メディアの消費は、個々人の好みに応じて「カスタマイズ」され、「画一的なマスメディア帝国が家内工業という小組織の集積という形に解体しつつある」(Negroponte 1996 57-8 and 85) という意見もある。

便宜的にこのような単純化と概略化をしてみたが、そこからはリベラル派

の重要な議論のいくつかが抜け落ちてしまっているので、ここで手短に言及しておこう。その一つは、メディアのプロフェッショナリズムに関する公益性の主張がどの程度まで正当化されるかという問題である。バーナード・ショーの「全ての専門職は素人にたいする陰謀である」(Shaw 1979：496) という告発を思い出し、メディアのプロフェッショナリズムの公益性を疑う者もいる (Tuchman 1972; Schudson 1978)。もう一つはそれほど批判的ではないが、プロフェッショナリズムはプロフェッショナルなリーダーシップと、大学を中心としたメディア教育の分別と配慮のある影響力を使って強化されるべきであるという議論である (Peterson 1956; Stepp 1990)。

　リベラル多元論の範囲内にあるもう一つの批判の流れは、ジャーナリストと、より広義のメディア従事者（メディアワーカー）はオーディエンスの考えを伝える腹話術師・代弁者であるという考えに疑問を投げかけている。ところが、いくつかの参与観察研究調査は、メディアワーカーが民衆を代表していないどころか、意に介せず、ときには彼らに敵対的でさえあることの事実があるという (Tunstall 1971; Elliott 1977; Gans 1980)。メディアワーカーは自己完結的世界に閉じこもり、そこでは同僚や友人、独立したハリウッドのテレビプロデューサーたちであれば、ネットワークの幹部たちだけが本物の読者・視聴者の代弁者の役割を担っていると考えていることも指摘されている (Cantor 1971; Burns 1977; Gans 1980)。ただし、これらの研究のすべてがメディアの従事者はオーディエンスと自然な関係を持っているという考えに疑問を投げかける一方で、メディアの経営者は民衆を喜ばせるために努力をする人たちであると描くことによって、ある意味では根本的な批判とはなっていない (D'Acci 1994; Gitlin 1994)。

　三番目の批判の流れは、増大する株主からの圧力や商業化の結果として、メディア組織内部にプロフェッショナルたちの権限の弱体化が起きており、そのことが報道と娯楽の境界をますます曖昧にしているとの認識に関連している (McManus 1994; Barnett and Gaber 2001)。この不満は二十四時間の報道体制をととのえる必要性と、新聞・テレビ・ラジオの合体により、経費削減要

求がますます大きくなり、労働強化による職業倫理基準の低下をもたらしているという指摘にもつながる (Seib 2002)。こうした主張にたいするリベラル派の対応は分かれている。メディア従事者の職業規範はゆき過ぎた市場自由化を防ぐ防火壁を築くために強化されるべきだとの主張もある (Hallin 1994)。その一方で、商業化の拡大がより強力な民衆によるコントロールを導き出すとして商業化を賞賛、一部の批評家は一般市民の嗜好を軽視することによってエリート層に味方しているとの指摘もある (Murdoch 1989)。この考え方に同調するのは、「ソフト・ジャーナリズム」は新しいアジェンダの出現を促し、それまでの「体制的」政治ジャーナリズムがあまり注目しない傾向があった重要な社会・道徳的問題を率先して取りあげようとしてきたという主張である (Zaller 2003)。同様に、トークショーの放映は、ブルーカラー層の女性を含め、女性が関心をもつことを取りあげる革新的手段として擁護された (Shattuc 1997)。自由主義者の一部が甚だしい商業主義として批判したものが、市民を代表していないプロフェッショナルによる管理を弱め、人びとによる放送の利用と監督を可能にしたと讃美されたのであった。

　この議論は、リベラル多元論の中のネオリベラル派と社会責任論者の間の長年にわたる対立を反映している。リベラル多元論の伝統の中では、新しいコミュニケーション技術は期待されているほどの、活発な市場ダイナミズムと多様性をほんとうにもたらしたのかどうかということについての決着がまだついていない。最近の論者の共通認識は、技術がすべて解決してくれると考える楽天主義者 (techono-utopian) も、今のままでは大変なことになると怖れる極度の凶事予言者 (radical Cassandra) もともに間違っていたというものだ (Croteau and Hoynes 2003; Albarran 2002; Compaine and Gomery 2000; Hill and Hughes 1998; Sinclair, Jacka and Cunningham 1996)。

　多様なメディアが登場してきた反面、整理統合が特定のメディア分野で進行しているという点では意見の一致がある。さらに、インターネットが情報へのアクセスを大幅に拡大したといえるが、最も多くのアクセスを誇るウェブサイトは従来からのメディア機関によって立ち上げられているものである

傾向が強い。世界的規模の電子帝国が拡大する中で、テレビや映画制作の新しい勢力が非英語圏諸国に登場し、ハリウッドの覇権にたいする挑戦に成功している。

こうしてみると、リベラル多元論はけっして一枚岩ではないことがわかる。最も興味深い研究者の中には片足をその集団の中に入れながら、もう一方の足を外に出している者もいる。専門化の意味するもの、ジャーナリストの社会的代表者としての役割、メディアの倫理と行動、そして新しいコミュニケーション技術の影響力についての批判的な議論が行われている。しかしこうした議論によって、リベラル多元論の中心的信条である、自由な社会におけるメディアが民衆に奉仕できるのは、メディアが政府から独立し、市場をとおして人びとに責任を負い、メディア従事者によるプロフェッショナルな配慮によって質を高められた結果であるという考え方があいまいにされてはならない。

社会の鏡として

このリベラル多元論はまた伝統的に、メディアの独立性または中立性を実現することによって、メディアは社会を忠実に映し出すことができると主張してきた。しかし、社会のどの部分を鏡として映し出すのかということについての意見の一致があるわけではない。

時おり与えられる一つの回答は、とくにジャーナリストたちがこう回答するのだが、メディアは現実を映し出している、というものだ。すぐれたジャーナリストには一部は生まれつきの、一部は訓練によって得られるニュースを嗅ぎ分ける「鼻」が備わっており、それによって何が重要で何がそうでないのかを区別することができると言われている。これはニュースとは報道に価するすべての事象を記録するものであることを保証するものであると主張される。さらに「真のジャーナリスト」は苦難を排して正確性を追求し、記事内容には複数の情報源による裏付けをとり、相対立する意見のバランスの

維持に潔癖なほどの努力をかたむける。彼らには世界を「ありのまま」に伝えるという誠意を保証する基準と手続き事項が備わっている。

　こうしたジャーナリズムの技術の賞賛は完全に空想であるというわけではない。プロフェッショナリズムのルールが個人的偏見や主観的経験がニュースをつくりあげてしまうことを制約していることは確かだ。記者がイデオロギー的に偏っていたり、ジェンダーや階級的な制約を受けていたにせよ、報道とは単にジャーナリスト個人のもつ視点とその背景の表現にすぎないという主張には誤解を招く部分がある。異なった視点や経験がある人たちも、同じ報道ルールの下で仕事をするときには、現実に、驚くほど似通った報道をおこなうことができるのだ (Epstein 1973 and 1975)。

　じっさい、リベラル多元論を主張する何人ものメディア社会学者は、プロフェッショナルたちが誠実に現実を反映した報道をしているという主張に疑問を投げかけている。指摘されているのは、報道は広報による管理、記者（ジャーナリスト）の情報収集手法や情報源、記者の所属組織の要請や政策利用可能な資源によって影響を受けているのである (Kaniss 1991; Tiffen 1989)。一つだけ例をあげると、報道機関は、記者を特定の取材対象に割り当て、予測可能で利用可能な情報を定期的に確保するという必要に迫られ、市役所や裁判所、議会などに記者を送り込む。その結果、そうした場所からの報道が他とくらべて詳しくなることは確かである (Tuchman 1978a; Hess 1984)。だが一方で、このやり方は記者を重要情報源との複雑な人間関係の中にしばりつけてしまうことになり、情報が当該組織の広報部門との取引材料になる (Gandy 1982; Ericson et al. 1989)。さらに、同じ職場に配置されたジャーナリストが仲間内でニュースの価値判断の相談をして全体が同質的になる (Tunstall 1971)。要するに、報道機関内部の記者の派遣先についての判断が、ニュースの選択と解釈の両方に影響を与えるのだ。

　リベラル派の批評家の中には、ニュースは社会的に形成された意味の枠組みの中で選択され提供されると指摘するものもいる (Hallin and Mancini 1984; Schudson 2003)。ニュースは社会の「象徴記号の体系」(symbolic system) によ

って意味づけがされ、文化的伝統に深く根ざしたアイディア、イメージ、前提に依拠したものになっている。またニュースは時代とともに進化し、それぞれの社会に応じて異なる報道についての形式やジャンルからの制約を受ける（Schudson 1994）。この見解を採用すると、ニュースとはその社会の中で加工される文化的産物であるということになる。

　この様な慎重な議論に刺激を受け、いくらかの研究者はメディアが送出しているものは何からも媒介されない生の事実そのままの反映ではなく、むしろ態度や感情についての社会的指標であると考えるようなった。小説家のヴァージニア・ウルフが喝破したように、「新聞とは夜ごとに世界の頭脳と心臓の上に貼りつけられる、薄いゼラチンのシートなのである」（Woolf 1965：93）。この見方をうまく説明したのはキーエル・ノワク（Nowak 1984）で、1960年代中頃から70年代中頃にかけて、スウェーデンのメディアでは広告における上品ぶったアピールや明白に階級を意識した表現（コード化、coding）が激減した。同時に、それは形式的な代名詞使用の減少と社説における平等思想への肯定的な言及の増加をもたらした。慎重に報道量を計測した上で、メディアにおけるこれらの変化は、スウェーデン社会における平等主義の成長の反映であると彼は主張する。そのような平等主義は、これとほぼ同時期のスウェーデンにおける所得のより平等な分配からも明らかになっている。より一般的にいえば、映画やテレビの内容の変化はその社会の「時代精神」の変化の反映であるとしばしば主張される。このような視点から、ハーパーとポーターは、1950年代の英国映画が階級社会指向の衰退を反映していると主張し（Harper and Porter 2003）、ギトリンは、1970年代初頭にアメリカの社会派テレビドラマが増加したのは、アメリカ社会のラディカル化の高まりに原因があると考えたわけである（Gitlin 1994）。

　これらの議論では通常、社会を単一の存在としてとらえ、メディアは社会の全体的な変化に対応しているとする。しかし、このアプローチはメディアを社会のさまざまな集団と関係している個別のシステムであると考える立場からは必ずしも賛同されるものではない。たとえば、いくつかのテレビ番組

や映画、雑誌や書籍は、主として女性購読層を想定しており、男性向けのものとは大きく異なる女性特有の経験と関心を取りあげている。しかし、女性一般の中で特定の女性グループのみを対象にしたものもあり、その中には従来の女性らしさを賞賛する伝統的な考え方から女権拡張派による主張・意見を広めることを目的としたものまで幅広く存在する (Ferguson 1983; Winship 1987; Gough-Yates 2003)。これらのメディアのいくつかはまた、同じ個人の内部における異なった（そして時には矛盾した）アイデンティティや感情構造に訴えかけている (Winship 1987; Ang and Hermes 1991)。そこでは、メディアは共通の文化や統一された社会ではなく、社会グループの多様性や個人の人格における雑多な要素を反映しているものとして把握されている。

　さらに問題を複雑にしているのは、価値観と規範的態度は別のものだとする研究者 (Alexander 1981)、あるいはコンセンサスと論争とは別のものだとする研究者 (Blumler and Gurevitch 1986) の議論はさらに複雑だ。ここでは、メディアはほとんどの人が共通して持っている価値観や思想を表現すると同時に、多元的民主制の特徴である異なった意見や嗜好にもその表明の場を用意するものだと主張される。こうした議論の中でも特に精練された解釈が指摘するのは、ジャーナリストはその報道において異なった表現形式を採用しているということである。そうした表現形式の第一のものは無批判で、ときには賞賛的なトーンのもので、「母性」や「アメリカの象徴」といった、強力なコンセンサスが存在する場面に適用される。そこでは記者は社会を肯定的に代弁する役割を担う。第二の表現形式は社会的に認知された論点に関連して採用されるもので、バランスが求められるものである。そこでの記者は対立する意見を探し出すことになる。第三は、ペドフィリア (paedophilia、訳注＝一般的には十歳以下の小児との性愛嗜好) に代表されるような社会的逸脱行為に向けられる非難で、記者はそろって反対を表明する。この立場の議論では、メディアは何が賞賛され、どのような意見対立があり、何が社会的に非難されるべきかということを判断基準として、その報道の仕方を適切に選択していると主張される (Hallin 1994)。

限定効果

　メディアが社会を形成するのではなくむしろ反映しているという視点は、リベラル多元論のオーディエンス研究によって支持された。これは、メディアがイデオロギー教育のための強力な機関であるとするラディカル派の議論とは明らかに対立する。

　リベラル多元論の先駆的研究者たちは、オーディエンスはメディアのプロパガンダによって満たされるのを待っている空の容器ではないと主張した。子ども時代の社会化、社会ネットワークの構成員としての役割、そして個々人の経験などによって形成された価値観、意見、理解を人びとは所有しており、そうした経験などが人びとのメディアへの反応を規定するのである。このため人びとは選択的なやり方でメディアの情報に注目し、理解し、価値評価し、取得するのである。たとえ人びとがまったく知らないトピックについての情報に直面したとしても、人びとには中核となる信念や一般的傾向としての「解釈の枠組み」（interpretive schema）があり、それによって情報を選択し、消化することができるというわけである（Graber 1988; Harris 1989：Neuman et al. 1992）。

　この深層究明的なアプローチのよい例として、カッツおよびラザラスフェルドによる先駆的で画期的な研究があげられる（Katz and Lazarsfeld 1955）。二人はそこで、メディアはエリートによるコントロールの手助けをしているという考え方を攻撃した。その理由は、そうした考え方は「**水平的な**オピニオンリーダー、つまり社会経済的な階段の各段および共同体のすべてに出現する先導役について説明できていないから」である（Katz and Lazarsfeld 1955：325、訳注＝太字はカッツらの原著から）。彼らは、個人のネットワークがメディアの影響力をフィルタリングしているという。こうしたネットワークはエリート中心の情報流通の影響に対するチェック機能の役割も果たしている。というのも、「社会的地位が高い層のいくらかは自分たちの影響力をほとん

ど行使できないようであり、社会的に低い位置にある者が人間関係のなかでかなりの影響力を持ち」、「それぞれの場面に指導者群が存在している」(Katz and Lazarsfeld 1955：334) としている。つまり、単純なイメージとしてのトップ・ダウン型コントロールとその種のコントロールの道具としてのメディアというとらえ方は、社会とはその全体にさまざまな方向に流れている複雑な影響力が交錯している場所だという考え方に道をゆずるべきだというのである。なぜなら、家族間、友人間、仕事仲間同士での交流が、人びとがきわめて独立的な方法で自分たちのアイディアや好みを形成する自律的な空間を創造しているからであるという。

　カッツとラザラスフェルドは、メディアは主として仲間うちのオピニオンリーダーをとおしていくらかの影響力を発揮したという議論を展開した。しかし大半の先駆的なオーディエンス研究者たちはオーディエンスの自律とメディア以外の社会的媒体を強調し、メディアの影響力をきわめて小さくとらえた。ジョセフ・クラッパーはこの期の初期に影響力を持った調査において、「マス・コミュニケーションは通常、オーディエンスに与える影響において、必要かつ充分な要因として機能しているわけではない」(Klapper 1960：8) と結論づけた。

　この「最小限のメディア効果」に関するコンセンサスは、リベラル派陣営における1970年代以降の新世代の効果論研究者によって異議を唱えられた。それらの人たちは、メディアは、メディアと社会の変化の結果としてさらに重要性を増したと主張したのである。テレビが新聞を凌駕したとき、テレビは主たる情報源として、一般的に中立的なメディアというものになった。これは、メディアの影響力を制限するフィルターとして、気に入らない情報は避けるという受け手の傾向を減少させた (Blumler and Gurevitch 1982)。政党への忠誠心が小さくなったため、投票活動はメディアからの影響を多く受けるようになった (Miller 1991)。メディアから生活の指針を得ようとする人びとの数が、現代世界の流動性と不安定さの高まりのなかで増加してきたのである (De Fleur and Ball-Rokeach 1989)。

また、第二世代のリベラル的多元論のオーディエンス研究者と一部の第一世代の研究者らは、「最小限メディア効果」論についての、条件の違いによる精細な議論の展開をおこなった。いくらかの人びとはある一定の環境下においてメディアによる影響はあると主張した。政治的党派に所属せず、政治に関心が薄く、目の前に出てきた問題を理解するための理論もない人たち、あるいは特定の出来事への賛否を決めかねている人たちは、そうでない人たちよりもメディアによる政治的影響を受けやすい（Blumler and McQuail 1968; McLeod et al. 1974; Blumler and McLeod 1983; Iyengar and Kinder 1987; McCombs 1994）。また、メディアによるコミュニケーションがオーディエンスの先有傾向に一致していたり、個人的な体験にしっくりきたり、対人的接触から支持を受けたり、社会規範やそこで受け入れられる行動と一致する場合にはメディアの影響もまた増大すると言われた（Rogers and Shoemaker 1971; Gerbner et al. 1986; Perloff 1993）。メディアに影響されてその見解や行動を変化させた人びとの実際の数はきわめて少数であることを複数の調査が示してきたが、上記の議論はそれでも重要な影響をおよぼした。
　また一部のオーディエンス研究者は、問題の認知（cognition）は態度よりも影響を受けやすいと主張する。つまり、メディアは世論形成よりも民衆に社会問題を認識させることへの影響が強く、彼らがどう考えるかということよりも彼らが何について知り得るかということへの影響力が強いということである。したがって、メディアは人びとがどういう問題が重要であるかを判断することについて、明確で短期的な影響を及ぼすことができるというわけだ（Iyengar and Kinder 1987; Rogers and Dearing 1988; McCombs 1994）。また、メディアは人びとの価値判断に影響を与えることができる。たとえば、政治的指導者の行動の主要な評価基準となる事柄に関する判断について影響をおよぼすのである（Iyengar and Kinder 1987）。さらに興味深いことに、ずっと前になされたテレビ報道のトピックが後になってから政治的に重要になったときには、前の報道が現在の認識に影響を及ぼすということもある（Iyengar 1991; Norris et al. 1999）。しかし、テレビをよく見る人びとの世界観を基本的に形成

する象徴的環境（symbolic environment）はメディアによって提供されていると主張するオーディエンス研究（Buerkel-Rothfuss and Mayes 1981; Morgan 1982; Gerbner et al. 1986, 1994）の結論部分はその他の要因から説明できるものであり、さらに検討されてしかるべきものであろう（Hirsch 1980, 1981 a and b）。

　以上のように、新世代のリベラル派オーディエンス研究者はメディアの影響の大きさを「上方修正」した。しかし、彼らの行った研究は、ほとんどの人びとは自分自身の独立した考えを持ち、メディアによって簡単に意見を変えることはないというリベラル派のオーディエンス研究の中心的結論をくつがえすまでには至らなかったのである。

なぜメディアを研究するのか

　効果研究のこうした結論はリベラル派多元論者らの間に驚きの波紋を拡げることになった。彼らの多くはメディアは強力な機関であると信じて研究に向かってきた。しかし、彼らが多くの研究時間を費やして発見したのはその目指したものとは反対の結果であった。このことは、彼らに、「それではなぜメディア研究をおこなうのか」と自問させることになった。

　コミュニケーション研究は結果的にこの設問にたいする筋の通った答えを提示した。それがリベラル機能主義論である。この学派は、たとえ、メディアが人びとの思考や行動を大きく変化させることはないとしても、それが重要な役割を果たしていることに間違いはないと主張したのである。我われが関心を持っている点についていえば、メディアがほんとうに重要であるゆえんは、それが社会を機能させることに貢献しているからである。この機能主義的視点について、批評家によってはしばしば、タルコット・パーソンズ的な均衡理論に結びつけられた機能主義と関係があるとされる。だがそれは誤解を招くものである。というのは、それはリベラル多元論の重要な部分を占め、興味深い論点をもった、広い範囲の機能主義的研究を除外してしまっているからである。しかし、我われがメディアのリベラル機能主義について多

様な観点から、より詳細な検証をする前に、メディアの中核的な重要性を強調するリベラル派の議論における、その他の二つの流れを簡単に説明しておくべきであろう。

　主に歴史的な議論で主張されるのは、本書の第1章でもふれているが、マスメディアが時間と場所の次元を再構成することによって社会を変化させたというものである。また、政治学的研究には、たとえメディアが大多数の有権者の意識を変えないとしても、政治的プロセスに変化を起こしたとするものがある。近代メディアは選挙のやり方を変え、政治的指導者の選択に影響を与え（これらの人びとはテレビ映りがよくなくてはならない）、政党内での中央集権化を促し、議論の場としての国の立法機関の役割を小さくし、より議論のあるところだが、たとえ合理的な政策討論を犠牲にしてでも、世論操作のためのサウンドバイト（効果的な短い表現、訳注＝小田玲子『サウンド・バイト　思考と感性が止まるとき』東信堂、2003年を参照）や、映像として登場する機会を増やし、メディアにおける好意的なイメージや価値観を演出するという（Ranney 1983; Cockerell 1988; Seymour-Ure 1989 and 2003; Allen 1993; Hallin 1994; McQuail 1994; Newman 1994; McManus 1994; Street 2001）。こうして、メディアの否定的側面の増加が政治参加の減少や、国政選挙における投票率低下の要因となっているともいわれる（Patterson 2003）。

　しかし、リベラル派の分析においてメディアが中心であると言われる理由は、メディアが社会の仕組みを動かしているという面を指している。これは政治システムという観点からもともと着想されたもので、それほど意外性のあるものではない。メディアは権力の乱用を社会的に明らかにし、有権者を教育し、公衆の議論の場を提供し、人びとの代弁者として機能する（McQuail 1992a; Lichtenberg 1990）。リベラル民主主義的理論が指摘するこれらの中核的機能の他に、社会的動員機関としての行動、政治的プロセスの範囲内における利害の調整、エリート間のコミュニケーション・チャンネルとなること、社会的に共有される目標や政策の更新を助けること、社会的問題の特定と、政治的に妥当な対応策の提示の促進といったことがつけ加えられた

(Rose 1974; Coleman 1973; Alexander 1981; McQuail 1994)。

　政治体制内におけるメディアの機能と役割についてのこうした議論の開始時期は少なくとも18世紀までさかのぼることができる。それにたいして、「社会学的」な面での議論は離陸が遅かった。一つの先駆的な貢献は1948年にハロルド・ラスウェルによってなされた。高く評価される論文の中で、ラスウェルは、メディアには監視機能、相互関連化機能、そして伝達機能という三つの重要な社会的機能があるとしている（Lasswell 1971：98 [1948]）。メディアは社会に今何が起きているかを、「共同体やその構成要素の価値にたいする脅威」という観点から明らかにすることによって人びとに知らせることができる。またメディアは異なった社会集団間にコミュニケーションチャンネルを提供し、それらの脅威にたいして人びとが一致して対応することを可能にすることによって社会的協調を促進する、さらには世代を超えて価値観の継承を助けるというわけだ。

　1950年代、60年代、そして70年代初期におけるリベラル機能主義の発展は広い意味で、均衡理論や最適性理論と関係していた。社会が機能する仕方は人体の機能、あるいは均衡を保つためのメカニズムと同じであり、メディアの役割とは独立して平衡関係を保っている組織の仲立ちをすることによって社会を維持することであると主張された（Schramm and Roberts 1971）。この考え方はメディアの逆機能の側面は、安定維持のための最適の結果を生み出すという順機能的側面によって原理的には相殺されているという主張につながっていく（Wright 1975）。機能主義に関するこの視点からの議論は、多元論の伝統の中でも、ドイツを除き広い範囲で否定されており、これ以上詳しく説明する必要はないだろう。

　この機能主義的議論は、1970年代・80年代に軌道修正がおこなわれ、「利用と満足度研究」（uses and gratifications research）の方向をとるようになった。その結果、機能主義的論点は、社会よりも個人に集中しがちになった。こうした研究は、メディアが人びとの思考をコントロールしないとしても、人びとの時間の多くを支配しているに違いないという暗黙の前提を出発点として

いた。だから、メディアから人びとが何を得ているのかについてより深く理解することが必要とされたのである。

　フォーカスグループ（面接調査のために集められた少人数の集団）を利用した調査などによって、研究者たちは、メディアの機能（すなわち、「利用」）が視聴目的や視聴者の心理的欲求、そして社会経験の違いを反映し、大変な多様性をもっていることを発見した。オーディエンスがメディアから得る満足感の中には、帰属意識の獲得、仲間関係の獲得、個々人のつきあいの円滑化、自分と他人への内面的洞察の修得、好ましいアイデンティティの確立、生活の安定感の獲得、精神的解放感の経験、好ましからざる現実からの逃避、くつろぎ方の発見、などがある（Blumler and Katz 1974; Rosengren et al. 1985; Rubin 1986; Zillman and Bryant 1986）。こうした考え方に従えば、メディアの機能として従来から言われてきた、「情報を提供し、教育し、楽しませる」といった標準的な解釈では、それぞれに異なったニーズや欲望を反映しながら、人びとがメディアによって楽しんでいる多様な方法を把握することができなくなってくる。実際、異なった人びとは同じテレビ番組から、それぞれにまったく異なった満足感を引き出している。メディアは、人びとが欲しいものを必要に応じてトレーに乗せられるカフェテリアのサービスに近く、番組内容がその満足の中身も決めてしまうようなセットメニューを提供しているわけではないのである（Dayan and Katz 1992）。

　しかしこの研究法は、デュルケーム派の社会学と社会人類学の復活に刺激された新しいリベラル機能主義論によって、1980年代から90年代にかけてその陰を薄くしていった。その中心的な議論は、メディアは社会統合（social integration）のための機関であるというものである。ジェームズ・ケアリーは的確な表現に満ちた著書のなかで、多くのマス・コミュニケーションは人びとを団結させ、社会の根底に流れる継続性を確認する儀式的な意味を持っていると論じている（Carey 1992）。この見方は、マス・コミュニケーションによって人びとは社会を可視化、社会との一体感を持ち、一定の理解の共有によって社会運営のプロセスを理解することを助けられているというアレク

サンダーの主張と似通っている (Alexander 1981)。彼の視点からすると、メディアの表現は、「多層的な近代社会では全ての人が現実に集まることは不可能であり、メディアがその機能的な代替をしている」ということになる。カーディフとスキャンネルも同様な議論を展開し、放送は国民の象徴を普及させ、国民の共同生活を編集して日々番組として提示することによって、国民の集合的意識と帰属性を促進しているという (Cardiff and Scannell 1987)。また、リベラル機能主義によれば、メディアは社会の道徳的価値観つまり、善悪に関する感覚を規範的秩序に統合するのを助長する。そのようにして、メディアは常に、ハードドラッグ（ヘロインなどの中毒性の強いもの）使用者から、子どもをほったらかして浮気に走る「逃避する母たち」(runaway mums) までの、逸脱者を「社会的」に認められないと表現することによって、受け入れられるものと受け入れられないものとの間に線引きをしているのである (Ericson et al. 1987)。

　これらの一般的な議論のいくつかは、「メディアイベント」について書いたダヤーンとカッツによる重要な著作のなかでなされている (Dayan and Katz 1992)。「メディアイベント」とは国家によってセットされた、広い範囲に盛大な事前宣伝がなされた通過儀礼的な重要イベントやスポーツイベントのことで、数多くのテレビチャンネルによって、大筋としては無批判に伝えられるものである。それらのイベントはテレビを同一時間に視聴することによって個々の家庭を共有された公的な空間に変容させ、そこで共有するものを集団として慶祝することで、個人が相互に、そして社会に対してつながるという機会をつくる。典型的にはこれらのメディアイベントは共通のアイデンティティを肯定する。それらはまた、社会を理想化して見せるし、共有の価値観、記憶、あるいは経験を社会的に結びつけることができる。

　ダヤーンとカッツは1981年の、英国のチャールズ皇太子とダイアナ・スペンサー妃の結婚のテレビ中継を例として取りあげている。それは事前におおいに盛り上げられ、興奮が高められてから何百万人もの英国人によって視聴された。この放送イベントは普遍的な経験としての愛、求婚と婚約式を祝

し、潜在的な仲間意識すなわち「あふれるほどの社会的一体感」をもたらす国民的祝賀の機会に結婚制度に対する合意された関与を儀礼的に肯定した。ダヤーンとカッツはそのイベントからその他の意味も引き出したが、リベラル機能主義者として二人が注目したのは、王室の結婚行事が果たす集合的・社会的統合の側面であった（Dayan and Katz 1987 and 1992）。

　ダヤーンとカッツが展開した議論の中心は、メディアイベントとは分断化された社会に不可欠な集団的アイデンティティと連帯感を形成する手段であり、包括的で統合的機能を果たすということである。しかし、同じ派の研究者には、メディアイベントとはそれとは異なった機能をもったものであると指摘するものがいる。アレクサンダーとヤコブの主張では、黒人運転手のロドニー・キングが1991年に、三人の白人警官によって暴行されたロサンゼルスの事件において、一般市民がビデオ撮影した映像がアメリカのテレビでくり返し放映されたことは、警官の非合法な暴力を明らかにすることによって、社会のあるべき価値観を再確認することにつながったという（Alexander and Jacobs 1998）。この事件ではロス市警本部長が解雇されたが、それは責任者の懲罰による正常化活動によってそれらの価値観が忠実に遵守されるべきだという強烈なアピールとなった。同様に、ジェームズ・ケアリーは、最高裁判所判事候補となりながら、それを審議する上院の公聴会とその任命が否決される情景のテレビ放映を典型的な事例として取り上げ、メディアイベントとは共同体から異質の個人を象徴的に排除する「地位剥奪の儀式」であると指摘した（Carey 1998）。人をさらし者にするこうした儀式は、善悪や、なにが受け入れられ、なにが拒否されるのかの規範的区別を、「社会として承認しがたい」と表現することによって公に確認することでもあるのだ。

　だが、メディアイベントに関する研究の発展は、リベラル機能主義論の復活の一つの側面にすぎない。もう一つの例としては、シルバーストーンが日常生活におけるテレビの役割について書いた注目すべき著作があげられる（Silverstone 1994）。彼はそこで、社会的不安傾向にある時代において、テレビは「一時的」なものであるにせよ、安らぎを与えてくれるものとなった、な

ぜなら、人びとにとって親戚関係や近所とのつながりが以前に比べて弱くなり、その支援を充分に受けられなくなり、その代替としての抽象的なシンボルや人格を持たない科学技術にますます依存せざるを得ないようになっているからだというのである。テレビは非現実的なストーリーを提供することによって、ある種の代償的な安心感をもたらしている。テレビはまた、秩序と安定という感覚を伝えることで日常生活の背後に存在する習慣や反復されるリズムの中へ組み込まれ、人びとの心理的なよりどころとしての役割をも果たしている。テレビは、人びとにそれぞれの自己アイデンティティや他者との関係の継続性の感覚（ギデンスの造語にしたがい、「存在論的安心」ontological securityと呼ぶ）を与えている。それは安定を乱し、適応混乱をさせることもあり得るが、たいていは秩序のしっかりした、安定した世界に視聴者を結びつけている。機能主義論的傾向はそれほど強くないにせよ、シルバーストーンは家庭生活においてテレビは絶対に必要な構成要素であると主張している。これまでは暖炉のある部屋が家族の交流の中心であったが、現代ではテレビがそれにとって代わったというわけである。より深い心理学的レベルでいえば、テレビとは「物理的な家」を「家庭」へと変化させ、安心感と帰属意識をもたせ、自我を表に出せる場所にするものなのだ。

したがって、なぜメディアを研究するのかという設問にたいする答えとして、この派でますます有力となっているのは、メディアが社会の中心的役割を担っていると認識するためには、必ずしもそれが強力な説得機関であると考える必要はないというものである。リベラル機能主義論者によれば、メディアの役割とは、社会的調整、社会的統合、自治、現代社会への適応と社会の継続性への感覚を促進させ、さらには個々人の間に連帯感や社会の構成員であるという自覚、安心感と多様な喜びを提供するものだということになる。

再評価の必要性

過去三十年あまりのメディア研究の発展はいびつであった。一方では、ラ

ディカル派による議論は自派の主張に修正を加える見解によって弱められた。ハーバート・シラー、ダラス・スミス、ミリバンドといったこの分野の先駆的なラディカル派研究者は、同派の新しい世代の研究者たちから繰り返し攻撃の対象となった。若い世代の多くは、ラディカル派といわれる広義のグループに所属しながら、ラディカル派の議論の核心的な議論のいくつかを否定してみせたのである。その反面で、彼らは1980年以降のコミュニケーションの主流的研究にほとんど注意をはらわず、そこで展開されている議論を批判することもほとんどしなかった。おそらくこのことが理由となって、一部のラディカル派の見直し論者たちは自分たちの議論が主流のコミュニケーション研究の方向にどれほど吸い寄せられ、時には、その後を追っているということに十分に気づくことがなかった（Curran 1990）。

　一方で、アメリカ発のコミュニケーション研究の流れが隆盛となってきた。その背後には共産主義の崩壊時に急に勢いを増した自由市場主義の思想があった。またそれは新たな機能主義の発展のための課題を提起したデュルケーム社会学の復活により知的な刺激を受け、強化された。しばらくなりを潜めていたその最も高名な提唱者らは原理的なラディカル派の議論に向け、効果的な一斉射撃を先導することになった。

　この攻撃は一方的な勝利に終わるように思われたが、その優勢は外から見えるほど確実なものではなかった。主流のコミュニケーション研究は、今の時点で、それが二十年前に受けたような批判的で精密な検証を受ける必要がある。最もはっきりした弱さは、それがリベラル機能主義論の取り込みを増加させてきたことにある。とくに、メディアの「儀式」的機能への着目に関連した、社会的調整機能の促進を強調するメディアの役割は、一般的に疑問視される二つの命題に基づいている。それは社会の根底には共通の利害と関心があることを前提としている。メディアの調整機能によって社会の絆が強化されることはすべての人にとって利益になることだとも確認されている。しかし実際には、勝ち組と負け組とが社会秩序にたいして同じ態度をもっているわけではあるまい。メディアの投影する理想的な社会的結束は、根本的

な利害の違いを隠す役割を果たしているのかもしれない。メディアの効果には潜在的な対立を押さえ込み、進歩的な社会変革へのサポートを弱めようとする効果もあり得るのである。

　また、このリベラル機能主義論的アプローチでは一般的に、メディアは中立で、民衆の声の代弁者であるのだから、社会のためになるように行動し、その構成員に貢献することができると考える。しかし、これは社会におけるメディアと権力の中枢との、表面に出ない関係を無視している。またそれは、メディアが強者グループとその下部機関の利益に奉仕するように仕向けられる原因である、社会資源の不平等な分配という現実を無視している。したがって、メディアが促進する社会的団結や結束力は、社会的支配集団の利益のためであって、それ以外の人たちのために存在しているのではないということになる。

　そこで重要な議論の一つとして、「どのような条件で」、そして「誰のために」メディアはメディアイベントの舞台を用意し、「我われ意識」を促進させ、社会構成員のコミュニケーションを促進し、自分たちには共通の利害関係があるという意識の醸成をするのかという問題が出てくる。これは、それぞれ区別された回答が必要となる難しい設問である（注2）。一方では、メディアは実際に社会的連帯を促進することによって公共の福祉に貢献している。なぜなら、民主主義は、人びとが国家による公益の枠内で、公益のためにする行動によって個々人の可能性を高めることに信頼をおかなければ、適切に機能しないからである。政治が、たとえば、確実に納税をさせ、投票には意味があると人びとを説得するといった、もっとも基本的なレベルで成功しようと思えば、人びとの間に集団意識や相補性が互恵をもたらすという感覚を形成することが必要となる。その一方で、国民の連帯はある種の抑圧によって保障される。ある種の抑圧とはたとえば、主として富めるものに利する低い税率や最低の福祉国家体制につながる自立や個人所有という核心的価値観への社会的賛同、少数民族への差別を正当化する民族の団結という意識の醸成といったことがそれである。リベラル派の機能論によく見られるように、

社会的統合を促進するというメディアの役割を無邪気に賞賛することは、その社会的統合がどのような形で実行されているかというきわめて重大な事柄を無視していることになる。

重要な議論の二つ目は、自由社会におけるメディアがどこまでほんとうに自主的で、人びとの代弁者になり得ており、社会構成員すべてのために活動できるのか、ということである。ラディカル派によってなされる反論は、これまで見てきたように、メディアは支配者集団のために行動し、社会の主従関係を維持するというものである。次に、これまで概説してきた双方の議論を批判的に取り入れ、総合しながら、この議論を検討していこう。

メディア組織の再評価

ラディカル派の議論は、メディアを権力の中心的軌道に向かって引き寄せる多くの影響や圧力、制約に人びとを注目させる点では正しかった。そうした主張の要約から始めることが問題理解の助けになろう。

さて、メディアを形づくる一つの強力な影響力とは、その時代の支配的な思想である。だが、この思想を一枚岩としてみるのは単純すぎる。なぜなら、多くの時代において、その時代に優勢な思想には相互に矛盾したり、両立しない要素が存在しているからである。事実、それは「支配的イデオロギー」という一つの思想システムというよりも、いろんな考え方が多層状態にあるネットワークとしてとらえたほうがたぶん正確であろう (Hall 1985)。しかし、たとえ外部から挑戦を受けたときでも、支配的なイデオロギーの正当性が問われるような場合であっても、そのイデオロギーは多くのメディアにおける議論の場を支配しているという核心的部分を弱めるわけではない。たとえば、自由市場主義の利点やイスラム教徒によるテロリズムの脅威に関する議論は保守的な思潮を強める方向で枠づけられ、最近のメディア表現を一方向に固定する影響を及ぼしてきている。

もちろん、そうした傾向をもつ言論も民主主義社会における人間の自由な

相互交流の過程から出てくるコンセンサスの要素にすぎないという議論もできる。しかし、それでは、社会におけるさまざまな考え方の流通が、不平等な資源の分配によって影響を受けることを無視することになる。一部の者がより大きな文化資本（権威、専門的知識、コミュニケーション技術）や社会資本（特権と社会的コネ）、あるいは経済資本（経済的権力と物質的財産）を思い通りに利用できる。「持てる者」はそれらの資本を利用して、考えや情報を開発して広め、民衆の態度や行動に影響を与えることもできる。このようにして、メディアによって取り込まれた社会の政治的文化にはしばしば、多様な形態をとった不平等が刻み込まれている。

　実際、メディア学はこうしたことが具体的にどのようにして起きるかを解明する。たとえば、報道機関は限りある時間と予算という圧力に従わざるを得ない。そのため、報道機関はより効果的で低コストの取材法として専門スタッフを国家の諸官庁のような権威的な機関に派遣している。これはそれらの機関の行う活動や関心事項にたいして、メディアが特別に注目することにつながっている。このやり方は、社会的弱者や未組織の人びとが通常の取材対象に組み込まれていないのとは対照的である。また、そうした人びとは信頼度が高くないから、そこが情報源となったもののチェックには時間と費用がかかる。そのため、報道機関にとって弱者は情報源としての魅力がなくなってしまう。

　ニュース情報の提供元はその報道の仕方をある程度支配することが可能である。メディアの内部と通じることによって、強者の集団は何が報道されるかということだけではなく、どう報道されるかについても影響をおよぼすことができるのだ。今では、企業と政府に広報（PR）部門が設置され、このプロセスがより強化されている。PR部門に充実したスタッフをそろえることによって、主要な社会組織はより質の高い報道をしてもらおうとする。それは事実上、情報収集と処理の段階でメディアに補助金を与えているようなものだといえる。

　メディアを作り上げている一つの影響が社会に広範囲に拡がっている不平

等であるとすれば、もう一つの影響は国家をとおして支配層がおよぼすものである。国家は幅広い強制力、規制や管理権を持ち、それらを自由に使ってメディアの自由な発言を抑圧し、コントロールする力を秘めている。具体的にいえば、厳罰を含めたメディアの自由への抑圧的な法規制、新聞事業への免許付与、ジャーナリズムという業界に職を得ることへの制限、民間テレビ・ラジオ放送網設置に関する政治的割り振り、公共放送とメディア規制の担当職を政府支持者によって固めること、親政府的なメディア「のみ」を援助するために独占禁止や財政援助の規制条項を緩和すること、などを行っている。これらの一部、もしくはすべての措置が、ポーランドからイタリアを含む多くの自由民主主義社会の中で、メディアに政府や私的利害を支持させることを企図して実行されている。現実にこうしたことがおこなわれているのは独裁主義的な社会に限定されているわけではない。

　国家権力の乱用はリベラル派の分析ではよく出てくるテーマであり、アメリカのメディアはだいたいにおいて国家管理から独立しているから自由であるとする主張の展開のためにしばしば使われる。しかし、この見方が見落としがちなのは、「自由市場」そのものが管理機能を果たしているという事実である。リベラル派の理論では、市場競争は需要と供給を調和させ、消費者がそれを最終的にコントロールすることを保障している中立的なメカニズムとなる。しかしこの主張は、純理論的に考えられた自由市場主義経済の原理であり、現実に展開されている多くのメディア市場にあてはまるものではない。メディアの産業化は投資額を巨大化させ、読者や視聴者の少ない周辺的ニッチ市場を除いては、メディアの所有は一般民衆の手の届かないものとなった。そのことによって、メディアの多様性が制限され、消費者の選択権と権利が縮小されることになった。それは同時に、メディアがますます巨大企業の手中に堕ちてゆくということへとつながっていった。そうした巨大企業は、市場親和的な政策を押し進めることに実質的な利害関係を持っているのである。メディアの主要な株主や経営トップは裕福な社会的エリートの一部であり、「現状」を支持する側にいる。彼らは政策の立案、主要スタッフの

雇用と解雇、報酬の分配といった方法で、メディア企業の企業風土、方向性、目標に潜在的に影響を与えることができる。しかし、メディア組織内部における彼らの権力行使は、いくつかの理由によって制約されているし、彼らの政治的傾向も一律ではない。とはいえ、支配下に置いたメディアによって自分たちの政治的見解や経済的利益を促進してきた右翼的なメディア界の大物は、マードックからベルルスコーニにいたるまで少なくない。

　要するに、参入コストが高くなることによって、メディアが民衆の声を代表しないようになってきたのである。メディアが民衆を代表しない程度は、メディアの寡占体制の進行が競争を制限することで、さらに強化された。コミュニケーション技術の革新がメディアシステムの拡大を可能にしている一方で、マルチメディアの集中によって、この拡大の影響は相殺されてきた。このマルチメディアの集中という動きはメディアコンテンツの供給者と流通を管理する側との間、そして従来型メディアと新しいメディア企業との間の連係をますます強める形をとっている。

　広告は一部のメディアにとって主要な収入源である。広告予算の配分は社会内部の所得と影響の不平等を反映し、勝ち組の声を二つの方法で過剰に代弁する傾向がある。自分たちが利用する大手日刊紙のようなメディアにたいし、相応以上の資金的サポートをおこなうことがその一つである。また彼らには広告に使える資金に余裕があるため、メディアシステムの多くが豊かな消費者向けになるように促すことができる。脅迫的な圧力ではない、このような間接的で、人間関係を利用しない影響は、ラディカル派の批評家の中には誇張しすぎている者がいるとはいえ、特権層が関心をもつことをメディアが過剰に表現する傾向を的確に言い当てている。

　より一般的にいえば、市場民主主義は平等を原則としていない。富めるものは貧しいものよりもメディアの作り出す消費にたいしより多くの資金をつぎこむことができる。これは情報へのアクセスの不平等の原因となっており、インターネット関連でもっとも顕著である。

　要するに、裕福で権力を保有しているものは貧しく弱い立場にあるものに

比べ、自分たちの利益を主張するためのより多くの手段をもっているということである。前者は多くの場合、情報収集の過程がルーティーンワーク的にシステム化されたことの結果として、報道機関に接触する内部ルートをもっている。メディアの経済構造は巨大ビジネスをメディアの運営の中核に埋め込むようになった。こうしたさまざまな影響力がメディアをしてエリートの関心と利害により大きな注目をさせることにつながっている。

カウンター・フィルター

　ラディカル派の研究者たちはいみじくも、メディアがおおいに誇る独立性にはしばしば怪しい面があると指摘している。しかし、ラディカル派の中心的議論が間違っているのは、メディアを巻き込む影響力が総体として一定方向から来ていると考えている点である。たとえば、ミリバンドの古典的マルクス主義的評価では、英国メディアは「たくさんの影響に直面したが……それらのすべてが同じ保守的な方向性をもっていた」(Miliband 1973：203)との結論である。同様に、ハーマンとチョムスキーも、アメリカのメディアは相互に保守的な世界観を補強するいくつかのフィルター（浄化装置）に従うようになっていると主張し、こういっている。「ニュースの原素材はそうした数々のフィルターを通過せねばならず、実際に報道に適するとされるのは浄化の後に残ったものだけである。それは言論と解釈の前提条件、さらには最重要のニュース価値とは何かの定義を固定化してしまう……エリートによるメディア支配と、異見・異端者の軽視といったことがこれらのフィルターの作用によって起きている」(Herman and Chomsky 1988：2)。
　こうした悲観主義的な見方にもかかわらず、ハーマンとチョムスキーは、メディアには潜在的に七つの対抗的影響力、二人の言い方を借りると七つの「カウンター・フィルター」を特定することが可能であるという。これはラディカル派の議論のなかでも論争点となっており、以下、それらをやや詳しく検証しておくことにしよう。

まず、最重要の対抗的影響力とは、非エリート集団が自由に使える文化的手段を用いて、時の支配的思潮に挑戦し打倒しようとする潜在的な能力である。彼らはこれまでとは異なった社会理解を発展させることができ、強い集団意識の感覚を育て、自分たちの組織への支持を増強し、自分たちの世代から次の世代へ自分たちの集団への忠誠心と重要な貢献を伝えていくことができるというのである。職場や公共の場での集団的行動を行い、社会の集団的対話に参加し、自分たちのコントロールできる組織を発展させ、新しい価値観を表現する、サブカルチャーの形式と儀礼を生み出すことによって、彼らは社会公共的な文化に影響を与える勢力となり得る。

　こうした思想闘争の成功は国家のコントロールの獲得につながる。政党を経済的に支援、支持し、選挙で当選させることで、民衆の力は国家権力の舵取りに大きな力を発揮することができる。こうすることで、富者から貧者へ、健康なものから病んだものへ、有職者から失業者へと、民衆とメディアの双方が支持する形で、社会的資源の移動を図ることができる。国家はまた民衆の偉大な教育機関でもある。新しい公的なイニシアティブ、新しい情報を生み出すための公的施策、新しい課題の提起、国家の財政援助による新しい提携関係の構築などによって、国家機関は潜在的に、選挙後まもなくの間はとくに、メディアが活動している政治的「風土」を変化させる能力を持っている。

　国家権力を柔軟にする一つの方法は、オープンで自由な公衆による議論を奨励するコミュニケーションのチャンネルを開くことである。公共サービス放送（public service broadcasting）はヨーロッパをはじめ多くの国、地域で設立されたが、その目的は、人びとを無知のままで捨て置くのではなく、政治情報や思想にアクセスできるようにさせるためであった。こうした放送による情報の生産と伝達は、通常、中立的なニュース報道をおこない、一般に社会におけるすべての重要な視点を十分に紹介しなければならないといった条件を満たさなければならない（Papathanassopoouolos 2002; Wieten, Murdock and Dahlgren 2000; Tracey 1998）。くわえて、民主的な国家は、多様な「社会政策的

配慮」（social market policy）による財政補助などの手段を用いて少数派集団のメディアを支えるために公共放送に介入する（Curran and Seaton 2003）。

　メディアにたいして影響を与える一つの方法がメディアの目的を規定し、競争できる分野と条件を規制することだとすれば、もう一つの方法はメディアが情報源として、あるいはコメント提供者として使える組織を立ち上げることである。

　非エリート集団のメディアへのアクセスは全体として限定的だが、これは各組織の努力によって、改善され得ることである。英国では、労働団体と数多くの市民団体が1980年代と90年代に、メディアに対しより効果的に意見を伝えようとして、広報（PR）体制の改善をおこない、かなりの成功を収めた（Davis 2002）。広報は事実、比較的低コストの活動であり、資金に限りのある組織によってうまく利用できる可能性を持っている。

　しかし、こうした広報の成功は技術的な巧妙さには部分的にしか依存していない。民衆の支持があることをメディアに納得させることができれば、メディアの側はそれに注目せざるを得ない。こうして、情報源としてのシン・フェイン党は、北アイルランドにおける選挙で勝利することによって民衆的基盤をもっていることを証明した1980年代に、英国のジャーナリストからの評価を急上昇させた（Miller 1994）。圧力団体が扱う個々のテーマが関心を集めれば、その団体のニュース価値も上がる。たとえば、環境問題についての関心が高まり、政府もそれに呼応したため、1980年代にはジャーナリストたちは、自然保護団体を情報源として多く使うようになった（Anderson 1991; Hansen 1991）。つまり、当該組織集団が情報源として使われるかどうかとか、その信頼度といったことは、単にそれら集団の広報能力だけではなく、その集団が属する社会全体に起きている多くの変化に対応して変わり得るのである。

　非エリート集団は自分たち独自のメディアを持つことで注目を集めることもできる。労働組織の台頭は20世紀前半における多くの国における大衆紙の繁栄によって支持され、20世紀後半になると、韓国や台湾のような国・

地域における民主化運動が従来とは違う、重要なオルタナティブメディアをスタートさせることになった。

しかし、オルタナティブメディアは全体としてまだ貧弱である（Downing 2001; Couldry and Curran 2003）。それらには十分な資本力がなく、伝達網の整備がむずかしく、さらには、しばしばビジネスの知識や経営について経験を欠く傾向にある。それらはまた、収益を上げることがその主たる目的でないために、市場システムにうまく適応できず、短命に終わることが多かった。

そうした新しいメディアが最も影響力を持ったのは、少数派・ニッチを対象とした経費のあまりかからない方面においてであった。1970年代から80年代にかけて、それまではメジャーな音楽会社との関係に組み込まれていたのに、新しいテクノロジーと、人びとの嗜好が多種多様に分化したことによって、革新的な音楽が独自で大きな影響力をもつようになった（Burnett 1990; Hesmondhaulgh 1997 and 2002）。地方のラジオ局も革新的なグループがメジャーに進出していく舞台となった、費用のあまりかからない分野であった。しかし、よく知られたアメリカのラジオネットワークであるラジオ・パシフィカは一時的にその存在感と影響力をもてはやされたが、1990年代後半になって厳しい状態に追い込まれた（Downing 2001）。

しかし、新規メディアがたいした成果をだしていないという過去の記録はインターネットによって書き換えられるかもしれない。懐疑派は、インターネットへのアクセスはコンピュータ所有に見られるグローバルな階級的不平等によって制限されていると指摘する。最もアクセス件数の多いニュースサイトは大手メディアによって管理されているものであることが多い（Curran and Seaton 2003）。サーチ・エンジンはオンライン上での流通システムの機能を担い、人びとをよりポピュラーな、一般的には最も資金の多いサイトに連れていく（Introna and Nissenbaum 2000）。現実の世界における不平等な資源の配分が不可避的にサイバースペース上の機能にも影響をおよぼしているわけだ。インターネット会社の上級経営者がいうには「宣伝をしなければ、貴方はハイウェイにポツネンと立っているレモネードの売店みたいなものです

よ」（引用：Herman and McChesney 1997：124）。だが、インターネットの到来は個人と集団の重要で民主的な表現手段を提供している。それは低コストで、グローバルで、インタラクティブ、かつ比較的公的規制からは自由である（ただし最近、この項目だけはそうでなくなりつつある）。インターネットは現実に、グローバルなレベルでの積極的な行動主義の発展に重要な役割を果たしてきている（Meikle 2002：Bennett 2002）。

もしメディア従事者が、専門家としてのプライドを社会奉仕に置いておれば、ふだんは周辺に追いやられている民衆もメディアにもっと「登場する」ことができるだろう。しかし、このような主張には批判的な検討が必要である。争点の第一は、学問的な研究で記録されているジャーナリストの自律性がどの程度まで真実であるかという問題である（たとえば：Weaver and Wilhoit 1991）。独立性についてのジャーナリストの感覚は、ある程度までは、彼らを雇用する組織の内部規範としての編集・倫理綱領などを内面化することから生じるであろう。彼らが自律していると感じることができるのは、彼らが指示されなくても自分たちに期待されていることを行っているからである。

第二の争点は、ジャーナリストが職業的価値規範に従うことによって、社会における権力のヒエラルキーからどの程度までほんとうに独立できているかということである。批評家からなされる、こうした「ジャーナリスト精神」への批判には以下のようなものがすぐ挙げられる。たとえば、記者の職業規範は、何が真実であるかを見極める必要性を回避し、強者を怒らせることを避け、強者に不快感をもたせることになる記事を避け、締め切り時間を守るという、歪んだ客観性解釈を基盤としているという主張がある（Tuchman 1978a）。また、ごく狭い範囲の情報源に依存することを正当化することによって（Sigal 1987）、体制に順応し、ジャーナリズム性を失っていくものではないのかといった講評がある（Gitlin 1990）。

ただし、これらの批判はアメリカというたった一つの国でおこなわれた研究からきているにすぎない。たとえ、ジャーナリズムに関するアメリカの教えが世界的な影響をもっているとしても、これらの批判が普遍的な妥当性を

もっているわけではない。大事なのは、異なった文脈のなかで追究された異なったジャーナリズムの概念に注意を向けることである。アメリカのテレビで強く主張されるジャーナリズムの定義の一つは、統一体としての民衆を代表することにジャーナリストの役割を見るものである。だが、それでは「主流」の見解を報道する傾向をもつことになる。もう一つの主張は西ヨーロッパのテレビにより大きな位置を占めているもので、民衆による議論を活性化する役割をより強調するこの立場は、主要な組織の指導的人物の発言を特別に広くとりあげる傾向をもつ。その他の重要な議論としては、マルコム・マクレーン・ジュニアの言葉を借りれば、ジャーナリストは「富者のなかの貧しいもの、飽食者のなかで飢えているもの、健康な人びとのなかの病んでいるもの、等々……といった、情報があふれた社会のなかでその声が聞こえてこないものの声を伝えるべきだ」（引用：Manca 1989：170）と主張する情緒的でラディカルな立場などがある。こうしたさまざまな定義が示唆するのはジャーナリズムは民衆にどのように仕えるのか、どのような実践をすべきかについて、じつに多様な解釈があるということである。

必要なすべての条件をこうして検証していくと、メディアの専門職業人たちによる公衆の代弁が「できる」という主張は、必ずしも現実的に不可能であるとは限らないことがわかる。実際、ジャーナリストによって追求される客観性という「戦略的儀式」でさえも、メディアを支配する者の党派的な意向を抑制するものとして作用し得る。たとえば、相対立する発言者から公平に意見を引用することは英国の大衆新聞の右翼偏向を控えさせる主要な手段の一つとも成り得るわけだ。たとえ、ジャーナリストが一般的に経営・管理者たちに従うとしても、第6章でも簡単に触れることになるが、ジャーナリストがその専門職人としての責務を守るために雇用者に敢然と立ち向かうこともまれにはある。また、ジャーナリストはしばしば企業の権力を十分に検証できなくても、政府などの公的権力の乱用を監視した実績は持っている。

人びとがメディアにたいして影響を与えることができる手段として、最終的かつ重要なものは消費者としての力である。この消費者としての影響の度

合いとその内容は市場における現実の選択の広がりの程度いかんにかかっている。また消費者のモチベーションにも関係してくる。英国の全国紙の編集方針と有権者の投票傾向との相関が長い間ほとんどなかった理由の一つは、有権者である多数の労働者が面白く読めることを理由にして右派的新聞を好んで選択してきたからである（Butler and Butler 2000）。労働者たちは自分たちの意見が代弁されていることよりもそれによって気晴らしができるという基準で購読紙を選んでいたのだ。

たとえそれが複雑な形態をとったとしても、市場競争がメディアと民衆の関心をつなげることもたしかである。競争は異なったオーディエンスの要求に応じるため、市場の分化と専門化を促進する。より一般的には、消費者の影響は株主だけではなく支配的文化の力にたいしても抑止力となり得るのである。マスメディアは大多数の人びとに娯楽体験を与えられる工夫をしなければならない。そして、そうした大多数の人びとの社会的立場や経験は、メディアの支配者たちのイデオロギー的立場や時代の主流思想にたいしてさえも抵抗力になる可能性があるからである。このことは、収益を最大にするために、オーディエンスの関心を満足させるメディアを成立させる可能性がある。それはまた、報道とドラマの両方で、異なった社会集団の多様な考え方に合うように、意図的に多様な解釈に開かれた意味をメディアが伝えていく結果をもたらす。

要するに、メディア組織は潜在的に権力の支配的領域に自らを誘い込む枠組みには逆らえない。だが、非エリート集団にも抵抗手段がまったくないというわけではない。非エリート集団はまた、対抗的政治力や文化力、情報源、情報生産者、そして消費者の対抗的力を通じて影響を与えることができ、メディア従事者の公益を重視する文化の結果として、あわよくば、その声がメディアに取りあげられることもあり得る。2003年のイラク戦争はこのプロセスをよく例証している。英国において、市民の支持を得た合法的な反対勢力と今なお重要な公共放送の存在が合わさった結果、反戦勢力側が大きな存在感を示すことができた。右派政府と多くのビジネス界のエリートたちが戦争

を支持したその他のヨーロッパ諸国でも、市民の反対が相当にあり、その活動はメディアでもかなり大きく報道されたのであった。

相対的な違い

　本章での総括的なアプローチはメディアの中立性や代弁者的性格に疑問を投げかけるラディカル派の批判の持続力を維持していく一つの方法を提供する。このアプローチはメディアが複数のエリート層から圧力を受けるものであることを認めるが、それと同時に、メディアを形成するすべての重要な影響力が同じ方向に流れているという、ラディカル派機能主義論者の前提を無条件に受け入れることはしない。
　この統合の試みはリベラルデモクラシーにおけるメディアの在り方のモデル化（理念型化）という形をとることになる。この試みに単純化は避けられず、二つの重要な条件が課せられる。第一は、ほとんどのメディアシステムは画一的な統制状態にあるわけではないということ。相反する影響がしばしば共存できるのは、棲み分け機能がはたらいているからである。メディアシステムのそれぞれ異なった部分は、多様な関心と見解をもつ多様な民衆にそれぞれ対応しているのだ。
　第二は、より重要な条件で、相対的な違いに関係している。メディア理論は左右を問わず全体の傾向として、似通った経験をもつ国々、あるいはわずか一国で得られた少数の事例によって、総合的ないしは普遍的モデルとして一般化されやすい。こうした傾向に反して、国による違いがどれほどあるのかを強調することが重要である（Curran and Park 2000）。とりわけ、メディアシステムは国によって、それぞれの社会において基本的な部分で異なる権力システムや、エリートと非エリート間の力関係の違いを反映していることに留意すべきであろう。
　たとえもし、いくつかの一般的な特徴がグローバルに識別できるとしても、それらはそれぞれに異なった仕方で展開されてきたものだ。最近の傾向とし

て、西側諸国のほとんどの産業化社会において、進歩的同盟の中核集団としての労働者階級は弱体化しつつある。労働者階級はより小さくなり、グローバリゼーションの結果としてその集団的経済力は縮小し、その内部的結束力と仲間意識も弱まっている。しかしこのような弱体化の傾向が一般的に見られる一方で、組織された労働者階級とその連合が獲得した地位には国によって大きな違いがある。スカンジナビア地域では労働者は依然強い労働組合として組織され、影響力のある政党を支持し、彼らの代表がリベラルな協調組合主義的施策（liberal corporatist arrangements）によって国家に影響力をふるっている。集団的・平等主義的価値観が北欧文化に深く浸透し、スカンジナビア地域のメディアシステムに大きな影響を与えている。公的所有の、あるいは広範囲の、規制された民間ラジオやテレビといった形の公共放送が今なお、スウェーデン、ノルウェー、フィンランドのメディアシステムの中心的位置を占めている。北欧的価値観の表現の場であるスカンジナビア地域の映画産業は公的資金助成を受けており、弱小の新聞や雑誌も左右を問わず、政治的に異なった意見の交換の場の維持を目的とした、公的助成によって支えられている。

　それとは際だった対照をなすのがアメリカで、そこには民衆に支持された労働者階級の政党が存在せず、その労働組合は弱く、しばしば反動主義的であり、国の文化は個人主義的で保守的である。そのメディアシステムは、言い換えれば、対抗的文化力と政治力の弱さによって形成されているとさえいえる。その公共放送システムはやせ細って周辺に追いやられ、2003年には視聴者全体の２％以下にしか届いていない。免税・減税の形をとった報道機関にたいするまやかしの助成システムは、市場を支配する新聞系列を最もよく支援するようにつくられている。したがって、アメリカでのラディカルな意見と視点は北欧メディアと比較すればはるかにその存在感がとぼしい。

　しかし、ラディカルな主張はアメリカのメディアにおいては少なくともある程度の注目を得ている。それとは対照的に、1980年代から90年代にかけてのシンガポールの主流メディアはラディカルな反体制的意見を最小限にし

か認めなかった。精細に組織化されたシンガポールのエリート層、メディアの支配者と与党との堅固で強力な関係、強圧的な法規制、繁栄した都市国家におけるエリートの政治的・文化的支配の広がりといったすべてのものがメディアによる異議申し立てをきわめて困難としたのであった（Atkins 2002; Kuo et al. 1993; Hachten 1989; Ramaprasad and Ong 1990）。

メディアの権力

メディアの権力（media power）についても、上述の議論を理解すればわかりやすくなる。ある立場の主張では、メディアを選んで接触しているという意味で、オーディエンスは権力をもち、自律的である。これは最初、アメリカのコミュニケーション学者たちの「効果」研究によって提唱されたことだが、この主張はラディカル派見直し論者のなかの「受容」研究者らによって、少しだけ異なった形で受け継がれた。この見直し論は、今ではその分野のれっきとした正統派となっている。この立場に対抗的なラディカル派の論は左派の先駆的な研究者によって広く普及した、メディアを「教え込み」の強力な機関としてとらえるものだが、それは今では広い範囲で非難され、嘲笑されている。

だが、オーディエンスには「権力」があるという、この新しいコンセンサスと反対にオーディエンスの力は現在の知的風潮のなかで誇張されているのではないかと私は考える。しかし、オーディエンスに影響を与えるメディアの力は、ラディカル派の先駆的研究者らによって提唱された以上に、社会的背景に関連づけて、より限定的な形で、理解されるべきであろう。

積極的かつ選択的にメディアに反応する人たちとは違い、メディアの提供する議論をすべて拒絶するオーディエンスの能力は、それらの人たちが主流文化に対抗するサブカルチャーのなかで生活しているかどうかによってほぼ決定される。主流に異議を唱える考え方のなかで社会化され、対抗する社会組織やネットワークによって育てられ、異なった手段で提供される情報によ

って支えられた人びとは、主流メディアによって伝えられる意味を一般とは逆の方向で解読する強力な立場を確立している。反対に、主流の政治的文化へと社会化され、伝統的社会ネットワークへと統合されたオーディエンスはメディアに対し、批評的で選択的かつ創造的な関係を築くかもしれない。が、そこに対抗的な姿勢があるとは思えない。

　非主流の意見へのアクセスのし易さ、つまりメディアによって提供される政治的コミュニケーションにオーディエンスが効果的に抵抗できるかどうかの鍵は、時代によって大幅に異なるし、社会によっても多種多様である。大衆による抵抗のよい例は、革命前のイランに見出すことができる。そこでは、国家に支配されたメディアはシャー体制（1979年に崩壊）を民衆に支持させることに失敗した。モスク、バザール、そしてオルタナティブメディア（とくに亡命した指導者たちが吹き込んだカセットテープと大音量スピーカーによる説教）、イスラム寺院を中心とした文化と政府批判の過激集団の形成、ひどいインフレ状態と広範囲な社会的腐敗、西洋化への抵抗の増大、不平等と抑圧の深刻化などを背景として、国営メディアのプロパガンダにたいする民衆の抵抗に力を与えたのである（Sreberny Mohammadi and Mohammadi 1994; Hobsbawm 1994）。

　それとは対照的に、レーガン政権時代のアメリカの民主主義体制は、より安定し、秩序が保たれ、表面的には調和のとれた社会という脈絡において、きわめて大きな政治的正当性と民衆からの国家への忠誠を享受していた。アメリカの民衆の主要メディアにたいする反応はあまり敵対的ではなかった。その理由は、多くのオーディエンスが、一般的な意味において、自分たちが接触しているメディアと同一の世界観をもっているからである。レーガン政権下の重要な失政は人種問題に関するものであったが、そこにおいても、イデオロギー的統合を通じて対立は覆い隠されていた。このことは、「オーディエンスの主体性とその力とを同等視すべきではない」という重要な指摘をする「受容」研究がよく示しているところである。

　ジャリーとルイスは裕福で感じのいい医者とその家族に焦点をあてた、テ

レビの人気長寿番組『コスビー・ショウ』（訳注：1）への視聴者の反応を検証した（Jhally and Lewis 1992）。彼らはそこで黒人と白人の視聴者には反応に違いのあることを発見した。アフリカ系アメリカ人（黒人）にとってのコスビー・ショウの主な魅力は、1980年代当時のアメリカのテレビ番組ではまだまれであった、成功した黒人家庭を肯定的に描き出したことであった。だが、多くの白人視聴者にはコスビー・ショウは別の意味を持っていた。彼らにとってこの番組は、「人種差別」が過去のものとなったという社会的安心感を与えるものであったのだ。

　したがってこの研究は、異なった社会経験をもつ人びとはその視聴行動にもそれを反映させるから、テレビシリーズは視聴者集団ごとに異なった意味をもつという、従来からの研究成果とまったくおなじことを示したのである。しかし、それが同時に明らかにしたことはアメリカ社会の中心的な考え方によって形成されたある種の類似的反応である。その信念とは、積極性、勤勉、能力は自由と機会の大地においてかならず報われるというものである。多くの白人視聴者は、この番組をみることによって、肌の色が成功への障害であった時代は終わったのだと認識した。しかし、それと同時に彼らは、現実には多くのアフリカ系アメリカ人が依然貧しい暮らしをしていることを知っている。この番組はジャリーとルイスが「啓発された人種差別」（enlightened racism）と呼んだ考え方に基づいていた。その考え方は黒人への肯定的な視点を基本としながら、アメリカ社会において彼らが落ちこぼれであることを軽蔑する文化に結びついたものだ。この番組はアメリカ社会の何を明らかにしたのかということについて、より複雑で、より混乱した反応を黒人視聴者の間に生みだした。しかし、かなり多くの豊かな黒人視聴者は、コスビー・ショウが主張するようなアメリカでの生活と価値観の賞賛、つまりアメリカンドリームの妥当性や、番組が展開したアメリカ的生活や価値観を広く受け入れている。さらにそうした黒人は多くの白人視聴者の意見に同調するかのように、「成功していない」黒人たちにたいし軽蔑を示していた。このことから、この研究が教えていることは、エスニシティの違いに根ざされながら

もアメリカ社会の能力主義的性格の中で広く共有されている信念によって形成された、一般的反応によって上書きされた二つに分かれた反応があったということである。アメリカにおける社会的な階層移動の可動性は現実には制限されているから、この信念はまやかしであるとも、ジャリーとルイスはいう。この研究では、オーディエンスは能動的ではあるが完全に自律的ではない、つまり彼らには選択能力はあるが、同時に外部のイデオロギー的影響を受けやすい存在であると結論している。

　主流メディアの影響から完全にのがれることはまれであり、その影響力は社会環境によって左右される。それでは、メディアの影響はどのように作用しているのか。多くの研究が示しているのは、ほとんどのメディアによる説得効果はすでにある態度や先有傾向といった要素にともなって起こる、ということである。メディアは隠れている思想・信条に活力を与え、既存の態度を新しい方向へと「導き」、他の傾向を犠牲にして既存の傾向を強化するのである。言い換えると、メディアは、社会的に既に存在しているものという制約内で機能する限りにおいてのみ、世論形成に影響を与えることができるということである。

　多くの古典的なモラルパニック研究はこのプロセスをドラマティックに描写している。ホールらは、1970年代の英国の新聞における、黒人犯罪者による路上強盗に関する報道の増加についての実証的研究を行った（Hall et al. 1978）。この「路上強盗」は犯罪行為じたいとその増加がべつに新しい現象ではないのに、メディアはその犯罪を前例のない、新型犯罪の増加として取りあげた。しかし、この報道の仕方は民衆の憤激をかきたてることに成功し、きびしい処罰を望む声を増加させた。なぜなら、それは社会の異端者に対する固定イメージ、黒人移民に対する敵意、社会変化にたいする恐怖と怒り、犯罪や労働観について社会的に根付いている態度を利用したからである。そこから得られる示唆は、報道がこの事例において成功したのは、プレスが社会の既存の傾向と結びついて、現状の不満に対するイロハを提供したからであるということである。

ゴールディングとミドルトンが示したのも同様で、これとほぼ同じ時期にタブロイド紙は「福祉援助の不正受給」撲滅について多くのキャンペーン記事を掲載した（Golding and Middleton 1982）。ここでも、メディアは他に多くある脱税事件よりも援助の不正取得に意図的に焦点をあて、貧しい市民の中には本来権利のある社会保障を要求しない多くの人びとがいるという事実をほとんど無視したのである。ところが、このキャンペーンは市民の大きな憤りを呼び起こし、一時的に社会保障制度への社会的支持を弱めさえした。なぜなら、それらの記事は四世紀以上も昔にさかのぼる「下働きの貧弱」に対する、社会に深く根付いた憎しみを利用し、さらには、景気後退の間に生活水準の落ち込みに苦しんできた労働者の怒りをあおったからである。

　サイモン・ワトニーとジェニー・キッジンガーの議論も同様のことを指摘している。メディアは1980年代にエイズが発生した当初、最初の集中的な敵意を男性同性愛者に向けたというのである（Watney 1987; Kitzinger 1993）。それは法律とキリスト教神学の両方の支持を得て、同性愛を嫌悪する社会風潮を利用したのであった。メディアは最初、性行為によるのではなく、日常生活における接触感染の危険性を過大に表現し、「殺人伝染病」の感染者をゲイや売春婦、麻薬使用者といった社会的逸脱者で、その罪深き行為が「罪なき」社会を危険にさらしているのだという仕方で人びとの恐怖をあおった。これらの記事が1984年から87年にかけて、同性愛は「常に」あるいは「ほとんどの場合」、間違っていると考える人びとを急激に増加させる原因となった。

　ここで取りあげた例のすべては、じっさいのメディア・キャンペーンに関連したり、大衆説得についての研究である。しかし通常は、メディアはより間接的かつ一般的にその影響を発揮するものである。メディアへの接触時間は経済的に発展した多くの国々では一人あたり平均値として週に30時間以上になる。メディアは、社会が伝達されるための重要な方法となっているのである。つまり、メディアは、人びとが自ら直接に知ることができない世界についての情報を取得するための重要な手段である。メディアは人びとにと

っての「現実」（reality）の理解に影響し、間接的かつ婉曲的に人びとが現実に向かう態度を形成しているわけだ。

　メディアはニュース、評論、そしてフィクションによって社会的地図を描く。これらの認知的地図は何が社会的に注目されるか、あるいは何が背景への退けられるべきものかを示している。さらにメディアは社会の働きの解釈もおこなっている。そのやり方には、明確な説明枠組みによるものもあるし、連想やゆたかなイメージ、思想の「自然」なつながり、肯定するものと否定されるべきものとの区分などに基づく暗黙の理解という形をとるものもある。

　メディアは単なる情報提供機関ではなく、公共的知識を形成する。メディアというものはその提供する認識枠組みによって人びとの世界観の形成に影響しているとする多くの研究が、このことに焦点をあてている（たとえば、Norris et al.1999; Miller et al 1998; Philo 1990）。このアプローチの典型例としては、さまざまな方法で編集されたニュース番組にたいする視聴者の反応を検証した、アメリカのテレビ報道の影響に関するイェンガーの実験的研究がある（Iyengar 1991）。彼によれば、アメリカのテレビ報道には①ネットワークテレビの多くに見られる、ニュース項目が相互の関連性をもたず、独立した形で提供されるエピソード型（episodic）と、②ニュースが系統的に説明される論題型（thematic）の二つに大別されるという。そこで彼が発見したことは、エピソード型報道は視聴者をして、出来事の責任は関係した個人にあると考えさせ、死刑を多く、刑期を長く、福祉の受益を少なくし、外国のテロリストへの軍事的な攻撃を是認するといったように、彼らに広報的解決策を探らせる考え方をさせるようになるという。それとは対照的に、論題型報道は、ものごとを社会的因果関係からとらえ、よりよい教育、貧困撲滅プログラム、問題の社会的原因の除去といった、社会改革に効果的に機能する公的対策の必要性を強調する傾向がある。あまり使われない論題型のニュース構成はリベラルな反応を促し、最も一般的に採用されているエピソード型報道は右派的な反応を促進させるというのだ。

　ただしこのパターンは視聴者が見るニュースのトピックやカテゴリーに無

関係な画一的なものではない。報道の枠組み（フレーミング）はテロリズムや犯罪にたいする見方に重要な影響を与えるが、貧困についての理解はそれまでの人種観につよく影響されており、報道そのものの影響力はすこししかなかった。また、とりわけ、共和党か民主党かのどちらかに深く関与している視聴者の間には、報道への反応に大きく異なる点があった。しかし、イェンガーは「フレーミング効果は長期的な個人の先有傾向にかかわらず定期的に現れる。論題型枠組みへの接触はこれらの先有傾向を凌駕し得るし、凌駕するのである」ことを発見した。彼の研究から、主流メディアによる「現実」についての定義が、社会全般に一律にではないにせよ、民衆の理解に影響していることがわかったわけである。

　要するに、メディアの影響は説得するという方向よりも現実理解の枠組み形成に深く関係しているという意味で、指示的というよりは定義的なものなのである。それは視聴者が、メディアの提供する情報との相互作用によって呼び出すことができる、じつに雑多な材料から構成されているものなのだ。イデオロギー的な統一性をもった社会ではメディアの影響は強く、意見が噴出する社会ではその影響はそれに比例して弱くなるということである。

結　論

　本章ではメディア学の発展とその歪みについて記してきた。ラディカル派の主張は自己流にしか資料を使わない見直し論者たちの議論によって弱められている。その一方で、リベラル派の多元的議論は比較的批判を受けることなく拡大している。しかしながら、旧来からのラディカル派の議論には失ってはならない重要な洞察がある。事実、もしラディカル派の議論が、とくに1970年代から1980年代にかけて犠牲になったラディカル機能主義の機械的な形式論から離れ、相対的差異の重要性に一層の注意をし、さらには正確に目標を定めた批判、とくに鋭い判断力をもった視聴者の反応を強調した批判の有用性を認めるならば、依然として、最も説得力のある総合的なメディア

論を提供するものだといえるだろう。そのことは、メディアにたいする民衆の影響を過大評価し、メディアによる公衆への影響を過小評価する、正当な議論として一般的になりつつある学説に対抗できるものとして擁護されるべきだろう。

　注
(1) 第1章の最後で記した統合理論の試みはグラムシ派的な主張を参考にしたものである。ただし、音楽については議論が足りなかった。
(2) 第6章は、異議申し立ての動きを育て、公正な和解を促す方法の探索を目的として、この「区別された回答」を敷衍した。
(訳注：1) このドラマは、黒人医師の家庭がその設定場所であり、妻が弁護士。夫婦関係や子どもたちの成長を描き、黒人であるがゆえに直面するさまざまな社会問題を各回のテーマにしている。

　　　　　　　　　　　　　　　　　　　　　　　（訳：三井愛子・渡辺武達）

第6章　グローバル・ジャーナリズム：インターネットのケーススタディ

はじめに

　もしダーウィニズムを進化論の中心であるとするならば、現在のさまざまなメディア研究の流派でそれに相当するのがオルタナティブメディアの研究である。このオルタナティブメディアに関する論文は一様に、輝かしい自信に満ちた夜明けのような躍進を宣言している。ところが、メディア研究分野で祝福される新しいオルタナティブメディアは、たいてい地に落ちる前に一瞬だけきらめく星のようなものなのである。英国でいえば、非常に期待された『リーズ・アザー・ペーパー』『イースト・エンド・ニュース』『ニュース・オン・サンデー』『レベラー』『ラフ・トレード』ほか、数多くの新しい試みが今となってはほとんど思い出すことさえできなくなっている (Minority Press Group, 1980; Landry et al.; 1985; Sparks, 1985; Chippindale and Horrie 1988; Hesmondhalgh, 1997)。同じことが、名前をあげればきりのない、かつては画期的な展開としてもてはやされた、今では忘れ去られてしまった世界中のオルタナティブメディアについても言えるのである (Downing, 1984; Lewis and Booth, 1989)。
　オルタナティブメディアの新しい試みによって呼び覚まされた途方もない期待は、しばしば新しいコミュニケーション技術をめぐる幻想に基づいている。ポータブル・ビデオレコーダーや市民バンド周波数帯ラジオ、デスクトップ・パブリッシング、ミュージック・シンセサイザー、ケーブルテレビのいずれにせよ、最新のコミュニケーション技術の成果は、人びとの手にマ

ス・コミュニケーションの強力な手段を与え、メディアの民主化を導くものとして期待された。もはや驚くべきことではないが、こうした期待は何度となく裏切られてきた。巨大なメディア組織の市場支配を継続させる基盤である経済的要因を、新しい技術が根底から変えることはなかったのである（Garnham, 1990; Graham and Davies, 1998; Curran and Seaton 2003）。

　にもかかわらず、インターネットの登場はまたしてもおなじみの期待を誘発し、今回はかつてない途方もなさをもって売り込まれている。小さくても独立したプロデューサーたちの家内産業として成立するネットが「マスメディアの巨大帝国」を一掃してしまうといわれ（Negroponte 1996：57）、批判的で選択的、参加型の新しい文化を生みだしているとされる。人びとは「押しつけられた」もので満足するのではなく、彼らが望むものをウェブやデジタルメディアから「引き出す」ことができる（Negroponte 1996：84）。より一般的に言えば、ネットは我われが住むオフラインの世界を再構成し、より住みやすい場所にする、平等主義的で開放的、相互につながりのある世界としての「サイバースペース」を生み出すというのである（Poster 1997）。

　こうした議論は執拗におこなわれ、かつ人気があるため、慎重に、といってもいささかうんざりだが、もう少し詳細な検討を加えておく必要があるようだ。ところで、いったいその主張のどこに、たとえわずかでも真実が含まれている可能性があるのか。ここで私がこの議論をさらに展開する理由は、インターネットが個人や集団の重要で新しい表現手段を提供するようにみえるためである。反グローバリゼーションの運動で、組織化されたグループがネットを利用して人びとを動員するやり方（Lax 2000）、あるいは中国の前近代的な法輪功のケースでの、ネットを通した国際的な支持の訴えといったものが今、注目を集めている。したがって、ネットはオルタナティブな意見の発表を以前より容易にしているのかどうか、そしてまた、インターネット技術がジャーナリズム活動の新たな展開を可能にするのかどうかについては調べてみる価値があるようだ。ここではさしあたり、『オープンデモクラシー』（open Democracy）という英国に拠点をもつインターネット雑誌の事例研究を

通してこのことを検討しよう（注1）。それによって、ネットによる「出版」
（publishing、発表）の実態と可能性について何が明らかになってくるのだろ
うか。

起　源

　『オープンデモクラシー』は、オルタナティブメディアのプロダクション
による、無一文からの出発という、見たところ典型的な武勇伝として始まっ
た。英国の憲法運動に参加する人びとのあいだにネットワークの基盤を構築
するという、ささやかな計画として生まれ、クエーカーの大チョコレート財
閥の分家であるジョゼフ・ラウントリー社会事業信託から、40,000ポンドの
助成金を与えられた。しかしながら、カリスマ的な発起人、アンソニー・バ
ーネットは続けて、より野心的なプロジェクトへと計画を発展させることを
決めた。それはバーチャル版『ニュー・ステーツマン』（virtual New Statesman）
として、ラウントリー信託に理解され、歓迎された。この『ニュー・ステー
ツマン』は公共問題や芸術に関する左翼系の雑誌という社会的評価を受け、
1960年代からほぼ一貫して部数を減少させてきた。1980年代に編集担当ジャ
ーナリストとしてバーネットを雇い、たいした信用もされず、影響力もない
まま、出資者のジョゼフ・ラウントリー信託が多額の金をつぎ込んできた出
版物であった。
　結局、ジョゼフ・ラウントリー信託は元金としての最初の助成金の使用は
認めたが、始める前から失敗が予測された、より大きなこのプロジェクトの
主要後援者になることを見合わせた。そのため、バーネットは3人からなる
小さなグループを作った。集められたのは、腕の立つ知的なジャーナリスト
で、発行準備段階で有給であった唯一の人物であるデービッド・ヘイズ、優
れた才能をもつ映画制作者にしてライターのスーザン・リチャーズ、もう一
人はライターで、3人のうちで唯一、実験劇場グループの創業者としていく
らかのビジネス経験がある、コンピュータの熱烈な愛好家、20代のポー

ル・ヒルダーであった。

　彼らはパイロット版を始めるにあたり、公共問題や文化について隔週で記事更新されるウェブサイトという新しい事業を北ロンドンのタフネルパークのガレージで計画した。この事業はすぐさま、オルタナティブ出版にはよくあるお決まりの財政難に直面した。アンソニー・バーネットと彼の妻はふたたび家を抵当に入れ、プロジェクトの追加資金、15,000ポンドをつくった。金銭的に厳しくなったときには、2人のディレクターがお金を貸した。その時が来たら、「きれいにすばやく」事業をたたむため、雑誌を借金まみれにしないことが自分の主要関心事の一つであったと、『オープンデモクラシー』の現在の責任者は回想している（注2）。

　しかしながら、ネット雑誌という点に加え、2つのことがその他の同種事業から『オープンデモクラシー』を違ったものにしていた。オルタナティブメディアの多くはたいてい、社会の片隅からはじまり、限られた支持者しかいない政治運動の拡大を目指すものである。それに対し『オープンデモクラシー』は、最初から英国政治の中心へつらなる道筋を持っていた。バーネットは、地方分権、議会や選挙制度の改革・改良、成文憲法・情報公開法の制定といった問題を新しい法律制定によって対処しようとする圧力団体、チャーター88の創設メンバーであった。この団体は新たな民衆の支持を得て、一時は野党の労働党に大きな影響を与え、多大な法的改革を実現させる起爆力となった。1990年代の英国において、もっとも影響力のある圧力団体の一つであったのである。

　バーネットは、都会と田舎の関係をどうしていくかのセミナーを企画する、1990年代にロジャー・スクリュートンによって設立されたインフォーマルな小組織「タウン＆カントリーフォーラム」においても指導的立場にあった。これは左右両派による討論という形をとり、参加者の多くがそのやり方に新鮮さを感じ、かつ相互の違いを認識できるものであった（注3）。自分たちとは異なる意見をもつ人たちにも開かれたこうしたセミナー型討論は『オープンデモクラシー』のモデルとなり、フォーラムに参加した人びとがその後、

雑誌に寄稿することにもなった。こうして、『オープンデモクラシー』は他のほとんどのオルタナティブ出版よりも広い読者にアピールできる編集方式を展開できた。

　さらに、「チャーター88」と「タウン＆カントリーフォーラム」という、これまでの2つの経験が有力なコネクションをもたらした。「チャーター88」は改革指向ではあるが一般には中道主義の人びとを動かした。彼らは1980年代、サッチャー政権の権威主義に衝撃を受け、権利の擁護と民主主義の再生のための法改正を求めるようになっていた。「タウン＆カントリーフォーラム」は、2000年代初め、ハンティング擁護やその他の問題できわめて効果的にキャンペーンをはった強力なロビー活動団体「カントリーサイド同盟」(Countryside Alliance)と連係することになった。こうした関係やネットワークを通して、助言を与えてくれたり、いざというときに資金提供者になってくれそうな実業家探しが行われた。小さな信託財団を設立し、まずは雑誌の独立性を確保したあと、W.H.スミス、バーマー・カストロル、チャドウィック・ヒーリーや、都会の一流法律事務所ミシュコン・ド・レイヤの会長あるいは元会長を含む、イスタブリッシュメント側のそうそうたる人物が集められた。

　こうした社会的影響力を持った人物たちが集められ、確固とした財政基盤となったわけだが、それが出来たのはアンソニー・バーネットと彼の協力者たちが大変な努力をしたことによる。資金のほとんどはそれぞれ比較的小さな額で個人から入ってきたが、アンドルー・ウェインライト社会事業信託、ディビッド＆イレーヌ・ポッター財団、エスミー・フェアバーン財団、アトランティック慈善基金、フォード財団などからも、さまざまなチャリティ寄附金が入ってきた。これらの総額は25万ポンド弱にのぼり、パイロット版『オープンデモクラシー』の基金となった。それはまさにネックレスを作ろうとして糸に通されたビーズのように集まってきたのであった。

　この基金は、中心となる六人のスタッフとオフィス、基本的な経費、左右から募った無給の社外編集者たち、長時間ほとんど無報酬で働く若いアルバ

イトを支えるのに十分であった。しかしお金はまず、おそらくこの段階のこの雑誌にもっとも必要であった、質の高い記事を無償で提供する善意のネットワークによって支えられた、執筆や編集補助の優秀な人材を集めるために使われた。2001年5月、こうして『オープンデモクラシー』はパイロット版プロジェクトを開始した。

　　『オープンデモクラシー』のグローバル化

　だが、それはたちまち失敗した。無料であるにもかかわらず、2001年5月～6月期の一週間でたった1,750人の閲覧があっただけであった。8月の終わりから9月の初めまでに、閲覧数は2,000人強へとわずかに上昇しただけだった（注4）。『オープンデモクラシー』はほとんど注目されず、前に進めなくなってしまった。ごくわずかな資金で運営し、プロモーションの予算はなく、それゆえサイバースペースというゲットーから逃れる術もなかった。非主流である、より多くの人びとを取り込む工夫もされたが、いずれも効果が出てこなかった。

　その後、2001年9月11日、雑誌を変える事件が起きた。鍵となった人物は、1960年代にアメリカの過激派学生の有名なリーダーであり、のちにニューヨーク大学の教授となったトッド・ギトリンだった。彼はその年、サバティカル（大学の長期研究休暇）をとってロンドンに滞在していた。その間に、『オープンデモクラシー』のボランティア編集者になるよう勧誘され、彼はそれを受けた。タイミングのいいことに、9.11事件のとき、ニューヨークに帰っており、恐怖におののきながら、自分のアパートから炎上するツインタワービルを眺めることが出来たのである。バーネットはまさにもってこいの肩書き「北米担当編集員」という肩書きをこのギトリンに与え、わずかばかりの報酬を約束し、記事の執筆依頼を申し入れた。次の日、呆然とするしかないニューヨーカーの恐怖を描写し節度ある報復を求める、ギトリンによる熱のこもった雄弁な記事が掲載された。それは想像を超えるニューヨーク市民の

表6-1 『オープンデモクラシー』の閲覧者数

年　月	週間訪問者数	月間訪問者数	会員数
（パイロット版）			
2001年5月～6月	11,750	—	800[+]
2001年9月～10月	8,550	30,267*	—
2001年10月～11月	12,900	—	—
2002年1月～2月	8,125	36,588	4,284
2002年5月～6月	—	37,734	5,825
2002年9月～10月	—	60,000	7,500
（完全版）			
2002年11月～12月	—	195,156	10,194
2002年12月～03年1月	—	251,553	14,031

出典：openDemocracy Board Meeting Statistics Reports and 'openDemocracy Site Statistics since 2001' (January, 2003).
注：＋統計報告書からの推定（2001年8月8日、表6、7頁）。
＊10月6日までの4週間に関しては統計報告書、2001年10月6日発行。

恐怖を生々しく伝え、事件への冷静な対応、懲罰を求めていた。彼がそこで示唆した対応は「報復の感情だけにとらわれず、精確に的を絞った軍事的対応、……しかも一般市民と殺人加害者を峻別した行動」であった。ハンナ・アーレントを引いて、彼は「暴力とは政治が失敗したときに起こるものだ」と警告した（Gitlin 2001）。一方、少人数構成にすぎない編集幹部は『オープンデモクラシー』の方針を日刊発行とし、委託寄稿者をインドからレバノンにまでいたる地域に拡大するという方針転換をした。その結果、世界中の寄稿者を巻き込んで大きな議論のうねりが起き、雑誌への訪問者は9月～10月期には週あたり2,000人前後から8,000人以上へと急上昇し、翌月には12,000人を超えるまでになった。この主な理由は、自国のメディアに不満を持つかなりの数のアメリカ人が、オルタナティブメディアが提供する情報にログオンしたことにあった。

「9.11以後」の議論の結果として『オープンデモクラシー』が得た注目が、新しい読者をとらえた。2002年初めに訪問者は減少するものの、9.11以前に比べていまだおよそ4倍を維持していた。この会員の持続的な成長はその後もつづき、2002年の終わりにかけてのサイト訪問者は急激な増加を見せた（表6-1）（注5）。

9.11事件は雑誌の性格も変えた。以前はまさに英国発の出版物であり、彼らが雇った有給のスタッフも、中心となったガレージで働いていた者たちもすべてが英国人であった。オフィスもロンドンにあった。だが、実際の『オープンデモクラシー』は海外からの寄稿記事を掲載し、当初からグローバルな雑誌として発想されていた。そして、創業にかかわった「ガレージの仲間」によって練られた編集綱領としての五つの方針はグローバル、オープン、クオリティ、独立、参加であった。とはいえ、その基本方針はもともと英国を指向するものであった。たとえば、『オープンデモクラシー』の初期の発行号の特集は近づく英国議会の総選挙で鍵となる浮動票層としての『ウォーセスター・ウーマン』（Worcester Women）であった。また、2001年5月、『オープンデモクラシー』がメディア政策論として、まさに英国的な関心事項である公共放送のあり方についての議論を始めたこともその典型事例だといえる。それはオックスフォードの経済学者、アンドリュー・グラハムによる公共放送の擁護（Graham 2001）と、BBCの失敗に焦点を当てた英国チャンネル5の前代表、デービッド・エルスタインによる攻撃（Elstein 2001）という形でなされた。この雑誌の特徴の一つである、英国的島国根性の始まりである。『オープンデモクラシー』も最初の数か月、ヨーロッパ全体への関心をより多くもっていたのだが、記事を英国的な枠組内にあることを示す「透かし模様」が随所に刷り込まれていたのである。

　ところが、たまたま9.11事件が起き、それ以後、雑誌はより国際的になった。責任者としてのトッド・ギトリンは続けて、南アジアの編集者としてラジーブやタニ・バルガヴァを起用した。より多くの寄稿者が英国外から採用され、ジャーナルの内容はますますコスモポリタンになった。2002年の夏までに、最大の関心事は、グローバル化は世界をどのように変えるか、アメリカの力はどのように使われるべきか、どのようにしたらその濫用を避けられるのかといった討論やイスラムについての議論になっていた。

　とりわけ、雑誌の読者層の地理的分布に変化があった（表6-2を参照）。
　当初は、読者の過半数が英国人だったのだが、9.11危機の期間中、世界各

表6-2 『オープンデモクラシー』サイト閲覧者数の地理的分布 (%)

場　所	2001年5月	2001年7月	2001年9月〜10月	2002年4月
英　国	57	54	36	28
ヨーロッパ大陸	12	21	22	20
北アメリカ	24	21	33	44
アジア太平洋／その他	7	5	9	8

出典：openDemocracy Board Meeting Statistics Reports （8 August and 2 October, 2001; 4 May, 2002）.

地から新たな読者が流れ込み、英国人の割合を全体の3分の1強にまで減少させた。しかも、この変化は単に一時的なものではなく、この雑誌の読者層の大きな特徴となってきた。2002年4月までに、最大多数はアメリカ人で読者総数の44％を占め（注6）、英国人はわずか28％しか占めておらず、ヨーロッパ大陸が20％、残りの世界（といってもほとんどがアジア太平洋地域であった）が8％であった。

　事実、この雑誌は英国外のより広い国際的コミュニティに迎えられ、グローバル化の流れと政治的発展の力によって高い軌道へと運び上げられたのである。しかし、これを実現したプロセスの鍵となった要因は、世界のさまざまな場所に住んでいる人びとに、ロンドン生まれのウェブサイトへのログオンを可能にさせたインターネットである。インターネット技術のグローバル性が、タフネルパークのガレージで生まれた、欠陥だらけのプロジェクトを、相応に意義のある国際雑誌へ転換する手助けをしたわけである。

　『オープンデモクラシー』は、世界中の活動家、学者、ジャーナリスト、実業家、政治家、そして国際公務員が参加、議論するフォーラムになった。このことが慈善活動に関心のあるスポンサーからはいっそう興味深いプロジェクトとして受け取られるようになった。パイロット版を打ち上げる前には、25万ポンドを調達するのに一年以上かかったが、本格発行を始めてからは100万ポンド以上の調達がいとも簡単に実現するようになったのだ。主な資金提供者には、アイルランド系アメリカ人団体のアトランティック・フィランソロピー、ロックフェラー財団、それにフォード財団までがあった。

　雑誌は大きなオフィスに移り、多くはパートタイムであったとはいえ十七

人のスタッフを擁するまでになった。2002年11月、それはより幅広い内容を発信できる、成熟した体制を組むことができるまでになったが、外部の編集者に重きが置かれることがなくなり、かつ、左右の議論対立が目立つこともなくなった。半面、質的にもプレゼンテーションの仕方でも大きな進歩があり、すばらしいライターとアナリストの拡がりが出てきて、印象的なレパートリーの提示となっている。そのうえ、少しばかりの宣伝をしたおかげで、雑誌への訪問者は急速に増加し、2002年12月中旬から翌年1月中旬までの四週間で二十五万人にも達した。

　こうした最初の成功のあとにいったい何が起こるか、とりわけオルタナティブメディアの哀れなこれまでの歴史を見るにつけ、その予測はじつにむずかしい（注7）。しかし、新しい技術がインターネット・ジャーナリズムの経済と実践に与える影響について、この雑誌の今日までの短い歴史やその他の実例を拾い集めて、ある程度の見通しをつけることはできる。

サイバースペースの政治経済学

　オルタナティブメディアはたいてい、ビジネス経験のないジャーナリストによって始められる。彼らはマーケティングや販売促進活動を犠牲にして、編集の内容に集中しがちである。だから、何も悪いことをしていないのに、多くの場合、十分な流通体制を確立できないことになる。資本の不足がしばしば質的低下をもたらし、オルタナティブメディアの事業を短命にする原因となる。

　『オープンデモクラシー』もどこかしら、このパターンにあてはまるように思われる。つまり、そのエネルギーと資源の多くは読んでもらう工夫をすることよりも、ウェブサイトを良くするためにささげられた。フリーメディアの発行にとっての重要な時期は、それが未知の革新的プロジェクトである期間、つまりパイロット版を発行する準備をしている期間である。しかし、その発行後のネガティブな評価を避けるため、チームはこの間、プロジェク

トを秘密にしておくことを選んだ。期待をあまり高めないという、防衛的な完璧主義から選ばれたこの方針はプロモーションの貴重な機会を無駄にしただけであった。『オープンデモクラシー』はその後、BBCを除いて、どちらかといえば英国のメディアにほとんど注目されなかったといってよい。パイロット版の段階でのスタッフの配置はほとんど編集部門に向けられ、マーケティング部門への人材配置は皆無に近かった。パイロット版プロジェクトの宣伝・プロモーションには1ポンドの予算割り当てもなかったのである。

しかし、この雑誌は自ら計画して、第二のチャンスを作った。宣伝ディレクター、ロブ・パスモアが2002年の夏、広告業界から引き抜かれ、経営システムが改善され、ささやかだが効果的な宣伝キャンペーンが開始された。

また、インターネット技術の優位性に依存できる点で、雑誌はこれまでのオルタナティブメディア事業とは異なっている。第一に、ネットではコストが安くすませられる。オンラインで伝達される情報の流通や画面上での複製の費用は、コンピュータを購入し接続料を支払う受信者による支払いとなる。同じコストの紙媒体の新聞であれば、用紙購入や印刷コストがかかるため、小さくてみすぼらしい外観の新聞になってしまうが、オンラインのオルタナティブ出版社はそうしたことから自由でいられるわけだ。この場合の紙媒体新聞にもっとも近い作業行程は見映えのいいウェブサイトをデザインすることである。『オープンデモクラシー』の最初のデザインはうまく作動しなかったが、それに40,000ポンドもかかった。急いで作り直された二番目のものに80,000ポンド、そして非常に上出来である三番目で、本格出版時から使用されたものには、さらに40,000ポンドのコストがかかったという。

第二に、ネットはさまざまな国からの読者の獲得を容易にする。すでに見てきたように、これは『オープンデモクラシー』が読者を募るうえで決定的に重要であった。この点は、批判的な大衆を作り出すために、異なる国に存在している少数派のオーディエンスを集めることができるという面で、まだ各地に残っているアートシアター系の産業の仕組みとよく似ている。

第三に、オンライン出版社は市場というゲートキーパーを迂回することが

できる。そのため、作品を上映してもらうことができないラディカルな映画制作者や、新聞販売店のチェーンにその出版物を常備してもらえないラディカルな出版社（たとえば、『トリビューン』のような英国のラディカルな週刊誌）のような立場に追い込まれることはない。オルタナティブ・ウェブサイトは、少なくとも非独裁主義国家では、制限を加える第三者の介在なしにWWW（ワールド・ワイド・ウェブ）で直接アクセスすることができる。

　しかし、この優位性は相対的なものでしかない。サーチエンジンはサイバースペースにおいて、人びととの行く先に影響を及ぼす道標的なシステムである（Patelis 2000）。ある研究によれば、主要なサーチエンジンを合計しても、全ウェブサイトの42％しか掲載していないということである（Introna and Nissenbaum 2000）。さらには、サーチエンジンのランキングで、すでに人気があって良いリソースであることを広く示している上位十か二十に入っていなければ、ほとんどの人びとがそれより先へねばり強く探索していくことはあまりない。つまり、それ以外のサイトは無視されてしまうわけだ。このことから、現実に、ウェブ体験の主流を左右する、検索エンジンでの上位掲載をさせるシステムが作り出されている。これが、オルタナティブ・ウェブサイトにとって、オンライン上の継続的なプロモーションがきわめて重要である理由である。

　さらに、費用の内訳、配分システム、オンライン市場のグローバルなスケールがオルタナティブ出版に相対的に有利だとしても、依然として大きな問題が残っている。消費者の側にオンラインで提供されるコンテンツに代金を支払うことへの根強い抵抗感があるため、サイバースペースで収益を上げることは非常に困難だということである。これはインターネットがビジネスとして一般化するまえの性格から来ており、1991年以来、インターネットの商業利用が始まってからでさえ、人びとはウェブサイトは無料でアクセスできるという経験をしてきているからである。さらに、とりわけ小さな会社について、ユーザーのなかにはオンライン取引のセキュリティを心配しているものがいる（Office for National Statistics 2002）。また、ネットベンチャーが課金を

しようとしたら、利用者がしだいにどこかへ消えてしまったという話はいっぱいある（McChesney 1999; Schiller 2000）。最近の例としては、2001年に、特別なオンライン特集へのアクセスに課金するという『フィナンシャル・タイムズ』の決定があげられる。多くの会社や団体を顧客としてもつという恵まれたビジネスをし、300万ものユーザーを抱えているこの新聞社にして、有料購読者はわずか17,000人しか獲得できなかった（Preston 2002）。これまでの経験が概して教えるところでは、金融情報とポルノという二つのカテゴリーのみが課金をして、利益を生み出せるようだ。

　サイト閲覧への課金に対する消費者の抵抗は広告掲載ということで解決がはかられることになる。多くのユーザーはポップアップ広告を見てすぐに削除ボタンを押し、一方で広告サイトを格付けする「クリック・スルー」はたいてい1％かそれ以下である。洗練されたオーディオビジュアルな広告をダウンロードするには時間がかかるから、素朴なバナー広告への支持は変わらない。デジタル技術の進展にともない、こうした問題がクリアされ、最近ではネット広告が飛躍的に増大してきているが、2000年頃まではこれらの理由が重なって、ネット広告の成長の速度は速いとはいえなかった。2002年に、英国における全メディアの広告代金のうち、ネットのそれは1％を占めるのみであった（Advertising Association 2002）。

　さらに、『オープンデモクラシー』の場合、それは市場にうまく順応するような経営がされておらず、市場環境において実際の機能を果たしていなかった。広告を受け入れず、パイロット版の段階ではほとんど収入を得られなかった。しかし、『オープンデモクラシー』は現在、利益を上げる方法を積極的に模索している。11月には、ボランティア購読者を募り、図書館に定期購読してもらう方法を開発し、掲載済みの内容をeブックとして販売する方法の立案といったサポーター計画の検討を始めている。しかし、ネット雑誌が一般市場のやり方に抵抗し、オンライン情報の提供によってかなりの収益を生み出せるかどうかについては未知の部分が多い。

　金銭的な行き詰まりというこうした状況は、ネット零細産業がメディアの

巨人を掘り崩すであろうという、以前に引用したネグロポンテの見通しに再検証をせまる。事実、公共問題を扱うもっとも訪問者の多い英国のウェブサイトはすべて、巨大メディア、すなわちBBC、ガーディアン、テレグラフ、フィナンシャル・タイムズ、タイムズ・ニューズペーパーズ、サンなどによって運営されている（Curran and Seaton 2003）。その優位性は自由に使える膨大なリソースにある。『オープンデモクラシー』が二十人以下のスタッフであるのに、BBCには二万人以上が働いている。加えて、主要メディア機関には高い認知度があるうえに、ウェブサイトの宣伝に自身のメディアを利用できるが、『オープンデモクラシー』にはそうしたクロス・プロモーションの手段がなく、限られたネットワーク以外で知られることはほとんどない。それになによりも、既存のメディアにはオリジナルの記事や番組として制作した作品が収入源になるという、きわめて大きな利点がある。デジタル化はこうしたコンテンツの再利用や再編集を容易にする。にもかかわらず、「フィナンシャル・タイムズ」社を例外として、そうした既存メディアは『オープンデモクラシー』が現在、熟慮中の戦略である、ウェブによるコンテンツ販売から利益をあげるという、従来的なビジネス手法への挑戦をしようとはしていない。

ジャーナリズムの再定義

　ネットは、国境を越え双方向性をもつという、いわば「ポストモダン」という点で、従来とは異なる新しいコミュニケーションチャンネルを提供するものだと言われることが多い（例：Poster 1997）。これら真偽の定かでない特性が、ネットによるジャーナリズムの再定義を促しているのだろうか。
　『オープンデモクラシー』の例から判断すると、いささか驚くべきことだが、その答えは断固としてイエスである。技術が雑誌を変えるという第一の点は、すでに見てきたように、それがグローバルな雑誌になることを可能にしたことでわかる。編集課題、寄稿者の範囲、方向性や文化的準拠の枠組み

など、国際的なコミュニティが雑誌を受け入れるなかで、すべてが変化し、明らかに英国的である内容から、すぐわかるほど異なった方向へとその調子を変えたのである。

　次に、『オープンデモクラシー』は、活字ジャーナリズムを新しいハイブリッド、つまり雑多なものが混在する文化形態に進化させた。この雑誌の初期の発行号の記事は単語数にして2,800を超えることはあまりなかったとはいえ、英国の『ニュー・ステーツマン』や『スペクテーター』のような、文字中心の重い記事を収録した紙媒体政治週刊誌によく似た構成であった。しかし、雑誌が発展するにつれ、印刷コストを問題にしなくてもよいという特性を利用して、6,000単語以上の長い論文をはじめ、長短さまざまな記事を掲載し、多様なサイト訪問者がそれぞれに希望するタイプの記事を提供することができた。重厚な政治ジャーナリズムより、ドキュメンタリー映像の制作や美術品を好む利用者のため、雑誌はビジュアルな素材の使用にも踏み込んでいった。さらにレパートリーを拡げ、楽しみのための随筆から学術論文、ジャーナリズム、討論、投稿、小説、写真記事までが扱われ始めた。これらさまざまな要素はどれか一つの特定ジャンルに見られるのではなく、それぞれのトピックから自己派生したもので、その意味で、『オープンデモクラシー』はいよいよ独特のものになり始めていた。

　ドキュメンタリー形式の例としては、博士論文準備中の研究を紹介した一連の論文「多層構造の政治力学」があげられる（Weizman 2002）。それは地図や写真を使って、イスラエル占領地域における「ヨルダン川西岸地区の三次元の戦闘」という複雑な図式を伝えるものである。争いが単に土地問題だけではなく、輸送、下水処理、歴史、民族の記憶、とりわけ水にあることを明らかにする。紛争の範囲と根深さを浮き彫りにする筆者の洞察は、印刷された出版物では、1940年代のフォトジャーナリズムの時代でさえできなかった、空間と詳細な映像を多用することによって可能になった。今日、それに相当するものは、おそらくテレビのドキュメンタリー番組だけである。

　『オープンデモクラシー』の美術品紹介の例としては、画面に控えめに貼

り付けられた写真による紀行がある（Roma 2003）。コンピュータでは光源が背後にあるため、空のような密度と輝度を画面にもたらすが、これはいくつかのアートギャラリーに見られる視覚装置と大した違いはない。より革新的な試みとして、滑稽で、神話的、象徴的な髪の意味を探るため、科学、歴史、人類学、カルチュラルスタディーズ、小説、ジャーナリズム、そして芸術を組み合わせた、髪をテーマにまとめられた、まだ継続中の一連の記事を挙げておきたい。絵、イラスト、マンガ、写真、スチールから選ばれた、ぎょっとするようなイメージのコラージュや、詩、ドラマ、小説、劇、ポップソング、聖書等からの引用文が並べられ、読者は美しさと恐怖、迷信や抵抗、グローバルな普遍性とローカルな特殊性の源泉として、さまざまな髪の意味をくぐり抜けるジェット・コースターに乗ったような気分にさせられる。これは現代芸術のスタイルによく似ているのだが、これらのコラージュに特徴的なのは、分析的な論文、なかでもすぐれた人類学者による知的な洞察がなされている論文にリンクが貼られていることである（Ossman 2002; Dikotter 2002）。この表現形式は、美学的にだけではなく紹介の仕方という点でも、まじめな政治週刊誌に見られる伝統的な芸術記事における、本・映画・ライブなどについての論評とはきわめて異なる、オンライン記事の特徴をつくっている。

『オープンデモクラシー』はその他いくつかの点でも従来のやり方に制約されていない。初期の一連の発行号には洗練された正統英語という語調の統一があった。さりげない言い方で理解の「共有」のできる比喩や、活気があり、それでいて優雅な表現といった、「優れた文章」のモデルになるものがいっぱいあった。とりわけ、雑誌の制作チームが大きな努力を払ったのは、学界の閉ざされた専門用語を、説得力があり、明快で一般にも通用する言葉に改善することであった。しかし、結果としてたどりついたのは、国家的、教育的な文脈としてのオックスブリッジ的な文学調の英語にすぐさま置き換えられるような、生硬なコードにすぎなかったわけだ。2002年2月、主として海外の大学院生のグループに、なぜ『オープンデモクラシー』上の議論に参加してこないのかと尋ねたとき、彼らがあげた主な理由は、一方でその多

くが敬服しているのだが、使われている文章の質におじけづき、加わる資格がないように感じているからだというものであった（注8）。しかし、雑誌が規模を拡大し、より国際的になるにつれ、文章のスタイルも均質ではなくなってきた。さまざまな熟語やアクセントなど、いくつかの面で明らかに外国のものが入ってくるようになったのだ。「インターネット英語」の気安さが忍び込み始めたのである。エレガントなアルマーニのスーツや、アカデミックなツイードのジャケットを身にまとった記事と同時に、Tシャツのようなものを着ている読者の寄稿文も読めるようになった。たとえば、アメリカ陸軍軍曹のゲイリーによって投稿された二つのメッセージは、アメリカ的民主主義の真骨頂である、簡にして要を得た断定的な言い回しで、雄弁に反イラク戦争論を展開した小説家のジョン・ルカレや、戦争の見通しについて書くもうひとりの小説家、ラン・マッキワンによる、好悪感情を骨太に描く、自然な力強さをもっていた（Gary 1970 2003 a and b; Carre 2003; McEwan 2003）。とりわけ2002年11月以降のこの雑誌には、『オープンデモクラシー』というタイトルに励まされるかのような、多様な論調が掲載されるようになった。

　雑誌が発展するにつれ、その立ち位置にも変化が出たように思われる。『オープンデモクラシー』は抽象的なテーマでほとんどが構成された意見表明雑誌である。編集は当面のことにしか関心のないストップウォッチ文化に染まっていなかったから、他の紙媒体のジャーナリズムのような、記事の投稿に締め切り時間を設定するようなこともなかった。もちろん、雑誌内容の多くは現在進行中の議論に関係しているのだが、この雑誌は発行のたびに、こうした従来とは異なった側面をネット技術との組み合わせによって、3つの効果を持たせる工夫をした。第一は、専門雑誌と同様に、グローバル化もしくはエコロジーといった、それぞれが専門的なタイトルをもつ十万語以上の論文をウェブサイトという場所に掲載し、その論文の処遇についても読者に問いかけ、議論の発展がはかられたこと。第二は、インターネットでは、キーボードにタッチすることによってすべての記事へのアクセスは事実上、平等にできるから、掲載されていさえすれば、ばらばらに、あるいは関係の

あるものを過去にさかのぼって読むことができたこと。第三は、やがて記事が蓄積されると、それらが当初期待されていたものとは違う意味を持ち出したこと。異なる発言者が以前の論文や寄稿に言及しつつ同じテーマでの議論を進めることによって、学術的経験のもっともすばらしい一面である、一連の話題についてなだらかに続くコロキアムのような観を呈してきたのである。これは現時点のできごとについて、有名人の見解をまとめて伝えるというジャーナリズムの定式とは異なり、読者の横のつながりを強めるように機能する。『オープンデモクラシー』は読者相互が討論を重ね、洞察を深めていける場となったわけである。こうしたさまざまなやり方で、この雑誌は少なくともその機能の可能性として、従来的な紙媒体雑誌とは異なる経験を利用者に提供した。

『オープンデモクラシー』のもう一つの際立った特徴は、討論への自由な参加を可能にしたことである。当初、これは実現のむずかしい理想であった。創刊時に雑誌側が用意したぎょうぎょうしい討論の場に書き込み、参加したものはほとんどいなかった。だが、自由な議論が始まってからは、たとえば、グローバル化の政治力学について、ロンドンのラディカルな環境保全主義者、ニュージーランドの右派的自由意志論者（libertarian、解放論者・リバタリアン）、ニューヨーク州の社会民主主義的な大工さんとの間で行われた議論はとても生産的で面白い組み合わせとなった（Belden, Kingsworth and Watt 2002）。編集部の提案によって会議が設定され、それが討論の議題に結びつくようになった2002年の終わりになって初めて、読者の参加が増大し始めた。さし迫ったイラク侵攻についての議論は、たとえば、1,000を超えるメッセージを呼び込み、四十ページ以上に達したのである（注9）。

ネット技術がこれらの発展のすべてに一役買っている。インタラクティブな性質、グローバルな到達範囲、「通常の雑誌」がもつスペースやコストの制約を受けないことなどのすべてが、雑誌の発展にとってのますます著しい特徴となり、ジャーナリズムの定義のし直しを迫った。しかし、違いをもたらしたのは新しい技術だけではない。六十歳なのに少年のような才気にあふ

れたアンソニー・バーネットとその仲間たちは、新たなメディアとしてのインターネットの潜在能力を開発する名人であったのである。実際、彼らが試みたもっとも重要なことは、雑誌を新しい方法で国際的な議論の場にしようとしたことであった。

グローバルな会話

　経済における国民国家の権威は弱まり、国際的な統制機関や世界金融市場、多国籍企業などがその一部を代行するようになってきた（Leys 2001; Held et al 1999）。だが、人びとが参加する政治はいまだ国家・政府をめぐってのものが中心であり、CNNのような少数のグローバルなニュースメディアは別として、世界の報道機関のシステムもいまだ国内あるいはその特定地域向けの報道機関によって構成されている。そのため、勃興する超国的な権力の中枢がそれに果たすべき責任を問われることはない。それらメディア機関のニュースの価値観は国内向けのものになる傾向があり、その結果、グローバルな組織への監視が不十分になる。しかも、政治的議論における諸集団のつながりも国内政治の範囲内で組織されている。そのため、民主制とメディアのシステムは政治経済的権力のシフトに十分な対応をできないまま、その間隙が拡大しつつある（Curran 2002）。

　『オープンデモクラシー』はこの空白部分を満たす試みを代表している点でも重要である。それは多様な仕方で、新たな民主主義の秩序を模索している新しいウェブ・ベンチャーを含む、数多くの同時代的先駆けの一つである。そのページを閲覧する魅力の一部は、どのようにグローバルな会話の場を設定し、有意義な国際的討論のなかで生じる問題に取り組むのかを観察することにある。

　前世紀の終わりに、世界人口の20％がその富の86％を保有し、動かすことができた。この裕福な五分の一は、一般に、世界でもっとも技術の進んだコンピュータ化された地域である。彼らがウェブの内容のほとんどを生みだ

し、ネットユーザーの関心を左右している。特に、合衆国はもっとも頻繁に訪問されるウェブサイトの上位1,000のうち三分の二を製作しており、2000年におけるインターネット・ユーザーの全閲覧ページのうち83％を占めた（Castells 2001：219）。だが、現実の世界のほとんどではコンピュータによるアクセスが出来ないため、コンピュータ利用の対話から排除されている。2000年に、北アメリカや西ヨーロッパは世界のネットユーザーの66％を占めるのに、アフリカとラテンアメリカの両者を足してもたった5％なのである（Castells 2001：260）。また、人びとは言語によってもオンラインへの参加から閉め出されている。世界の10％未満しか母国語として英語を話さないにもかかわらず、ウェブの内容のおよそ85％が英語なのである（Kamarae 1999：49）。

　これらの不平等や排除は『オープンデモクラシー』上の議論、対話にも影響を及ぼしている。アフリカやラテンアメリカは、雑誌の議論への参加、消費という点からみて、その扱い、関与が不当に少ない。その一方、アメリカや北ヨーロッパの存在が大きすぎる。日本は『オープンデモクラシー』のグローバルな対話におけるもう一つの深刻な欠落地域だが、これは経済的というよりむしろ言語的な障害から生じている。

　より一般的にいえば、雑誌に登場する言論の多くは、スタッフの多大の努力にもかかわらず、さまざまな国のエリート層である知識人、政治家、官僚、NGO活動家、そして実業家の間の対話である。フィンランドとブータンの外相が、国際商工会議所の会頭やスーザン・ジョージのような反グローバル化を先導する活動家と『オープンデモクラシー』の共通のページで議論する。ゲイリー軍曹のような人だけが『オープンデモクラシー』の会議、討論の控え室に集合する傾向があるのが現実なのである。

　『オープンデモクラシー』が掲載する討論は、グローバルに開かれた民衆の対話をつくる力学について何かしらを教えてくれる。また、議論のかなりの部分がアメリカとその他の世界との議論という形になっているようにみえる。しかし、最初の印象や見かけだけで即断してはならない。よく調べると

わかるが、それは他地域の者とのグローバルな会話の一部というよりも、たとえば、合衆国とヨーロッパのリベラルという似たもの同士が互いに呼びかけあう会話なのである。あるいは、同じ考えをもった人びとがアメリカについて互いに話をすることもある。だから、若いイラク人の反体制派はサダム・フセインを倒す方法として合衆国の侵略を支持し、フセインの追放はイラク人が自力でなすべき仕事であると主張する年輩の反体制派イラク人を刺激することもある（Alaskary 2002; Jabar 2002）。このように、対話はしばしば、お互いに類似性をもつ人びとのあいだで行われ、閉ざされた回路をめぐることにもなる。だが、ネット雑誌のポジティブな機能の一つはこうした回路の外側にいる人びとにもそれを盗み聞きするチャンスを提供できることであり、ときにはその会話に割って入ることさえ可能にさせることである。

　しかし、人びとの中には共通の議論の場に引き込まれることを渋るものもいる。異なる立場をとる人びとと討論に参加することは相手の立場にも正当性があることを認めることであり、相手の議論と真剣に向き合うことを意味する。しばしば、左右両端の人たちはそうするのを嫌がることがある。それが理由で、民間放送局の上級社員であり、元マードックの副官として幅広いコネクションをもっているデービッド・エルステインでさえ、メディア企業を被告席にすえた討論に参加するよう、ネオリベラルの論者を説得するのにたいへん苦労した。メディア企業には力が必要だと考える論者にとって、こうしたメディア批判の討論に参加することはネット上のそうした議論に意味をもたせ、自分たちはそこで答えなければならないことをそれとなく認めることになるというわけだ。さらには学術的なメディア研究を目指すものにとっては別の領域から出される見解にも真剣に耳を傾けざるを得なくなると考えられた。アンソニー・バーネットとこの雑誌の国際編集者であるローズマリー・ベクラーは、反グローバル化運動に複数のコネクションをもっているにもかかわらず、彼らに討論を依頼したとき、逆のプロセスで同じ反応が、誤解を呼びそうな用語をあえて使えば、「反グローバル主義者」から出たのである。だがこのケースでは、ネオリベラルというよりも従来的なリベラル

である国際企業の従事者や官僚との討論に、反グローバル主義者の彼らが参加を求められたことが問題視されたようだ。彼らにとってそれに参加することは意見が極端に分極化している状況を曖昧にし、これまで隠されていたものに正面から判断をくだす立場を本気でとらねばならなくなることを意味した。結局、実際の議論では双方の立場に配慮がなされた。しかし、こうした困難から明らかになるのは根底に存在する問題である。民主制の下にある政治家は左右どちらにせよ、相互に斬り結び、定期的に民衆に自らをさらさねばならない。それ以外の論者は強制的にこうした場面に追い込まれることなく、自らの守備位置に居続けることが保障されていると考えているらしいのだ。

　だが、グローバルな対話は争いごとだけを議題にしているわけではない。グローバル化について南が南に語るとき、イスラム圏の内と外の女性が共通の関心を議論するとき、もしくは地域の出来事に深い関心をもつ人びとが意見交換し相互の理解を深めようとするときのように、雑誌はまた読者同士の類似性の存在についても浮き彫りにする。手元にある二つの掲載記事作品を例として紹介しよう。一つは、北ロンドンに住む母親が子どもたちとショッピングに出かける体験を、陽気なアドベンチャー物語「ストリート・サファリ」と題して描いたもの（Baird 2001）。もう一つは、あるチェコ人の作品で、同じような筆致で、週末を過ごす別荘や家庭菜園の作業について触れ、彼にとっての田園生活環境の意味が描かれている（Pospicil 2001）。文脈こそまったく異なっているが、これら二つの作品にはすぐわかるように、「場所」についての愛着の想いというものが共通して示されている。

　しかし、何にもまして明らかになったことはグローバルな議論の多くに見られる特異な性質である。グローバルな公共圏は一歩踏み込むと分かるが、専門的知識、系統だった関心、既設のNGO、多層的な権力に通じる道筋等をもつ専門家集団に分化している。その討論の多くは通常、内部だけで行われ、政治的にほとんど意味のないやり方でなされるのがこれまでの常であった。そうした中で、ネット雑誌がなし得ることの一つは、こうした閉ざされ

た集団の人たちの関心を広いグローバルなコミュニティへと拡げ、未来についての対話の場へ誘うことなのである。

これからの展開

　『オープンデモクラシー』がスタートして軌道に乗った後、その参加者は世界的な拡がりを見せていった。しかし、2006年現在、この雑誌はうまく収入を確保することができず、財政支援は依然としてNPO組織に頼らざるをえないでいる。また、最大限の努力がなされたにもかかわらず、雑誌上の議論も発達した北半球地域の問題が中心であった。

　この『オープンデモクラシー』はウェブ（WEB）を中心としたジャーナリズムの限界と潜在能力の両方を示すよい例である。一方で、同種のものを含め、こうしたプロジェクトはグローバルな市民社会の建設への積極的なステップとなり得るものだろう。『オープンデモクラシー』はグローバルな問題に関心のある国際的なオーディエンスを引きつけ、知的な議論を活発化してきたからである。このことの背景には、世界のコミュニケーションシステムがいまだに全体として国家によって分断され、増大する市場圧力が国民・大衆向けのナショナリスティックなテレビ番組を作り続けているかぎり、多くの国ではニュース・情報の出所は国内だけになりやすい。その傾向はアメリカにおいていっそう顕著である。

　その点でも、『オープンデモクラシー』は今後の世界においてその設立が奨励されるべきメディアという点での新しいアプローチを象徴的に示すものだといえよう。公共サービス放送の発達は国家単位の民主制を促進したが、今や、こうした民主制は、ウェブに基礎を置いた国際的な公共サービスメディアとして、国際的な公共圏の発達を支えながら進化するメディアの新しい役割によって補完される必要があろう。

　しかし、このケーススタディではさらに二つのことに注意をしておきたい。第一は、たとえインターネットが情報の配布、再生、生産、そして翻訳・文

化移転のコストを低廉化するとしても、ジャーナリズム活動には莫大な金がかかる。これは、グローバルなウェブに依存するジャーナリズムの展開には、NPO組織による公的な資金援助が必要だということである。

　第二に、オフライン（offline）の世界における経済的な不平等がオンライン（online）の世界の歪みとして反映している現実をどうするかということである。1990年代後半には、世界の五つの富裕国が世界のGDPの86％を保有し、五つの最貧国のそれはわずか1％であった（注10）。このように、2000年時点においてロンドンに存在したウェブの数は全アフリカ諸国のそれよりも多かったのである（注11）。最近の調査でも、オンラインのコミュニケーションの69％が英語によるものである（注12）。だが、英語は世界の多くの地域で使われていない言語なのである。つまり、インターネットアクセスの巨大な不均衡が豊かな国と貧しい国との間に厳然として存在しているということである。

　ウェブがその利用者のいずれにも利益となる議論を展開し、人びとを結びつける役割を果たしている一方で、議論そのものがグローバル社会の言語的分断や経済的不平等によって不可能になっている面がある。このグローバルに展開する地球社会にはそれら二つが同時に存在していることを私たちは忘れてはいけないのである。

　注
(1)『オープンデモクラシー』で働いている人びとへのインタビューや会話、そしてまた事務所のファイルを参考にしている。パイロット版のあいだ、『オープンデモクラシー』のボランティア外部編集者として、私自身も少しばかり、デービッド・エルステインやトッド・ギトリンが参加するこのプロジェクトに関係していた。もっとも、ほとんどの仕事はキャスパー・メルビルによってなされていたのだが…。本章は『オープンデモクラシー』のもつ大きな意味について、当面の解釈を加えるものである。
(2) 2002年12月のチャールズ・チャドウィック＝ヒーリーとの会話による。
(3) これは興味深い本（Barnett and Scruton 1998）の出版となった。その序文（p.

xix) には「誰もが多くを学んだ我われの会合の実り多き食い違いより」と記されている。

(4) open Democracy Board Meeting Statistics Report, 16 October, p. 2, figure 1.

(5) 雑誌の内部監査は毎週から毎月の数値へ変更した。隔週発行（毎週更新）の雑誌なので、そのモニタリング単位もおそらく隔週のはずである。

(6) 雑誌の初期の発展を分析するよう作成した分類に、最近手に入れた生データを変換できなかった。とはいえ、雑誌の読者について、この生データは引き続き国際的規模の閲覧者がいることを示している。とりわけ、2002年12月から2003年1月の4週間にアメリカ軍から『オープンデモクラシー』への訪問が2,549、アメリカ政府から1,269あったことが特徴的である。

(7) オルタナティブメディアは、大規模な政治運動や社会運動が起きたときにのみ、直面する経済的困難のハードルを乗り越え、大きな利益をあげることができた。たとえば、20世紀前半の西ヨーロッパにおいて、ラディカルな新聞の勃興が労働組合運動や大衆社会民主主義の成長と連動し、20世紀後半の韓国や台湾のような国では、オルタナティブメディアの台頭は民主主義運動と結びついている。

(8) ロンドン大学ゴールドスミスカレッジ、メディア・コミュニケーション大学院修士課程のセミナーより。

(9) これは第二次イラク戦争の1ヶ月以上前、2003年2月初旬の執筆時の頃のことである。

(10) 以下の二つの文献による。United Nations Development Programme, 'Patterns of Global Inequality' [Human Development Report 1999] in D. Held and A. McGrew (eds.) The Global Transformations Reader, 2nd edition, Polity, Cambridge, p. 425.

(11) M.Castells, The Internet Galaxy, Oxford University Press, Oxford, 2001, p. 264.

(12) S. Tharoor, The Information Revolution：Where Do We Go from Here?', The 15th Walter and Leonore Annenberg Distinguihed Lecture in Communication, Annenberg School for Communication, University of Pennsylvania, November 6, 2006.

（訳：河崎吉紀）

第 III 部　メディアの政治学

第 7 章　グローバル化・社会変化・テレビ改革

　1996 年、エリフ・カッツは注目すべき見解を発表した。コミュニケーション秩序の変化がリベラルデモクラシー（liberal democracy、リベラルな民主制）の根幹を弱めているというのである。彼の議論は一見したところ強固な三つの柱によって成り立っている。第一に、人びとはもはや、大衆向けテレビという集会の場を中心にしてお互いにつながり、社会の構成員が同じ番組を見て共通の方向に向かうための同じ対話に参加するということはない。その代わり、市民は多チャンネル化によって拡散し、ばらばらになっているというのだ。彼に従うと、「テレビは共有される公共の空間という機能をほとんど持たなくなった。時折のメディア・イベントを除くと、国民はもはや一つにはまとまらない」（Katz 1996：22）ということになる。
　第二は、公共サービス放送の衰退によって、人びとに必要な情報が行き渡らなくなってきているということである。カッツは述べる。

　　かつて公共放送システムに誇りを持っていたヨーロッパ各国の政府は、米国と同様、ニューメディアの技術、ニューリベラルの社会風潮、政治・経済面からの公共放送への圧迫、多国籍企業からの誘惑といった要素の重なりに屈しつつある（Katz 1996：22）。

結果的に、テレビでの公的な出来事の報道は、「最小限にされ、孤立し、エンターテインメントに圧倒されている」（Katz 1996：24）。
　カッツの主張の第三はより複雑である。要点だけ記せば、リベラルな民主主義は国民国家で起こり、民主主義のプロセスに大衆を参加させるための国

民意識の醸成に力を入れているという。ところが、テレビシステムと国民国家の分離が広がってきたため、国民意識の一体性が弱まってきている。視聴者は多チャンネル化によってグローバル経済によって提供されている番組を個々に選択するようになり、以前のように国内でつくられた番組をもはや全国規模で視聴してはいない。

　この立場の論理によると、カッツが明確に認識しているように、「すべての人に注目させるようにして、すべての意見を提供するたった一つの公共テレビチャンネル」による独占が消えることは、悔やまれるべきことになる (Katz 1996：23)。カッツはこの立場の事例としてイスラエルのテレビの歴史をあげ、かつて無敵だった夜九時の報道番組の退場を嘆く。彼の議論をやや戯画化して表現すれば、競争の幕開け前、最もかがやかしい黄金時代には、イスラエル社会は毎晩仮想タウンミーティングに集まって、同じ心臓の鼓動を刻んでいたということである。

　カッツの主張は一般論として、広く支持される論点を含んでいるため、説得力がある。テレビの拡大が大衆をばらばらにしているという主張は現在広く受け入れられている知であり、公共の言説空間は「枝分かれ状態」(sphericules) になったというすぐれた指摘も導き出した (Gitlin 1998)。同様に主流の意見となっているのは、公共サービス放送はどこでもトラブルに見舞われ、ある著名な研究者は公共サービス放送の近年の歴史を無慈悲にも「衰退と失墜」であると記述するに至った (Tracey 1998)。同様に議論の余地のない見解として、グローバル化が国民意識を弱めているという見方がある (Waters 1995)。カッツの論は、権威ある最新の学問的成果に基づいて、総合的な見地からの説明をしているように見える。

　　英国の例外

　一方で、カッツが引き出し流行した仮説はどれも一見、英国の経験には裏づけされていないように見える。第一に、視聴者大衆は多チャンネル化によ

表7-1 英国の視聴率（2000年）

	BBC1	BBC2	ITV	チャンネル4	チャンネル5	ケーブル、衛星	公共サービス放送総計
全日	27	11	30	11	6	16	85
プライムタイム	28	10	37	8	6	11	89

BARB/Eurodata-TV, European Audiovisual Monitor (2001)。数値は四歳以上の視聴者、2000年1月から6月。プライムタイムは、午後7時から10時30分。数字は最も近い整数に調整。

る「分断」という状況に追い込まれなかった。英国のケーブルテレビは1984年に、続いて衛星放送は1989年、デジタル放送は1998年に商業化された。この14年間で、英国では100以上の新しいチャンネルを見られるようになった。にもかかわらず、2000年までの段階で、これらはプライムタイムの総視聴率の11％を占めているにすぎない（表7-1）（注1）。

　この表を見ると、英国人たちがテレビ視聴時間の七割を四つの一般地上波テレビチャンネルに割いていることがわかる。うち二つ、BBC 1とITVはプライムタイムの視聴の57％を占有している。いまだ英国民の大半は主に四十年以上も存在しているこれら二つのチャンネルを通して、反論したり、同意したり、一緒に笑ったりということをしているわけだ。

　第二に、英国の公共サービス放送は失墜していない。BBCは今も世界で最も大きな放送局であり、二万人の従業員がいる。主要チャンネル「BBC1」と「BBC2」のほかに、公共トラストによって管理される公共サービス放送「チャンネル4」と商業テレビチャンネルが二つ（「ITV」と「チャンネル5」）あり、これら三局は免許を得て維持するための条件として、公共への奉仕（public service）に従事することが求められている。以上の五大公共サービス放送局は2000年、ピークタイム（＝プライムタイム）の視聴者の89％を獲得している。

　公的情報を提供する番組も大きく削られてきたわけではない。1997年には、英国の公共放送局はおよそ30％の番組をその種の「報道・情報番組」に、その他が「娯楽」、「芸術」、「スポーツ」などとなっている（Brants and Bes

2000：19, table 1.3）（注2）。

　カッツが概括したのとは違い、英国のテレビ放送はまだ英国人たちによるメディアのままである。独立テレビ委員会は、商業チャンネル一番手のITVに対して、番組の65％をEU地域圏でつくられたものにするよう義務付けている。ただし、チャンネル４，チャンネル５に対してはこの率をやや低くしているが同様の設定をしている。しかしながら、この規制は名ばかりで、イギリス以外のEU諸国の番組が放送されることは非常に少ないからである。BBCもまた、番組のほとんどを英国内で制作、または制作委託している。ケーブルテレビ、衛星放送、デジタル多重放送は、制作国に関する規制を厳格には受けていないが、視聴率のシェアは小さい。よって英国の放送は、慎重な保護主義と番組制作をしている主要チャンネルの変わらぬ人気によって、グローバル化から守られているといえる。

　まとめると、カッツの議論が主張しているメディアの変化のほとんどが実際には英国では見られない。カッツが認識した傾向は確かにあるが、少なくとも英国では漸進的であり、しかもその動きに連続性はない。多チャンネル化の時代が来て何年もたつが、主要チャンネルはいまだ圧倒的な力を持っている。放送が伝える情報は社会の中心部から取り残されてはおらず、テレビのプライムタイムの視聴率でも大きな部分を占めている（注3）。輸入番組は増えてはいるものの、1980年代に導入された、輸入番組はITVとチャンネル４の全番組の14％以内に制限するという保護主義的規制の範囲内のことである。こうした変化があるにはあるが、英国のテレビが完全にグローバル化するにはまだまだ長い道のりがある。国家の民主制を支えるとされ、人びとの暮らしの必備品であるテレビのスイッチはすぐ切られてしまう状況にはなっていない。

「分断化」という神話

　もちろん、英国は時代に取り残されているという言い方ができるかもしれ

表7-2 西欧諸国のプライムタイムの視聴率、有力局の占有率（2000年）

	主要2局	主要3局	主要4局	主要5局
オーストリア	61	66	70	74
ベルギー（仏語）	49	61	68	74
ベルギー（フラマン語）	59	68	75	82
ドイツ	31	46	60	70
デンマーク	73	81	84	87
スペイン	47	68	86	93
フィンランド	64	86	97	NA
フランス	56	74	87	92
イギリス	65	75	83	89
ギリシャ	46	62	76	83
アイルランド	51	62	70	78
イタリア	48	63	75	83
オランダ	34	47	58	67
ノルウェー	75	83	90	93
ポルトガル	79	91	96	NA
スウェーデン	58	79	88	93

（European Audiovisual Monitor 2001, 1月から6月まで。数字は最も近い整数に調整。プライムタイムの定義は視聴者の傾向や調査方法に応じて国によって異なる）

ない。常識的に考えれば、チャンネル数が多ければ多いほど視聴者もより分散化する。これについてはいろんな説明があるが、多チャンネル化、各世帯における複数のテレビ保有、ビデオからDVD（TiVoなど）（注4）への録画方法の移行、個人の嗜好の多様化等の結果として、「視聴者の分散化」が起きるといわれる。そうしたことがイギリスで現実に起きていないということは信じがたいことのように思える。

しかし少なくとも西欧の現実から判断すると、それらは紛れもない事実である。2000年時点で、たった三つのチャンネルがプライムタイムの視聴者の60％以上を獲得している国が西欧の主要十五カ国のうち十三カ国にのぼる。これらのチャンネルは、西欧諸国の人びとが特別な場合だけでなく、日常的にも毎晩集うような主な交流の場となっている。例外の二カ国であるオランダとドイツでさえ、五つの主要チャンネルを見るとそれぞれ67％、70％の視聴者を獲得している（表7-2）。

主要なチャンネルが優位を占め続けているのは、視聴者が有料放送に抵抗感をもっているという理由がある。ほとんどの人は義務であるライセンス・

フィー（視聴権取得料）を払った後は、広告によって支えられた番組は「無料」で見られると考えている。既存のものに比較的満足していれば、質にそれほど違いのないさらに多くのチャンネルを有料で視聴しようとは思わないわけだ。しかし、この抵抗感は、特にスポーツ、映画、音楽、そしてケーブルテレビ回線の電話としての利用を含む現在のパッケージや、デジタル放送で始まる新たなチャンネルの魅力に支えられ、時が経つにつれ、薄れていくものであろう。

　消費者の有料放送への抵抗感は疑いなく薄れていく一方で、少数の一般向け総合チャンネルの優位が続くことについてはより根本的で普遍的な理由があるといえよう。それらは競争相手の小さなチャンネルよりはるかに大きな歳入と経済規模を持っている。よって、新たな番組を作り出したり、高額な人気番組の放映料を支払ったりするための大きな予算を組むことも可能である。きわめて多元的、かつ多様でローカル意識の強い社会に向けた多チャンネル放送が成熟している米国でさえ、全国ネットの主要局がプライムタイムの視聴者の62％（1996-7年）を獲得している（Anon 1997）。この数字は西欧よりは低いが、1990年代後半に米国の学界から出始めた新たなコミュニケーション技術に対する危機感や「公共の言説空間が消えていく」との主張は正しいとは言いがたい。

公共への奉仕の危機

　公共サービス放送の危機や時事問題解説番組の衰退を指摘するエリフ・カッツは、表面的には、より確かな根拠に基づいてそうした発言をしたのであろう。世界中大半の国々で、公共サービス放送は商業、政治、イデオロギーが絡んだ攻撃の的となってきた。そこへ新たな民放が開局し、規制緩和の枠組みが導入され、新たな敵対的なロビー活動が行われるようになった。概して公共サービス放送は正当性の喪失、財源の不足、視聴者の漸減、存在意義の減少といったさまざまな理由に苦しんできたといえる（Murdock 2000a;

McQuail and Siune 1998; Tracey 1998; Ostergaard 1997; Raboy 1996; Humphreys 1996; Sinha 1996; Achille and Miege 1994; Aldridge and Hewitt 1994; Avery 1993)。

　しかし実際には、公共サービス放送はカッツによる衰退説が示すよりもいっそう多様な形で存在している。フランス、トルコ、インドなど、国家との関係が密接な公共放送の立場は不安定なものになった（Page and Crawley 2001; Catalbas 1996; Palmer and Sorbets 1997; kuhn 1995; Vedel and Bourdon 1993）。米国のように政治的支援が大きくない国では、その影響力が小さくなった（Hoynes 1994; Rowland 1993）。オランダのように視聴者を引き付けられなかった国ではより深刻な状態に陥った（McQuail 1992b; Ang 1991）。しかし、多くの欧州諸国や日本、韓国などでは、公共サービス放送はまだ揺るぎない位置にある。

　混乱の原因のひとつは、「公共サービス放送」が「公共放送」（＝公的に所有される放送機関）と同一視されることが多いためである。この同一視は誤解を招くものだ。多くの欧州諸国で主な商業放送は規制の対象になっており、営利目的だけでなく、公的な目的を追求するものだからである。スウェーデンのTV4、フィンランドのMTVといった商業放送局は重要な公共サービス放送でもある（Brants and Bens 2000）。

　このような考え方を採用すると公共サービス放送の発展が新たな角度から見えてくる。「公共放送」が長い間視聴者を減らしていることは、「公共サービス放送」が衰退している証拠であると広く考えられている（とりわけ以下を参照：Picard 2001; Achille and Miege 1994）。しかし、正反対のことが起こっているケースもある。従来的な独占的公共放送は、極めて権威主義的なことが多い。公共放送の独占時代を経て規制された複合的な経済へ移行することによって、英国、スウェーデン、ノルウェー、フィンランド、デンマークなどの国々の放送制度は改善された。それによって公共サービス放送が、根本的な目的から逸脱することなく、市民からの要求にそれまでよりも敏感に対応するようになった（Curran and Seaton 1997; Petersen and Siune 1997; Syvertsen 1996; Gustafsson and Hulten 1997; Sepstrup 1993）。言い換えると、公共放送が経験した視聴者人気の低下は、時として、危機ではなく再建の兆しであったというこ

とである。だが、この再建は欧州各国の多くで、民間企業への規制緩和の進行や放送事業全体の市場経済化を推し進める圧力によって、弱められてきた（Murdock 2000a; Leys 2001）。

　しかし、公共への奉仕（公共サービス）という伝統が西欧で放送事業を形成する圧倒的な力を保っているために、テレビは市民の情報源となり続けている。北欧のテレビでは、公的情報番組が、1988年から1995年の期間で、全放映時間平均で32％を占めている（Hujanen 2000：79, table 4.1）。北欧以外の地域ではそれほどではないが、最近の二つの調査（結果の相違はある）から判断できるのは、公共放送は依然、市民への情報提供を目的としているということである（Bens and Smaele 2001; Brants and Bens 2000）。進行中の重要な欠点は、ドイツをはじめとしたいくつかの国々の、規制のゆるやかな民放が提供する公的情報番組の質がたいへん低いことである。

　商業的なプレッシャーが情報番組の衰退とタブロイド化を推し進めるかもしれないが、プライムタイムに情報提供を目的とする番組そのものの割合は、西欧諸国の大半の公共テレビ放送と効果的に規制されている商業放送において、今も増え続けている（Bens and Smaele 2001：55, table 1）。結局、プライムタイムのテレビで、ニュースと政治論評番組を排除し、結果的にすぐれた情報に接するという民衆の権利を奪っているのは、今のところヨーロッパの現象というよりはむしろ、主として米国のネット局だといえる。

グローバル化の神話

　カッツはテレビが一国のメディアからグローバルなものに移行していると考えているが、それは間違っている。プレーベン・セプストラップ（Preben Sepstrup）は、テレビ番組の国際的な「輸出入」についての統計が一見すると米国の地球規模の支配力を証明するものだというが、それは国際市場で取引されていない大半の番組の存在を無視しており、さらに重要な誤解を招く（Sepstrup 1990）。

実際のヨーロッパの番組放映を綿密に分析すると、単純にアメリカ支配といえるものではなく、より複雑な状況が明らかになる。確かにハリウッドは、欧州で放映される映画やテレビドラマシリーズの多くを製作していて、アイルランドなどでは放送事業の弱体化をもたらし、規制を受けない商業放送を支配する傾向がある。また、放映時間の拡大、チャンネル数の増加に伴って、米国からの輸入番組の絶対量も増えている。ところが、欧州の主要チャンネルの大半で、米国をはじめとする国外からの輸入番組は全体の三分の一以下になっているのだ（Bens and Smaele 2001; Humphreys 1996; Bens, Kellly and Bakke 1992; Hirsch and Petersen 1992）。

ヨーロッパのチャンネルが国内指向の特徴を保っている理由は主として以下の三つである。第一に、多くの人が国外製作の番組よりも自国の番組を好むということである。欧州六か国の視聴率調査では、国内製作のドラマがたいていトップにきている（Silj 1988）。最近の六カ国調査からも、「アメリカの連続ドラマは、自国製作のドラマ人気に及ばず、公共放送でも商業放送でも、プライムタイムでは自国番組が米国番組を退けている」ことがわかる（Bens and Smaele 2001：51）。欧州諸国の多くで最高の人気を誇る番組は自国製作なのである（Schulz 2000）。このような国内指向はヨーロッパの言語や文化の違いに根ざしていて、欧州製であろうと米国製であろうと、国境を越えるテレビ企業の攻勢から自国の放送業界を守るという機能を果たしている（Collins 1992）。いち早く国境を越えて成功した音楽チャンネルMTVヨーロッパでさえ、ヨーロッパの若者をターゲットにしているが、各国独自の音楽専門チャンネルが始まって成功を収めると、「ひとつの地球、ひとつの音楽」を標榜する戦略を捨てることを余儀なくされた。MTVヨーロッパは、ヨーロッパ各地域の言語と音楽文化の差異をよりよく反映させるために四つの主要地域向けにその事業単位を分割したのである（Roe and Meyer 2000）。

第二の理由は、消費者の国民的嗜好は政治力が支えているということである。欧州諸国の政府は自国の放送事業を、たいてい、ライセンス・フィーから拠出されている公的資金によって支えている。EC（欧州委員会）は加盟国

政府に対し、1989年、放送の半分以上をEU（欧州連合）内で製作された番組にしなければならないとする割当制度「指令」（一部例外のカテゴリーもある）を導入するよう求めた。1996年と1998年の内部検査では、輸入番組に関する割当はおおむね守られているとの結論である。

　第三の理由は、経済と関係するものである。ニュース、トークショーやバラエティ番組、スポーツなど、自国番組の多くはその制作費を比較的安くあげている。

　そうした実態があるのに、「"ダラス"、"ダイナスティ"といったドラマ番組やオリンピックのように、だれもがどこでも同時に見られるようなグローバル化に向かう傾向がある」（Katz 1996：26）とエリフ・カッツが示唆するのは、あまりにも単純化した言い方であろう。このようなグローバル化のイメージでは、グローバル市場が前述したような異なる言語領域に細分化されている事実などを見逃してしまう（注5）。また、少なくとも西欧では、テレビ事業が発展するとき、そこには異なる要素が混在していることを無視してしまうことにもなる。公共放送はその放映番組の多くを自局制作番組でまかない、規制がゆるい民間有料テレビが外国からの番組の大半を買い入れ、公共放送と有料放送の両極の中間に、強い規制のかけられた商業放送が存在しているという構図なのだ。実際、1997年の欧州五か国の調査では、公共放送における輸入番組は二割にとどまるが、規制、非規制を問わず、「商業放送」全体で、52％にのぼることが明らかになっている（Bens and Smaele 2001：50-52）。

　カッツのグローバル化についての見識もまた、いささか問題のあるメディア史理解に基づいている。彼のメディア史では、新聞が「国民統合の最初の媒体」であり、続いてラジオが、そしてテレビがそれに取って代わって統合機能を持ったという、連続プロセスとしてとらえている。しかし、今やテレビがグローバルなものになって、「テレビにとって変わるものは今のところみえていない」（Katz 1996：33）としている。これが国民統合や政治参加が「危機に瀕している」と彼が危惧するベースになっている。

実際には国民・国家とグローバル化、コミュニケーションの歴史的な関係は、これよりもはるかに複雑なものである。メディアのグローバル化への大きな転換は、米国映画のヘゲモニー（支配）が確立し、レコードとラジオという新たなメディアを通じた米国音楽のの世界進出がはじまった、1914年から1939年にかけて起きた。これに続く時期にはメディアの所有権、貿易、消費といった観点からのグローバル化の傾向が見られた。しかし歴史的観点からすれば、テレビが映画を凌駕したことは各国内のメディアシステムの再編という意味での劇的な転換である。今でさえ、西欧諸国で人びとから支持されるテレビ、ラジオ、活字媒体のコンテンツの大半はそれぞれの国内製作であり、その所有形態も多国籍ではなく、自国人によるものである。
　20世紀、経済のグローバル化は、不完全かつ不均等であり、連続したものでもなかった（Hirst and Thompson 1996）。メディアの送出情報のグローバル化についてはなおさらそうであった。

未来予想図を描く？

　エリフ・カッツの分析を擁護する最良の手段は、彼が未知のことを正しく読み解き、識別したと論じることかもしれない。彼の論は今正しくないとしても、近い将来、正しくなる可能性があるという言い方もできるということである。
　確かにカッツが描いた方向にテレビを向かわせるような強い力は働いている。市場論理はグローバル化につながる。番組を製作するよりは輸入した方が安価だという事実があるからである。強い政治経済のプレッシャーは今、規制緩和、公共放送の崩壊、娯楽番組への偏りを引き起こしている。とりわけ、新たな技術は、メディアの構図を変えるであろう。デジタル化によってすでにテレビチャンネルの数は何倍にも増えている。電話、テレビ、コンピューター、活字のシステムが統合し、マルチメディア機能を持った新たな家電を生んでいる。このような新しい環境では、「公共への奉仕」という領域

が縮小したり、はては消滅する場合もあり得るという主張もなされている。

　だが、これらの主張はそのまま是認できるものではない。これまで将来のコミュニケーション技術の発達を予測した研究はじつにひどいものであった。それは、手に負えない問題を技術面で解決できるのではないかという幻想が学界にあるからであり、また、コミュニケーション産業がニューメディアを賞賛することによってそこから利益をあげられるのではないかと考えてきたからである。1982年、当時の英国の情報技術大臣ケニス・ベーカーは、「十年もたてば多チャンネルのケーブルテレビは全国的に当たり前になるであろう……テレビはショッピングや銀行取引、緊急サービス電話など、さまざまな使われ方をするであろう」と予測した（引用：Goldberg, Prosser and Verhulst 1998：10）。現実には、1980年代終わりになっても、英国のケーブルテレビは全世帯の1％にしか普及せず、テレビショッピングは夢に過ぎないままであった。一方でゴールドバーグらはこの誤った予測を嘲るように引用しているが、彼ら自身、CD-ROMなどの「オフライン・サービス」のインパクトを過大評価しすぎており、その本の執筆当時、コミュニケーション革命が起きるものだと考えていた。

　あてにならない未来予想で間違いを起こすのは英国の大臣や学者ばかりでない。ある委員会では全員がそろって、英国内外の専門家のアドバイスに従って、ケーブルテレビや衛星放送の普及について完全に誤った予測に基づき、放送事業政策の枠組みをつくっている（Peacock 1986）。同じように、1990年代半ば、インターネットの性質やインパクトについて権威ある米国の学者らが記した予測も今では間違っていたと判断される（Patelis 2000）。これらの誤りを反省材料とすれば、「差し迫っている」コミュニケーションの変革の予測については慎重であるべきであろう。

　グローバル化、規制緩和、公共サービス放送の衰退を促す強い力がある反面、その逆に向かわせる圧力もある。カッツの弁舌さわやかな主張についてまず明らかにされるべきことは、彼がこれらの傾向を不可避で、抵抗不可なものとして描いているということである。

グローバル化・社会変化・テレビ改革 331

　以下、この章では、公共サービス放送の危機に焦点をあて、まだ解き明かされていないあいまいな部分、新たな方向に発展していく可能性、「国民・国家」からの脱却を含み、テレビが積極的な対応をしていく可能性などを取りあげていく。とくに、移行期にある放送システムの一例とそれが起きている状況を広い脈絡から検証する。このケーススタディは、ひとつの国の具体事例であるが、より一般的にあてはまる結論を導き出すことを目指す。

　　思想の衰退

　まず第一に、カッツが指摘した公共サービス放送の潜在的なもろさは英国の経験からいえることである。二世代にわたって保たれてきた信頼のいくつかは疑問をつきつけられるか、完全に否定されるに至ったため、公共サービス放送は批判を受けやすくなっている。放送について続けざまに行われた英国の世論調査報告書を見れば、公共サービス放送を正当化する基盤が弱体化していることは明らかであろう。
　だが、公共サービス放送が正当化される重要な根拠となるのは、1923年から1986年にかけて行われた放送に関する主要な公的調査報告書のいずれもが述べているように、「電波は貴重な国の資産なので公共の利益に沿って管理されなければいけない」という点である。この論点は、1992年の政府白書でようやく消えた。同白書は、ケーブルテレビや衛星放送などの技術の登場によって、「少数の公共サービス放送局が市民全体の利益のために使われるべきだとするこれまでの正当化理由はもはや存在しない」としている(National Heritage 1992：15)。
　従来からのこうした正当化の議論は専門的な問題とされつつも、内実はイデオロギー的な判断によってなされていた。そこには、電波の希少性という観点からすれば、「公共の利益は国家の規制によって最善に保たれる」という前提があった。初期の放送に関する報告書は、公共サービス放送は公共善にとって有益であり、BBCはまさにその前提にたって国家によって設立され

たものだとしていた。いずれの報告書もBBCは国民を代表する公に選出された理事によって監視され、私企業的な利益ではなく社会の福祉の向上を目指すよう求められたと述べている。BBCは行政事務的業務のようにとらえられたり（Ullswater 1936：18）、大学になぞらえられたりしたのであった（Beveridge 1951：217）。

　しかし、公的機関の中立性や有効性への信頼は弱まってきた。1970年代までは、議会を「善」、つまり放送はこの議会に対して説明責任を持つべきであるという考えと、政府は概して「悪」だから、放送は政府から保護されるべきであるという考えをあいまいに区別することで、放送が国家と関係を持つことについての疑念は抑えられていた（Annan 1977：38）。このような疑わしい区別がされたのは、英国では通常、政党が政府と議会を同時にコントロールするからである。1980年代のサッチャー時代にはこうしたこじつけ論はリベラルな反国家統制主義に屈していった。この時期の重要な放送に関する報告書では放送規制は暗黙のうちに「検閲」と同一視され、放送を規制対象外にすることが公共政策の長期目標に掲げられた（Peacock 1986：126 and 132）。国家はもはや、公共放送正当化の根拠ではなく、そこから放送が救出されるべき脅威の源とされたのであった。

　第三の、公共サービス放送の弱体化の理由はさらにわかりにくいのだが、公共への奉仕という理想を支持する社会・文化的価値観が次第に希薄になってきたことである。この理想は1962年の「ピルキントン報告書」（Pilkington report）に最も格調高く書かれているが、その後、この報告書の主張が捨て去られていったことから、変化によっていかに公共サービス放送のイデオロギー的基盤が弱まっていったかがわかる。

　ピルキントン報告書は、「ひとつの国家」論を掲げたハロルド・マクミラン率いる保守党政権の末期に作成された。報告書はテレビを道徳的、文化的な発展をさせ、他者についての知識を提供し、積極的なレジャーへの参加をさせ、知性をみがくための手段として、人間の成長にとって不可欠なものであるとして高く評価した。そこでは、すぐれた放送は高尚な文化だけでなく、

「価値ある重要な活動と経験の領域全体」につながっているとしている（Pilkington 1962：9）。この見方を広く伝えることは道徳的・文化的美徳であり、優れた番組は視聴者の想像力を呼び起こし、理解力を広げ、道徳的な感性を強めるものであるとされた。これを達成するために放送界は才能があり、高潔な人物をスタッフに配する必要があった。求められたのは、視聴者に対して恩着せがましくなく、敬意を払い、どうしたら一番儲かるかだけを考えるのではなく、よい放送にするためのクリエイティブな環境で働ける人たちであった。

1977年にまとめられた「アナン報告書」（Annan report）は過渡期の文書である。この報告書の最も重要な特徴は、エリートと大衆の文化価値の接点として公共サービス放送を定義し、擁護することであった。それは少数の教養のある層には良い番組を、大衆には人気のある番組を提供し、選択肢が最大になるようなシステムとして公共サービス放送をとらえた。

　いくらかの番組は高尚な文化を理解でき、高い要求をする知識人層のために制作すべきである。……しかし大半の番組は、そうした地点に到達することのない大多数の人たちに向けて提供されるべきである。グループとしては、そのような人びとがもっともよく放送サービスを金銭的に支えてきている（Annan 1997：331）。

公共サービス放送は、知識人層と一般の人びととの両者に同時に奉仕する、多様な質を含むものとはなっていなかったのである。

同報告書がこのような立場をとるに至ったのは、逆説的だが、それまでの報告書よりも文化面でエリート主義的、かつ相対主義的であったためであった。アナン報告書は、ピルキントン委員会が示した多元的な道徳、文化的価値という理解とは反対に、高級文化を頂点とする単一の尺度あるいは連続体として文化的価値をとらえていた。アナン報告書はまたそれまでの報告書のような内部からの改革という立場をとらず、何が番組の高い質をつくるか

について合意はもはや存在しないとの認識であった。報告書が遺憾な点としていうには、「一世紀前にマシュー・アーノルドがいみじくも指摘したような共通の嗜好や意見をつくりだすといった中流階級の文化という理想は」(Annan 1997：14)、1960年代にしぼんでしまったのである。アナン委員会は、ほとんど衰退してしまった伝統的文化価値を擁護しようとしていたのである。

　アナン報告書に代表される変化を示しているのは、それより以前とは異なった考え方でもあった。この報告書では進歩を信じたそれ以前の報告書について、少々的はずれのものであるととらえていた (Annan 1997：30)。1962年の委員会が公共サービス放送をよりよい社会をつくる手段としてみたところを、次の報告書は放送というものを主としてサービスの提供をすべきものであるととらえていたのである。この二つの報告書はわずか15年の間に出されたものだが、いくつかの点で異なった時代背景から生まれている。前者は無料の公教育、図書館、保険制度などを生んだ大きな社会運動に関わっているが、後者は業績の数値指標や1980年代の味気ない経営第一主義のビジネス論理を反映していたのである。

　右寄りのイデオロギー信奉者は、アナン報告書によって開かれた道を突き進んだ。番組の質という観念が相対化されるや否や、市場動向に基づく評価システムを新たに取り入れたのである。次の重要な報告書は1986年に作成され、「視聴者・聴取者の関心は彼ら自身が最もよく知っている」という市場原理において、放送は「消費者の評価を最重要視する」べきであると論じている (Peacock 1986：149 and 128)。何を見て、何に支払うのか選んでいるのは視聴者なので、視聴者が好きなものを見られるようにすべきであるといい、その結果、市場原理が導入されるべきで、公共サービス放送のシステムは徐々に補完的な役割に縮小されるべきであるとした。

　「公共サービス放送は多様性を確保するために欠かせない」とする主張もまた、「ピーコック報告書」(Peacock report) で批判されることになった。この主張は短期的な視点においてのみ、「放送市場は未熟である」というネオリベラル的考え方から受け入れられたが、長期的見地からは「新たな技術へ

投資し、消費者が直接支払うシステムを発展させることの方がより大きな多様性を確保することになる」とされた。ある程度の需要はあっても人気のない番組は市場原理では作られないかもしれないが、アーツ・カウンシル（訳注：英国の文化・メディア・スポーツ省に属し、芸術保護促進を目指す機関）などの、放送を支援する公的機関が資金を出すことも可能である。番組の質はこのように主として特定の補助金によって放送が可能になる高度な文化として理解され、放送システムのもつべき特性として位置づけられるものではなかった。

　この右派の報告書は、市場のほうが行政よりも消費者に力を与えることができるのだという主張を展開した。これはネオリベラルの議論を力強く知的に説明したものであった。報告書はさらに効果的に公共サービス放送の擁護論を骨抜きにした。議論を質の高い番組制作についてではなく、多様性の戦略についてのものに絞り込み、また、社会の必要性に奉仕するのではなく消費者にサービスを提供するというように議論の仕方を変えていったのである。ピーコック報告書は、批評家から見ても、知的なレベルで成功していた（Collins 1993）。公共への奉仕という側面を押し出さなかったからである。

　時がたつにつれ、知的な側面から公共サービス放送の存在意義を支持する点の脆弱性も露呈してきた。英国の公共サービス放送システムの正当化手段として、米国のテレビは極めて画一的であるという見方が、英国の公共サービスシステムを正当化するために、公的な調査報告書でくりかえし主張されてきた。だが、こうした儀礼的な主張は米国のケーブルテレビが番組の多様性をいかに大きく広げたかという点を見落としていた。どこを見ても「ダラス」（訳注：米国の人気ドラマ）みたいな番組ばかりといって米国のテレビ体制を批判することは、漫画によく出てくる、葉巻をふかし、シルクハットをかぶった典型的な資本主義者を年金基金や投資信託時代の資本主義と関係づけて論じるのと同じである。だが、時代錯誤の幻想が幻滅を生み出したのである。

　要するに、こうして、電波の希少性、国家による保護、社会の発展、文化

の質、米国テレビの画一性など、英国で公共サービス放送の中心的な根拠となる考え方は説得力を失っていったのである。

　　マーケット・リベラリズム

　公共サービス放送が問題とされるのは、単に知的な番組制作という点についての批判があるからだけではない。その問題がさらに深刻になりそうなのは、それが英国社会の根本的な変化に起因しているからだとも言えるからである。

　第一は、英国の政治が右傾化したことである。右派の保守党政権は1979年から1997年の間、権力を独占し、1997年と2001年に選挙で勝利した新労働党は別の形で、それまでのマーケット・リベラリズムの遺産を引き継いだ。

　この「遺産」の主要な信条は事実上、公共への奉仕という伝統に反するものである。ネオリベラルの視点では、民間組織は役所仕事より効率的で、柔軟で、安価ですむ。市場原理は自由と自立を支えるもので道徳的にもより望ましい。このような考えに同調するかのように、公共サービスの多くで1979年以後、民営化、市場原理の導入、規制緩和などが実施された（Jenkins 1996; Riddel 1991; Kavanagh 1987）。この状況下では、公共サービス放送が非難されるのも避けられないことだった。

　新たな右派の考え方の第二点目は、リベラル・コーポラティズムという、政府と大企業グループとの間での協議と調整に基づく統治システムは英国を衰弱させるということであった。それは、市民の犠牲によって生産者の利益を強固にするもので、国の再建のために必要な、理にかなった政治をなくし、浅はかな妥協を引き起こしたとされる。公共サービス放送はこれらの二点から右派によって非難された。自分たちの既得権益を公的な利益として偽って提供する、制作者の唯我独尊的放送として批判されたのである（Thatcher 1995）。公共サービスはまた、英国を衰退させたオールドリベラリズムに結びつけて批判された（Tebbit 1989）。このような非難を背後から支えている考

え方はある程度までそれ以前からの継続であったため、新労働党がリベラル・コーポラティズムを復活させたわけではない。

　ネオリベラリズムの第三の主張は、高い税率は個人のやる気や企業を抑圧し、公共の福祉への支出が過度になることによって個人投資家たちを逃げ出させることになるというものであった。これは議論を根本的に変えてしまう可能性をもった主張であった。なぜなら、その主張はBBCについて、免許料（ライセンス・フィー）の支払い義務から、民営化への道にもつながる任意払いへの変更、そしてチャンネル4の売却という、どちらも右派の中心人物たちが支持する提案に簡単につながるからだ。

　しかし、ネオリベラリズムの出現が明らかに公共サービス放送にとっての脅威である一方で、現代の歴史家の間では、英国の右傾化の原因と度合いについての見方はかなり分かれている。一つの解釈によると、サッチャーリズムの勝利は、福祉重視の官僚政治に対する大衆の怒り、個人消費として表現される自由や選択の拡大に対する要求の高まりといったことを利用してうまくイデオロギーを広めたためであった。これは多文化主義の発展と個人の主体性の高まりに象徴される新時代にマッチしていたわけだ（Hall 1988 b; Hall and Jacques 1989; McRobbie 1994）。要するに、政府の思いやりと保護主義という前時代の遺産を受け継ぐテレビシステムは、自由市場と消費者の選択によるテレビシステムの拡大を展望する考え方に比較して「時代遅れ」になってしまったということである（注6）。

　別の解釈では、この右傾化は主として、労働者階級の衰退と労働組合の弱体化の原因となった経済の構造的変化によるものだと説明される（Jessop et al. 1988; Hobsbawm 1981）。そうした経済の構造的変化の結果、企業組織と労働者の関係は相対的に平等であるという考えに基づく、福祉重視の政策が脅かされることになると主張された。この説明は、公共サービス放送にとってはさらなる打撃となる。そうなると、公共サービス放送は社会契約の所産にすぎずなくなってしまう。その社会契約は英国社会の根本的な権力構造の変化によって見直されているものだということになる。

第三の解釈では、右派の高まりは主に内政の分裂や中道左派の衰退によるものだとする（Gamble 1990 and 1988; Curran 1990a; Heath, Jowell and Curtice 1987）。そこでは、英国政治の右傾化は市民の態度の根本的変化を反映しているのではなく、英国政治のエリートの中での変化であると論じられる。しかしこれはBBCにとって慰めとなるようなものではない。BBCは公共所有に関する「モリソニアン」的アプローチを放送に適用したものである。だがこのアプローチは今では保守党にとっても新労働党にとっても同じく忌避の対象となってしまった。

社会変化

　公共サービス放送はまた、連続する英国の社会変化によって弱小化した。ピルキントン委員会が1960年代初頭に結成されたころは、今となってはほとんど見られなくなったような社会的重要性や文化普及活動を主張する多くの教育団体が番組の質的向上を求めていた。また、アーツ・カウンシルや教会などの組織、新進の新聞やテレビの批評家たちからも同じような意見が寄せられた。たとえば、保守的なデイリー・メール紙の記者出身のテレビ批評家ピーター・ブラックは、主婦が自分の足の左右の区別をつけるだけで1ポンドもらえたり、三十秒で夫にペンキを塗りたくったら冷蔵庫がもらえたりするようなITVの番組をこきおろしていた（Black 1972：111）。
　だが、1970年代のアナン委員会で示された重要な論拠はこうした批判とは違い、「放送の二者独占」による「エリート主義」に対して向けられたものであった。1980年代のピーコック委員会は「番組は主として人びとが何を好むかによって決められるべきである」と論じる、自信に満ちた、巧妙な表現による提案を受け入れ記述している。
　こうした変化の連続は文化の価値判断についての合意が破綻したことを表すものでもある。世代間の対立が1960年代に強まり、とくにそれはいい音楽とは何かについての理解の違いとして顕著になった。チャップマンが論じ

るように、BBCは中高年層による音楽の好みを、若者の音楽嗜好よりも高く評価するという戦略的に失敗したのである（Chapman 1992）。若者文化の発展は、さまざまな趣味を反映したサブカルチャーを生み出した（Thornton and Gelder 1996; Hebdige 1979）。フェミニズムの高まりと少数民族コミュニティの拡大は、文化価値の機軸に変化をもたらし、ある種の低社会層のポピュラーカルチャー価値を肯定することとなった（Brunsdon 1997; McRobbie 1994）。成長し続ける文化商品市場は、個人の多様な嗜好を表現する手段も提供している（Hewison 1997）。英国で進む多元社会化の根底には、国家や隣人、階級による同質化への影響力が衰えてきたという背景がある。

　文化の価値判断を支える力学関係もまた変化した。1960年代と80年代は、異なった政治力学の時代だとされているが、ともに文化的反逆の時代であり、労働者階級の存在価値が急激に下落した時期であった。かつて文化価値を判断する中心的役割を担ったリベラルな専門家たちは、社会的立場も影響力も失っていった。とりわけ、中流階級が拡大し、社会的つながりは弱まり、共通の文化的価値観がなくなっていった。

　80年代のカルチュラルスタディーズの発展は、このような変化を象徴していた。カルチュラルスタディーズは、主に職業訓練色の強い短大や新興大学を基盤に講義科目に加えられ、伝統的な大学の英文科の文学的規範とは真っ向から対立する視点を発展させた。この新たな学問がその核になる原理として教えたのは、文化価値の判断とは時代を超えて存在する卓越した評価を与えることではなく、時代によっておのずから定義されていくものであって社会の合理性にかなったものであり、集団の一員か否かを表現する手段だということであった（Frow 1995; Thornton and Gelder 1996; Bourdieu 1986a）。この考え方にしたがって、数多くの論文が出され、大衆のテレビ番組の中に妥当な娯楽、進歩的な抵抗、社会経験の表現、社会的な軽視に対して擁護されるべき、これからの伝統をつくる文化が存在していることを認めることになった（Geraghty 1991; Ang 1985; Hobson 1982）。

　その結果、かつては当たり前に思われた文化の価値判断が今や疑問の対象

となってきた。ジョン・キーンによれば、「"質"という言葉に客観的な基準があるわけではない。この言葉には究極的な衝突を生む多義性があり、民衆を操作しやすい矛盾した意味がふくまれている」という（John Keane 1991：120）。こうして、文化的価値の不一致は頻繁なエリート主義批判をもたらしたのであった。ある著名なメディア史専門家はこう述べている。

　　英国の放送発展史は疑いなく、中流階級の知識人が持つ貴族的な価値観によって特徴づけられてきた。だが、教育や文化についての規範的でエリート主義的概念と結びついた質や水準という観点からの公共サービス放送の擁護はもはや不可能になった（Scannell 1990：260）。

　メディアにまつわる社会制度的な政治にも変化が起きた。BBC設立時の重要な点は、米国のような営利目的のラジオ放送の発展を要求する経済的なロビー活動がなかったということである（Scannell and Cardiff 1991）。保守的だった1950年代、商業放送によるロビー活動は改革を求めるもので、テレビの商業放送を公共への奉仕という枠組みの中に入れ込もうとするものであった（Sendall 1982; Lambert 1982）。しかしこの二十年間は、公共サービス放送に根本的に反対する強力なロビー活動が見られるようになった。その代表的な人物は、英国の報道機関の三分の一をコントロールするルパート・マードックである（Goodwin 1998; O'Malley 1994）。

　さらに、公共サービス放送は、新たな挑戦にさらされている。ケーブルや衛星によるテレビ放送は最小限の規制を受けているだけであり、それが視聴者を奪い、公共サービス放送の正統性と収入源を弱体化しようとしている。こうして公共への奉仕という角度からのアプローチは、ある人たちの表現を借りれば、次第に消滅していく方向に向かっていることになる。

社会的傾向への抵抗

こういういわば場当たり的な理由付けで問題となるのは、「公共のコミュニケーションの危機」について述べる諸文献はあるものの、それがすぐやっかいな障壁にぶつかるということである。つまり、その障壁とは危機状態に陥った英国の公共サービス放送がこれほど長期間にわたって堅調であるという事実である。政治的、社会的傾向が公共サービス放送にとっては望ましくない方向へ向かっているとすれば、それが批判を受けながらも傷つくことなく存続しているのはなぜなのかということである。

第一の理由は公共サービス放送は人気があるということである。ほとんどの人が視聴時間の多くをそれを見て過ごしたいと思うチャンネルになっている。英国はヨーロッパの主要国の中で、規制を受けた商業放送を最初に導入した国であった。その結果として混合経済システムは、規制緩和を受けた有料チャンネルの挑戦を退けるのに役立った。

第二の理由は、公共サービス放送の基礎にあって、公共放送に多大な資源をもたらしている集産主義的な施策が英国の政治文化によって支えられていることである。1980年代、サッチャー時代の最盛期においてさえ、医療保険から社会福祉までの幅広い分野で集産主義的な政策への大衆の支持に変化はなかった (Crewe 1988; Jowell, Witherspoon and Brook 1987; Jowell and Airey 1984)。1980年代の中ごろ、イギリス社会はアメリカに比較するとはるかに国家主導で非個人的であった (Davis 1986)。新たな右派イデオロギーが食い込んできたが、市民の態度を変えるには至らなかった。こうした文化面での優位は、獲得票は少数でありながら結果として多数の議席を取得させることになった英国最初の小選挙区制によりさらに強化された。

第三に、英国の公共サービス放送は、政府から独立していると評価されていることである。1980年代、放送局の管理部門の一部に政府から派遣された人材が配置されており、非管理部門の放送人たちは独立性を守るため、徹底

的な抵抗をした。BBCは政府の検閲に抗議して前例のないストライキをしたこともあった。その後のいくつもの調査によると、公共サービス放送はより信頼でき、市場主義の商業ベース報道機関よりも信用できるニュース源であると考えられている（Negrine 1989; Curran and Seaton 1997）。

　第四に、公共サービス放送は、良質的番組を提供するという点で価値があるということである。伝統的な文化価値が大学でのカルチュラルスタディーズ分野をはじめ、社会的に拒絶されることが増えている中、英国政治のエリートたちはそのような価値に固執し続けた。保守党が制圧していた時期、主要な保守党議員たちは番組水準があまりに俗世間的になり、質的低下することを避けるため、規制や公的支援が必要であるという認識を持っていた。サッチャー政権で首相代行であったウィリアム・ホワイトローは、回顧録でこう述べている。「私は番組のより高い水準を達成するという議論と同時に、規制緩和と財政面での競争原理を導入するという提案にいつも混乱させられた。基本的に両者は両立しないと思うからだ」（Whitelaw 1989：285）。同様の困惑がすべての政党の一致のもと、1980年代後半の放送規制を検討した内務省の委員会報告書でも開陳されている。この原因は、「高水準の番組」維持のために、「公共サービス放送の原則は、新たな放送環境の下でも不可欠である」という考え方と、それが市場の自由とは両立できないと信じられていたところにあった（House of Commons 1988：x-xi）。このような見方は、保守党内閣で1990年代半ば、放送事業を担当した大臣ヴァージニア・ボトムレイにも支持された。ボトムレイは「BBCは最も成功した文化機関である」と述べている（Bottomley 2000：143）。

　BBCは80年代から90年代、目的に沿った業務を遂行することによって、右派の批判をかわした。組織内の競争意識を高めてサービスの向上をし、番組制作のアウトソーシングを進め、人員削減をした。こうした動きに対しては労働組合からの抗議が続いたが、これがかえって政府閣僚たちを安堵させることにもなった。右派は放送改革の段階をめぐって次第に穏健派と急進派に分裂し、最終的には急進派は政府の内部でも国民の間でも孤立していった

(Barnett and Curry 1994; Goodwin 1998)。

　英国の公共サービス放送機関はすべてそのまま存続した。しかし、右派の批判を懐柔するためBBCに導入された管理主義体制は、組織を中央集権化し、創造性や公共への奉仕といった面での低下をもたらした (Curran and Seaton 1997)。商業的な公共サービス放送局はさらに大きく衰退した。ITVは1960年代、小さな組織で質の高い番組制作をしてきた。強い規制を受け入れ、公共への奉仕という徳目を実践する見返りにテレビ広告を独占することができた。ところがこのような仕組みの中での公共への奉仕という要素は、80年代、90年代になると弱まり始めた。新たにいくつかのテレビチャンネルが業務を開始したため、ITVはそれらとの広告競争を強いられるようになったためである。また、規制強化が必要とされたこの時期、政府は規制緩和に踏みきり、1990年、1996年の放送法では、「ゆるやかな」規制条項が導入され、質の保障はあったものの、テレビ放映権の公開オークションが実施された。また独占規制も緩和されたので、放送局の合併がつぎつぎと起きた。商業的な公共サービス放送は結果として、これまでよりもはるかに市場主義的になり、その機能を低下させた。しかし、次に発足した新労働党政権もこの流れを変えることはなかった。実際、労働党政権はその協議を長びかせながらも、テレビの規制緩和をさらに進めていくように見受けられる (HMSO 1998 and 2000)。

　簡潔にいえば、公共サービス放送を存続させるためには犠牲が必要であったということである。公共サービス放送は自分たちにとって不利になるような政治的・社会的変化に直面して力を衰えさせた。しかし、今必要なのは、公共サービス放送が歴史の流れに従って消えていくか否かという推論を学界で展開することではなく、将来どのようにしたら放送の公共性を強化していけるのかという建設的な考え方である。公共サービス放送がなぜ必要なのかの再検討から始めたい。

修復の必要性

「公共放送局側は公共への奉仕という価値が引き続き意義あるものだという知的議論を明確にすることができなかった」と、ローランドとトレーシーの二人は述べる（Rowland and Tracey 1990：20）。別の米国の学者、クレイグ・カルホーンも同様に、「公共サービス放送を擁護する意見もその力を弱めてきている」と述べる（Calhoun 1996：224）。

だが、実際には、公共サービス放送を擁護する標準的な主張は、上記のような論者らが批判するほど欠点があるわけではない（Broadcasting Research Unit 1998; Blumler 1992）。公共放送の必要論はむしろ近年、より活発に展開されるようになってきている。必要なのはその議論の仕方を改善し、質的向上をはかることなのである（注7）。

これは公共への奉仕を主張する理論家たちが市場主義の枠組みにとらわれることがなくなれば、すぐうまく出来るようになる。市場はその性質上、個人の決断の集合体であり、そこには社会的必要性という考え方はない。公共サービス放送が新たな存在の根拠を持つために目指すべきことは、こうした立場からの幅広い必要性を明確にすること、そしてなぜそうした必要性が公共への奉仕という手段によって最も有効に実現できるかを説明することである。このような再評価が公共サービス放送の目的と組織の再考を促すことになる。

福祉の経済学

しかし、この十年間、急進的な市場理論が公共への奉仕についての理論に最も大きな刺激を与えてきたともいえる。市場理論は過去10年間、公共への奉仕についての理論に最も顕著な発達を促してきた。その主要な論点は、メディアとしての放送は「市場の失敗」（Graham 2001：1）に苦しみ、その結

果として、公的に所有されるか、あるいは規制を受けるべきであるかという議論となっていた。

　これは根本的には新しい議論ではない。広告がテレビを歪めているという主張は長い間なされてきたからだ。このような視点からすると、広告主が興味を持つのは、どれだけ多数の視聴者がコマーシャルを見たかということであり、視聴者がどれほど番組を楽しんだかということではない。こうして、大衆向けの商業放送は、少数集団の中に強い関心を生み出す番組ではなく、異なるタイプの視聴者たちに幅広い興味を持たれる番組を提供すべきだというプレッシャーが出てくる。ゆえに、公的規制は消費者の選択を広げることで広告による歪みを相殺するものとして必要であるというわけだ。

　このような主張は多チャンネル化によって、小さな市場にしかならない少数派への番組供給がなされるようになり、修正を余儀なくされた。あまりにも画一的であるとか、受け手側が求めているものに配慮をしないという欠点を持った、広告収入をあてにしたテレビの問題点は有料チャンネルからは出てこないと主張するネオリベラルによって直接的な反論を受けた（Brittan 1989）（注8）。こうしてネオリベラルの中には、新たな技術によって無限に近い多チャンネル化が可能になった今、テレビは有料制に転換すべきであるという主張が出るようになった。

　新ケインズ主義の経済学者は、公共サービス放送はケーブルテレビや衛星放送によって不必要になるような、一時的に必要な社会制度ではないと主張して対抗した。逆に、新たな技術には、過当な競争を制限するために、公的な統制の必要がいよいよ高まっているとも主張した。現行のテレビ局は高額な固定費と低額の限界費用がかかる仕組みになっており、それが巨大な規模の経済を生み出し、主要な放送局が競争で有利になるようになっている。デジタル革命はいまや、これまで分裂していた業界の一体化を推し進め、協同事業による歳出削減または歳入増加という経済面での協調を展望した動きが始まっている。「こうして、独占の根拠の一つであった電波の希少性という状況が消滅し、その代わりの議論として、規模の経済という自然独占への懸

念が登場することになった必然的に起きる経済面での独占形態が登場することになった……」(Graham and Davies 1997：1)。多数のチャンネルが生まれ、番組の販路も拡大しているが、それらは合併によって生まれた少数の企業によってコントロールされている。グラハムが指摘しているように、この傾向はすでに現実のものとなっており、もはや単なる理論として片付けておくことはできない (Graham 1999)。さらに、電子番組表などの、「ゲートウェー」といわれる新たな技術が支配できれば、競争相手を除外したり、不利に扱うなどの乱用につながる可能性もある。

　消費者の選択権を守るために、放送の公的規制と公的所有が今日ほど必要になってきたことはない。また、言われるように、規制する側は監督対象側の業界からの不公正な影響を受けることがあるから、規制だけでは十分でなかろう。基準となるような「優れた商品」を提供し、広く放送業界と市場に影響をもたらすため、BBCのような公的機関が必要とされるのだ。

　福祉経済主義者はテレビは公共善のための財産であるという視点から、公共サービス放送を正当化する。「パン一かたまりをある人が食べてしまったら、別の人はそれをもう食べられない。だが、ある人がある番組を見ていてもそれは別の人が同時に」ほとんど追加のコストをかけずに「見ることは可能である」とコボルツはいう (Koboldt et al 1999：8)。受信料を通して一定の制作費を補助することによって、公共のテレビはこのような当然の利点を公衆のために活かし、番組を安価で提供することによって視聴者に利益をもたらすことができる。言い換えると、消費者にとって利益となる有利な取引を提供する。それに対して、有料放送局は単独でテレビという公共善の財産から利益を得ているのに、価格が高いため、最小限の費用だけしか払えない人びとをその受益者から除外してしまっている。

　　民主制のためのシステム

　公共サービス放送のもつ民主主義的な面は、新たな議論が古い議論を補っ

てきたもう一つの分野である。その出発点は、人びとは市場経済の消費者であるだけではなく、民主主義体制の下における市民であるという点である（Murdock 1992）。市民は公共善に関するものごとをふくめ、様々なことについて十分に知らされる権利（the right to be informed）を持っている。この権利の基盤は、自由民主主義における主権は民衆にあるということである。民衆が力と責任を持つべきものならば、そのために、彼らは十分に情報を与えられる必要がある。

この情報取得の権利は公共サービス放送を通じて最大限に保障される。理由はそれが、公的な出来事に注意を払い、市場依存のシステムよりも娯楽に支配されることが少ないからである。市場原理を採用したとしても社会的な報道番組や情報チャンネルを作ることは可能だが、それではエリート層により魅力的になってしまう傾向があり、エリートと一般民衆との間の知識の格差を拡大してしまう。これとは対照的に、公共サービス放送は大衆的な一般チャンネルのプライムタイムにニュースや時事問題の解説番組をながすことによって、一般視聴者の政治意識を高めることができる。一方のシステムは民主制における情報獲得の必要性を考慮しているが、もう一方のシステムはそのような考慮をすることなく、情報の欠如によって多くの有権者の力を奪う傾向にある。

第二は、公共サービス放送はより合理的な民主制を作り出すという議論である（Scannell 1992; Garnham 2000 and 1986）。公共サービス放送が適切な専門家の知識を政治的議論の場に持ちだし、公共善の確立を目指して、妥当な意見にまとめあげ、証拠に基づいた意見の交換を促進するというわけである。こうした英国の放送事情は、視聴率競争が報道のタブロイド化を進行させ、報道と娯楽の境界が薄れ、視聴者に何も求めようとはしない、サウンドバイトと呼ばれる、簡単ですぐ消えてしまうような政治分析がますます多くなっている米国の市場システムとは対照的である（Hallin 1996 and 1994）。

第三は、公共への奉仕を念頭においた制度は、より公平で公正な民主制に貢献するという議論である。米国とは異なり、英国ではテレビでの政治広告

を禁じている。こうした公共への奉仕に基づくやり方は選挙活動経費を制限し、そのことによって政治におけるカネの影響力を抑えることができる。英国の放送では「適切な中立性」が要請されるがゆえに、反対意見の表明も確保される。政治が重要視されることによって、市民は政府を監視することができ、市民が政治的プロセスにより多く関わり、参加することが可能になる (Blumler and Gurevitch 1995)。公共サービス放送は、共通の知識や価値観、評価基準といった国民の文化を支えることによって、民主制というシステムをも支えているのである (Dahlgren 2000)。

社会システム

「公共サービス放送はよく情報が周知され、合理的で、かつ公正な民主制を形成する」という主張は、商業化の波の高まりによって弱まっているものの、今のところ最も重要な公共サービス放送の存在根拠になっている。これに匹敵する知的主張を、社会のあるべき姿や社会的必要性に関連しても展開する必要がある。

ところがここで問題なのは、政治とは異なり、社会のあるべき姿についてのコンセンサスがないことである。民主制にとって公共サービス放送が必要であるという議論をすることは簡単である。理由は、選挙による民主制は望ましいもので、それがうまく機能するためには一定の条件が必要だという点での共通の理解を引き出せるからである。しかし、「社会システム」についてはそのような共通の理解が存在しない。

とは言うものの、特に西欧では、市民の社会的合意がまったくないわけではない。ネオリベラル的政策が無条件に追求されるとしたら、それが行き着くところは、利己主義に駆り立てられ、市場の金銭関係によってのみ結びつき、法律によってのみ規制を受ける個人の集積からなる社会をつくり出してしまうであろうということが意識されるようになってきた個人の集団と、当該地の法律によってのみ規制を受ける市場と金銭との関係が合体した社会で

ある。これに対抗する別の社会概念は、その社会関係がコミュニティ意識や他者への配慮、あるいは社会的行動に影響を与える一連の倫理規範、さらには異なった集団が自由に対話でき、共通の価値観を修正しながら形成していけるシステムとして、社会をとらえるものである。後者のような見方は、今日の市場リベラリズムの時代にあってもなお、一定の広い支持をえている。

　成熟した社会についてこのような理解をすれば、その実現には公共サービス放送がもっとも適切なものであることがわかる。この社会システムは強いコミュニティ意識を育てるようなテレビを整備することになる。人口密度の低い山間部や遠隔地でも、たとえ経済的に見合わなくとも、設備投資をして誰もがテレビを見られるようにする。英国では公共サービスに関する法的規制があるため、米国のように、経営的に成立しないからといってケーブルテレビの設置を低所得層エリアでは行わないというようなことはない。一般的にいって、英国では公共サービステレビは有料サービス放送局とは違い、人口のどのような層も除外することはない。国民生活で共有されているような記念行事やスポーツの主要大会などは一般の放送に割り当てられ、営利企業のテレビが買い取った独占放送になることはない。簡潔にいえば、公共への奉仕というアプローチの基本原則は、すべての人を対象として放送し、「ユニバーサルサービス」（万人への奉仕）という基準によって視聴者をまとめるということである。

　公共サービス放送の画面に映し出される「コミュニティ」は社会の団結や帰属意識も養う。社会から除外されがちなのは、高齢者、シングルペアレンツ、無職、少数外国人たちである（Corfield 1999）。ところが彼らは英国の公共サービス放送がつくる二つの主要なメロドラマ「イーステンダー」（Eastenders）と「コロネーション・ストリート」（Coronation Street）の舞台では社会の立派な一員である。さらに一般化していえば、公共サービス放送は労働者階級に脚光をあてる、進歩的な社会現実主義の伝統を育ててきた（McKnight 1997; Brandt 1993 and 1981）。それらは魅惑的で高級な舞台設定が多くを占める米国のドラマとは対照的である。

公共サービス放送が社会統合を促進させることにはネガティブな側面もある。しかし、そのポジティブな側面としては他者への配慮をするといった相互の一体感を形成するということがある。この配慮は公共サービス放送が「他者」への共感を育てることによって強化され、広がっていく。少なくとも、そうした番組では嫌悪を生むのではなく共感を生み、善悪判断の断片ではなくものごとを筋道立てて説明し、未知のものや見慣れないものを解説し、簡略化したステレオタイプではなく複雑な現実をとらえさせている。これは、番組が市場の専横力に服従し切っていないため可能になるのだ。ギトリンが米国の全国ネットでのテレビ映画を特徴づけるものとして挙げた「シンプルなストーリーと動機、数々の葛藤が盛り込まれ、最後にはすべてが解決する設定、一時的な高揚感、CMを挟んでも視聴者を十分に引き付けられるように考えられた台詞」（Gitlin 1994：165-6）といったものは、英国とは異なった政治経済的要素によって強制される文化的枠組みなのである。

　より一般化していえば、公共サービス放送はみんなに共通する社会問題についての議論を促進させる。そこで放送をコントロールしているのは市場システムにおける特定層の関心や企業のビジネスではなく、民衆の代表たちである。公共サービス放送は少なくとも原則としては、コミュニティ内の異なる層の間で、オープンな対話を促すものであるべきだ。またそうした放送は番組の自社制作を支援することで、制作者が身近な視聴者の特定の関心事や社会経験を番組作りに活かせるようになる。その結果、社会発展の道筋を照らし出し、理解させるような力を持った魅力的なドラマを生み出すこともできるようになる。その代表例がたとえば、BBCの傑作「北から来た私たちの友人」（Our Friends from the North）である。

　　文化システム

　公共サービス放送の文化面での存在根拠も新たに考えなければならない。従来の主張はますます説得力を失っているからである。よくある議論は公共

サービス放送は高い質を保障する番組を提供するということで、たいていは高尚文化（ハイカルチャー）と関連していることが多い。このシステムでは全体としてはマジョリティを構成している様々に異なった少数派グループに対し、戦略的に多様な番組を送り込むことができるという意見もある。この点についてのネオリベラルによる批判は単純である。すなわち高尚文化的な番組編成は、米国で実際に行われているように、公的資金を受けたエリート層向けチャンネルによる提供が可能なのであり、公共サービス放送事業全体の存在理由となるわけではないとの主張である。さらには、成熟した放送市場は、ケーブルテレビや衛星放送で増えているような、少数派の需要に応えて、主要市場の隙間をぬって入り込んでくる専門チャンネルを生み出しているとも主張される。

　より実りある議論をするには、公共サービス放送の文化的役割を解釈、正当化する方向に進む必要がある。そのひとつの手段は民主制と同じような形で文化システムをとらえることであり、それを適切に機能させるにはいろいろな条件が満たされるべきだとする議論である。それらの条件はおそらく、保護、改革、育成、多様性、社会的アクセスといったものを挙げることができよう。これらは市場システムの放送よりも公共サービス放送でよりよく機能するものだからである。

　つまり、公共サービス放送は、過去の世代に傑作と評価された文学、音楽、美術などの作品を次世代に伝えることで文化システムを保護、育成する。また、独創的で実験的な作品に財政補助をすることで改革を促し、放送が担う文化システムの部分を更新していくことになる。特に市場原理的にはとても制作できないような、少数者のための番組を絶やさないために、公共サービス放送局は組織内部で財政補助をしながら文化システムの多様性を守ることができる。制作技術、経験、才能を集め、育てることによって、また制作チームに大きな裁量権を与えて創造性を育てることで、文化システムの再生産を促す。さらには、受信料を低くおさえ、多くの視聴者から集金をし、また多くの新しいタイプの番組を組み込んだ編成により、視聴者に新たな体験を

させるといった仕方で、人びとの文化システムへのアクセスを活発化する。
　このような抽象的な言葉で説明することは、英国人の知的生活の仕方、そしてカルチュラルスタディーズの相対主義的な考え方の両方にそぐわない（注9）。しかし、文化価値についての社会全体としての合意はもはやないという事実は、制作されるべき番組をめぐって文化的価値判断を避けるべきだということではない。判断を下していないのは判断を避けているからではない。市場主義の現在では、判断者の役割はこれまでと違い、会計士、広告主、権限を委託された編集者といった「判断者」らに渡されてしまっていることが問題なのである。

「国家」という歪み

　以上みてきたように、公共サービス放送をめぐる議論には再考の必要がある。公共サービス放送の「質」はもはや専門技術といった特定の番組制作面や、「高尚な文化」といった特定の番組カテゴリーに限定することはできない。むしろ、公共への奉仕を目的とする機関が社会の政治的、社会的、文化的な必要性に応じた番組提供をどのように行うかの議論がなされなければならないということである。
　このような番組編成には規範的な面がある。そのことは物事がどうであるかだけでなく、どうあるべきかということに関係しているからである。公共サービス放送といえども、それが実行されるときには、それを理念型としての正当化理由から逸脱させてしまういくつかの欠点がある。この理由のひとつは、公共サービス放送が国民国家の産物であり、国家プロジェクトとして統制されてきたことである。そうしたこれまでのやり方は公共への奉仕という伝統を改善するにあたり、その第一歩として再考しなければならないことである。
　といっても、筆者はここで、公共サービス放送は国家から分離されるべきであるといわんとしているわけではない。結局、国家は今なお、民主制に基

づく生活の組織的維持にとって重要なものである。そのため、国民国家は批判的に監視されるべき対象であるべきだし、国民的な議論や選挙は最重要視されるべきで、異なる有権者集団の関心は徹底的に放送によって周知が図られなければならないということである。人びとがアイデンティティや帰属意識を持つ対象の主たるものは国家であるから、国家へのつながりを持つことは社会的相互依存という共通の価値観を促進する戦略としての意味を持つことになる。しかし、公共サービス放送が国家中心的であることから多くの問題が派生しており、現在、それらの解決が求められているわけである。

　第一に、英国のテレビは権力システムの変化に対して十分な対応ができていない。国民国家の権力は部分的には、大陸、広域、国境を越えてグローバルに活動する政府機関と、グローバルな金融市場や企業に委譲されてしまっている。しかし、英国のテレビの批判的視線は相変わらず、国民国家へ固定されている。しかし、精査してみるとわかるが、英国のテレビはいまだ国民国家に強く根ざしている。欧州政治や組織についての報道はいまだに希薄だし、一貫性もない。グローバルな規則を伝える報道は表面的で、グローバル市場やビジネス分野の報道ではその政治的影響力にまで言及した洞察が欠けている。

　これらの欠点の根底にあるのは過去から受け継がれてきた行動様式である。BBCが基本理念を記した『2000年以後への展望』（Beyond 2000）では特に次のような表現が記されていることに注目したい。

　　BBCの中心目的は常に変わらない。それは、「国家と国内の地方や地域にとって重要な」問題の議論にすべての立場の人びとが参加できるようにすることである（BBC 1998：1）

これはBBCがその『運営の基本理念』（ミッションステートメント）の中で、明確に政治に関して述べた唯一の箇所で、政治的議論の始点と終点を明確に述べている部分である。つまり、政治的議論は国民国家内部に限定されてい

るわけだ。このため、新しい「多層化された」統治システムについて不十分な監視しか行えないのである。そのことが同時に、グローバルな政治舞台における新しい社会運動がもたらす政治的議論の報道を排除する傾向につながっている。

　第二に、この国民国家中心的な公共サービス放送の定義は、英国とその他のより広い世界との関係を歪めるものである。その他のヨーロッパ大陸諸国からの番組輸入が少ないため、英国人の中では欧州人としてのアイデンティティが育ちにくくなっている（注10）。これが原因で、ヨーロッパの選挙や政治的議論への参加低下をもたらしている。テレビが国民国家に焦点をあてることによって、「外国人」との関係意識が弱まっているし、英国の視聴者は中東のイスラム世界からアジア、さらに南米など、世界全体についての情報に相対的に疎くなっている。

　三番目の問題は、誰が国家／国民を代表して発言し、国益を定義するのかということである。多くの学術研究が繰り返し主張していることは、英国のテレビニュースや時事問題番組がしばしばはエリートたちの持つ前提や情報源に左右されているということである（Philo and Miller 2001; Eldridge 1995; Philo 1995; McNair 1995 and 1988）。この原因の一部は、ウェストミンスター（議会）で議論されること、つまり、議会での議題、前提、提案される解決方法といったものが、テレビで「国民的」議論を定義するための雛形として採用される傾向があるということである。

　だがこのようなアプローチをすれば、国内の多様な意見や視点が反映されにくくなってしまう。政党の衰退した現在、問題はさらに深刻になっている。政党は活動的な、多くの党員を失った。かつてのように忠誠を強いたり、影響力を行使したりすることはもはやできなくなった。過去、わずか30年の間に、政党がかつてのように選挙区の人びとの意見をまとめて代表しているという状況がなくなってしまった。その反対に、広報がますます専門化した仕事になってきたため、政党による報道や時事問題番組への影響力がますます大きくなるということが起きてきた（Barnett and Gaber 2001）。

これに関係している第四番目の問題は、国家のあり方を報じる討論番組にだれが参加できるかということである。一般的に言って、権力や社会的に認められた知識を持つ者、現行民主制の中で正統性を与えられたスポークスマンたちがテレビの討論を独占しがちだ。一方で、トークショーが増えるにつれて、組織に所属していない人でなくても参加できる新たな番組形式も生まれている。これによって一般の人びとも主要な討論参加者になることができ、テレビは特に見過ごされがちな女性問題など、より広い社会問題に対応することができるようになった（Morley 2000）。しかし、トークショーに代表されるこのような可能性は、特定の番組カテゴリーに限られがちである。

　五番目の問題は、国民を象徴的に代表するテレビで働けるのは誰で、誰がそこから排除されるのか、といったことだ。BBCのバート会長の時代（1992-2000）の数少ない肯定的側面は、かなり多くの黒人やアジア系の人びとが司会や記者、役者やプロデューサーに登用され（しかし、幹部になることは稀であった）、エスニックマイノリティ向けの番組への予算や人員配分が増やされたことだ。しかし、エスニックマイノリティに近づいていく必要性がより意識されていくにつれて、いやなことにも気づかされることにもなった。BBCの委員会による調査ではそのことは以下のように記述された。

　　ブラック系、アジア系が感じているBBCへの幻滅の大部分は、単に我々の番組のせいだけでなく、彼らが内心、BBCとは国内の少数外国人に関心を持っていない白人の支配する社会が作り出した組織であると考えていることからも生じている（BBC 1995b：168）。

　BBCの調査はまた、少数外国人を対象にしたBBCの制作番組よりも、米国で一般視聴者を対象にしてつくられ、重要な人物としてブラック系が登場するようなコメディ番組の方をアフリカ系カリブ人の視聴者が好むことを明らかにした。続いて行われた調査でも、アジア系とブラック系の視聴者が、自分たちは公共サービス放送で十分に取り上げられていないと感じていると

いう結果が出た。また、彼らが衛星放送やケーブルに加入する傾向は平均よりも大きいこともわかった（Morley 2000）。

六番目の問題は、「英国」文化に向けられる大変な注目は正当かどうかという点である。たとえば、クラシック音楽では他国に、より優れたものがあるのになぜ英国のクラシックばかりを重視するのかという問題である。

公共サービス放送は、保守的な風土（これは保守党という意味でない）、ひとつの国家・国民、帝国主義的な伝統という試練の中でつくりだされたものであった。その後変わってきてはいるものの、依然このような伝統をひきずっている。公共サービス放送は国民国家的な使命を強調し続けることによって、現在自らが置かれている、多様でグローバルな環境により十分な対応をすることができなくなっている。

自主再生

公共への奉仕という伝統は、内部の改革で再生させることも可能であろう。そこに商業化の度合いが高い英国の新聞業界には欠如している批判的な自己省察という、力強い専門職業的文化がある（Curran 2000a）。

このような職業文化は長い間、政治報道のあり方をめぐる議論を展開させてきた。従来的な考え方では、放送ジャーナリストの役割は公務員の役割と似ているとする。放送人は時事問題をかいつまんで説明し、理路一貫した政治上の選択肢を提示し、視聴者がその中から好きなものを選べるようにする。このような官僚的な伝統の枠組みでは、情緒的もしくは派手な見せ物的表現を嫌悪し、「無知な」意見には軽蔑が示されることになりやすい。BBCの設立者リース公は、アメリカ人ジャーナリスト、エドワード・マローに対して、「"現場中継"レポートはラジオをハイドパーク・スピーカーコーナー（訳注：だれが何を発言しても許されるハイドパークの自由な演説の場）のレベルまで引きずりおとすだろう」といった（Persico 1988：112）。大衆の発言に関するこれと同じイメージが、上流階級的な蔑視の感覚から、アナン報告書にも

盛り込まれ、「大衆の会話」もしくは「対話」であるとして放送の概念を攻撃した。そうした誤った考え方は放送を「ハイドパークコーナーのラジオ版」のレベルに下落させると報告書は警告したのである（Annan 1977：24）。

　逆の立場の議論として、意図はどうであれ、放送が人びとの日常生活の実際の対話を再生するようになるのは避けられないというものがある。市民としての常識や社会的に信頼できる発言者を強調するのでは、一般市民が対話に参加することを必要以上に制限することになる。このような反論は放送人の間で、市民のアクセスや、放送する声や意見のいっそうの多様化を求める改革の動きを活気づかせた。こうして、電話で参加する番組やスタジオ参加型番組が導入され、視聴者がアクセスできる時間帯も新たに拡大されることになった（Livingstone and Lunt 1994）。そうしたやり方は従来型ジャーナリズムにも浸透していった。BBC 2 の看板報道番組「ニュースナイト」（Newsnight）の内部メモは、「より幅広い専門家や市民を取り込み、グレースーツの白人とロンドン M25 環状道路の外へ出るようにすべきだ」と指示している（BBC 1995a）。こうした指示によって、社会の周辺部に追いやられていたグループが討論の中心を占めることができるような優れた番組が数多く生まれた（Curran 2000b）。特筆すべきは、こうした多元性を求める運動が当初まったく予想もしていなかった方向にチャンネル 4 が発展していったことである。当時の古参閣僚、ノーマン・テビットはチャンネル 4 の責任幹部ジェレミー・アイザックスに「議会が考えていたマイノリティ向けの番組はゴルフ、セーリング、釣りといった〈趣味〉に関するものまで、まさか同性愛者らのための番組ができるとは思ってもいなかった」（Issacs 1989：65）と述べさせた。だが、法律で定義されたチャンネル 4 の使命は実際にあいまいで、革新的番組やマイノリティ向け番組の放送を求めていただけであった（HMSO 1981 and 1990）。この姿勢を、チャンネル 4 の初期の幹部であったリズ・フォーガンらは、他のチャンネルで置き去りにされたマイノリティの意見や関心事を新たな試みとして放送していくべきだというように解釈したのである。

チャンネル4のスタートはBBCの総合チャンネルが変化する原因の一つとなった。1990年代、BBCの幹部たちは自局のすべての放送番組において、英国の多元的文化、多民族社会の多様性を反映させる必要性を強調するようになった（BBC 1992, 1995b, and 1998）。

多元主義とグローバリズム

　しかし、放送業界で芽生えた改革の動きが公的な支援を受けることはほとんどなかった。1982年以降の議会立法、政府が出した緑書・白書、放送に関する公的報告書などはすべて、放送政策の目的として多様性を打ち出すことを怠ってきた（注11）。これら公式文書の文言中では、「アクセス」という用語は、英国文化の最も優れたものや娯楽、あるいは過疎地の人びとが公共サービス放送を見られるようにすることというような理解をされがちであった。言い換えると、それは他人の意見を聞くための権利であり、自分の意見を聞いてもらうための権利ではなかった。同様に、多様性という概念は主に、様々な視点や文化の表現ではなく、様々な嗜好をもった人びとのそれぞれに向けた番組を提供するという意味で受け取られていた。
　今後、多元性という考え方は放送システムの目的の一つとして欠かすことのできないものとなる。公共サービス放送の組織は、社会の意見、視点、価値の多様性について十分に表現することを要請される。このことは、BBC憲章や放送法にも加筆されるべきであり、現在審議中の、商業放送の管轄機関であるコミュニケーション担当部局の公式目標のひとつに加えられるべきであろう。
　公共サービス放送はまた、英国の国民的遺産との関係を見直す必要がある。国民の文化、アイデンティティを保護するという公式見解は国外の文化や人びとに拡大されるべきである。情報提供に関する公共への奉仕という責務には英国外の出来事、発展やトレンドを伝えることも含むべきである。
　公共サービス放送が国民にひとつの共同体意識を持たせ、その視点から総

合番組チャンネルでの議論ができるようにすることは依然重要である。しかし、公共への奉仕という議論をひとつの国民・国家へ向かわせる議論の枠組みに押し込むことはできないし、市場での競争相手局をグローバリズムと多元主義の原則に立つ主要機関とさせることはできない。デジタルテレビ時代の到来は公共サービス放送をして自己の再定義をする格好のチャンスをもたらしている。新しいチャンネルを始めることで、マイノリティの視聴者により効果的につながり、他者との関係意識をより強いものにすることができるはずである。このような新たなチャンネルは、年齢、民族や音楽、文化的嗜好などが違う様々なグループを対象とすることができる。さらには他の欧州各国の映画や番組を紹介する欧州チャンネルや現在の英国ではほとんど見られていないような名作を放映するチャンネルを始めることも可能であろう（注12）。くわえて、BBCはすでに対応を始めているが、インターネットはより深い、詳しい情報を提供することで番組を補足できるから、視聴者のアクセスや双方向コミュニケーションの面で新たな方式を作り上げることも可能になるであろう。

制度面での改革

　求められる制度改革のうち、特に次の2点が注視されなければならない。第1は、公共への奉仕という要素がより効果的な規制によって商業放送でも強められなければならないということ、第2は、さらに重要なのだが、放送システムの政治からの独立を強化しなければならないということである。

　放送業界の経営当局者たちを政府が任命するというという英国のシステムは腐敗し、評判の悪いものとなっている。たとえば保守党政権時に任命されたBBCの経営陣は常に同党支持者で固められていた。1986年から96年までの長期間にわたりトップであったマーマデューク・ハセイは閣僚の義理の兄弟であったし、彼の前任者スチュアート・ヤングの兄弟も閣僚であった。

　放送業界の人事に関して政府が直接的かつ第三者を介在させない形で任命

権をもつようなことはしてはならない。新労働党政権は暗黙のうちにこの考え方に立って、2001年、BBCの会長候補者を面接する審査会を初めてつくり、民衆の側からの推薦者を決めた。しかし改革が十分に行われたわけではない。この小さな審査会は大半が左派系のメンバーで占められ、彼らが選んだのは新労働党の事情に通じたギャビン・デイヴィーズであった。この結果、印象に残る人物ではあったが、またしても政党の仲間内の人物がBBC運営委員会のトップに任命されることになった。

　BBC運営委員会や将来の政府コミュニケーション担当部局の市民委員会の委員に任命される者のすべてについて、国内の代表的組織や放送業界から選ばれた者で構成された、独立した任命委員会が公的に推薦すべきである。そしてその任命委員会が人びとの声を代弁できるように社会の各分野から有能な人物を選べるような報告書を提出すべきであろう。委員会はまた、政府だけでなく社会の体制側の動きにも影響されてはならない。

　BBCは財政面での脅威からも守られなければならない。ラジオ、テレビ、カラーテレビからの受信許可免許の交付が増えるにつれて、自動的に歳入が増えたころは、BBCは財政的に独立していた。しかし、この、いわば自然な成長が止まるとともに、BBCは経済面からの政府の圧力に対して弱くなった。政府が受信許可料（ライセンス・フィー）を値上げする権限を持っているからである。BBCの経済面での独立を回復し、デジタル時代にさらなる発展をしていくには、たとえば国民総生産指標といった国の経済発展と受信料とを連動させて上下させることが必要だろう。

　ほかにBBCを脅かすために使われるのは、定期的に更新される放送の免許状である。更新時期が近づいてくると、BBCは政府やエリート層の意見に最も敏感になる（Briggs 1985）。しかし、BBCは議会の通す法律によって運営されるべきである。BBCにはすでに過去八十年のすばらしい実績があるのだから、仕事見習い中の契約社員に対するような扱いを私たちはすべきではなかろう。

伝統の再構築

　チャンネル4は、1982年に設立され、公共への奉仕という伝統について新しく解釈し直そうとしたものであった。しかし設立以降、公共への奉仕についての再解釈の試みは見られない。1997年に設立されたチャンネル5もせいぜいのところ、ITVの低予算版といったところである。

　主要な改革のカギとなる時期はアナログからデジタルへの移行が実施されるときである。これにより販売できる新たなチャンネルが生まれるし、公共サービス放送の新たなタイプとしての膨大な「フリーテレビ」(Free TV) も可能になってくる。このような見通しをここで述べる根拠は、「フリーテレビは放送従事者がテレビを創造的なメディアとしてその可能性を自由に切り開いていくことのできる環境を提供する」であろうからである。そうして新たに生まれる放送機関は、公的資金によって市場の圧力からも自由になる。しかし、それは同時に、国家の法律を除けば、義務や規制の対象とされることもなくなり、国家による圧力からも守られるであろう。

　1960年から1985年ごろにかけてのことだが、英国の公共サービス放送の伝統はとても強力で、米国式の市場主義モデルや欧州大陸式の代表管理モデルと比べて、プロデューサーレベルのスタッフに大きな裁量権があった。確かに、この裁量権の大きさはドラマなどではそれほどでもなかったが、とりわけ報道や時事問題の解説番組において、現実では考えられないほどの効果を発揮した (Schlesinger 1978; Burns 1977; Kumar 1975)。その半面で、比較的大きなこのスタッフの裁量権は、放送事業に市民の意見を取り入れたり、外に向かっての説明責任に欠ける面をもたらした。そのため、この頃のことには、今日の放送システム全体のあり方を示すモデルとはなり得ない。しかし、自由を与えられた放送人たちは最盛時、創作力豊かな番組を生み出したのも事実であった。ただ、この自由はBBCの中央集権化が強化され、同時にITVやチャンネル4の商業化が進むに伴って侵されていった。その結果、そうした

構想力、想像力豊かな番組の質は、特に「演劇」、コメディ、ドキュメンタリー、風刺といった分野で低下するという傾向が出ている。

　求められているのは、衰退した英国モデルに活力を取り戻す新たな制度、つまり、政治的な利用をされたり、視聴率主義に踊らされることのない放送システムである。たとえばグラスゴウやリバプールを拠点にしたら、ロンドンとはかなり違った社会、政治文化に触れることになり、そのことによってロンドン中心の他の主流テレビ局とは異なった視点や経験に基づいた放送につながるのではないか。逆説的な言い方になるが、とりわけ、こうして新たな伝統を再構築することで新たな開拓につながろう。こうした新しい組織は世界のどの放送局よりも市場や国家による制限に縛られることが少ないものとなる。

結　論

　この章がエリフ・カッツによる総合理論に疑問を呈したものだとしたら、それは私がカッツに対して称賛と尊敬の念をもっているからである。カッツはメディア学の基盤を作り出した一人であり、斯界に新風を吹き込んだ人物である（注13）。彼は聡明な論者であると同時に実践の人であり、新たな公共サービス放送を設立するにあたってもその功績からは学ぶべきことが多い（注14）。

　だからと言って、カッツのコミュニケーション危機の議論を批判の対象にしてはいけないということではない。西欧諸国に関するかぎり、リベラルデモクラシーが視聴者の分断化、公的情報の脆弱化、グローバル化による危機に瀕しているという示唆は、証拠によって確認できるものではない。

　より一般的に言えば、カッツの分析はこれまで認められてきた議論を逆転させたものだと見ることもできる。市場原理に基づいたコミュニケーションの技術的変化は避けられないもの、そして望ましいものだとする考え方がもてはやされている。だが、カッツは、このようなネオリベラルのユートピア

を、それとは逆のディストピアとして捉えている。一方で、その根底にある技術決定主義には反論していない。ところが、本章での英国のケーススタディは、公共サービスの実験的試みの衰退は、確定した事実でも非可逆的でもないことを示している。逆に、公的支援を継続するというやり方で内外の改革を行うことによって、公共サービスを充実していける可能性があるのだ。

　カッツは、失われてきたものを強調するために過去の魅力的なイメージを呼び起こした。しかし、時事問題を独占的なテレビ放送を通して議論することで国全体がひとつになるというノスタルジックな見方では、少なくとも英国の場合、見過ごしてしまうものがひとつある。それは、エリートたちが放送というこうしたバーチャルな討論の場の議題や話の内容を大部分コントロールしていたという事実である。過去にあったこのような制約は現在でも、英国のテレビで誰が国益を定義し、誰がそこに登用されるのか、という点について一定の歪みを与えている。またこれまでのやり方では権力システムの変化の検証を十分にはできないし、人びとの「自分（自国）以外の他者」との接触の機会を少なくしてしまうことになる。要するに、過去にバラ色を見るだけではカッツがかつて、自らそのテレビ事業の創始責任者として関わったイスラエルだけではなく、世界のいずれにおいても、不確かな未来図を描くことになってしまう。公共サービス放送についての国民的定義はこれまで常に論争の種であったし、今現在もそうである。この公共サービス放送がより多元的でグローバルな世界への移行の中で生き残ろうとするとき必要なのは、過去の遺産を今一度吟味し直すことである。

　注
(1) 本章のデータの更新にあたってRichard Smithが助けてくれた。ここに記して感謝する。
(2) 概算は、「情報」の定義の仕方によって異なってくる。1997年のより低い推定値については他の調査（Bens and Smaele 2001：55, 表1）を参考にされたい。
(3) 一般的な傾向は激しく変動している。1997－8年には、英国のプライムタイム

における時事問題の番組量（プライムタイムの総番組におけるパーセンテージ）は、10年間で急減したが、それは20年前とほぼ同じである。

(4) このTivoシステムを使えば、視聴者が好むジャンルの番組を録画し、30時間分まで保存することができるディスクにダウンロードすることが可能になる。

(5) 6章を参照されたい。

(6) この推論は、「新時代」の理論家によって明確に引き出されたものではない。

(7) 私の多くの学生は、20年前に真実ではなかった……という、公共サービス放送についての理論的解釈には納得していない。私がこの議論が再考されるべきだと考える理由はここにある。

(8) この論争についてはとくに以下を参照されたい。Koboldt, Hogg and Robinson (1999)。

(9) 大衆文化を判断するためにどのような基準を使うべきかについては論争が続いている。以下を参照されたい。Garnham (2000), Frith (1998), Brunsdon (1997), Frow (1995), Connor (1992), Mulgan (1990)。

(10) これは英国とその公共サービス放送に限らず一般的な問題である。EUの「メディアプログラム」はあるが、あまり実効性がないため、ヨーロッパ内ではテレビ番組の売買がほとんどない。このことが、EU圏内でヨーロッパ全体としてのアイデンティティが発達しない一因となっている。ヘルドらは1993年に出版された本でヨーロッパ各国の調査を引用している（Held et al.：1999：375）。それによると、5％が真っ先にヨーロッパ人と感じているだけで、88％はそれぞれの国家や地域への帰属とアイデンティティを感じている。自身のアイデンティティにヨーロッパ的な要素があると感じているのはわずか45％にとどまった。

(11) しばしば、放送における多文化主義が狙いとして引用されることがある。政府の白書（HMSO 2000：94）は、公共の奉仕の目的として、たった一か所だけ、といっても重要なものとして取り扱ってほしいと筆者は考えるのだが、「表現の多元性」という記述を含んでいる。その前の白書（HMSO 1995：17）は、現在の放送政策とは相容れない以下のような内容を含んでいる。「番組に要求されるのは多元性よりもむしろ、質的向上目的の達成、正確で一方に偏しない見解や

意見を伝えることを重要視することである。」
(12) 2001年、BBCは4つの新たなデジタルチャンネルの導入許可を求めた。就学前の小児向け、6－12歳向け、16－34歳向けと文化チャンネルである。
(13) カッツのこれまでの業績を敬意をもって評価する書物としては以下を参照されたい。Simonson (1996), Livingstone (1997), Curran and Libes (1998).
(14) エリフ・カッツは、イスラエル政府に依頼されて同国テレビの創始責任者でもあった。彼が設立した局の肯定的評価についてはEtzioni-Halevey (1987) を参照されたい。

(訳：宮原淳)

第8章　民主制の維持とメディア

　メディアはいかにして最良の方法で民主制を支えることができるかについては、過去1世紀以上にわたる議論でおおまかな合意を獲得してきた（注1）。この合意に従えば、人びとが自治という政治過程に参加するにあたり、十分な事前準備ができるよう、メディアは人びとに公的情報を周知させておく必要がある。メディアは何者をも恐れぬウォッチドッグ（権力への監視者、watchdogs）であることで、権力過程を徹底して調べ、悪事から民衆を守るべきものである。またメディアは世論形成を容易に実現するための開かれた討議の場を提供すべきものである。それらに加え、メディアは人びとの意見と社会的に合意された目的を関係当局に対し代表して伝える人びとの声でなければならないともいわれる。要するに、民主制におけるメディアの主要な任務とは情報提供、監督、精査、議論、人びとの代理発言といったことになるわけだ。

　些細な異同はあるものの、以上の諸点は20世紀半ばの、メディアのあり方に関する公的報告書、たとえば、1947年の『ハッチンス・レポート』（Hutchins Report：米国）、1949年の第一回王立新聞委員会報告書（First Royal Commission on the Press：英国）などに明記されている（注2）。こうしたメディアの社会的機能論はスタンダードなメディア論の教科書にくりかえし記載される、いわば定番といってよい。そしてこの言い方はメディアと公共圏をめぐる多彩な理論の構築作業に不可欠なものとして利用されてきた。それなのに何故、この言い方はありきたりで、ふるめかしく、ときに苛立たしいほど偽善的に見えてしまうのだろうか。

　理由は、上述のメディアの機能論が根本的に誤っているからではない。む

しろ逆に、それこそ、メディアが民主制を機能させるときの、中心的な貢献内容の本質をあざやかに指摘しているといえる。ところが以下で検証するように、その言い方には同時に、根本問題を曖昧にし、単純化し、結局のところ歪曲してしまっている面もあるのだ（注3）。

メディア中心主義の歪み

　従来的なアプローチの限界のひとつは、国家を政府と市民の二極からのみ捉えるという、時代遅れの見方をする傾向があることである。このように中間に存在するものがないという世界の捉え方では、メディアがほぼ独力で市民の応援をしなければいけなくなる。

　このアプローチに潜む単純化は見直し論者たちの解釈にさえ見られるものだ（第4章を参照）。この派の議論では、政府が公式の政策や重要事項を人びとに伝達し、人びとの承認を得るためにメディアに影響をあたえるための努力の仕方やそれに使われる時間に焦点がしぼられる。だから、そこではメディアを人びとの擁護者ではなく、政府と被治者の間を取りもつ双方向的な回路とみなす方がより現実的であると主張されることになる。しかしこの再定義では、伝統的なアプローチの定義とは異なる結論を紡ぎだす一方で、メディアを中心に据えた分析枠組みに呪縛されたままである。そこではメディアは相も変わらず、政府と市民を結ぶ「中核的な媒体」との位置づけをされている。

　こうしたメディア中心的な研究法には長い歴史がある。筆名で「カトー」を名乗った二人のラディカルなイギリス人の政論パンフレットの筆者、ジョン・トレンチャード（John Trenchard）とトマス・ゴードン（Thomas Gordon）は、新聞について、政府に人びとへの説明責任を履行させる基本手段であると言っていた（注4）。彼らの文章ははるか昔に書かれたものであったため、あまり上手とはいえないが、ラテン語的な表現を常としていた。彼らの議論は1720年代の英国の形式に従っており、その当時、大多数の人びとには参政権

がなく、議会は土地を財産として引き継いだ上流階級に牛耳られ、政府とは反対の意見をもつ組織化された真面目な人びとのまっとうな意見さえまともに取りあげられなかった。だから、印刷媒体こそ人びとの意見を掲載する主要な手段であると主張することは妥当なことであった。

　この議論はそれからほぼ3世紀後、より大きな疑問を寄せられるようになる。現在、メディアは政府と被治者との間に存在する多様な制度、代理機関、アクター（行為者）の一つにすぎない。こうした中間媒介者の中で最も重要なのは、独立した裁判制度、政党、市民社会に点在する無数の組織である。

　さらに、メディアと政治との関係には、メディアを中心に据えた伝統的な説明の範囲におさまりきらない複雑さがある。このことは、調査報道そのものについての、多くの重要な暴露的研究が示唆しているところでもある。それらが指摘するところでは、政権の闇に踏み込んだり、権力濫用の証拠を執念深く追跡したり、それらを公表することで権力濫用を是正させたりといった、典型的かつ純粋な調査報道記者のイメージは、たいていの場合、ひとつの重要な事実を軽視している。記者は、しばしば権力者のまく餌に吸い寄せられ、事前に選別されリークされた情報を再利用しているにすぎない。つまり、そこでの調査報道記者は、調査取材の主要推進者であるどころか、国家や政治過程の内部の動きに共振している、権力側の仕組んだ排水出口にすぎないということになる（注5）。

　このように、メディアをめぐる空間には影の部分が大きい状況を考えると、メディアだけにスポットライトを当てるよりも、メディアを広義の政治環境との関係性から理解する必要がある。メディアを、政府と被治者間の双方向的なコミュニケーション回路と定義する見直し論者の解釈は、たしかに伝統的なアプローチから一歩踏み出してはいる。が、その解釈もまた、さらに多様な現実の複雑性に視野を開くべきであろう。なるほど、ある種のメディアが政府と一般市民のあいだに垂直的な結合関係を提供していることに疑いはない。しかし高級日刊紙については、およそエリート同士の水平的言説空間であると解釈しておいた方が無難であろう。ヨーロッパをはじめ、世界各地

の枚挙に暇のない政論主体の定期刊行雑誌は、政府から資金援助を受けた知識人、政治家、公務員、市民活動家などをつなぐ橋渡し役となっている。より一般化していえば、メディアシステムは国家の組織、政党、市民社会、市民との間の多様なリンクの場を提供している。それはまた、社会階級などの主要な社会集団や下位集団を民主制の中に組み込む働きをしているのだ。さらに問題が錯綜としてくるのは、メディアシステムは地球大、大陸、国家、地域、地方といった異なる大きさの地理空間をつなぐコミュニケーションの回路網となっているにもかかわらず、そのほんの一部だけが政治構造や社会各界各層の代理構造との重なりを見せているにすぎないという事実である。

メディアの描くもの

　メディアを政府と被治者とを結合させる「臍の緒」とみなす、前述した単純な理解を拒絶することから何が見えてくるのだろうか？　それには、私たちは伝統的で大仰な、「メディアは人民の声」だとする考え方の問い直しから着手すべきであろう。その代わりとなるのは、メディアの表現するものは民主制の既成の構造や過程を強化しているのではないかという視点から、メディアの役割をとらえ直すやり方である。またメディアは組織化された集団に対し、彼らの抱える問題とその解決法について、より多くの人びとに知らせることができるようにすべきであろう。そうして伝えられる問題に正当性があると評価され、支持が得られた場合、メディアシステムは政府や政治システムに対応を迫るための公的な圧力をかけることができるというわけだ。換言すれば、ここでのメディアは社会の代弁過程に存在する「代理人」というわけではない。メディアは、機を捉えて社会のために発言するかもしれないが、そもそもメディアが常とする役割とは、主要な社会組織や社会集団がその言い分を他人に伝え、それが適切な場合には注意を向けてもらえるようにすることなのである。

　また、メディアは均質の市民を代表する単一機構であるとする伝統的な見

方を放棄すべきであろう。実態としてのメディアは、以後何回も繰り返すことになるが、複数の異なる要素・部門で構成されており、複数の異なる市民と、しばしば異なる方法で関係を作っている。しかも、民主制の内部におけるこうした異なるメディア部門が伝える内容的役割は一様というわけではない。

　こうみてくると、民主制を機能させる重要部門のひとつは、「市民メディア」だということになる。市民メディアは、市民社会の諸組織と密接な関係を保ち、呼びかけをするウェブサイト、政治団体機関紙・誌、公益団体の広報紙、等々の特徴をもつメディアに代表されるものである。市民メディアは、社会組織内部の目的意識を高め、リーダーシップと市民の内的コミュニケーションの回路を用意し、リーダーとその他の会員との内的コミュニケーションを円滑にし、社会組織を有用な情報やアイディアとつなぎ、彼らの見解を世間一般に広報宣伝する。このように、市民メディアの主要な民主的役割とは、市民社会の諸組織に対応性をもたせ、社会の当該各層を代弁し、その活動を効果的にする助けとなることである。

　民主制を機能させるうえで問題となることの一つは、こうした市民メディア部門が現在、かなり弱体化していることである。過去、政治団体の新聞は多くのリベラルデモクラシーの団体において民衆ジャーナリズムとして指導力を発揮しており、大衆運動としての政党の発展に重要な役割を演じていた。ヨーロッパではアメリカよりもかなり後に起きた現象であるが、こうした政治新聞の衰退は、党員数と党活動が縮小し、選挙区内で党との強い一体感が薄らいでいった諸国の政党衰退事情と関係している。このことは、政党が調整機関として中心的役割を担う、とりわけ議会制民主主義の諸国において高まっている懸念の原因となっている。これまでの政党はさまざまな利益を集約し、社会における利潤とコストの再分配プランを策定し、選挙民に選択肢を提供してきたのにそれがむずかしくなってきたからである。

　とはいえ、インターネットは政党内部における内的対話と参加を活性化し、さらに多くの人びとを政治過程に巻き込む役割を果たすかもしれない。2000

年と2004年、米国の大統領候補者を選ぶ党内キャンペーンで、共和党のジョン・マッケインと、よりドラマチックな演出を行った民主党のハワード・ディーンが、インターネットをツールに無党派層の政治的関心を喚起したやり方は、政治活動を活発にし、財政支援を求める点での新しい手法となった。

またメディアのある部門が民主的な組織を維持する一方で、別部門は社会諸集団の政治組織化に貢献している場合もある。この「社会共同体」を担うメディア部門は、その扱う対象が国内的であるか国際的であるかを問わず、地域に活動基盤をもっていても差し支えない。こうしたメディアは、共通のアイデンティティを促進することで社会集団の形成を支援し、集団内部の各派閥の仲立ちをし、その共通する問題を導きだし、それらを社会一般に発信していくのである。

スーザン・ストロームによるロサンゼルスの黒人新聞研究は、この「社会共同体」形成メディアの機能についての卓越した洞察である（注6）。彼女は、代表的な黒人向けの地方紙「ロサンゼルス・センチネル」（The Los Angeles Sentinel、略称LAS）が、1965年のワッツ暴動（Watts riot）について、カリフォルニア州政府やロサンゼルス市長、同市警察署長などが出した公的見解とは異なる解釈を主張していたことを明らかにした。公職にある彼ら白人たちは、犯罪の温床となる無秩序や外部の扇動者たち、また一般的な遵法精神の欠如が暴動の原因だとして、より一層厳格な法整備と治安対策を要請していたが、LASは原因をむしろ、警察官の人種差別意識、黒人社会の住宅供給・教育・雇用問題をめぐる深く根深い社会的収奪状況に求め、貧困地区の環境改善を要求した。LASは黒人社会のために大きな声で発言し、その主張への攻撃に答え、暴動をなくすための代替政策案を提起した。また黒人社会内部の分裂を修復する一助ともなった。さらに黒人社会に伝統的に存在している指導層への尊敬の念を育て、民主制に準拠した闘争という平和戦略の立案をも後押しした。その一方で、新世代の若い闘士にも紙面を提供し、昔気質の指導者層が黒人社会内部の新世代と融和し、社会福祉問題にいっそう配慮をするように圧力をかけることもした。こうしてLASは、様々な困難を抱え

込んでいた黒人社会がそれらの問題に対して一貫した政治的対応をするうえで建設的な役割を演じたのであった。そのことは少なくとも、この件でのLASの提案が効果的であったことから証明できる（注7）。

　単一のメディア部門とはいえないが、外から見て存在していることがわかるジャンル、すなわち未組織大衆の代弁を志し、想像力に富み、かつドキュメンタリー的でもフィクション的でもある表現分野が存在する。マルコム・マクリーン・ジュニアによると、それは、「富者のなかで貧しくあること、飽食の人びとのなかで飢餓であること、健康な人びとのあいだで病苦に喘いでいること、情報があふれている社会でどんなに叫んでも、そして叫び続けても誰にも耳を傾けてもらえない」こととはどんなことかを伝えるものであるという（注8）。このジャンルの代表的なアメリカ人作家の一人が、スタッズ・ターケルである（注9）。

　弱小メディアが特定集団を代表している一方で、一般的な大衆向けテレビ放送局や世界の各地で寡占状態にある地域日刊紙などの「中核」メディア（core media）部門はそれらとは異なる役割を担っている。中核メディアは異なる社会集団が相互にコミューン（同一共同体）を形成できるように、その中心的な出会いの場を提供している。つまりこの各部分に位置するメディアは異なる利害や意見の相互対話をうながす「呼び鈴」的な役割をしているのだ。この種のメディアの中心的な民主的使命とは、ある特定の社会集団の声を取りあげ、その関心事項だけに関心を向けさせるというよりも、むしろ諸社会集団間の仲立ちをするところにあるといえよう。

　とはいえ、この中核部門に代弁機能がないわけではない。特定の問題や関心、提案などを際立たせることで、中核メディアは事実上、それらが重要であるとの印象をつくり、広範な支持を得られるような演出をする。また中核メディアは、特定争点について集団を横断した合意形成ができるし、それらの合意に対応した行動を政治権力が対応するように公的な圧力をかけることも可能である。こうした条件下で、中核メディアは市民の擁護者としての役割を遂行できる。

民主制の維持とメディア 373

　以下に述べるロサンゼルス市政をめぐるエピソードは中核メディアの代弁性・代理性がどのように機能しているのかを知る具体例である。1991年、アフリカ系アメリカ人の自動車運転手ロドニー・キングがスピード違反による停止命令を無視して逃亡したため、ロサンゼルス市警（LAPD）の三人の警官によって、一人の巡査部長と十七人の同僚巡査の目の前で、繰返し殴打された。アマチュアカメラマンがビデオに録画していたこの事件は、1991年から翌年にかけてアメリカのテレビ放送網で繰返し放映されると同時に、アメリカ全土の新聞各社が報道記事の重要テーマとした。とりわけ地元の有力日刊紙「ロサンゼルスタイムズ」は、同事件に大きく紙面を割いた。同紙は、ロス市の人種差別政策をめぐる黒人社会の不満を報道する一方、ロス市警察官を被告とする権力濫用を含めた300余の訴訟事件に対し、1986年から1990年にかけて、ロス市が裁判や和解交渉、陪審評決のために2,000万ドル以上を支出していたことをスクープし、黒人側による不満には正当な理由があるとした。警察改革の論陣を張った同紙は、ロス市警査問委員会の調査報告を重視して、人種的偏見をあらわにする署長のダリル・ゲーツを痛罵したのであった。ところが、こうした一連の報道があったにもかかわらず、シミ・バレーにおける陪審評決ではロドニー・キングへの暴行容疑で起訴された警察官が無罪放免とされた。先述したワッツ地区暴動（1965年）でもこのような不当な陪審評決が暴動の導火線となっていた。事件もまた、結果として暴動という残念なことになったとはいえ、同紙の一連の記事は、ロサンゼルス市警の改革のためにエリートや市民の圧力を導きだし、ロス市警の最高責任者ダリル・ゲートの引責辞任を余儀なくさせたのである（注10）。
　中核的メディアが社会改革のための圧力となるのは当該地域社会や国家だけではなく、ヨーロッパ大陸全体や国際的舞台に対しても同様である。それの具体例として、ヨーロッパ各国のテレビ放送が、英蘭合弁企業のシェル石油が大西洋にブレント・スパー油田採掘機の放棄計画を立てたことについて、環境保護団体グリーンピースが1990年代半ばに抗議声明を出して強硬に反対したことを放映し、シェル社にその放棄計画を白紙撤回させたことが挙げ

られる（注11）。同様の例として、1990年代初頭、アメリカ、ポルトガル、スペイン、日本などの一般紙やテレビ局が、犯罪予防を名目とした非公式な非寛容政策の対象として虐殺されている、ブラジルのストリート・チルドレンの窮状をひろく報道したことが挙げられる。この国際的な広報活動の多くはアムネスティ・インターナショナルの呼びかけで始まり、消沈気味であった現地でのキャンペーンを活気づけ、ブラジル国内のメディアの関心を喚起することに成功し、リオデジャネイロや他地域のストリート・チルドレンに対する公的保護拡大の制度化を確実にしていった（注12）。メディアの代理性・代弁性は、しばしば政治領域に存在する組織集団のよびかけに呼応するかたちで、「社会」空間と同様に地理空間も横断していくのである。

　実際、メディアは国境を超える「新しい政治学」の発展に貢献している。これはメディアが担う、民主制を構築する役割の延長線上のできごとであろう。初期の新聞の発達は国民国家内部に政治的共同体を拡大し、民主制の推進力としての世論形成や国内的文脈における民主制の構造の発展に貢献してきた（注13）。こうして進化するメディアシステムはいまや、それと対応する国際的文脈におけるプロセスに貢献しているように見受けられる。たとえば、インターネットがグローバルな活動（注14）や国際的なエリート間の対話（注15）を促進しているのにたいし、テレビは遠く離れた場所に住む者への共感や責任感、グローバルな共通課題への関心を高めている。さらに一般化していえば、メディアシステム内部における国際化の傾向は、不平等な仕方であるとはいえ、異なる民族の間の多方向的なコミュニケーションの流れの増幅に貢献している。もっともこうした変化は緒についたばかりで、世界のニュースメディアは、オーディエンスとニュース・コンテンツの両側面からみて、国際的次元よりも、圧倒的に国家や地域にその重心をおいている。グローバルな市民社会はまだその歩みを始めたばかりで、言語圏の違いによる分断、グローバルな不平等による歪み、シングルイシューの対立で団結できない選挙民、現実の政策決定の構造とはおざなりの関係しかもてないといった状況にある。だが、そのような制約に縛られているにせよ、メディアシ

ステムは一面で、新しい代理表現の役割を引受けようとしている。それにはさまざまな民族の出会いの場をつくること、国際交流や対話の推進、さまざまな国際活動の調整の促進、グローバルな権力構造がそれに対して説明責任を潜在的に負う国際政治共同体の発展を助けることなどが含まれるであろう。

メディア・フォーラム

メディアがこうして代理・代弁のプロセスに貢献することによって民主制に寄与しているとすれば、それは討議の場の提供という点においても役立っている。従来的なアプローチはもっぱら思想・理念の質やメディアにおいて行われる情報交換に関心を向けてきた。メディアによる討論は民衆の理性や良質の政治を進展させることを目的とすべきだという主張もある。メディアは社会とは離れた自律空間として理解され、そこではさまざまな理念が有用性をめぐってその優越性を競い合い、社会の公的な方向性を導き出す、理性に基づく合意を形成すべきだという考え方である。実際、メディアによる「フォーラム」の役割を民主制のプロセスにおける啓蒙の原動力としての、大学のゼミナール機能にたとえて説明することもある。だがこうした説明は、紛争、イデオロギー、そして権力闘争がメディアが関心をよせる大きな活動対象となり、メディアにおける討論こそがしばしばこれらの闘争を増幅させているという実情に無自覚であることを露呈している。

それとは逆に、むしろメディアの「フォーラム」には社会的多様性が反映されているのではないかという立場からの関心もある。この立場からすれば、生活向上のためのチャンス、社会的な機会やそこから得られるものがどのように再分配されているかをめぐり、異なる社会集団間に現実の利害の差異が存在していることになる。また異なる社会的価値観が存在するため、何が善き社会を作り上げるのかについても、異なる考え方が存在することになる。公正な結果を導き出すために、このような違いこそ、メディアのなかで十分に討議されるべきことである。

このアプローチを採る人たちは通常、エリートがメディア上の言説を支配する傾向があるという見方をする。エリートは、経済的資本の利用やメディアへの登場に関して有利である。このことはエリートが単なる自己利益をあたかも社会全体の利益であるかのようにメディアで表現できるということである。さらには、エリートが求める政策や社会整備、あるいは考え方に民衆を同意させるための最高の立場を保障するものとなっている。エリートが社会的優位に立つことはそれとは異なる意見を周縁部に追いやるということであり、メディアが民衆による議論とは何かを定義するとき、エリートの地位を重要視してそれを行うという矛盾する結果をもたらすことにつながっている。本意ではないとしても、「客観報道」の標榜がこのプロセスの補完として機能している。なぜなら、そのやり方は既存の権力者や主流派知識人を取材源としたり、コメントを取ったりするジャーナリストを生みだし、主流派的な思考の枠内での「定説」を無意識的に自分の考えとして内面化させてしまいやすいからである。

　そのような理解をすれば、メディアシステムがその一部として、党派的で対抗的なメディアを抱えていることは健全なことである。そうしたメディアはマイノリティにも開かれ、しかも「公正かつ平等」という客観報道主義の建前に毒されていないので、主流派メディアよりも無党派層や異論の発言を許容する懐の深さがある。対抗的メディアは潜在的に、メディアの多様性とその代理性・代弁性の範囲を拡大する機能をもっているわけである。また対抗的メディアは主流メディアとは異なる考え方や議論への自由なアクセスを提供する。人びとは己れを利するものが何かを生まれながらに知っているわけではない。こうした知識や自覚は階級的地位や社会経験から、所与のものとして出てくるものではないからだ。社会集団の成員は異論に接することによってはじめて、自己の利益のために何がもっとも役立つかを検証しながら探求する助けを得ることができる。

　対抗的ジャーナリズムがなぜ民主制を豊かにするのかについて見落とせない理由が他にもある。メディアの党派性の種類にもよるが、そうしたジャー

ナリズムは民主制の機能過程において、人びとを精神的に昂揚させ、参加意識を持たせて動員をはかるからである（注16）。そのことが異なる意見や利益に対する理解をもたらし、より好ましい結果をもたらすことにつながるとともに、社会が必要な変化に適応していくための助けにもなる。それが共和制の美徳としての独立自尊の精神と権威に対する懐疑主義を育むのである。とりわけ、対抗的ジャーナリズムは権威主義的な社会のそれとはまったく違う自由の伝統によって可能になっている。実際、サウジアラビアのような国家体制では、「社会的分裂をもたらしかねない、あらゆる出版物の発行停止」（注17）との規定を建国法三十九条に記しており、対抗的ジャーナリズムなど、考えられないのである。

　対抗的メディアの価値は、巨大メディアのジャーナリストが集団的な合意を目指す傾向をもつという意味での「パック・ジャーナリズム」に、拡大の一途をたどるブログ空間（blogosphere、ブロゴスフィア）が挑戦を突きつけたやり方を知ればよく理解できる。ブログ空間は、アメリカでは右翼的な人たちが開設する傾向があり、ひとりよがりのブロガーの運営するオンラインジャーナル（ウェブ・ログ）となっているのだが、その参加人口はブログ制作ソフトが無料で入手可能となった1999年以降、飛躍的に増加してきた。そのブロガーたちが、共和党の老練な政治家トレント・ロット上院議員が2002年の誕生祝賀会で過去の人種隔離政策を支持するスピーチをおこなったことに注目し、そのことで一躍脚光を浴びることになった。ロット議員のスピーチを聞いていた大部分の記者たちはこの人種隔離政策礼賛論を聞き流していたのだが、この一件をめぐり、左右両陣営のブロガーのあいだで抗議の声があがり、それがますます大きくなり、その発言の五日後には、影響力を持ったニューヨークタイムズのコラムニスト、ポール・クルグマンがそのスピーチを批判する事態になった。ほかのメディアもそれに続き、この一件を争点化しはじめ、ロット議員による過去の類似の失言を暴きたてた。それに引きずられて、さらに議論が大きくなり、ブッシュ大統領は黒人の聴衆を前にして、人種隔離政策についてのロット議員の懐古趣味にはつきあいかねるとい

う演説をし、政権との無関係をアピールする破目になった。一連のできごとはロット議員への政治的圧力の増幅となり、彼を上院第一党指導者としての枢要な地位から転落する窮地に追いこんだのであった。このように、誰にも拘束されずにオンライン上で発言できる自由人たちは、有力メディアに所属するジャーナリストのニュース価値に対して挑戦をして成功した。そして実際に、主要な現代アメリカ政治の潮流のなかで、なにが「受け入れ可能か、否か」をめぐる境界線を引き直すことになったのであった（注18）。

　ところが対抗的ジャーナリズムは同時に負の性質もあわせもっている。それを使って、公人についての事実無根の品性を欠いた情報を流布させることも可能なのである。つまり、メディアの党派性を左右のいずれかに極端に偏向させ、メディアに多様性をもたらすという、党派ジャーナリズムが掲げる本来的な民主的目標に相反することを実行することも可能なのである。また党派的な価値観が複合巨大メディアの内部の作業工程にも入り込み、民主制を機能不全に陥らせることもある。このことは、イタリアのシルビオ・ベルルスコーニが自ら率いる巨大メディア帝国を利用して、政治的上昇の足がかりを作った結果、ベルルスコーニ自身はそれまでになんらの公的な活動に取り組むことなく、1994年に、そして2001年にもイタリア首相の座を射止めた事例をみれば一目瞭然であろう（注19）。

メディアの役割の分業

　メディアシステムは社会の多様性を反映した公開討論の場を提供することで民主制に貢献すべきだが、同時に、それはまた紛争の収束に向けた努力をすべきであろう。民族や宗教、あるいは階級の違いに根ざした憎しみは相手側共同体への脅迫、暴力行為の誘発、はてはジェノサイドのような、相手集団の抹殺にまで悪化するおそれがある。どこにでもある憎悪がそれぞれの共同体に根深く刻み込まれており、英国のプロテスタント支配が長期に及ぶ北アイルランドがそうであるように、政治的解決機能を不能にしてしまってい

る。集団的憎悪を制御するひとつの方法は、実際に身体的暴力をまねくおそれのあるコミュニケーションを禁止する憎悪禁止法（anti-hate law）によって、言論の自由に一定の足枷をはめることである。しかし、より積極的な方法は融和を促進するメディアの構造や規範を揺るぎないものにすることである。

　以上の説明には矛盾があるようにみえるかもしれない。大事なのは、メディアシステムはどのようにしたら、対立と融和、また非妥協的見解と妥協の探求の表明を同時進行させることができるのかということである。メディアは単純な均質の物体ではないというのがその答えである。メディアには異なる部門があり、それぞれが異なる役割を果たし、ジャーナリズムの異なる形式を実践し、また民主制の機能に対しても異なる貢献を果たすという、分業があって当然なのである。

　大衆向けのテレビチャンネルや寡占的な地域日刊紙といった社会の中核的メディアは、対立集団のスポークスマンが表明する異なった意見をそのまま同時掲載して報道しているが、その「均衡型ジャーナリズム」("balanced" journalism）という規範にしたがって、まずそのメディア活動を展開すべきだということである。より一般的にいえば、中核メディアは融和と妥協の促進のためにデザインされた「市民デモクラシー」の文化を維持する努力を惜しんではならないということである。この市民文化については以下の七つの価値基準から説明すると理解が容易になろう。

　第一は「市民性」で、個人攻撃によって反対者を異端にしたり、周縁に追いやることなく、不同意を報道する方法である。第二は「共感」で、相手への気配りを忘れることなく、他集団を理解しようと努める意志のことである。第三は「相互依存性」で、社会とつながりをもっていることを実感させることであり、他人の幸福を同時に願う配慮である。第四は「客観性」という理想の追求で、それまでの議論の結論がどのようなものであれ、他者の意見を冷笑することなく、ともに真理を追求する意志を共有することである。第五は「公益への志向性」で、公共の討議の場では、個人利益からの議論だけが唯一の目的であってはならないとの認識である。第六は「民主制の効能」

への信頼で、民主制国家は個人的行動からだけでは獲得できない、価値ある目標を達成できるという認識をもたせることである。第七は「社会参加の奨励」で、人間性、共通の利害、民族間の自主性といったことを共通基準にした社会参加を大切だと思わせることである。

　中核メディアはまた、民主制度の方法や手続きを支援することで融和の促進をはかるべきであろう。なかでも重要なのは定期的な選挙であり、それは民主的な政治指導体制や社会における広い範囲の政策を決定するだけではなく、合意された規則にしたがい、対立集団やその支持者間の関係を調整している。しかし、定期選挙がこれらの条件にかなった機能を果たしているとしても、選挙のたびに人びとに選挙と自己との関係を知らせ、選挙の意味を伝えて、再確認させ続ける必要がある。中核メディアは、選挙への参加をキャンペーンとして積極的にとりあげ、人びとに投票行動を促すべきなのである。また、選挙をたまたまそこに居合わせたオーディエンスの憂さ晴らしのために企画された競馬の中継のような言葉遣いや選挙参謀の機知の応酬といった仕方で報道するよりも、政治的選択に関わる焦点を照らしだすことで、選挙を人びとが自己決定する重要な機会であると認識できるように報道すべきであろう。ところが、投票率が低く、民主制における重要性が軽視された選挙は、民主的な政府の正当性を低下させ、それが人びとの公的生活の中心儀礼として果たす機能の意味を弱めつつある。また、次の選挙までの期間に、落選した対立政党の候補者についての適正な報道をすることは、公的な対話や政権への民主的な監視機能を維持するためだけではなく、落選候補者の支持層に選挙権が剥奪されたような思いをさせない方策としても重要である。

　要するに、異なるメディア部門はそれぞれに異なる機能を発揮し、誰もが納得のいく方法でジャーナリズムの異なる形式を採用すればいいわけである。メディアのある部門が特定の活動や紛争を活発に取りあげれば、別の部門では対話と互恵の結びつきを促進するようにすればよい。メディアシステムの異なる部門の間に存在する報道内容の請負いの分業形態は国（場所）と時代によって一様ではない。たとえば1980年以降、多くの諸国が経験したテレ

ビチャンネルの増加はマスオーディエンスを細分化させた（注20）。人びとを一か所にまとめ、公共圏内部に合意の形成をしてきた一般テレビ放送の統合機能はこうして弱体化してきた。このことは現在の民主制国家が円滑に機能することをさらに困難にしている。

メディアによる監視機能

　伝統的なアプローチではメディアのウォッチドッグ機能（メディアによる権力の監視機能）を一国内に限定してきた。この立場に立つと、国家は権力の「居場所」であると単純化してしまう理解と、国家による専制が社会福祉への唯一の潜在的脅威であるという狭い見方になってしまう。現在、多くの評論家やジャーナリストは、こうしたウォッチドッグの役割理解だけでは十分ではないという結論に達している。

　このようなメディア機能の再考はさらに精緻になされる必要がある。リベラルな民主制社会では一般的に、国家権力の行使は以下のような多くのチェックを受けている。高級幹部に対する立法機関による査察、司法権によって確認される成文憲法、野党・NGO・会計監査・シンクタンクなどによる国家活動の監視、等がそれである。このような仕組みによって、国家の活動についての情報や批判的論評は連日、メディアに伝えられている。国家権力についてのウォッチドッグというメディアの役割は上述の公的機関（社会組織）から大いに助けられ、ある意味では、助成さえ受けているともいえるのだ。

　対照的に、国家権力以外の権力への公的監視や批判の基盤はそれに比べて弱い。このことから、メディアは企業の幹部会議で行われているような非国家的権力の行使を監視することにもっと力を割くことで、その説明責任を果たすべきであるという議論がなされるようになった。

　いかなる見解をもっているにせよ、メディアは国民国家による制約の衰退に合わせてウォッチドッグ機能を更新していく必要がある（注21）。とくに、WTO（世界貿易機関）のような国際的規制組織、規制緩和をうけたグローバ

ル金融市場、巨大多国籍企業、またある意味での、ヨーロッパ連合（EU）のような新大陸構造や貿易協定などの影響力が高まるなかで、経済領域における国家権力の影響力は小さくなってきた（注22）。これらの国際機構の多くについての、あるべき民主制のプロセスに関しては不十分な説明しかできていないし、そうした組織の諸活動には透明性がほとんどない（注23）。これらの諸組織は、メディアによるより効果的な監視を受けるべきであろう。

情報面からの役割

　国家権力を監視するメディアのウォッチドッグ機能は、当然ながら、メディアの広範な情報活動の一端にすぎない。メディアシステムが、市民に適切な情報を提供するため、重要なできごとや社会的傾向、すなわち「ニュース」を報道することについては誰しもが合意している。こうした合意にもかかわらず、この点での鋭い異論も存在する。
　論争のひとつは、「真実」というものをいかに報道するかということに関係している。あるひとつの伝統的な理解は、善き政府とは広範な共同体の利益のために、知識を現実社会に応用すべきだというものである。メディアは専門家の学知を民衆生活の分野に提供することで、善き政府を支援すべきだというのである。たとえばメディアは、喫煙の危険についての医学の根拠に人びとの注意を喚起すべきだというような主張である。これは喫煙から生じるリスクに人びとの注意を向けるだけではなく、政府の禁煙の取組みへの国民の合意形成にも役立つのである。
　このことは、メディアは少なくとも何が「真実」なのか、そして少なくとも当該問題に関わる知識共同体では何が真実であると認知されているのかを、人びとにかみくだいて説明すべきだということを示している。このことから我われの議論に新たな要素が加えられることになる。党派メディアは本質的にプロパガンダメディアであり、せいぜい真実の一部を拡大して議論を展開しているにすぎない。半面、多様な情報をバランスよく掲載しているメディ

アは、対立している陣営のスポークスパーソン（代弁者）たちが語る「多元的真実」を報道しているということになる。ここからも、民主制度のなかのメディアにはそれ以上のことが求められているのだということがわかってくる。

　このことについては多くの議論があるが、その例証としてもっとも適切な話題は地球温暖化をめぐるメディア報道であろう。権威ある科学雑誌の述べるところでも（注24）、現在、人類による化石燃料（たとえば石油）の浪費が地球温暖化の主要因であることは、科学的な国際合意事項となっている。ところが、2001年の国際調査によると、地球温暖化問題に取り組む先進諸国の人びとと比較して、アメリカ人にはこの問題の原因に関する情報があまり提供されていないことがわかった。しかも、気候変動を抑制するための国際的な対処活動に足並みを揃えようということもほとんどなかった。高学歴社会であるにもかかわらず、実際、地球温暖化問題をめぐるアメリカ人はブラジル人と比較して、ごく僅かに上回るだけの情報を与えられていたにすぎなかった（注25）。

　この理由については様々な説明が可能であろうが（注26）、ディスペンサとブリュルは、地球温暖化問題をめぐるアメリカ人の知識不足を、この問題についての科学的合意に反感を抱く、アメリカの強大なエネルギー産業や関連産業の影響力のためだとしている。エネルギー関連産業による圧力的介入はアメリカ国内での地球温暖化問題をひとつの大きな論点に仕立てあげ、ジャーナリストたちは対立する意見を均衡のとれた形で報道することを要請されることになった。その結果、そうした産業の影響力が小さいフィンランドやニュージーランドの新聞と比較して、2000年のアメリカの新聞では、地球温暖化の存在そのものがあるかどうか、さらにはそれが人間活動から来ているかどうかを問題視する論調が際立つことになった。つまり、均衡ジャーナリズムのやり方を採ったことがアメリカの一般市民に間違った情報を提供することになってしまったようである（注27）。

　第二に、重要論点はニュース報道の質と量の両側面に関係しているという

ことである。この点に関連し、ある立場では、ニュース報道は包括的かつ信頼出来る知識に基づいていなければならないとする。たしかに、重要な事件や社会の動きはあますところなく報道されなければならない。報道はその案件の社会的意味が明らかになる仕方で提供される必要がある。個々のできごとの、むきだしの事実といったものではなく、事実をめぐる因果関係やそれが示唆するものが、最低でもそのニュースには入っていなければならないだろう。たとえば、最近のイギリスにおける影響力の大きな研究は、ジャーナリストが人びとに共有されているはずだと仮定している、ニュース理解の背景となる知識を、実はオーディエンスが必ずしも身につけていないと述べている。だから、ある物事が社会的脈絡のなかで説明されないと、オーディエンスは理解できなかったり、誤解したり、さらにその困惑から退屈を覚えてしまうことになる（注28）。

また別の立場の議論では、大衆ジャーナリズムのやり方を擁護する。人物重視、単純化、行動に焦点をあてるやり方は、ニュースのトピックを人びとが受け入れやすくし、参加意識をかきたてる。オーディエンスの注意力にはもとより限界があるから、ニュース報道は簡潔であるべきだろう。また人びとが公的な事象にすべて関心があるわけではないから、題材選択には細心の注意が必要である。だが、ジャーナリストに突き付けられた真の難題は、政治にほとんど関心のない人びとをどのようにして民主制のプロセスに参加させるかということである。その解答とは、ニュースは短く、面白く、そして、何か緊急に人びとの注意が必要となったときに、警鐘を鳴らすということ以外にないというわけである。

だが、この議論では市民とその関心、およびその能力だけを対象にしているようにみえる。またこの議論の背景にはさまざまな民主制への考え方が、問わず語りに存在している。それらの背景の違いが、民主制がメディアに求めているものは何かという問いをめぐる、多様な見解を生じさせる。したがって、ここらあたりで、民主制とは何かについての対立するモデルを簡潔にふりかえっておく必要があろう。

競合する民主制のモデル

　ニューメディア論の関連文献で人気のある一つの理論は、新しいコミュニケーション技術が「電子民主制」(electronic democracy) をもたらすというものである。規模が全国にまたがり、さらには適切な知識へのアクセスが不平等であったり、政治家と市民の乖離が増大したりして、これまで解決不能であった問題がコンピュータ支援による直接民主主義によって解決可能になったとするニューメディア論である。人びとは日常的な問題について、多数者間の双方向的なインターネット技術を駆使して議論し、オンライン投票によって公共政策を決定することができるというのだ。

　だが、この考え方は誤謬に満ちた妄想である。コンピュータの所有状況は依然としてかなり不平等であり、オンライン投票では低所得世帯の参政権を剥奪しかねない。直接民主制はこれまでいつでも、エリートの少数派だけが先導しようとする、高度で集中的な政治参加を前提としてきた。だが一方で、オンライン投票となれば、これまで討論したり考えたりすることができなかった膨大な数の問題について、考える十分な時間がないままに、人びとは投票させられることになる。このことは投票行動、従来的な国民投票による政府をあたかもオンラインショッピングのようにしてしまうであろう。その影響はおそらく政治というものを、公共的な議論による集合意志の形成というやり方から、おざなりな思案と個人的嗜好による選好の単純な集積物にしてしまうことになる。それこそ、究極の「私中心」(me-centred) 政治だといえよう。

　第二のモデルは、審議会的民主制（熟慮型民主制、deliberative democracy）／代議制民主制 (representative democracy) である。このモデルは現実の利便性や善政が行われるということを期待して、有権者とそれに選ばれる政治家とによる分業を前提とする。しかし、このモデルは同時に、市民は政府の活動をよりよく監察するために、注意深く、十分な情報を提供され、活動的であ

るべきだと考えている。市民がそうした面での影響力を発揮するには、政治家の活動について簡にして要を得た情報を事前に提供されている必要がある。また市民は自分たちの代表が行った決定に責任を負う必要があるし、その決定が間違いであれば、その変更を求めていくことができるとする。アレクサンダー・ミークルジョンが簡潔に要約したように、「自治とは、もしそれを行う主体としての"自己"が有能であり、その意志を実効性あるものにする力量を欠いている場合には、まさに意味のないものとなる（注29）」。この議論もまた、それに関わるすべての人びとを教育する過程として、社会的審議がなされることがきわめて重要であることを強調している。討論を通じて、人びとは他人の異なる視点や利害に気づき、複雑性に目を配り、共通の背景や差異をさぐり、代替可能な選択肢を模索し、問題解決のための妥協をはかったりする。この立場からすれば、真摯な討論を欠落させた民主制とは、あたかも目隠しをされて闇夜をさまようようなものである。この考え方による議論が示唆しているのは、メディアは十分なニュース配信を行い、広範な資料に基づいた討論ができる場を提供する必要があるということである。

　第三のモデルは、おそらく「プラグマティズム型民主制（pragmatic democracy）」モデルとでも名づけるのが相応しい（注30）。このモデルでは、あらゆる人が公共政策の全領域をカバーする専門家たらんと努めるニュース中毒症患者になることや、あらゆる主要争点について通暁することは現実的でも望ましいことでもないと主張される。たいていの人はよりよい生活をしたいと感じている。公共政策への影響力の可能性を現実的に計算すれば、ニュースを「過度に摂取」して時間消費することは概して非生産的だということになる。もちろん、人びとは公職に就こうとする候補者を選択するための十分な情報を与えられる必要がある。だが、人びとにとって、状況としての必要性が出てきたときに、すぐに自分たちの民主制に参加する条件が社会的に整えられておればいいわけである。分業の基本原理、たとえば、何かが故障すればそれを自分で修繕するのか、専門業者に来てもらうのかといった原理は民主制度内の生活にも適用され得る。多くの人たちは、多種多様な案件

を、選ばれた政治家や政治の専門機関、活動家やその他の仲介団体に委嘱可能であると考えている。だから、注意を払うべき項目があるかどうかをチェックするためには、ニュースそれ自体を「研究」するよりも、いつでも通覧できる仕組みができていることのほうがよほど有意義であることになる。この考え方を採用すると、大多数の人たちには大衆には基本的なニュース配信を行い、政治そのものや政治活動、あるいは市民運動に取り組んでいる少数の人たちにはより詳細な情報提供をするといった社会システムの整備が重要だということになる。

　以上の三モデルのうち、審議会的民主制モデルがおそらく最良であるように思われる。理由の一つは、「プラグマティズム型民主制」であれば、市民が活動的になった時にだけ、その定期的なチェックを受けるだけというエリートによる市民生活の支配を招きかねないからである。またプラグマティズム民主制モデルでは、民主制とは権利や機会付与とならんで責任や義務を伴う権力の委嘱システムであるという主張とはしっくりといかない面がある。当然、この主張には政府の主要な政策決定について、人びとは適切な情報を提供されるということ、また人びとが適切な政治参加をするという責任も含まれている。たとえば、他国に侵略する民主制国家の人びとは、侵略が正義に適っている否か、そして民主的決定の名の下にどれほど多くの市民が殺されているのかを考える必要がある。くわえて、占領される相手国のほんとうの利益のためにどのような手だてが講じられるのかについての適切な情報を提供される必要がある。重要案件について、的確な情報を提供される機会を与えられず、また何が公正であるのかを省察する慣行を失っていかなる民主制国家も、世界の他の諸国に対する脅威となる。

　とは言うものの、これまでの審議型民主制の主唱者がしばしば非現実的なまでに高度なニュース水準を想定していたことも事実である。また彼らの思考はメディアが提供する娯楽面についてまでは及んでいない。その意味では、審議会型民主制やプラグマティズム型民主制の支持者たちの相互の議論は決着済みとはとてもいえない状況にある。

自　治

　自治とは立法や公共的施策、法執行に関するものだけではない。単に選挙や、社会における公的な政治生活への参加だけを意味するのでもない。
　言葉のいかなる意味においても、自治もまた社会規範に裏付けられた集団的規制に基づいた論理で動いている。これらの集団的規制は規則や禁止条項によって、たとえば、順番を守って並ぶか、それを破るか、社会的弱者へどう対処するか、子供と大人で異なる社会的役割のこなし方といった、我われの日常活動を規制する暗黙の取り決めのことである。広義には、こうした規範は社会的に合意され、維持され、実施される。またこうした規範は社会化の初期段階で習得され、内面化され、社会的相互作用によって維持されていく。ところが、それらの規範は集合過程の変化に従って弱くなったり、強くなったりするし、時の流れによっても変わる。法律をはじめとする社会規範とは社会が自己を治める方法の一つなのである。
　こうした市民生活上の規範の社会的内容は、いわゆる「ソフト」ジャーナリズム（soft journalism）やメディアの提供する娯楽などの媒体によって形成される。しばしば、犯罪報道やヒューマンインタレスト中心のストーリーやメロドラマなどの形態をとる大衆向けメディアの提供するコンテンツというジャンルでは、「逸脱」を主題とすることが多く、そこには社会規範が再確認される重要な方法が提示されている。典型をあげれば、この種の番組では逸脱者に対する人びとの怒りが沸き上がるようにされ、その後で、逸脱者がそれ相応の罰を受けたときには、皆が喜ぶという形式がとられることが多い。もちろん、このジャンルのドラマにも多様な形式があるが、いずれも逸脱者の行為はちゃんと指摘され、視聴者はこの件はこれからどうなるのか……といった不安感をもたされて物語が進行し、その結末を学ぶことになる。同じ問題がジャーナリズムで報道される場合でも、逸脱者は訴追されて断罪されるか、世間から蔑まれるという形で、相応の辱めを受けることになるわけだ。

テレビと新聞の双方に関係しているが、この形式は「タブロイド」(tabloid)ジャーナリズムの定番である。たとえば、200万部の発行部数を誇り、イギリスの日刊紙では第二位の「デイリー・メール」紙は、2003年、それまで無名であった女性キム・マーシャムを取上げ、第一面の全段抜きで、「イギリス最悪の無責任マザー？（注31）」という大見出しを掲げ、二頁に及ぶ報道をおこなった。その暴露記事によると、彼女は五人の幼児を自宅に置去りにしたまま、恋人と一週間の海外旅行へ旅立っていった。その時、彼女は深く考えもせず、留守であった隣人に、子供の世話を依頼するメモを残して出発した。だが、母親がいなくなりパニックに陥ってしまったマーシャムの子供たちは地元役所の一時預かり所に保護されたのであった。

「デイリーメール」の報道は、キム・マーシャムを「道徳的退廃と家庭無視」を理由に非難するものであった。同紙はまた、自堕落で無責任なキム・マーシャムといったイメージを鮮明に印象付けるような、隣人や元恋人、友人たちの証言を掲載した。しかも、メディアは彼女について、四人の男性とのあいだに六人の子供をもうけた女として大きく報道したのである。記事には「どうみても自己責任の感性が麻痺している」キム・マーシャムは、「慈善給付制度に寄生し、あたかも当然の権利だといわんばかりに国家扶養という恩恵を受けている」、「彼女は本能のおもむくままに行動し、妊娠と出産を繰返した」とも書かれた。悲嘆にくれる子どもたちの「恐怖と苦悶の体験」と、恋人とのグランカナリアでの休日を満喫し幸福そうにみえる、彼女の引伸ばされた写真からうかがえる、快楽だけを追求する母親の無責任ぶりを演出した報道によって、読者の倫理的な怒りが巧みに煽られた。また彼女のその快楽追求旅行が借金によってなされ、旅行中の「夕食が、連日ポテトフライ付きのステーキであったこと」などが繰り返し報道され、読者の憤りが高められたのである。

もちろん、キム・マーシャムの物語は読者の人気取りのために用意された題材にすぎない。こうして、大衆メディアの一部がこのような反社会的な堕落物語の演出をして社会規範の強化をするという面を持っているのに対し、

別のメディアはそれを討論形式で行おうとする。アメリカの「オプラ・ウィンフリー」(Oprah Winfrey)やイギリスの「トリシャ」(Trisha)のような、より慎重なテレビのトークショーなどの場合は、「道徳的逸脱者」に反論や抗弁をさせる一方、スタジオに集ったオーディエンスに番組参加を可能にしている点で少なからぬ影響力をもっている。こうした番組であれば、まずキム・マーシャムに釈明の場が作られるだろうから、それが討論の呼び水となったはずである。おそらくキム・マーシャムは以下のような情状酌量理由を主張して、親権者義務の規範の軽減をはかったのだろう。つまり、自分は良い母親だった。でもストレスのせいで、ついつい隣人の善意に甘えるあやまちを犯してしまった、と。あるいは、自分一人に責任があるわけではないと反駁していたかもしれない。子どもの傍にいない父親にだって、面倒をみる義務があるはずだ、と。あるいは、可能性は小さいだろうが、彼女は挑戦的に振舞い、欲望こそすべてだと言い切る場面もあったかもしれない。

このような進歩的なトークショー番組では公開討論による社会規範の評価／確認が可能なのだ。それらの番組は、人間心理の真実と葛藤を凝縮し、演出した場面構成によって、テレビ番組、映画、新聞、雑誌論文、一般向け書籍、インターネットのチャットルーム、あるいはそれらに刺激されて情報をより広く提供する会話などを含め、社会的評価がどのように形成されるのかという経過を明らかにしてくれる。こうした集産的な討議システムが時代を超えて社会規範を修正、維持していくのである。

こうしたプロセスはいわゆる「文化戦争」などでとくによく見られる。文化戦争は、同性間結婚や十代の妊娠、あるいはその前の時代であれば、職業婦人といった、人びとが議論に熱くなる話題について起きる。それらをもう少し広範な争点として取りあげると、少数者の性的嗜好の「是非」、十代の道徳、女性の社会的地位と言い換えられるのだが、文化戦争では、世俗的な自由解放主義者＝リバタリアンとキリスト教原理主義者との間の対立的意見が相互に自分たちの考え方への一般の支持や評価を求めることになる。こうした議論に勝ち抜くことによって、当該規範の支持や修正、あるいは再解釈

などが行われるわけである。実際には、こうしたプロセスではたいてい、特定の社会集団が社会全体の規範とは違う社会規範を優勢なものにしてしまうわけで、視聴者には討議が不完全なものと映り、不満が残るものとなる。だが、文化戦争の結末の多くは、それまでの社会観や社会行動、そして時には立法にも影響を及ぼすという点で、注目すべき重要なものである。

「ソフト」ジャーナリズム、「バラエティ」的なトークショー、「ステレオタイプ」なドラマは、社会生活の責任やまじめな政治活動とはかけ離れたものだとして、しばしばメディアコンテンツとしては酷評の対象となっている。がそれらは、上述のように、「自治」のひとつの非公式回路としての公的対話の一環とみなすことができるし、社会が共通の社会過程やそれらを動かしている暗黙の規範について語る場合の方法の一つなのである。つまり、それらはメディアの民主的機能の重要な一側面だということになる。

「シリアス」なジャーナリズム (serious journalism) に関連して整理したときと同様の議論がここにも適用できる。マイノリティ・メディアにおける娯楽とフィクションには、社会内部の多様な価値観や思潮が十分に表現されるべきだということである。そのことによって、集合的な議論の場に多様な問題が持ち出され、それらの解決のいとぐちとなる可能性が出てくるのである。その半面、メディアシステムの中核部分は人びとが融和的で相互の対話ができる状態を形成、維持していくべきであろう。この対話の基本的特徴となるのは「他集団」について、悪意ある侮蔑ではなく、むしろ理解ある態度で描き出すことである。ハッチンス委員会の報告書は半世紀以上も前に書かれているが、人道主義に基づいた議論を展開しており、とりわけ今日の「テロとの戦争」や、イスラム世界とキリスト教世界との間で増大する緊張関係の問題にも適用できる面をもっている。

「いかなる社会集団についての真実にも、その弱点や悪習があることは免れ得ない。しかし、そこには必ず、プラス価値や希望、共通のヒューマニティがある。……もしある人がある特定集団の生活における内的真実に触れたならば、その人はその真実に対する敬意と理解を次第に育みはじめるはずで

ある（注32）」。

政治と娯楽

　また、メディアが提供する娯楽が政治過程に織り込まれていく、より一般的な方法もある。第一に、犯罪からジェンダー関係までの重要な政治的争点は、陰に陽に、メディアが創りだすフィクションとして議論される。第二に、社会についてのイデオロギー的理解や、政治的傾向のある社会的諸価値はこれまた娯楽を通して描かれる。たとえば、労働者階級を舞台として設定し、社会的連帯、互恵主義、集産主義を強く印象づける、多くの西欧諸国で放映されるメロドラマは、組織化された労働者階級の社会民主主義的価値を表現し、広範なテレビ視聴者にそれを普及させる典型事例である（注33）。第三に、マイノリティは、娯楽を消費しながら、その過程で政治的影響を受け、自己形成をしている。このようにして、小説、映画、音楽、「ソフト」ジャーナリズムは、ゲイ・コミュニティの自己組織化や、1970年代以降、同性愛嫌悪者を批判する継続的な公的キャンペーンを定着させるという重要な役割を果たしてきた（注34）。第四に、メディアにおける社会集団の描き方は、その社会的スタンスや政治性、その他の点において影響を及ぼすことがある。たとえば、1980年代以降のメディアにおける積極的な女性の表現は、複雑なプロセスをたどりつつも、女性の社会的地位の向上とつながってきた（注35）。第五に、国家、地域共同体、宗教、民族、階級、ジェンダー、世代などの観点からどの程度まで自己規定が可能かという、人びとの社会的アイデンティティの自覚は、政治的連帯感と信条の両方に影響を与える政治活動の原動力となる。だが、この社会的アイデンティティというものはそれぞれに異なるメディア消費のパターンによって大きな影響を受けている。メディアが提供する情報はあるアイデンティティを支持しても、他のそれを支持しないという形式になっており、このことはサブカルチャー研究文献の重要なテーマともなっている（注36）。このように、メディアの提供する娯楽と政治は近し

く交錯しているのに、なぜ政治と娯楽を分断、峻別して取扱おうとするのか、私には理解に苦しむところである。

　この考え方を唯一正当化できる根拠はどこでどのような政治が行われているかに関係がある。政治の最も重要な現場は国家である。国家とは、法律が制定、施行される場所であり、戦争か平和かの決断が下される場所である。国家はまた、社会的不公正を正す中央機構でもある。市場システムは不平等を再生産していくが、大衆民主制においては、富者から貧者への富と資源の再分配を通じて社会的不平等は是正される。こうした「移動」の質と量を決定しているのが政治なのである。

　国家を通じてなされる集産的決定は関連情報や論理的議論を通してなされなければならない。ところがメディアの提供する娯楽は、世界で何が起きているかを十分に伝えるものとはなっていない。またそれは、政府が提案する政策の代案を提示するための適切な媒体になることもできない。なるほどメディアの娯楽は規範的な調整を要する重要な分野であり、多様な間接的方法によって政治過程とリンクしてはいるのだが、それは国家を中心とする政治が民衆に伝達される主要舞台であるとはとてもいえない。もしも公共的問題についての報道や分析が娯楽に侵蝕されてしまうことになれば、民主制は飢餓状態から、仮死状態になってしまうであろう。

　　エピローグ

　これまでの説明はメディアの民主的役割をめぐる従来の理解の限界を感じ、私が多くの不満を募らせてきたことにその動機があった（注37）。私がそうした不満をずっと以前からもっていたのは、従来の理解では社会集団、政党、市民社会、イデオロギー、そしてグローバリゼーションの役割が軽視され、現代の民主制がどのように動いているかということとの間に断層があるように見受けられたからである。またこれまでの議論の多くは政治ジャーナリズムの狭い定義に拘泥しており、人びとがメディア消費に割いている多くの時

間の大部分を占める娯楽やドラマの民主的重要性について語るところがなかったからである。

　本章では適切な理論体系の更新作業にむけて一歩を踏み出そうという提言をした。しかしここでは、メディアはいかにして民主制に貢献すべきなのかという問いかけをすることに多くの時間をとられてしまった。また、現状分析というよりも「あるべき……」という理念の素描に軸足を置いてきた。そのため、市場と民主制のそれぞれの要請が、どのようにせめぎあうのかに関する詳細な検証ができていない（注38）。市場の圧力は社会的事象の報道をするジャーナリズムを萎縮させる圧力をつくり、軍事行動でもない限り国際問題報道の範囲を狭め、経済問題を調査報道部門の担当とし、怒りを覚えさせることでオーディエンスを楽しませ、当然の帰結として弱者や周縁のものはいじめられ、蔑まれている。

　世界各国は、市場と民主制の要請を調停、管理する方法をそれぞれに開発してきた。それらの方法は以下の四つの主要戦略として要約できる。第一は、公的規制や所有による公共サービス放送。第二は、独占禁止法やマイノリティメディアへの助成金制度による社会的な市場政策。第三は、メディア企業の従業員の権利や影響力の強化。第四は、ジャーナリストの間に公共サービス文化を形成すること、である。

　最後にあげた第四の戦略は、しばしば「社会的責任論」のアプローチと言われるものである。歴史的意義をもつ1947年の『ハッチンス報告書』による強力なバックアップがあったので、この方法による改革運動はアメリカのメディアに積極的な影響を及ぼした。しかし現在では、アメリカのメディアシステム、とりわけテレビ業界においては、その内部の市場経済的圧力の拡大があり、結果として、その報告書の影響力は相対的結果として小さくなっている。このことはしばしばアメリカのメディアに、本書が全体として多様な観点から検討してきた、何が処方箋になり得るのか、つまり民主制は何を求めるのかという、議論の欠落が見られることにつながる原因となっている。この問題への解答は、世界の単一超大国としてのアメリカのその地位ゆえに、

アメリカ人だけにとどまらず、その他の諸国・諸地域の人びとにとっても重大な影響をもつことにならざるを得ない。

注
(1) ティム・クック (Tim Cook)、ジョン・キーン (John Keane)、マイケル・シャドソン (Michael Schudson) の諸氏から、草稿段階の本章について傾聴すべきコメントをいただいた。記して感謝する。
(2) Robert Leigh (ed.) A Free and Responsible Press [Hutchins Report] (Chicago：University of Chicago Press, 1947); Royal Commission on the Press 1947－1949 Report, (London：HMSO (Cmd. 7700), 1949). （訳注：渡辺武達「メディア倫理の社会的パラダイム～米・英・日の原初的検討から～」『同志社メディア・コミュニケーション研究』第1号、2004年3月、pp. 1-69、を参照）
(3) 本章の叙述は、リベラルデモクラシーにおけるメディア機能についての従来からの理解への募る不満を背景に構想された。従来的アプローチについての見解は人によって異なっているし、時には相互に対立しているが、主なものとして以下を挙げておく。C. Edwin Baker, Media, Markets and Democracy (Cambridge：Cambridge University Press, 2002); W. Lance Bennett and Robert Entman (eds.) Mediated Politics (Cambridge：Cambridge University Press, 2001); Timothy Cook, Governing With the News (Chicago：Chicago University Press, 1998); James Curran, 'Rethinking media and democracy' in J. Curran and M.Gurevitch (eds.) Mass Media and Society, 3rd edition (London：Arnold, 2000); Herbert Gans, Democracy and the News (New York：Oxford University Press, 2003); Jurgen Habermas, Between Facts and Norms (Polity：Cambridge, 1996); Robert Hackett and Yuezhi Zhao, Sustaining Democracy? (Garamond Press：Toronto, 1998); John Keane, The Media and Democracy (Cambridge：Polity, 1991); Robert McChesney, Rich Media, Poor Democracy (Urbana, ILL：University of Illinois Press, 1999); Thomas Meyer (with Lew Hinchman) Media Democracy (Cambridge：Polity, 2002); Michael Schudson, The Good Citizen (New York：Free Press, 1998); Michael Schudson, The Sociology of News (New York：Norton, 2003); John

Street, Mass Media, Politics and Democracy (Basingstoke : Palgrave, 2001); John Zaller, 'A new standard of news quality : burglar alarms for the monitorial citizen', Political Communication, 20, 2003, p. 109-130.
(4) John Trenchard and Thomas Gordon : "Cato" 'Cato' Letters, No 15 (February 4, 1720), 'Of freedom of speech : that the same is inseparable from publick liberty' in Haig Bosmajian (ed) The Principles and Practice of Freedom of Speech 2nd edition (Lanham, MD : University Press of America, 1983), p. 36.
(5) この暴露的なやり方の二つの好例に関しては以下の文献を参照されたい。Gladys Lang and Kurt Lang, The Battle for Public Opinion (New York : Columbia University Press, 1983) and David Protess, Fay Cook, Jack Doppelt, James Ettema, Margaret Gordon, Donna Leff and Peter Miller, The Journalism of Outrage (New York : Guilford Press, 1991).
(6) Susan Strohm, 'The black press and the black community : the Los Angeles Sentinel's coverage of the Watts Riots' in Mary Mander (ed) Framing Frictions (Urbana, IL : University of Illinois Press, 1999).
(7) スーザン・ストロームの論考は社会統制機関としてのLASの役割を重視しており、それは筆者がここで記す結論とは異なっていることをお断りしておきたい。
(8) 'Journalism, Advocacy and a Communication Model for Democracy' in M. Raboy and P. Bruck (eds.) Communication for and Against Democracy (Montreal : Black Rose Books, Montreal, 1989) p. 170.
(9) スタッズ・ターケルの以下の作品はその好例である。Coming of Age, (New York : The New Press, 1995).
(10) Ronald Jacobs, Race, Media and the Crisis of Civil Society (New York : Cambridge University Press).
(11) Paul Manning, News and News Sources (London : Sage, 2001).
(12) Sonia Serra, 'Multinationals of solidarity : international civil society and the killing of street children in Brazil' in S. Braman and A. Sreberny-Mohammadi (eds) Globalization, Communication and Transnational Civil Society, (Cresskill, NJ : Hampton

Press, 1996); and 'The killing of street children and the rise of the international public sphere' in James Curran (ed) Media Organisations in Society (London：Edward Arnold, 2000).

(13) このことは、一国単位の新聞史としてのあまたの研究蓄積が雄弁に物語るところである。なお当該テーマを強調した、比較新聞史上の希少な仕事については、以下を参照されたい。Bob Harris, Politics and the Rise of the Press (London：Routledge, 1996).

(14) Wim Van De Donk, Brian Loader, Paul Nihon and Dieter Rucht (eds.) Cyberprotest (London：Routledge, 2004).

(15) James Curran 'Global journalism：a case study of the Internet' in Nick Couldry and James Curran (eds.) Contesting Media Power (Lanham, MD：Rowman and Littlefield, 2003).

(16) 底知れぬ相互の不信や否定は人びとを政治から離れさせてしまう。このことについては以下の文献を参照されたい。Thomas Patterson, The Vanishing Voter (New York：Vintage, New York, 2003).

(17) John Street, Mass Media Politics and Democracy (Basingstoke：Palgrave, 2001), p. 250. （訳注：『同志社メディア・コミュニケーション研究』第3号（2006年3月）には世界の憲法における言論・表現・情報の自由規定が詳細に掲載されている）。

(18) Esther Scott, "Big media" meets the "bloggers"：coverage of Trent Lott's remarks at Strom Thurmond's birthday party', Kennedy School of Government Case Programme, Harvard University, 2004, www.ksgcase.harvard.edu

(19) Paul Ginsborg, Silvio Berlusconi：Television, Power and Patrimony (London：Verso, 2004).

(20) このことは一般に考えられているよりも、なお一層緩やかに顕在化してきている。またデータが明示するところでは、多くの国で大衆テレビはなお支配的な影響力を持続している。このことについては、本書の英語オリジナル版に掲示した以下の図表を参照されたい。James Curran, Media and Power (London：

Routledge, 2002), table 7.2, p. 190.
(21) この議論の古典的な説明については、Susan Strange, The Retreat of the State (Cambridge：Cambridge University Press, 1996)を参照のこと。またこの新しい定説にまつわる有用な議論については、いくらか誇張され始めたむきもあるが、David Held and Anthony McGrew (eds.) The Global Transformations Reader, 2nd edition (Cambridge：Polity, 2003) and Frank Lechner and John Boli (eds.) The Globalization Reader, 2nd edition (Oxford：Blackwells, 2004)を参照されたい。
(22) 無数の類書があるが、とりわけDavid Held, Anthony McGrew, Dasvid Goldblatt and Jonathan Perraton, Global Transformations (Cambridge：Polity, 1999); Leslie Sklair, Globalization 3rd edition (Oxford：Oxford University Press, 2002)を参照されたい。
(23) この事例の味読すべき内部関係者の証言が次の書物で読める。Joseph Stiglitz, Globalization and its Discontents (London：Penguin, 2002)
(24) Jaclyn Marisa Dispensa and Robert Brulle, 'Media's social construction of environmental issues：focus on global warming - a comparative study', International Journal of Sociology and Social Policy, 23 (10), 2003, pp. 74-105.
(25) Steven Brechin, 'Comparative public opinion and knowledge on global climatic change and the Kyoto Protocol：The US versus the world?', International Journal of Sociology and Social Policy, 23 (10), 2003, pp. 106-134.
(26) 初期の研究でもまた、アメリカ人はヨーロッパ人以上に国際関係に疎いことが指摘されていた。その原因は、「アメリカのテレビには国際関係についての情報がほとんどない」というアメリカのテレビ業界の短所にあるとされた。このことについては、以下の論考を参照されたい。Michael Dimock and Samuel Popkin, 'Political knowledge in comparative perspective' in Shanto Iyengar and Richard Reeves (eds.) Do the Media Govern? (Thousand Oaks, CA：Sage, 1997), p. 223.
(27) Dispensa and Brulle, 2003, op. cit. による研究は興味深い洞察をしているが、アメリカのメディアの広告の直接的影響と企業所有を過大視している。
(28) Greg Philo and Mike Berry (Glasgow University Media Group), Bad News from Israel

(London : Pluto, 2004).
(29) Alexander Meiklejohn, 'The rulers and the ruled' in Haig Bosmajian (ed) The Principles and Practice of Freedom of Speech, 2nd edition (Lanham, MD, 1983), p. 276.
(30) この派の議論に対する意義ある貢献で、「合理的選択理論」の強い影響のもとにあるのは、以下の二文献である。Schudson, 1998 and Zaller, 2003, op. cit.
(31) Daily Mail, 8 March, 2003.
(32) Robert Leigh (ed) A Free and Responsible Press [Hutchins Report] (Chicago : Chicago University Press, 1947), p. 27.
(33) Hugh O'Donnell, Good Times, Bad Times : Soap Operas and Society in Western Europe (London : Leicester University Press, London, 1999).
(34) Larry Gross, Up from Invisibility (New York : Columbia University Press, 2002); Jeremy Weeks, Sex, Politics and Society, 2nd edition (Harlow : Longman, 1989).
(35) Myra Macdonald, Representing Women (London : Arnold, London, 1995).
(36) Sarah Thornton and Ken Gelder (eds.) The Subcultures Reader (London : Routledge, London, 1996).
(37) 前掲（注3）を参照。
(38) 数多くの類書中、このことは以下の諸文献で中心的課題として設定されている。
Curran, James. 'Rethinking media and democracy' in J. Curran and M. Gurevitch (eds.) Mass Media and Society, 3rd edition（London : Arnold, 2002）
Kovach, Bill and Tom Rosenstiel. The Elements of Journalism (London : Altantic Books, 2003)
Leys, Colin. Market-Driven Politics (London : Verso, 2001)
McChesney, Robert. Rich Media, Poor Democracy (Urbana, ILL : University of Illinois Press, 1999)
Shanor, Donald. News from Abroad (New York : Columbia University Press, 2003).

（訳：小川直人）

原著掲載の参考文献リスト、および新章用追加文献

My thanks to Richard Smith for consolidating this bibliography

Abercrombie, N., Hill, S. and Turner, B. (1984) *The Dominant Ideology Thesis*, London: Allen & Unwin.
Abramson, J. (1990) 'Four criticisms of press ethics' in J. Lichtenberg (ed.) *Mass Media and Democracy*, New York: Cambridge University Press.
Achille, Y. and Miege, B. (1994) 'The limits to the adaptation strategies of European public service television', *Media, Culture and Society*, 16 (10).
Adam Smith Institute (1984) *Omega Report: Communications Policy*, London: Adam Smith Unit.
Advertising Association (1949) Evidence to the Royal Commission on the Press 1947–1949, *Royal Commission on the Press 1947–9*, vol. 5, London: HMSO.
—— (1962) Evidence to the Royal Commission on the Press 1961–2, *Royal Commission on the Press 1961–2*, vol. 3, London: HMSO.
Alberoni, F. (1972) 'The powerless elite: theory and sociological research on the phenomenon of the stars' in McQuail, D. (ed.) *Sociology of Mass Communication*, Harmondsworth: Penguin.
Albrow, M. (1996) *The Global Age*, Cambridge: Polity.
Aldgate, A. (1995) *Censorship and the Permissive Society*, Oxford: Clarendon Press.
Aldgate, A. and Richards, J. (1994) *Britain Can Take It*, Edinburgh: Edinburgh University Press.
Aldridge, A. and Hewitt, R. (eds) (1994) *Controlling Broadcasting*, Manchester: Manchester University Press.
Alexander, J. (1981) 'The mass media in systemic, historical and comparative perspective' in E. Katz and T. Szecsko (eds) *Mass Media and Social Change*, Beverly Hills, Cal.: Sage.
Allen, C. (1993) *Eisenhower and the Mass Media*, Chapel Hill, NC: University of North Carolina Press.
Almond, G. and Verba, S. (1963) *The Civic Culture*, Princeton, NJ: Princeton University Press.
Althusser, L. (1971) *Lenin and Philosophy*, London: New Left Books.
—— (1976) *Essays in Self-Criticism*, London: New Left Books.
—— (1984) *Essays on Ideology*, London: Verso.
Altick, R.D. (1957) *The English Common Reader: A Social History of the Mass Reading Public, 1800–1900*, Chicago: University of Chicago Press.

Anderson, A. (1991) 'Source strategies and the communication of environmental affairs' *Media, Culture and Society*, 13 (4).
Anderson, B. (1983) *Imagined Communities*, London: Verso.
Anderson, P. and Weymouth, A. (1999) *Insulting the Public?*, London: Longman.
Andrews, A. (1859) *History of British Journalism*, 2 vols, London: Bentley.
Ang, I. (1985) *Watching 'Dallas'*, London: Methuen.
—— (1991) *Desperately Seeking the Audience*, London: Routledge.
—— (1996) *Living Room Wars*, London: Routledge.
Ang, I. and Hermes, J. (1991) 'Gender and/in media consumption' in J. Curran and M. Gurevitch (eds) *Mass Media and Democracy*, London: Edward Arnold.
Annan (1977), *Report of the Committee on the Future of Broadcasting*, London: HMSO.
Anon (1851) *Guide to Advertisers*, London: Effingham Wilson.
—— (1935) *History of the Times: 'The Thunderer' in the Making 1785–1841*, vol. 1, London: The Times.
—— (1939) *History of the Times: The Tradition Established*, vol. 2, London: The Times.
—— (1997) 'America's television networks: the dash for the off switch', *Economist*, June 7.
Arnold, M. (1970) *Selected Prose*, Harmondsworth: Penguin.
Aspinall, A.(1950) 'Statistical accounts of London newspapers 1800–1836', *English Historical Review*, LXV.
—— (1973), *Politics and the Press c.1780–1850*, Brighton: Harvester Press.
Aspinall, S. (1983) 'Women, realism and reality in British films, 1943–53' in J. Curran and V. Porter (eds) *British Cinema History*, London: Weidenfeld & Nicolson.
Asquith, I. (1975) 'Advertising and the press in the late eighteenth and early nineteenth centuries: James Perry and the Morning Chronicle, 1790–1821', *Historical Journal*, 17 (4).
—— (1976) 'The Whig Party and the press in the early nineteenth century', *Bulletin of the Institute of Historical Research*, xlix.
—— (1978) 'The structure, ownership and control of the press 1780–1855' in G. Boyce, J. Curran and P. Wingate (eds) *Newspaper History*, London, Constable.
Avery, R. (1993) (ed.) *Public Service Broadcasting in a Multichannel Environment*, White Plains, NY: Longman.
Baehr, H. (1980) (ed.) *Women and the Media*, Oxford: Pergamon.
Bagdikian, B. (1983) *The Media Monopoly*, 1st edn, Boston: Beacon Press.
—— 1997: *The Media Monopoly*, 5th edn, Boston: Beacon Press.
Bailey, P. (1978) *Leisure and Class in Victorian England*, London: Routledge & Kegan Paul.
—— (1986) (ed.) *Music Hall: The Business of Pleasure*, Milton Keynes: Open University Press.
Baistow, T. (1985) *Fourth-Rate Estate*, London: Commedia.
Baker, C. (1989) *Human Liberty and Freedom of Speech*, New York: Oxford University Press.
—— (1994) *Advertising and a Democratic Press*, Princeton, NJ: Princeton University Press.
—— (1997a) 'Giving the audience what it wants', *Ohio State Law Journal*, 58 (2).
—— (1997b) 'Harm, liberty, and free speech', *Southern Law Review*, 70 (4).

Baker, C. (1998) 'The media that citizens need', *University of Pennsylvania Law Review*, 147 (2).
Ballaster, R., Betham, M., Frazer, E. and Hebron, S. (1991) *Women's Worlds*, London: Macmillan.
Barendt, E. and Hitchens, L. (2000) *Media Law*, Harlow: Longman.
Barker, H. (1998) *Newspapers, Politics, and Public Opinion in Late Eighteenth Century England*, Oxford: Oxford University Press.
—— (2000) *Newspapers, Politics and English Society 1695–1855*, Harlow: Longman.
Barker, M. and Petley, J. (1997) 'Introduction' in M. Barker and J. Petley (eds) *Ill Effects*, London: Routledge.
Barlow, W. (1993) 'Democratic praxis and Pacifica Radio' in O. Manaev and Y. Pryliuk (eds) *Media in Transition*, Kyiv: Abris.
Barnett, S. and Curry, A. (1994), *The Battle for the BBC*, London: Aurum.
Barnett, S. and Gaber, I. (2001) *Westminister Tales*, London: Continuum.
Barnett, S. and Seymour, E. (1999) *A Shrinking Iceberg Travelling South*, London: Campaign for Quality Television.
Barron, J. (1973) *Freedom of the Press for Whom?*, Bloomington, Ind.: Indiana University Press.
Barthes, R. (1975) *The Pleasure of the Text*, New York: Hill & Wang.
Baudrillard, J. (1980) 'The implosion of meaning in the media and the implosion of the social in the masses' in K. Woodward (ed.) *The Myths of Information*, London: Routledge & Kegan Paul.
—— (1983) *Simulations*, New York: Semiotexte.
—— (1985) 'The ecstasy of communication' in Hal Foster (ed.) *Postmodern Condition*, London: Pluto.
Beaverbrook, Viscount (1925) *Politicians and the Press*, London: Hutchinson.
Belson, W. (1959) *The British Press*, London: London Press Exchange.
Bennett, H.S. (1952) *English Books and Readers, 1475–1557*, Cambridge: Cambridge University Press.
Bens, E. De and Smaele, H. de (2001) 'The inflow of American television fiction on European broadcasting channels revisited', *European Journal of Communication*, 16 (1).
Bens, E., Kelly, M. and Bakke, M. (1992) 'Television content: Dallasification of culture?' in K. Siune and W. Truetzschler (eds) *Dynamics of Media Politics*, London: Sage.
Bermingham, A. (1995) 'Introduction' in A. Bermingham and J. Brewer (eds) *The Consumption of Culture 1600–1800*, London: Routledge.
Bermingham, A. and Brewer, J. (1995) (eds) *The Consumption of Culture 1600–1800*, London: Routledge.
Bernard, M. (1999) 'East Asia's tumbling dominoes: financial crises and the myth of the regional model' in L. Panitch and C. Leys (eds) *Global Capitalism Versus Democracy*, Rendlesham: Merlin.
Berridge, V. (1975) 'Political attitudes and the popular Sunday press in mid-Victorian England', *Acton Society Paper*.
—— (1978) 'Popular Sunday papers and mid-Victorian society' in G. Boyce, J. Curran and P. Wingate (eds) *Newspaper History*, London: Constable.
Beveridge (1951), *Report of the Broadcasting Committee*, London: HMSO.

Black, A, (1996) *A New History of the English Public Library*, Leicester: Leicester University Library.
—— (2000) *The Public Library in Britain 1914–2000*, London: British Library.
Black, J. (1987) *The English Press in the Eighteenth Century*, London: Croom Helm.
—— (2000) *Modern British History since 1900*, Basingstoke: Macmillan.
—— (2001) *The English Press 1621–1861*, Stroud: Sutton.
Black, P. (1973) *The Mirror in the Corner: People's Television*, London: Hutchinson.
Blackman, L. and Walkerdine, V. (2001) *Mass Hysteria*, Basingstoke: Palgrave.
Bloch, M. (1961) *Feudal Society*, London: Routledge & Kegan Paul.
Blumler, J. (1992) (ed.) *Television and the Public Interest*, London: Sage.
Blumler, J. and Gurevitch, M.(1982) 'The political effects of mass communication' in M. Gurevitch, T. Bennett, J. Curran and J. Woollacott (eds) *Culture, Society and the Media*, London: Methuen.
—— (1986) 'Journalists' orientations to political institutions: the case of parliamentary broadcasting' in P. Golding. G. Murdock and P. Schlesinger (eds) *Communicating Politics*, Leicester: Leicester University Press.
—— (1995) *The Crisis of Public Communication*, London: Routledge.
Blumler, J. and Katz, E. (1974) *The Uses of Mass Communications*, Beverly Hills, Cal.: Sage.
Blumler, J. and McLeod, J. (1983) 'Communication and voter turn-out in Britain' in T. Leggatt (ed.) *Sociological Theory and Survey Research*, Beverly Hills, Cal.: Sage.
Blumler, J. and McQuail, D. (1968) *Television in Politics*, London: Faber & Faber.
Blumler, J.G. (1986) 'Television in the United States: funding sources and programme consequences' in *Research on the Range and Quality of Broadcasting Services* (Report for the Committee on Financing the BBC), London: HMSO.
—— (1989a) 'The modern publicity process' in Ferguson, M. (ed.) *Public Communication*, London: Sage.
—— (1989b) 'Multi-channel television in the United States: policy lessons for Britain', Markle Foundation Report (mimeo).
Blumler, J.G., Brown, J., Ewbank, A. and Nossiter, T. (1971) 'Attitudes to the monarchy', *Political Studies*, xix (2).
Bondebjerg, I. (1989) 'Popular fiction, narrative and the melodramatic epic of American television' in Michael Skovmand (ed.) *Media Fictions*, Aarhus: University of Aarhus Press.
Boron, A. (1999) 'State decay and democratic decadence in Latin America' in L. Panitch and C. Leys (eds) *Global Capitalism Versus Democracy*, Rendlesham: Merlin.
Boston, R. (1988) 'W.T. Stead and democracy by journalism' in J. Wiener (ed.) *Papers for the Millions*, New York: Greenwood Press.
Bottomley, V. (2000) 'Maintaining the gold standard' in S. Barnett *et al.*, *e-Britannia: The Communications Revolution*, Luton: University of Luton Press.
Bourdieu, P. (1986a) 'The aristocracy of culture' in R. Collins, J. Curran, N. Garnham, P. Scannell, P. Schlesinger and C. Sparks (eds) *Media, Culture and Society: A Critical Reader*, London: Sage.
—— (1986b) 'The production of belief: contribution to an economy of symbolic goods' in R. Collins, J. Curran, N. Garnham, P. Scannell, P. Schlesinger and C. Sparks (eds), *Media, Culture and Society: A Critical Reader*, London: Sage.
Bourke, J. (1994) *Working Class Cultures in Britain 1890–1960*, London: Routledge.

Boyce, G. (1978) 'The fourth estate: the reappraisal of a concept' in G. Boyce, J. Curran and P. Wingate (eds) *Newspaper History*, London: Constable.
Boyd-Barrett, O. (1998) 'Media imperialism reformulated' in D. Thussu (ed.) *Electronic Empires*, London: Edward Arnold.
Braman, S. and Sreberny-Mohammadi, A. (1996) (eds) *Globalization, Communication and Transnational Civil Society*, Cresskill, NJ: Hampton Press.
Brandt, G. (1981) (ed.) *Television Drama*, Cambridge: Cambridge University Press.
—— (1993) (ed.) *British Television Drama in the 1980s*, Cambridge: Cambridge University Press.
Brants, K. and Bens, E. de (2000) 'The status of TV broadcasting in Europe' in J. Wieten, G. Murdock and P. Dahlgren (eds) *Television Across Europe*, London: Sage.
Brants, K. and McQuail, D. (1997) 'The Netherlands' in B. Ostergaard (ed.) *The Media in Western Europe*, 2nd edn, London: Sage.
Brett, P. (1997) 'Early nineteenth century reform newspapers in the provinces: the *Newcastle Chronicle* and *Bristol Mercury*' in M. Harris and T. O'Malley (eds) *Newspaper and Periodical History Annual 1995*, Westport, Conn.: Greenwood Press.
Brewer, J. (1976) *Party Ideology and Popular Politics at the Accession of George III*, Cambridge: Cambridge University Press.
—— (1989) *The Sinews of Power*, London: Unwin Hyman.
—— (1997) *The Pleasures of the Imagination*, London: HarperCollins.
Brewer, J. and Porter, R. (1993) 'Introduction' in J. Brewer and R. Porter (eds) *Consumption and the World of Goods*, London: Routledge.
Briggs, A. (1960) *The Rise of Mass Entertainment*, Adelaide: University of Adelaide Press.
—— (1961) *The Birth of Broadcasting* (History of Broadcasting in the United Kingdom, vol. 1), London: Oxford University Press.
—— (1965) *The Golden Age of Wireless* (History of Broadcasting in the United Kingdom, vol. 2), London: Oxford University Press.
—— (1970) *The War of Words* (History of Broadcasting in the United Kingdom, vol. 3), London: Oxford University Press.
—— (1979a) *The Age of Improvement*, 2nd edn, London: Longman.
—— (1979b) *Governing the BBC*, London: BBC.
—— (1979c), *Sound and Vision* (History of Broadcasting in the United Kingdom, vol. 4), Oxford: Oxford University Press.
—— (1985) *The BBC: The First Fifty Years*, Oxford: Oxford University Press.
—— (1995) *Competition 1955–1974* (History of Broadcasting in the United Kingdom, vol. 5), Oxford: Oxford University Press.
Briggs, A. and Burke, P. (2002) *A Social History of the Media*, Cambridge: Polity.
Brigham, J. and Giesbrecht, L. (1976), 'All in the family: racial attitudes', *Journal of Communication*, 26 (3).
British Broadcasting Corporation (BBC) (1969) *Royal Family*, BBC Audience Research Department (unpublished).
—— (1992) *Extending Choice*, London: BBC.
—— (1995a) *Newsnight Objectives 1995/6*, internal office memo, 1995.
—— (1995b) *People and Programmes*, London: BBC.
—— (1996) *Extending Choice in the Digital Age*, London: BBC.

British Broadcasting Corporation (BBC) (1998) *The BBC Beyond 2000*, London: BBC.
Brittan, S. (1989) 'The case for the consumer market' in C. Veljanovski (ed.) *Freedom in Broadcasting*, London: Institute of Economic Affairs.
Broadcasting Research Unit (BRU) (1988) *The Public Service Idea in British Broadcasting*, London: BRU.
Bromley, M. (1991) 'Sex, Sunday papers and the "swinging sixties": cultural consensus in Northern Ireland before the troubles' in Y. Alexander and A. O'Day (eds.) *The Irish Terrorism Experience*, Aldershot: Dartmouth.
—— (1999) 'Was it the *Mirror* wot won it? The development of the tabloid press during the Second World War' in N. Hayes and J. Hill (eds) *Millions Like Us?*, Liverpool: Liverpool University Press.
Brook, L. (1988) 'The public's response to AIDS' in R. Jowell, S. Witherspoon and L. Brook (eds) *British Social Attitudes: The 5th Report*, Aldershot: Gower.
Brooke, C. (1964) *Europe in the Central Middle Ages 962–1154*, London: Longman.
Brown, J. and Schultze, L. (1990) 'The effects of race, gender and fandom on audience interpretations of Madonna's music videos', *Journal of Communication*, 40 (2).
Brown, L. (1987) *Victorian News and Newspapers*, Oxford: Clarendon Press.
—— (1990) 'The growth of a national press' in L. Brake, A. Jones and L. Madden (eds) *Investigating Victorian Journalism*, Basingstoke: Macmillan.
Brunsdon, C. (1981) '*Crossroads*: notes on soap opera', *Screen*, 22.
—— (1997) *Screen Tastes*, London: Routledge.
Buckingham, D. (1987) *Public Secrets*, London: British Film Institute.
Buerkel-Rothfuss, N. with Mayes, S. (1981) 'Soap opera viewing: the cultivation effect', *Journal of Communication*, 31.
Burnett, R., (1990) *Concentration and Diversity in the International Phonogram Industry*, Gothenburg: University of Gothenburg.
Burnham, Lord (1955) *Peterborough Court: The Story of the Daily Telegraph*, London: Cassell.
Burns, T. (1977) *The BBC: Public Institution and Private World*, London: Macmillan.
Butler, D. (1991a) 'Broadcasting in a divided community' in M. McLoone (ed.) *Culture, Identity and Broadcasting in Ireland*, Belfast: Institute of Irish Studies.
—— (1991b) 'Ulster Unionism and British broadcasting journalism' in B. Rolston (ed.) *The Media and Northern Ireland*, London: Macmillan.
—— (1995) *The Trouble with Reporting Northern Ireland*: Aldershot: Avebury.
Butler, D. and Butler, G. (2000) *Twentieth Century British Political Facts 1900–2000*, Basingstoke: Macmillan.
Butler, D. and Stokes, D. (1969) *Political Change in Britain*, London: Macmillan.
—— (1976) *Political Change in Britain*, rev. edn, Harmondsworth: Penguin Books.
Caine, B. (1997) *English Feminism, 1780–1980*, Oxford: Oxford University Press.
Calhoun, C. (1992) (ed.) *Habermas and the Public Sphere*: Cambridge, Mass.: Massachusetts Institute of Technology Press.
—— (1996) 'Comment on John Keane: the death of the public sphere' in M. Andersen (ed.) *Media and Democracy*, Oslo: University of Oslo Press.
Cannadine, D. (1992) *The Decline and Fall of the British Aristocracy*, London: Picador.
—— (1998) *Class In Britain*, New Haven, Conn.: Yale University Press.

Cantor, M. (1971) *The Hollywood TV Producer*, New York: Basic Books.
Cantor, M. and Cantor, J. (1992) *Prime Time Television*, 2nd edn, New York: Basic Books.
Capp, B. (1979) *Astrology and the Popular Press*, London: Faber & Faber.
Cardiff, D. (1980) 'The serious and the popular: aspects of the evolution of style in the radio talk, 1928–1939', *Media, Culture and Society*, 2 (1).
Cardiff, D. and Scannell, P. (1981) 'Radio in World War II', *The Historical Development of Popular Culture*, Milton Keynes: Open University Press.
—— (1986) '"Good luck war workers!" Class, politics and entertainment in wartime broadcasting' in T. Bennett, C. Mercer and J. Woollacott (eds) *Popular Culture and Social Relations*, Milton Keynes: Open University Press.
—— (1987) 'Broadcasting and national unity' in J. Curran, A. Smith and P. Wingate (eds) *Impacts and Influences*, London: Methuen.
Carey, James (1992) *Communication as Culture*, London: Routledge.
Carey, John (1992) *The Intellectuals and the Masses*, London: Faber & Faber.
Carlyle, T. (1907) *On Heroes, Hero-Worship and the Heroic in History*, London: Chapman & Hall.
Castells, M. (1996) *The Rise of the Network Society*, Oxford: Blackwell.
—— (1997), *The Power of Identity*, Oxford: Blackwell.
Catalbas, D. (1996) *The Crisis of Public Service Broadcasting: Turkish Television in the 1990s*, Goldsmiths College, University of London PhD.
—— (2000) 'Broadcasting deregulation in Turkey: uniformity within diversity' in J. Curran (ed.) *Media Organisations in Society*, London: Edward Arnold.
Cathcart, R. (1984) *The Most Contrary Region*, Belfast: Blackstaff.
Cato (1983/1720) 'Of freedom of speech: that the same is inseparable from publick liberty', *Cato's Letters*, no. 15, 4 February 1720. Reprinted in H. Bosmajian (ed.) *The Principles and Practice of Freedom of Speech*, 2nd edn, Lanham: University Press of America.
Chadwick, P. (1989) *Media Mates*, Melbourne: Macmillan.
Chafee, Z. Jnr (1983) 'Does freedom of speech really tend to produce truth?' in H. Bosmajian (ed.) *The Principles and Practice of Freedom of Speech*, 2nd edn, Lanham, University Press of America.
Chalaby, J. (1998) *The Invention of Journalism*, London: Macmillan.
Chambers, I. (1986) *Popular Culture*, London: Methuen.
Chaney, D. (1972) *Processes of Mass Communication*, London: Macmillan.
—— (1986) 'The symbolic form of ritual in mass communication' in P. Golding, G. Murdock and P. Schlesinger (eds) *Communicating Politics*, Leicester: Leicester University Press.
—— (1987) 'Audience research and the BBC in the 1930s: a mass medium comes into being' in J. Curran, A. Smith and P. Wingate (eds) *Impacts and Influences*, London: Methuen.
Chapman, R. (1992) *Selling the Sixties*, London: Routledge.
Chenoweth, N. (2001) *Virtual Murdoch*, London: Secker & Warburg.
Chibnall, S. (1977) *Law-And-Order-News*, London: Tavistock.
Chilston, Viscount (1965) *W.H. Smith*, London: Routledge & Kegan Paul.
Chomsky, N. (1989) *Necessary Illusions*, Boston, Mass.: South End Press.
Christie, I.R. (1970) *Myth and Reality in Late Eighteenth Century British Politics*, London: Macmillan.

Clark, J.C.D. (1985) *English Society 1688–1832*, Cambridge: Cambridge University Press.
Clarke, G. (1990) 'Defending ski-jumpers: a critique of theories of youth subcultures' in S. Frith and A. Goodwin (eds) *On Record*, London: Routledge.
Clarke. J. (1976) 'The skinheads and the magical recovery of working class community' in S. Hall and T. Jefferson (eds) *Resistance Through Rituals*, London: Hutchinson.
Clarke, J., Hall, S., Jefferson, T. and Roberts, B. (1976) 'Subcultures, cultures and class' in S. Hall and T. Jefferson (eds) *Resistance Through Rituals*, London: Hutchinson.
Cleaver, H. (1998) 'The Zapatistas and the electronic fabric of struggle' in J. Holloway and E. Pelaez (eds) *Zapatista*, London: Pluto.
Cobban, A.B. (1969) 'Episcopal control in the medieval universities of northern Europe' in Cuming, G.J. and Baker, D. (eds) *Studies in Church History*, London: Cambridge University Press.
Cockerell, M. (1988) *Live from Number 10*, London: Faber & Faber.
Cockett, R. (1989) *Twilight of Truth*, London: Weidenfeld & Nicolson.
Cohen, S. (1980) *Folk Devils and Moral Panics*, 2nd edn, Oxford: Martin Robertson.
Cohen, S. and Young, J. (1981) (eds) *Manufacture of News*, 2nd edn, London: Constable.
Cohen. P. (1972) 'Sub-cultural conflict and working class community', *Working Papers in Cultural Studies*, 2.
Cole, G.D.H. (1947) *The Life of William Cobbett*, 3rd edn, London: Home & Van Thal.
Coleman, J.S. (1973) *Power and the Structure of Society*, New York: Norton.
Colley, L. (1992) *Britons*, London: Pimlico.
Collins, R (1989) 'The language of advantage: satellite television in western Europe' *Media, Culture & Society*, 11 (3).
—— (1990) *Television: Policy and Culture*, London: Unwin Hyman.
—— (1992) *Satellite Television in Western Europe*, rev. edn, London: Libbey.
—— (1993) 'Public service versus the market ten years on: reflections on critical theory and the debate about broadcasting policy in the UK', *Screen*, 34 (3).
Coltham, S. (1960) 'The *Bee-Hive* newspaper: its origins and early development' in A. Briggs and J. Saville (eds) *Essays in Labour History*, London: Macmillan.
Commission of the European Communities (1992): *Pluralism and Media Concentration in the Internal Market*, Brussels: CEC.
—— (1994a): *Follow-Up to the Consultative Process Relating to the Green Paper on 'Pluralism and Media Concentration in the Internal Market'*, Brussels: CEC.
—— (1994b) *Report by the Think Tank on the Audiovisial Policy in the European Union* (Vasconcelos Report), Luxembourg: CEC.
Conboy, M. (2002) *The Press and Popular Culture*, London: Sage.
Connell, I. (1980) 'Television news and the social contract' in S. Hall, D. Hobson, A. Lowe and P. Willis (eds), *Culture, Media and Language*, London: Hutchinson.
Connor, S. (1992) *Theory and Cultural Value*, Oxford: Blackwell.
Cook, P. (1998) 'Approaching the work of Dorothy Arzner' in C. Penley (ed.) *Feminism and Film Theory*, New York: Routledge.
Cook, P. and Johnston, C. (1998) 'The place of woman in the cinema of Raoul Walsh' in C. Penley (ed.), *Feminism and Film Theory*, London: Routledge.

Cooper, E. and Jahoda, M. (1947) 'The evasion of propaganda', *Journal of Psychology*, 23.
Corfield, I. (1999) 'Broadcasting and the socially excluded' in A. Graham *et al.*, *Public Purposes in Broadcasting*, Luton: University of Luton Press.
Corner, J. (1995) *Television Form and Public Address*, London: Edward Arnold.
Corner, J., Richardson, K. and Fenton, N. (1990) *Nuclear Reactions*, London: Libbey.
Corrigan, P. (1983) 'Film entertainment as ideology and pleasure: towards a history of audiences' in J. Curran and V. Porter (eds) *British Cinema History*, London: Weidenfeld & Nicolson.
Cranfield, G.A. (1962) *The Development of the English Provincial Newspaper*, Oxford: Clarendon Press.
—— (1978) *The Press and Society*, London: Longman.
Crawley, C.W. (1965) 'Introduction' in C.W. Crawley (ed.) *War and Peace in the Age of Upheaval 1793–1830*, New Cambridge Modern History vol. 9, Cambridge: Cambridge University Press.
—— (ed.) (1965) *War and Peace in an Age of Upheaval 1793–1830*, New Cambridge Modern History vol. 9, Cambridge: Cambridge University Press.
Crewe, I. (1988) 'Has the electorate become Thatcherite?' in R. Skidelsky (ed.) *Thatcherism*, London: Chatto & Windus.
Crisell, A. (1997) *An Introductory History of British Broadcasting*, London: Routledge.
Critchley, R. (1974) *UK Advertising Statistics*, London: Advertising Association.
Crook, T. (1998) *International Radio Journalism*, London: Routledge.
Cross, B. (1993) *It's Not About a Salary*, London: Verso.
Croteau, D. and Hoynes, W. (1997), *Media/Society*, Thousand Oaks, Cal.: Pine Forge Press.
—— (2001) *The Business of Media*, Thousand Oaks, Cal: Pine Forge Press.
Curran, J. (1970) 'The impact of television on the audience for national newspapers 1945–68' in Tunstall, J. (ed.) *Media Sociology*, London: Constable.
—— (1976) 'The impact of advertising on the structure of the modern British press', *Royal Commission on the Press Research Paper*.
—— (1977) 'Mass communication as a social force in history' in *The Media: Contexts of Study* (DE 353-2), Milton Keynes: Open University Press.
—— (1978a) 'Advertising and the press' in Curran, J. (ed.) *The British Press: A Manifesto*, London: Macmillan.
—— (1978b) 'The press as an agency of social control: an historical perspective' in G. Boyce, J. Curran and P. Wingate (eds.) *Newspaper History*, London: Constable.
—— (1979a) 'Capitalism and control of the press, 1800–1975' in Curran, J., Gurevitch, M. and Woollacott, J. (eds) *Mass Communication and Society*, rev. edn, London: Edward Arnold.
—— (1979b) 'Press freedom as private property: the crisis of press legitimacy', *Media, Culture and Society*, 1.
—— (1980) 'Advertising as a patronage system' in H. Christian (ed.) *The Sociology of Journalism and the Press*, Sociological Review Monograph, no. 29, Keele: University of Keele.
—— (1986) 'The impact of advertising on the British mass media' in R. Collins,

J. Curran, N. Garnham, P. Scannell, P. Schlesinger and C. Sparks (eds) *Media, Culture and Society: A Critical Reader*, London: Sage.

Curran, J. (1987) 'The boomerang effect: the press and the battle for London, 1981–6' in J. Curran, A. Smith and P. Wingate (eds) *Impacts and Influences*, London: Methuen.

—— (1990a) 'The crisis of opposition: a reappraisal' in B. Pimlott, A. Wright and T. Fowler (eds) *The Alternative*, London: W.H. Allen.

—— (1990b) 'Culturalist perspectives of news organisations: a reappraisal and case study' in M. Ferguson (ed.) *Public Communication*, London: Sage.

—— (1995) *Policy for the Press*, London: Institute for Public Policy Research.

—— (1996) 'Media dialogue: a reply' in J. Curran, D. Morley and V. Walkerdine (eds) *Cultural Studies and Communications*, London: Edward Arnold.

—— (1998) 'Newspapers and the press' in A. Briggs and P. Cobley (eds) *The Media*, Harlow: Longman.

—— (2000a) 'Press reformism 1918–98: a study of failure' in H. Tumber (ed.) *Media Power, Professionals and Policies*, London: Routledge.

—— (2000b) 'Television journalism: theory and practice, the case of *Newsnight*' in P. Holland, *Television Handbook*, 2nd edn, London: Routledge.

—— (2001) 'Media regulation in the era of market liberalism' in G. Philo and D. Miller (eds) *Market Killing*, Harlow: Pearson Education.

Curran, J., Douglas, A. and Whannel, G. (1980) 'The political economy of the human-interest story' in A. Smith (ed.) *Newspapers and Democracy*, Cambridge, Mass: Massachusetts Institute of Technology.

Curran, J. and Gurevitch, M. (1977) 'The audience', *Mass Communication and Society* Block 3, Milton Keynes: Open University Press.

—— (1991) (eds) *Mass Media and Society*, 1st edn, London: Edward Arnold.

—— (2000) (eds) *Mass Media and Society*, 3rd edn, London: Edward Arnold.

Curran, J., Gurevitch, M. and Woollacott, J. (1977) (eds) *Mass Communication and Society*, London: Edward Arnold.

—— (1982) 'The study of the media' in M. Gurevitch, T. Bennett, J. Curran and J. Woollacott (eds) *Culture, Society and the Media*, London: Methuen.

Curran, J. and Leys, C. (2000) 'Media and the decline of liberal corporatism in Britain' in J. Curran and M.-J. Park (eds) *De-Westernizing Media Studies*, London: Routledge.

Curran, J. and Liebes, T. (1998) 'The intellectual legacy of Elihu Katz' in T. Liebes and J. Curran (eds) *Media, Ritual and Identity*, London: Routledge.

Curran, J., Morley, D. and Walkerdine, V. (1996) (eds) *Cultural Studies and Communications*, London: Edward Arnold.

Curran, J. and Park, M.-J. (2000) (eds) *De-Westernizing Media Studies*, London: Routledge.

Curran, J. and Seaton, J. (1981) *Power Without Responsibility*, 1st edn, London: Fontana.

—— (1997) *Power Without Responsibility: The Press and Broadcasting in Britain*, 5th edn, London: Routledge.

Curtis, L. (1984) *Ireland: The Propaganda War*, London: Pluto.

D'Acci, J. (1994) *Defining Women*, Chapel Hill: University of North Carolina.

Dahl, H.F. (1994) 'The pursuit of history', *Media, Culture and Society*, 16 (4).

Dahlgren, P. (1995) *Television and the Public Sphere*, London: Sage.

—— (2000) 'Media and power transitions in a small country: Sweden' in J. Curran and M.-J. Park (eds) *De-Westernizing Media Studies*, London: Routledge.
Davies, C.S.L. (1976) *Peace, Print and Protestantism, 1450–1558*, London: Hart-Davis, MacGibbon.
Davies, R.H.C. (1957) *A History of Medieval Europe*, London: Longman.
Davis, A. (2001) 'Public relations, news production and changing patterns of source access in the British national media', *Media, Culture and Society*, 22 (1).
—— (2002) *Public Relations Democracy*, Manchester: Manchester University Press.
Davis, J. (1986) 'British and American attitudes: similarities and contrasts' in R. Jowell, S. Witherspoon and L. Brook (eds) *British Social Attitudes: The 1986 Report*, Aldershot: Gower.
Dayan, D. (1998), 'Particularistic media and diasporic communication' in T. Liebes and J. Curran (eds) *Media, Ritual and Identity*, London: Routledge.
Dayan, D. and Katz, E. (1987) 'Performing media events' in J. Curran, A. Smith and P. Wingate (eds) *Impacts and Influences*, London: Methuen.
—— (1992) *Media Events*, Cambridge, Mass: Harvard University Press.
Deacon, D. and Golding, P. (1994) *Taxation and Representation*, London: John Libbey.
DeFleur, M. and Ball-Rokeach, S. (1989) *Theories of Mass Communication*, 5th edn, New York: Longman.
Desjardins, M. (1993) 'Free from the apron strings: representations of mothers in the maternal British state' in L. Friedman (ed.) *British Cinema and Thatcherism*, London: University College London Press.
Dickens, A.G. (1964) *The English Reformation*, London: Batsford.
Dijk, T.A. van (1991) *Racism and the Press*, London: Routledge.
Dimaggio, P. (1986) 'Cultural entrepreneurship in nineteenth century Boston: the creation of an organizational base for high culture in America' in R. Collins, J. Curran, N. Garnham, P. Scannell, P. Schlesinger and C. Sparks (eds), *Media, Culture and Society: A Critical Reader*, London: Sage.
Dodd, K. and Dodd, P. (1992) 'From the East End to *Eastenders*: representations of the working class, 1890–1990' in D. Strinati and S. Wagg (eds) *Come on Down?*, London: Routledge.
—— (1996) 'Engendering the nation: British documentary film, 1930–1939' in A. Higson (ed.) *Dissolving Views*, London: Cassell.
Dowmunt, T. (1993) *Channels of Resistance*, London: British Film Institute.
Downing, J. (1980) *The Media Machine*, London: Pluto.
—— (1996) *Internationalizing Media Theory*, London: Sage.
—— (2001) *Radical Media*, 2nd edn, London: Sage.
Drotner, K. (1989) 'Intensities of feeling: emotion, reception and gender in popular culture' in M. Skovmand (ed.), *Media Fictions*, Aarhus: University of Aarhus Press.
Dugaw, D. (1989) *Warrior Women and Popular Balladry, 1650–1850*, Cambridge: Cambridge University Press.
Dyer, R. (1990) *Now You See It*, London: Routledge.
Eco, Umberto (1972) 'Towards a semiotic enquiry into the TV message', *Working Paper in Cultural Studies* (3), Birmingham: Birmingham Centre for Contemporary Cultural Studies.
Eisenstein, E. (1968) 'Some conjectures about the impact of printing on western society and thought: a preliminary report', *Journal of Modern History*, xl.

Eisenstein, E. (1969) 'The advent of printing and the problem of the Renaissance', *Past and Present*, 45.
—— (1979) *The Printing Press as an Agent of Change*, 2 vols, Cambridge: Cambridge University Press.
Eldridge, J. (1995) (ed.) *Glasgow Media Group Reader*, vol. 1, London: Routledge.
Eley, G. (1992) 'Nations, publics, and political cultures: placing Habermas in the nineteenth century' in C. Calhoun (ed.) *Habermas and the Public Sphere*, Cambridge, Mass: MIT Press.
Elliott, P. (1977) 'Media organisations and occupations: an overview' in J. Curran, M. Gurevitch and J. Woollacott (eds) *Mass Communication and Society*, London: Edward Arnold.
—— (1980) 'Press performance as a political ritual' in H. Christian (ed.) *The Sociology of Journalism and the Press*, Sociological Review Monograph 29, Keele: University of Keele Press.
Elliott, T.S. (1948) *Notes Towards a Definition of Culture*, London: Faber & Faber.
Ellmann, R. (1988) *Oscar Wilde*, London: Penguin.
Elton, G.R. (1975) (ed.) *The Reformation 1520–59*, Cambridge: Cambridge University Press (first published 1958).
Emery, E. (1972) *The Press in America*, 3rd edn, Englewood Cliffs, NJ: Prentice-Hall.
Engel, M. (1996) *Tickle the Public*, London: Gollancz.
Ensor, R.C.K. (1936) *England 1817–1914*, Oxford: Clarendon Press.
Entman, R. (1989) *Democracy Without Citizens*, New York: Oxford University Press.
Epstein, E. (1973) *News from Nowhere*, New York: Random House.
—— (1975) *Between Fact and Fiction*, New York: Vintage.
Epstein, J.A. (1976) 'Feargus O'Connor and the Northern Star', *International Review of Social History*, 22 (1).
Ericson, R., Baranek, P. and Chan, J. (1987) *Visualizing Deviance*, Milton Keynes: Open University Press.
—— (1989) *Negotiating Control*, Milton Keynes: Open University Press.
Ericson, S. (1989) 'Theorizing popular fiction' in M. Skovmand (ed.) *Media Fictions*, Aarhus: Aarhus University Press.
Etzioni-Halevy, E. (1987) *National Broadcasting Under Siege*, London: Macmillan.
European Audiovisual Observatory (2001) *Statistical Yearbook: Film, Television, Video and New Media in Europe*, Strasbourg: Council of Europe.
Evans, H., 1983: *Good Times, Bad Times*, London: Weidenfeld & Nicolson.
Evans, J. (1948) *Art in Medieval France, 978-1498*, Oxford: Oxford University Press.
Ewen, S. (1996) *PR! A Social History of Spin*, New York: Basic Books.
Febvre, L. and Martin, H.J. (1976) *The Coming of the Book*, London: New Left Books.
Ferguson, M. (1983) *Forever Feminine*, London: Heinemann Educational Books.
Ferguson, R. (1998) *Representing 'Race'*, London: Edward Arnold.
Ferris, P. (1971) *The House of Northcliffe*, London, Weidenfeld & Nicolson.
Feuchtwanger, E. (1985) *Democracy and Empire 1865–1914*, London: Edward Arnold.
Fiske, J. (1987) *Television Culture*, London: Methuen.
—— (1989a) 'Moments of television: neither the text nor the audience' in E. Seiter, H. Borchers, G. Kreutzuer and E. M. Warth (eds) *Remote Control*, London: Routledge.

—— (1989b) *Reading the Popular*, Boston, Mass: Unwin Hyman.
—— (1989c) *Understanding Popular Culture*, Boston, Mass: Unwin Hyman.
—— (1991) 'Postmodernism and television' in J. Curran and M. Gurevitch (eds) *Mass Media and Society*, London: Edward Arnold.
Ford, T. and Gil, G. (2001) 'Radical internet use' in J. Downing (with T. Ford, G. Gil and L. Stern) *Radical Media*, 2nd edn, Thousand Oaks, Cal: Sage.
Fornas, J. (1989) 'Papers on pop and youth culture' *University of Stockholm Centre for Mass Communication Research Working Papers*, 1.
Fornas, J., Lindberg, U. and Sernhede, O. (1988) *Under Rocken*, Stockholm: Symposion.
Foster, J. (1974) *Class Struggle and the Industrial Revolution: Early Industrial Capitalism in Three English Towns*, London: Weidenfeld & Nicolson.
Foster, R. (1989) *Modern Ireland 1600–1972*, London: Penguin.
Foucault, M. (1978) *The History of Sexuality*, Harmondsworth: Penguin.
—— (1980) *Power/Knowledge*, Brighton: Harvester.
—— (1982) 'Afterword: the subject and power' in H. Dreyfus and P. Rabinow (eds) *Michel Foucault: Beyond Structuralism and Hermeneutics*, Chicago: University of Chicago Press.
Fox Bourne, H.R. (1887) *English Newspapers: Chapters in the History of the Press*, London: Chatto & Windus.
Fox, E. (1998) (ed.) *Media and Politics in Latin America*, London: Sage.
Frank, J. (1961) *The Beginnings of the English Newspaper 1620–1660*, Cambridge, Mass.: Harvard University Press.
Fraser, N. (1992) 'Rethinking the public sphere: a contribution to the critique of actually existing democracy' in C. Calhoun (ed.) *Habermas and the Public Sphere*, Cambridge, Mass.: Massachusetts Institute of Technology Press.
Frayn, M. (1998) *Copenhagen*, London: Methuen.
Freer, C. (1921) *The Inner Side of Advertising: A Practical Handbook for Advertisers*, London: Library Press.
Frith, S. (1996) 'Entertainment' in J. Curran and M. Gurevitch (eds) *Mass Media and Society*, 2nd edn, London: Edward Arnold.
—— (1998) *Performing Rites*, Oxford: Oxford University Press.
Frow, J. (1995) *Cultural Studies and Cultural Value*, Oxford: Oxford University Press.
Fyffe, G. (1985) 'Art and reproduction: some aspects of the relations between painters and engravers in London 1760–1850', *Media, Culture and Society*, 7 (4).
Gallaher, R. (1989), 'American television: fact and fantasy' in C. Veljanovski (ed.) *Freedom in Broadcasting*, London: Institute of Economic Affairs.
Gamble, A. (1988) *The Free Economy and Strong State*, London: Macmillan.
—— (1990) 'The Thatcher decade in perspective' in P. Dunleavy, A. Gamble and G. Peele (eds) *Developments in British Politics*, vol. 3, London: Macmillan.
Gandy. O. (1982) *Beyond Agenda Setting*, Norwood, NJ: Ablex.
Gans, H. (1974) *Popular Culture and High Culture*, New York: Basic Books.
—— (1980) *Deciding What's News*, London: Constable.
Garnham, N. (1986) 'The media and the public sphere' in P. Golding, G. Murdock and P. Schlesinger (eds) *Communicating Politics*, Leicester: Leicester University Press.
—— (1990) *Capitalism and Communication*, London: Sage.

Garnham, N. (2000) *Emancipation, the Media and Modernity*, Oxford: Oxford University Press.
Gash, N. (1979) *Aristocracy and People*, London: Arnold.
Gelder, K. and Thornton, S. (1996) *The Subcultures Reader*, London: Routledge.
Geraghty, C. (1991) *Women and Soap Opera*, Cambridge: Polity.
—— (1995) 'Social issues and realist soaps: a study of British soaps in the 1989s and 1990s' in R. Allen (ed.) *To Be Continued*, London: Routledge.
—— (1997) 'Women and sixties British cinema: the development of the "Darling" girl' in R. Murphy (ed.) *The British Cinema Book*, London: British Film Institute.
—— (2000) *British Cinema in the Fifties*, London: Routledge.
Gerbner, G., Gross, L., Morgan, M. and Signorielli, N. (1981) 'Final reply to Hirsch', *Communication Research*, 8 (3).
—— (1986) 'Living with television: the dynamics of the cultivation process' in J. Bryant and D. Zillmann (eds) *Perspectives on Media Effects*, Hillsdale, NJ: Lawrence Erlbaum.
—— (1994) 'Growing up with television: the cultivation perspective' in J. Bryant and D. Zillman (eds.) *Media Effects*, Hillsdale, NJ: Lawrence Erlbaum.
Germain, R. (1997) *The International Organisation of Credit*, Cambridge: Cambridge University Press.
Giddens, A. (1999a) 'Comment: the 1999 Reith lecture. New world without end', *Observer* (11 April).
—— (1999b) *Runaway World*, London: Profile Books.
Giles, F., 1986: *Sundry Times*, London: John Murray.
Gilroy, P., Grossberg, L. and McRobbie, A. (2000) (eds.) *Without Guarantees*, London: Verso.
Gitlin, T. (1980) *The Whole World is Watching*, Berkeley, Cal.: University of California.
—— (1986) (ed.) *Watching Television*, New York: Pantheon.
—— (1990) 'Bites and blips: chunk news, savvy talk and the bifurcation of American politics' in P. Dahlgren and C. Sparks (eds) *Communication and Citizenship*, London: Routledge.
—— (1991) 'The politics of communication and the communication of politics' in J. Curran and M. Gurevitch (eds) *Mass Media and Society*, London: Edward Arnold.
—— (1994) *Inside Prime Time*, rev. edn, London: Routledge.
—— (1998) 'Public sphere or spericules?' in T. Liebes and J. Curran (eds) *Media, Ritual and Identity*, London: Routledge.
Glasgow University Media Group (GUMG) (1976) *Bad News*, London: Routledge & Kegan Paul.
—— (1980) *More Bad News*, London: Routledge & Kegan Paul.
—— (1982) *Really Bad News*, London: Writers & Readers.
—— (1985) *War and Peace News*, Milton Keynes: Open University Press.
Glasgow, E. (1954) 'The establishment of the *Northern Star* newspaper', *History*, 39.
Goldberg, D., Prosser, T. and Verhulst, S. (1998) 'Regulating the changing media' in D. Goldberg, T. Prosser and S. Verhulst (eds) *Regulating the Changing Media*, Oxford: Clarendon Press.
Golding, P. (1981) 'The missing dimensions: news media and the management of social change' in E. Katz and T. Szescho (eds) *Mass Media and Social Change*, Beverly Hills. Cal.: Sage.

Golding, P. and Elliott, P. (1979) *Making the News*, London: Longman.
Golding, P. and Harris, P. (1998) (eds) *Beyond Cultural Imperialism*, London: Sage.
Golding, P. and Middleton, S. (1982) *Images of Welfare*, Oxford: Martin Robertson.
Golding, P. and Murdock, G. (2000) 'Culture, communications, and political economy' in J. Curran and M. Gurevitch (eds) *Mass Media and Society*, London: Edward Arnold.
Goldsmiths Media Group (2000) 'Media organisations in society: central issues' in J. Curran (ed.) *Media Organisations in Society*, London: Edward Arnold.
Goodwin, P. (1998) *Television under the Tories*, London: British Film Institute.
Gorham, D. (1982) *The Victorian Girl and the Feminine Ideal*, London: Croom Helm.
Gorz, A. (1983) *Farewell to the Working Class*, London: Pluto.
Graber, D. (1988) *Processing the News*, 2nd edn, White Plains, NY: Longman.
Graham, A. (1999) 'Broadcasting policy in the multimedia age' in A. Graham *et al.*, *Public Purposes in Broadcasting*, Luton: University of Luton Press.
—— (2001) 'Quality not profit', *openDemocracy*, 1: www.openDemocracy.net.
Graham, A. and Davies, G. (1997) *Broadcasting, Society and Policy in the Multimedia Age*, Luton: John Libbey.
Gramsci, A. (1971) *Selections from Prison Notebooks*, London: Lawrence & Wishart.
—— (1981) 'Gramsci' in T. Bennett, G. Martin, C. Mercer and J. Wollacott (eds) *Culture, Ideology and Social Process*, Milton Keynes: Open University Press.
—— (1985) *Selections from Cultural Writings*, London: Lawrence & Wishart.
Grant, J. (1871–2) *The Newspaper Press*, 3 vols, London: Tinsley Brothers.
Greenfield, J. and Reid, C. (1998) 'Women's magazines and the commercial orchestration of femininity in the 1930s: evidence from *Women's Own*', *Media History*, 4 (2).
Grodal, T. (1989) 'The postmodern melancholia of Miami Vice' in M. Skovmand (ed.) *Media Fictions*, Aarhus: Aarhus University Press.
Gross, L. (1989) 'Out of the mainstream: sexual minorities and the mass media' in E. Seiter, H. Barchers, G. Kreutzner and E.M. Warth (eds) *Remote Control*, London: Routledge.
—— (1998) 'Minorities, majorities and the media' in T. Liebes and J. Curran (eds) *Media, Ritual and Identity*, London: Routledge.
Grossberg, L., Wartella, E. and Whitney, D. (1998) *MediaMaking*, Thousand Oaks, Cal.: Sage.
Gurevitch, M. and Blumler, J. (1977) 'Linkages between the mass media and politics: a model for the analysis of political communications systems' in J. Curran, M. Gurevitch and J. Woollacott (eds) *Mass Communication and Society*, London: Edward Arnold.
Gurevitch, M., Bennett, T., Curran, J. and Woollacott, J. (1982) (eds) *Culture, Society and the Media*, London: Methuen.
Gustafsson, K. and Hulten, O. (1997) 'Sweden' in B. Ostergaard (ed.) *The Media in Western Europe: The Euromedia Handbook*, 2nd edn, London: Sage.
Guy, J. (1990) *Tudor England*, Oxford: Oxford University Press.
Habermas, J. (1986) *The Theory of Communicative Action*, vol. 1, Cambridge: Polity.
—— (1989) *The Structural Transformation of the Public Sphere*, Cambridge: Polity.

Habermas, J. (1992) 'Concluding remarks' in C. Calhoun (ed.) *Habermas and the Public Sphere*, Cambridge, Mass.: Massachusetts Institute of Technology Press.
—— (1992) 'Further reflections on the public sphere' in C. Calhoun (ed.) *Habermas and the Public Sphere*, Cambridge, Mass.: Massachusetts Institute of Technology Press.
—— (1996) *Between Facts and Norms*, Cambridge: Polity.
Hachten, W. (1989) 'Media development without press freedom: Lee Kuan Yew's Singapore', *Journalism Quarterly*, 66.
Haig, R.L (1968) *The Gazetteer 1735–97*, Carbondale, Ill.: South Illinois University Press.
Hall, C. (1992) *White, Male and Middle Class*, Cambridge: Polity.
Hall, S. (1973) 'Encoding and decoding the TV message', Birmingham Centre for Contemporary Cultural Studies Paper (mimeo).
—— (1974) 'Deviancy, politics and the media' in M. McIntosh and P. Rock (eds) *Deviance and Social Control*, London: Tavistock.
—— (1977) 'Culture, the media and the "ideological effect"' in J. Curran, M. Gurevitch and J. Woollacott (eds) *Mass Communication and Society*, London: Edward Arnold.
—— (1978) 'Newspapers, parties and classes' in J. Curran (ed.) *The British Press*, London: Macmillan.
—— (1979) 'Culture, the media and the "ideological effect"' in J. Curran, M. Gurevitch and T. Woollacott (eds) *Mass Communication and Society*, rev. edn, London: Edward Arnold.
—— (1982) 'The rediscovery of ideology: return of the repressed in media studies' in M. Gurevitch, T. Bennett, J. Curran and J. Woollacott (eds) *Culture, Society and the Media*, London: Methuen.
—— (1983) 'The great moving right show' in S. Hall and M. Jacques (eds) *The Politics of Thatcherism*, London: Lawrence & Wishart.
—— (1984) 'The crisis of Labourism' in J. Curran (ed.) *The Future of the Left*, Cambridge: Polity.
—— (1985) 'Signification, representation, ideology: Althusser and the post-structuralist debates', *Critical Studies in Mass Communication*, 2.
—— (1986a) 'Media power and class power' in J. Curran, J. Ecclestone, G. Oakley and R. Richardson (eds) *Bending Reality*, London: Pluto.
—— (1986b) 'Cultural studies: two paradigms' in R. Collins, J. Curran, N. Garnham, P. Scannell, P. Schlesinger and C. Sparks (eds), *Media, Culture and Society: A Critical Reader*, London: Sage.
—— (1986c) 'Popular culture and the state' in T. Bennett, C. Mercer and J. Woollacott (eds) *Popular Culture and Social Relations*, Milton Keynes: Open University Press
—— (1988a) 'Brave New World', *Marxism Today*, October.
—— (1988b) *The Hard Road to Renewal*, London: Verso.
—— (1997) 'The local and the global' in A. King (ed.) *Culture, Globalization and the World System*, London: Macmillan.
Hall, S. and Whannel, P. (1964) *The Popular Arts*, London: Hutchinson Educational.
Hall, S., Connell, I. and Curti, L. (1976) 'The "unity" of current affairs television', *Working Papers in Cultural Studies*, 9.

Hall, S., Critchner, C., Jefferson, T., Clarke, J., and Roberts, B. (1978) *Policing the Crisis*, London: Macmillan.
Hall, S. and Jacques, M. (1989) (eds) *New Times*, London: Lawrence & Wishart.
Hall, S. and Jefferson, T. (1976) (eds) *Resistance Through Rituals*, London: Hutchinson.
Hall, S. and Schwarz, B. (1985) 'State and society, 1880–1930' in M. Langan and B. Schwarz (eds) *Crises in the British State*, London: Hutchinson.
Hall, S. and Whannel, P. (1964) *The Popular Arts*, London: Hutchinson Educational.
Hallin, D. (1989) *The 'Uncensored War'*, Berkeley and Los Angeles, Cal.: University of California Press.
—— (1994) *We Keep America on Top of the World*, London: Routledge.
—— (1996) 'Commercialism and professionalism in the American news media' in J. Curran and M. Gurevitch (eds) *Mass Media and Society*, 1st edn, London: Edward Arnold.
—— (1998) 'Broadcasting in the third world: From national development to civil society' in T. Liebes and J. Curran (eds) *Media, Ritual and Identity*, London, Routledge.
—— (2000) 'Media, political power, and democratization in Mexico' in J. Curran and M-Y. Park (eds) *De-Westernizing Media Studies*, London: Routledge.
Hallin, D., and Mancini, P. (1984) 'Speaking of the president: political structure and representational form in US and Italian television news', *Theory and Society*, 13.
Halloran, J. (1977) 'Mass media effects: a sociological approach', *Mass Communication and Society* Block 3, Milton Keynes: Open University Press.
Halloran, J., Elliott, P. and Murdock, G. (1970) (eds) *Demonstration and Communication*, Harmondsworth: Penguin.
Hamilton, Sir D. (1976) *Who Is to Own the British Press?*, London: Birkbeck College.
Hansen, A. (1991) 'The Media and the social construction of the environment', *Media, Culture and Society*, 13 (4).
Hanson, L. (1936) *Government and the Press, 1695–1763*, Cambridge: Cambridge University Press.
Harper, S. (1996) 'From *Holiday Camp* to high camp: women in British feature films, 1945–1951' in A. Higson (ed.) *Dissolving Voices*, London: Cassell.
Harris, B. (1993) *A Patriot Press*, Oxford: Clarendon Press.
—— (1996) *Politics and the Rise of the Press*, London: Routledge.
Harris, M. (1974) *London Newspaper Press 1700–1750*, unpublished PhD thesis, University of London.
—— (1987) *London Newspapers in the Age of Walpole*, London: Associated University Presses.
Harris, R. (1989) *A Cognitive Psychology of Mass Communication*, Hillsdale, NJ: Lawrence Erlbaum.
Harrison, B. (1982) 'Press and pressure group in modern Britain' in J. Shattock and M. Wolff (eds) *The Victorian Periodical*, Leicester: Leicester University Press.
Harrison, M. (1985) *TV News: Whose Bias?*, London: Policy Journals.
Harrison, S. (1974) *Poor Men's Guardians: Record of the Struggles for a Democratic Newspaper Press 1763–1970*, London: Lawrence & Wishart.
Harrop, M. (1987) 'Voters' in J. Seaton and B. Pimlott (eds) *The Media in British Politics*, Aldershot: Avebury.

Hartmann, P. (1976) 'Industrial relations in the news media', *Industrial Relations Journal*, 6 (4).
—— (1979) 'News and public perceptions of industrial relations', *Media, Culture and Society*, 1 (3).
Hartmann, P. and Husband, C. (1974) *Racism and the Mass Media*, London: DavisPoynter.
Hastorf, A. and Cantril, H. (1954) 'They saw a game: a case study', *Journal of Abnormal and Social Psychology*, 49.
Heath, A., Jowell, R. and Curtice, J. (1987) 'Trendless fluctuation: a reply to Crewe', *Political Studies*, 35.
Heath, P. (1969) *English Parish Clergy on the Eve of the Reformation*, London: Routledge & Kegan Paul.
Heath, S. (1976) 'Narrative space', *Screen*, 17 (3).
—— (1977) 'Notes on suture', *Screen*, 18 (4).
Heath, S. and Skirrow, G. (1977) 'Television: a world in action', *Screen*, 18 (2).
Hebdige, D. (1979) *Subculture*, London: Routledge.
—— (1988) *Hiding in the Light*, London: Routledge.
—— (1981) 'Skinheads and the search for white working class identity', *New Socialist*, 1 (1).
Held, D. (1996) *Models of Democracy*, 2nd edn, Cambridge: Polity.
Held, D. and McGrew, A, Goldblatt, D. and Perraton, J. (1999) *Global Transformations*, Cambridge: Polity.
Helleiner, E. (1994) *States and the Re-emergence of Global Finance*, Ithaca, NY: Cornell University Press.
Herd, Harold (1952) *The March of Journalism*, London: George Allen & Unwin.
Herman, E. (1998) 'The propaganda model revisited' in R. McChesney, E. Wood and J. Foster (eds) *Capitalism and the Information Age*, New York: Monthly Review Press.
—— (1999) *The Myth of Liberal Media*, New York: Lang.
Herman, E. and Chomsky, N. (1988) *Manufacturing Consent*, New York: Pantheon.
Herman, E. and McChesney, R. (1997) *The Global Media*, London: Cassell.
Herzog, H. (1944) 'What do we really know about daytime serial listeners?' in P. Lazarsfeld and F. Stanton (eds) *Radio Research 1942–1943*, New York: Duell, Sloan & Pearce.
Hesmondhaulgh, D. (1997) 'Post-punk's attempt to democratise the music industry: the success and failure of Rough Trade', *Popular Music*, 16 (3).
Hess, S. (1984) *The Government/Press Connection*, Washington, DC: Brookings Institution.
Hetherington, A. (1985) *News, Newspapers and Television*, London: Macmillan.
Hewison, R. (1997) *Culture and Consensus*, rev. edn, London: Methuen.
Hickethier, K. (1996) 'The media in Germany' in T. Weymouth and B. Lamizet (eds) *Markets and Myths*, London: Longman.
Higson, A. (1997) *Waving the Flag*, Oxford: Clarendon Press.
Hill, C. (1974) *The Century of Revolution, 1603–1714*, London: Sphere Books (originally published 1961).
Hill, J. (1986) *Sex, Class and Realism*, London: British Film Institute.
—— (1997) 'British cinema as national cinema: production, audience and representation' in R. Murphy (ed.) *The British Cinema Book*, London: British Film Institute.

Hind, J. and Mosco, S. (1985) *Rebel Radio*, London: Pluto.
Hindle, W. (1937) *The Morning Post, 1772–1937*, London: G. Routledge and Sons.
Hirsch, F. and Gordon, D. (1975) *Newspaper Money: Fleet Street and the Search for the Affluent Reader*, London: Hutchinson.
Hirsch, M. and Petersen, V. (1992) 'Regulation of media at the European level' in K. Siune and W. Truetzschler (eds) *Dynamics of Media Politics*, London: Sage.
Hirsch, P. (1972) 'Processing fads and fashions', *American Journal of Sociology*, 77.
—— (1980) 'The "scary world" of the non-viewer and other anomalies: a reanalysis of Gerbner *et al.*'s findings on cultivation analysis, part 1', *Communication Research*, 7.
—— (1981a) 'On not learning from one's own mistakes: a reanalysis of Gerbner *et al.*'s findings on cultivation analysis, part 2', *Communication Research*, 8.
—— (1981b) 'Distinguishing good speculation from bad theory: rejoinder to Gerbner *et al.*', *Communication Research*, 8.
Hirst, P. and Thompson, G. (1996) *Globalisation in Question*, Cambridge: Polity.
HMSO (1981) *Broadcasting Act*, London: HMSO
—— (1990) *Broadcasting Act*, London: HMSO.
—— (1995) *Media Ownership*, London: HMSO.
—— (1998) *Regulating Communications*, London: HMSO.
—— (2000) *A New Future for Communications*, London: HMSO.
Hobsbawm, E. (1975) *The Age of Capital*, London: Weidenfeld & Nicolson.
—— (1981) 'The forward march of labour halted?' in M. Jacques and F. Mulhern (eds) *The Forward March of Labour Halted?*, London: Verso.
—— (1989) *The Age of Empire*, London: Sphere.
—— (1994) *Age of Extremes*, London: Michael Joseph.
Hobson, D. (1982) *Crossroads*, London: Methuen.
Hollingsworth, M. (1986) *The Press and Political Dissent*, London: Pluto Press.
Hollis, P. (1970) *The Pauper Press: A Study in Working-Class Radicalism of the 1830s*, Oxford: Oxford University Press.
Holmes, S. (1990) 'Liberal constraints on private power?: Reflections on the origins and rationale of access regulation' in J. Lichtenberg (ed.) *Mass Media and Democracy*, New York: Cambridge University Press.
Holton, R.J. (1974) '*Daily Herald* v. *Daily Citizen* 1912–15', *International Review of Social History*, xix.
Holub, R. (1992) *Antonio Gramsci: Beyond Marxism and Postmodernism*, New York: Routledge.
Hood, S. (1980) *On Television*, London: Pluto.
Horwitz, R. (1991) 'The First Amendment meets some new technologies: broadcasting, common carriers, and free speech in the 1990s', *Theory and Society*, 20 (1).
Hoskins, C., McFadyen, S. and Finn, A. (1997) *Global Television and Film*, Oxford: Clarendon Press.
House of Commons (1988) *The Future of Broadcasting*, House of Commons Home Affairs Committee, London: HMSO.
House of Commons Accounts and Papers (1831–2), xxiv; (1840), xxix; (1842), xxvi, London: Hansard.
Hovland, C., Janis, I. and Kelley, H. (1953) *Communication and Persuasion*, New Haven, Conn.: Yale University Press.
Hoynes, W. (1994) *Public Television for Sale*, Boulder, Col.: Westview.
Høst, S. (1990) 'The Norwegian newspaper system: structure and development' in

H. Ronning and K. Lundby (eds) *Media and Communication*, Oslo: Norwegian University Press.

Høyer, S., Hadenius, S. and Weibull, L. (1975) *The Politics and Economics of the Press: A Developmental Perspective*, Beverly Hills, Cal.: Sage.

Hufton, O. (1995), *The Prospect Before Her: A History of Women in Western Europe*, vol. 1, London: HarperCollins.

Hujanen, T. (2000) 'Programming and channel competition in European television' in J. Wieten, G. Murdock and P. Dahlgren (eds) *Television Across Europe*, London: Sage.

Humphreys, P. (1994) *Media and Media Policy in Germany*, Oxford: Berg.

—— (1996) *Mass Media and Media Policy in Western Europe*, Manchester: Manchester University Press.

Hunt, F.K. (1850) *The Fourth Estate: Contributions towards a History of Newspapers and of the Liberty of the Press*, London: David Bogue.

Hunter, N. (1925) *Advertising Through the Press: A Guide to Press Publicity*, London: Pitman.

Hutton, W. (1997) *The State to Come*, London: Vintage.

Hyman, H. and Sheatsley, P. (1947) 'Some reasons why information campaigns fail', *Public Opinion Quarterly*, 9.

Incorporated Society of British Advertisers (ISBA) (1936) *The Readership of Newspapers and Periodicals*, London: ISBA.

Inglis, F. (1990) *Media Theory*, Oxford: Blackwell.

—— (1995), *Raymond Williams*, London: Routledge.

Innis, H. (1950) *Empire and Communication*, Oxford: Clarendon Press.

—— (1951) *The Bias of Communication*, Toronto: Toronto University Press.

Institute of Incorporated Practioners in Advertising (IIPA) (1939) *Survey of Press Readership*, London: IIPA.

Inwood, S. (1971) 'The press in the First World War, 1914–16', unpublished PhD thesis, University of Oxford.

Isaacs, J. (1989) *Storm over 4*, London: Weidenfeld & Nicolson.

Iyengar, S. (1991) *Is Anyone Responsible? How Television Frames Political Issues*, Chicago: University of Chicago Press.

Iyengar, S. and Kinder, D. (1987) *News That Matters: Television and Public Opinion*, Chicago: University of Chicago Press.

Iyengar, S. and Reeves, R. (1997) (eds) *Do the Media Govern?*, London: Sage.

Jenkins, P. (1996) *Accountable to None*, Harmondsworth: Penguin.

Jessop, B., Bonnett, K., Bromley, S. and Ling, T. (1988) *Thatcherism*, Cambridge: Polity.

Jhally, S. and Lewis, J. (1992) *Enlightened Racism*, Boulder, Col.: Westview.

Johnston, C. (1998) 'Dorothy Arzner: critical strategies' in C. Penley (ed.) *Feminism and Film Theory*, New York: Routledge.

Joint Industry Committee for National Readership Surveys (JICNARS) (1979) *National Readership Survey*, London Institute of Practitioners: Advertising.

Jones, A. (1988) 'The new journalism in Wales' in J. Wiener (ed.) *Papers for the Millions*, New York: Greenwood Press.

—— (1990) 'Local journalism in Victorian political culture' in L. Brake, A. Jones and L. Madden (eds) *Investigating Victorian Journalism*, Basingstoke: Macmillan.

—— (1996) *Powers of the Press*, Aldershot: Scolar Press.

Jordan, M. (1983) 'Carry on ... follow that sterotype' in J. Curran and V. Porter (eds) *British Cinema History*, London: Weidenfeld & Nicolson.

Jowell, R. and Airey, C. (1984) (eds) *British Social Attitudes: The 1984 Report*, Aldershot: Gower.

Jowell, R., Witherspoon, S. and Brook, L. (1987) (eds) *British Social Attitudes: The 1987 Report*, Aldershot: Gower.

Kaldor, N. and Silverman, R. (1948) *A Statistical Analysis of Advertising Expenditure and of the Revenue of the Press*, Cambridge: Cambridge University Press.

Kaniss, P. (1991) *Making the News*, Chicago: Chicago University Press.

Kantorowicz, E.H. (1957) *The King's Two Bodies: A Study in Medieval Political Theology*, Princeton, NJ: Princeton University Press.

Katz, E. (1996) 'And deliver us from segmentation', *Annals of the American Academy of Political and Social Science*, 546.

Katz, E. and Lazarsfeld, P. (1955) *Personal Influence*, New York: Free Press.

Kavanagh, D. (1987) *Thatcherism and British Politics*, Oxford: Oxford University Press.

Kavoori, A. and Gurevitch, M. (1993) 'The purebread and the platypus: disciplinarity and site in mass communication research', *Journal of Communications*, 43 (4).

Keane, J. (1991) *The Media and Democracy*, Cambridge: Polity.

—— (1996) 'Structural transformation of the public sphere' in M. Andersen (ed.) *Media and Democracy*, Oslo: University of Oslo Press.

Kelley, D. and Donway, R. (1990) 'Liberalism and free speech' in J. Lichtenberg (ed.) *Mass Media and Democracy*, New York: Cambridge University Press.

Kellner, D. (1990) *Television and the Crisis of Democracy*, Boulder, Col.: Westview.

Kelly, T. (1977) *A History of Public Libraries in Great Britain 1845–1975*, 2nd edn, London: Library Association.

Kember, S. (1996) 'Feminism, technology and representation' in J. Curran, D. Morley and V. Walkerdine (eds) *Cultural Studies and Communications*, London: Edward Arnold.

Kendall, P. and Wolff, K. (1949) 'The analysis of deviant case studies in communications research' in P. Lazarsfeld and F. Stanton (eds.) *Communications Research, 1948–1949*, New York: Harper.

Kent, S.K. (1999) *Gender and Power in Britain, 1640–1990*, London: Routledge.

King, A. (1997) (ed.) *Culture, Globalisation and the World System*, London: Macmillan.

King, C. (1967) *The Future of the Press*, London: MacGibbon & Kee.

—— (1972) *Diary, 1965–7*, London: Jonathan Cape.

King, J. (1996) 'Crossing thresholds: the contemporary British woman's film' in A. Higson (ed.) *Dissolving Views*, London: Cassell.

Kippax, S. (1988) 'Women as audience: the experience of unwaged women of the performing arts', *Media, Culture and Society*, 10 (1).

Kitzinger, J. (1993) 'Understanding AIDS: researching audience perceptions of acquired immune deficency syndrome' in J. Eldridge (ed.) *Getting the Message*, London: Routledge.

Klapper, J. (1960) *The Effects of Mass Communication*, New York: Free Press.

Klein, L. (1995) 'Politeness for the plebs: consumption and social identity in early eighteenth-century England' in A. Bermingham and J. Brewer (eds) *The Consumption of Culture 1600–1800*, London: Routledge.

Kleinsteuber, H. and Wilke, P. (1992) 'Germany' in B. Ostergaard (ed.) *The Media in Western Europe: The Euromedia Handbook*, 1st edn, London: Sage.

Kleinwachter, W. (1998) 'Germany' in D. Goldberg, T. Prosser and S. Verhulst (eds) *Regulating the Changing Media*, Oxford: Clarendon Press.

Knightley, P. (1975) *The First Casualty: The War Correspondent as Hero, Propagandist and Myth Maker from the Crimea to Vietnam*, London: Andre Deutsch.

Kobolt, C., Hogg, S. and Robinson, B. (1999) 'The implications for funding broadcasting output' in A. Graham *et al.*, *Public Purposes in Broadcasting*, Luton: University of Luton Press.

Kosicki, G. and McLeod, J. (1990) 'Learning from political news: effects of media images and information processing strategies' in S. Kraus (ed.) *Mass Communication and Political Information*, Hillsdale, NJ: Lawrence Erlbaum.

Koss, S. (1981/1984) *The Rise and Fall of the Political Press in Britain*, 2 vols, London: Hamish Hamilton.

Kuhn, A. (1988) *Cinema, Censorship and Sexuality*, London: Routledge.

Kuhn, R. (1995) *The Media in France*, London, Routledge.

Kumar, K. (1975) 'Holding the middle ground: the BBC, the public and the professional broadcaster', *Sociology*, 9 (3).

Kuo, E., Holaday, D. and Peck, E. (1993) *Mirror on the Wall*, Singapore: Asian Mass Communication Research and Information Centre.

Laing, S. (1986) *Representations of Working Class Life 1957–1964*, Basingstoke: Macmillan.

Laistner, M.L.W. (1957) *Thought and Letters in Western Europe, 500–900*, London, Methuen.

Lambert, S. (1982) *Channel Four*, London: British Film Institute.

Landy, M. (1991) *British Genres: Cinema and Society, 1930–1960*, Princeton, NJ: Princeton University Press.

Lang, G. and Lang, K. (1983) *The Battle for Public Opinion*, New York: Columbia University Press.

Lansbury, George (1925) *The Miracle of Fleet Street*, London: Victoria House.

Lasswell, H. (1971) 'The structure and function of communication in society' in W. Schramm and D. Roberts (eds) *The Processes and Effects of Mass Communication*, rev. edn, Urbana, Ill.: University of Illinois Press.

Lazarsfeld, P., Berelson, B. and Gaudet, H. (1944) *The People's Choice*, New York: Columbia University Press.

Leapman, M. (1983) *Barefaced Cheek*, London: Hodder & Stoughton.

Lee, A. (1974) 'The radical press' in Morris, A.J. (ed.) *Edwardian Radicalism 1900–14*, London: Routledge & Kegan Paul.

Lee, A.J. (1976) *The Origins of the Popular Press in England 1855–1914*, London: Croom Helm.

Lee, C.-C. (2000) 'State, capital and media: the case of Taiwan' in J. Curran and M.-J. Park (eds) *De-Westernizing Media Studies*, London: Edward Arnold.

Lee, C.-C., Chan, J., Pan, Z. and So, C. (2000) 'National prisms of a global media event' in J. Curran and M. Gurevitch (eds) *Mass Media and Society*, 3rd edn, London: Edward Arnold.

Leff, G. (1958) *Medieval Thought*, Harmondsworth, Penguin.

LeMahieu, D.L. (1988) *A Culture for Democracy: Mass Communication and the Cultivated Mind in Britain between the Wars*, Oxford: Clarendon Press.

Lerner, D. (1963) 'Toward a communication theory of modernization' in L. Pye (ed.) *Communications and Political Development*, Princeton, NJ: Princeton University Press.

Levine, J. and Murphy, G. (1943) 'The learning and forgetting of controversial material', *Journal of Abnormal and Social Psychology*, 38.

Levy, D. (1999) *Europe's Digital Revolution*, London: Routledge.

Lewis, P. and Booth, J. (1989) *The Invisible Medium*, London: Macmillan.

Leys, C. (2001) *Market-Driven Politics*, London: Verso.

Liebes, T., (1998) 'Television's disaster marathons: a danger for democratic processes?' in T. Liebes and J. Curran (eds) *Media, Ritual and Identity*, London: Routledge.

Liebes, T. and Curran, J. (1998) *Media, Ritual and Identity*, London: Routledge.

Liebes, T. and Katz, E. (1990) *The Export of Meaning*, New York: Oxford University Press.

Light, A. (1991) *Forever England*, London: Routledge.

Livingstone, S. (1997) 'The work of Elihu Katz: conceptualising media effects in context' in J. Corner, P. Schlesinger and R. Silverstone (eds) *The International Handbook of Media Research*, London: Routledge.

Livingstone, S. and Lunt, P. (1994) *Talk on Television*, London: Routledge.

London Press Exchange (LPE) (1934) *A Survey of Reader Interest*, London: LPE.

Lowenthal, L. (1961) *Literature, Popular Culture and Society*, Englewood Cliffs, NJ: Prentice-Hall.

Lowery, S. and DeFleur, M. (1983) *Milestones in Mass Communication Research*, New York: Longman.

Lucas, R. (1910) *Lord Glenesk and the Morning Post*, London: Alston Rivers.

Lull, J. (1995) *Media, Communication, Culture*, Cambridge: Cambridge University Press.

Lyotard, J.-F. (1984) *Postmodern Condition*, Manchester: Manchester University Press.

Ma, E. (2000) 'Rethinking media studies: The case of China' in J. Curran and M.-J. Park (eds) *De-Westernizing Media Studies*, London: Routledge.

McAleer, J. (1992) *Popular Reading and Publishing in Britain 1914–1950*, Oxford: Clarendon Press.

McChesney, R. (1997) *Corporate Media and the Threat to Democracy*, New York: Seven Stories Press.

—— (1998) 'Media convergence and globalisation' in D. Thussu (ed.) *Electronic Empires*, London: Edward Arnold.

—— (1998) 'The political economy of global communication' in R. McChesney, E. Wood and J. Foster (eds) *Capitalism and the Information Age*, New York: Monthly Review Press.

—— (1999) *Rich Media, Poor Democracy*, Urbana: University of Illinois Press.

McClelland, D. (1961) *The Achieving Society*, Princeton, NJ: Van Nostrand.

McCombs, M. (1994) 'News influence on our pictures of the world' in J. Bryant and D. Zillman (eds) *Media Effects*, Hillsdale, NJ: Lawrence Erlbaum.

Macdonald, D. (1957), 'A theory of popular culture' in B. Rosenberg and D. White (eds) *Mass Culture: The Popular Arts in America*, New York: Free Press.

McDowell, W. (1992) *The History of BBC Broadcasting in Scotland 1923–1983*, Edinburgh: Edinburgh University Press.

McGuigan, J. (1992) *Cultural Populism*, London: Routledge.

McGuigan, J. (1996) *Culture and the Public Sphere*, London: Routledge.
McKendrick, N. (1983a) 'Commercialization and the economy' in N. McKendrick, J. Brewer and J.H. Plumb, *The Birth of a Consumer Society*, London: Hutchinson.
—— (1983b) 'Introduction. The birth of a consumer society: the commercialization of eighteenth-century England' in N. McKendrick, J. Brewer and J.H. Plumb, *The Birth of a Consumer Society*, London: Hutchinson.
McKendrick, N., Brewer, J. and Plumb, J.H. (1983) *The Birth of a Consumer Society*, London: Hutchinson.
Mackenzie, J. (1984) *Propaganda and Empire*, Manchester: Manchester University Press.
McKibbin, R. (1998) *Classes and Cultures*, Oxford: Oxford University Press.
McKnight, G. (1997) (ed.) *Agent of Challenge and Defiance*, Trowbridge: Flick Books.
McLachlan, S. (1998) 'Who's afraid of the news bunny?: the changing face of the television evening news broadcast', Department of the Social Sciences, Loughborough University.
McLeod, J. (1988) 'The mass media and citizenship', Stevenson Lecture. Department of Politics, University of Glasgow: mimeo.
McLeod, J., Becker, L. and Byrnes, I. (1974) 'Another look at the agenda-setting function of the press', *Communication Research*, 1.
McLeod, J. and McDonald, D. (1985) 'Beyond simple exposure: media orientations and their impact on political process', *Communication Research*, 12.
McLuhan, M. (1962) *The Gutenberg Galaxy*, Toronto: Toronto University Press.
—— (1964) *Understanding Media*, London: Routledge & Kegan Paul.
McLuhan, M. and Fiore, Q. (1967) *The Medium Is the Message*, Harmondsworth: Penguin.
McManus, J. (1994) *Market-Driven Journalism*, London: Sage.
McNair, B. (1988) *Images of the Enemy*, London: Routledge.
—— (1995) *An Introduction to Political Communication*, London: Routledge.
—— (2000) 'Power, profit, corruption and lies: the Russian media in the 1990s' in J. Curran and M-J. Park (eds) *De-Westernizing Media Studies*, London: Routledge.
McQuail, D. (1969) *Towards a Sociology of Mass Communication*, London: Collier-Macmillan.
—— (1977a) 'Industrial relations content in national daily newspapers 1975' in *Analysis of Newspaper Content*, Royal Commission on the Press Research Series 4, London: HMSO.
—— (1977b) 'The influence and effects of the mass media' in J. Curran, M. Gurevitch and J. Woollacott (eds) *Mass Communication and Society*, London: Edward Arnold.
—— (1983) *Mass Communication Theory*, 1st edn, London: Sage.
—— (1987) *Mass Communication Theory*, 2nd edn, London: Sage.
—— (1992a) *Media Performance*, London: Sage.
—— (1992b) 'The Netherlands: safeguarding freedom and diversity under multi-channel conditions' in J. Blumler (ed.) *Television and the Public Interest*, London: Sage.
—— (1994) *Mass Communication Theory*, 3rd edn, London: Sage.
—— (2000) *McQuail's Mass Communication Theory*, London: Sage.
McQuail and Siune, K. (1998) (eds) *Media Policy*, London: Sage.
McQuail and Windahl, S. (1981) *Communication Models*, New York: Longman.

McQuail, D., Blumler, J.G. and Brown, J.R. (1972) 'The television audience: a revised perspective' in D. McQuail (ed.) *Sociology of Mass Communications*, Harmondsworth: Penguin.

McRobbie, A. (1981) 'Settling accounts with subculture: a feminist critique' in T. Bennett, G. Martin, C. Mercer and J. Woollacott (eds) *Culture, Ideology and Social Process*, Milton Keynes: Open University Press.

—— (1982) 'Jackie: an ideology of adolescent feminity' in B. Waites, T. Bennett and G. Martin (eds) *Popular Culture*, London: Croom Helm.

—— (1992) 'Postmarxism and cultural studies: a post-script' in L. Grossberg, C. Nelson and P. Treichler (eds) *Cultural Studies*, New York: Routledge.

—— (1994) *Postmodernism and Popular Culture*, London: Routledge.

—— (1996) 'More!: new sexualities in girls' and women's magazines' in J. Curran, D. Morley and V. Walkerdine (eds.) *Cultural Studies and Communications*, London: Edward Arnold.

Mahnkopf, B. (1999) 'Between the devil and the deep blue sea: the German model under pressure of globalisation' in L. Panitch and C. Leys (eds) *Global Capitalism Versus Democracy*, Rendlesham: Merlin.

Maisel, R. (1973) 'The decline of mass media', *Public Opinion Quarterly*, 37.

Manca, L. (1989) 'Journalism, advocacy and a communication model for democracy' in M. Raboy and P. Bruck (eds) *Communication For and Against Democracy*, Montreal: Black Rose Books.

Manning, P. (2001) *News and News Sources*, London: Sage.

Marcuse, H. (1972) *One Dimensional Man*, London: Sphere.

Marsden, C. (2000) (ed.) *Regulating the Global Information Society*, London: Routledge.

Marshall, G., Rose, D., Newby, H. and Vogler, C. (1989) *Social Class in Modern Britain*, London: Unwin Hyman.

Martin-Barbero, J. (1993) *Communication, Culture and Hegemony*, London: Sage.

Martindale, C. (1986) *The White Press and Black America*, New York: Greenwood.

Mathews, T.D. (1994) *Censored*, London: Chatto & Windus.

Meiklejohn, A. (1983) 'The rulers and the ruled' in H. Bosmajian (ed.) *The Principles and Practice of Freedom of Speech*, Lanham, Md: University Press of America.

Meyer, Timothy P. (1976) 'The impact of "All in the Family" on children', *Journal of Broadcasting* (winter issue).

Meyrowitz, J. (1985) *No Sense of Place*, New York: Oxford University Press.

Milbury, O. (2001) 'Culture and the evening news', unpublished MA thesis, Goldsmiths College, University of London.

Miliband, R. (1973) *The State in Capitalist Society*, London: Quartet.

Miller, D. (1993) 'Official sources and "primary definition": the case of Northern Ireland', *Media, Culture and Society*, 15 (3).

—— (1994) 'The struggle over and impact of media portrayals of Northern Ireland', PhD thesis, University of Glasgow.

—— (1994) *Don't Mention the War*, London: Pluto.

Miller, D. and Dinan, W. (2000) 'The rise of the PR industry in Britain, 1979–98', *European Journal of Communications*, 15 (1).

Miller, D., Kitzinger, J. Williams, K. and Beharrell, P. (1998) *The Circuit of Mass Communication*, London: Sage.

Miller, D. and McLaughlin, G. (1996) 'Reporting the peace in Northern Ireland' in

原著掲載の参考文献リスト、および新章用追加文献 425

B. Rolston and D. Miller (eds) *War and Words*, Belfast: Beyond the Pale Publications.
Miller, W. (1991) *Media and Voters*, Oxford: Clarendon Press.
Millington, B. (1993) 'Boys from the Blackstuff' in G.W. Brandt (ed.) *British Television Drama in the 1980s*, Cambridge: Cambridge University Press.
Millum, T. (1975) *Images of Women*, London: Chatto & Windus.
Mitchell's Newspaper Press Directory, annual series, London: Mitchell.
Modleski, T. (1982) *Loving With a Vengeance*, Hamden, Conn.: Arch Books.
Mohammadi, A. (1997) (ed.) *International Communication and Globalization*, London: Sage.
Moores, S. (1988) '"The box on the dresser": memories of early radio and everyday life', *Media, Culture and Society*, 15 (4).
—— (1993) *Interpreting Audiences*, London: Sage.
Morgan, K.O. (1999) *The People's Peace*, 2nd edn, Oxford: Oxford University Press.
Morgan, M. (1982) 'Television and adolescents' sex-role stereotypes: a longitudinal study', *Journal of Personality and Social Psychology*, 43.
Morley, D. (1976) 'Industrial conflict and the mass media', *Sociological Review*, 24 (2).
—— (1980) *The 'Nationwide' audience*, London: British Film Institute.
—— (1981) 'Industrial conflict and the mass media', reprinted in S. Cohen and J. Young (eds) *Manufacture of News*, 2nd edn, London: Constable.
—— (1986) *Family Television*, London: Comedia.
—— (1989) 'Changing paradigms in audience studies' in E. Seiter, H. Borchers, G. Kreutseur and E.M. Warth (eds) *Remote Control*, London: Routledge.
—— (1991) 'Industrial conflict and the mass media' in S. Cohen and J. Young (eds) *Manufacture of News*, 2nd edn, London: Constable.
—— (1992a) 'Populism, revisionism and the 'new' audience research', *Poetics*, 21 (4).
—— (1992b) *Television, Audiences and Cultural Studies*, London: Routledge.
—— (1993) 'Active audience theory: pendulums and pitfalls', *Journal of Communication*, 43 (4).
—— (1996) 'Media dialogue: reading the reading of the readings . . .' in J. Curran, D. Morley and V. Walkerdine (eds) *Cultural Studies and Communications*, London: Arnold.
—— (1997) 'Theoretical orthodoxies: textualism, constructivism and the "new ethnography"' in M. Ferguson and P. Golding (eds) *Cultural Studies in Question*, London: Sage.
—— (1999) '"To boldly go . . .": the third generation of reception studies' in P. Alasuutari (ed.) *Rethinking the Media Audience*, London: Sage.
—— (2000) *Home Territories*, London: Routledge.
Morley, D. and Chen, K.-H. (1996) (eds) *Stuart Hall*, London: Routledge.
Morley, D. and Robins, K. (1995) *Spaces of Identity*, London: Routledge.
Morris, C. (1972) *Medieval Media: Mass Communications in the Making of Europe*, University of Southampton.
Mosco, Vincent (1996) *The Political Economy of Communication*, London: Sage.
Mouffe, C. (1981) 'Hegemony and ideology in Gramsci' in T. Bennett, G. Martin. C. Mercer and J. Woollacott (eds) *Culture, Ideology and Social Process*, Milton Keynes: Open University Press.
Mowlana, H. (1996) *Global Communication in Transition*, Thousand Oaks, Cal.: Sage.

Mukerji, C. and Schudson, M. (1991) (eds) *Rethinking Popular Culture*, Berkeley, Cal.: University of California Press.

Mulgan, G. (1990) 'Television's holy grail: seven types of quality' in G. Mulgan (ed.) *The Question of Quality*, London: British Film Institute.

Mumby, F. and Norrie, L. (1974) *Publishing and Bookselling*, 5th edn, London: Jonathan Cape.

Munster, G. (1985) *Rupert Murdoch*, Ringwood, Australia: Viking.

Murdoch, R., 1989: *Freedom in Broadcasting* (MacTaggart Lecture), London: News International.

Murdock, G. (1973) 'Political deviance: the press presentation of a militant mass demonstration' in Cohen, S. and Young, J. (eds) *The Manufacture of News*, London: Constable.

—— (1982) 'Large corporations and the control of communication industries' in M. Gurevitch, T. Bennett, J. Curran and J. Woollacott (eds) *Culture, Society and the Media*, London: Methuen.

—— (1984) 'Reporting the riots: images and impacts' in J. Benyon (ed.) *Scarman and After*, Oxford: Pergamon.

—— (1992) 'Citizens, consumers, and public culture' in M. Skovmand and K. Schroder (eds) *Media Cultures*, London: Routledge.

—— (1997) 'Reservoirs of dogma: an archaeology of popular anxieties' in M. Barker and J. Petley (eds) *Ill Effects*, London: Routledge.

—— (2000a) 'Digital futures: European television in the age of convergence' in J. Wieten, G. Murdock and P. Dahlgren (eds) *Television Across Europe*, London: Sage.

—— (2000b) 'Talk shows: democratic debates and tabloid tales' in J. Wieten, G. Murdock and P. Dahlgren (eds) *Television Across Europe*, London: Sage.

Murdock, G. and Golding, P. (1974) 'For a political economy of the mass media' in Miliband, R. and Saville, J. (eds) *The Socialist Register 1973*, London: Merlin Press.

—— (1977) 'Capitalism, communication and class relations' in J. Curran, M. Gurevitch and J. Woollacott (eds) *Mass Communication and Society*, London: Edward Arnold.

Murphy, G. (1987) 'Media influence on the socialization of teenage girls' in J. Curran, A. Smith and P. Wingate (eds) *Impacts and Influences*, London: Methuen.

Murphy, R. (1992) *Realism and Tinsel*, London: Routledge.

—— (1997) 'The heart of Britain' in R. Murphy (ed.) *The British Cinema Book*, London: British Film Institute.

Murschetz, P. 1998: 'State support for the daily press in Europe: A critical appraisal', *European Journal of Communication*, 13 (3).

Musson, A.E. (1954) *The Typographical Association: Origins and History up to 1949*, Oxford: Oxford University Press.

Nacos, B. (1990) *The Press, Presidents and Crises*, New York: Columbia University Press.

Nain, Z. (2000) 'Globalized theories and national controls: the state, the market and the Malaysian media' in J. Curran and M-J. Park (eds) *De-Westernizing Media Studies*, London: Routledge.

Nairn, T. (1988) *Enchanted Glass*, London: Century Hutchinson.

National Heritage (1992), *The Future of the BBC*, London: HMSO.

Neght, O. and Kluge, A. (1993) *Public Sphere and Experience*, Minneapolis: University of Minnesota.
Negrine, R. (1989) *Politics and the Mass Media in Britain*, London: Routledge.
—— (1994) *Politics and the Mass Media in Britain*, 2nd edn, London: Routledge.
Negroponte, N. (1995) *Being Digital*, London: Hodder & Stoughton.
Neil, A. (1996) *Full Disclosure*, London: Macmillan.
Neuman, W. (1986) *The Paradox of Politics*, Cambridge, Mass.: Harvard University Press.
Neuman, W., Just, M. and Crigler, A. (1992) *Common Knowledge*, Chicago; University of Chicago Press.
Newcomb, H. and Hirsch, P. (1984) 'Television as a cultural forum: implications for research' in W. Rowland and B. Watkins (eds) *Interpreting Television*, Beverly Hills, Cal.: Sage.
Newman, B. (1994) *The Marketing of the President*, London: Sage.
Newsome, D. (1998) *The Victorian World Picture*, London: Fontana.
Nieuwenhuis, A.J. (1993) 'Media policy in the Netherlands: beyond the market?', *European Journal of Communication*, 7 (2).
Noelle-Neumann, E. (1981) 'Mass media and social change in developed countries' in E. Katz and T. Szecsko (eds) *Mass Media and Social Change*, Beverly Hills, Cal.: Sage.
Norris, P. (2000) *A Virtuous Circle*, New York: Cambridge University Press.
Northcliffe, Viscount (1922) *Newspapers and Their Millionaires*, London: Associated Newspapers.
Nowak, K. (1984) 'Cultural indicators in Swedish advertising 1950–1975' in G. Melischek, K. Rosengren and J. Stappers (eds) *Cultural Indicators: An International Symposium*, Vienna: Verlag der Osterreichischen Akademie der Wissenschaften.
—— (1997) 'Effects no more?' in U. Carlsson (ed.) *Beyond Media Uses and Effects*, Gothenburg: Gothenburg University Press.
O'Gorman, F. (1997) *The Long Eighteenth Century*, London: Edward Arnold.
O'Malley, T. (1994) *Closedown?*, London: Pluto.
O'Neill. O. (1990) 'Practices of toleration' in J. Lichtenberg (ed.) *Democracy and the Mass Media*, Cambridge: Cambridge University Press.
O'Sullivan, T. (1991) 'Television memories and cultures of viewing, 1950–65' in J. Corner (ed.) *Popular Television in Britain*, London: British Film Institute.
Ong, W. (1982) *Orality and Literacy*, London: Methuen.
Ostergaard, B. (1997) (ed.) *The Media in Western Europe: The Euromedia Handbook*, 2nd edn, London: Sage.
Page, D. and Crawley, W. (2001) *Satellites Over South Asia*, New Delhi: Sage.
Palmer, M. and Sorbets, C. (1997) 'France' in B. Ostergaard (ed.) *The Media in Western Europe: The Euromedia Handbook*, 2nd edn, London: Sage.
Panitch, L. and Leys, C. (1999) (eds) *Global Capitalism Versus Democracy (Socialist Register* 1999), Rendlesham: Merlin.
Panovsky, E. (1951) *Gothic Architecture and Scholasticism*, Cambridge, Mass., Harvard University Press.
Parenti, M. (1993) *Inventing Reality*, 2nd edn, New York: St Martin's Press.
Park, M.-J., Kim, C.-N. and Sohn, B.-W. (2000) 'Modernization, globalization, and

the powerful state: the Korean media' in J. Curran and M.-J. Park (eds) *De-Westernizing Media Studies*, London: Routledge.
Patelis, K. (2000) 'The political economy of the internet' in J. Curran (ed.) *Media Organisations in Society*, London: Sage.
Peacock (1986) *Report of the Committee on Financing the BBC*, London: HMSO.
Pearson, G. (1983) *Hooligan*, London: Macmillan.
Pegg, M. (1983) *Broadcasting and Society 1918–1939*, Beckenham: Croom Helm.
Perkin, H. (1969) *The Origins of Modern English Society, 1780–1880*, London: Routledge & Kegan Paul.
—— (1989) *The Rise of Professional Society*, London: Routledge.
Perloff, R. (1993) *The Dynamics of Persuasion*, Hillsdale, NJ: Lawrence Erlbaum.
Perry, G. (1975) *The Great British Picture Show*, St Albans: Paladin.
Persico, J. (1988) *Edward R. Murrow*, New York: Dell.
Peters, J., 1989: 'Democracy and American mass communication theory: Dewey, Lippmann, Lazarsfeld', *Communication*, 11.
Petersen, V. and Siune, K. (1997) 'Denmark' in B. Ostergaard (ed.) *The Media in Eastern Europe: The Euromedia Handbook*, 2nd edn, London: Sage.
Peterson, T. (1956) 'The social responsibility theory' in F. Siebert, T. Peterson and W. Schramm (eds) *Four Theories of the Press*, Urbana: University of Illinois Press.
Pethick-Lawrence, F.W. (1943) *Fate Has Been Kind*, London: Hutchinson.
Petley, J. (1997) 'Us and them' in M. Barker and J. Petley (eds) *Ill Effects*, London: Routledge.
Philo, G. (1987) 'Whose news?, *Media. Culture and Society*, 9 (4).
—— (1989) 'News content and audience belief: a case study of the 1984–5 miners strike', PhD dissertation, Glasgow: Glasgow University.
—— (1990) *Seeing and Believing*, London: Routledge.
—— (1995) (ed.) *Glasgow Media Group Reader*, vol. 2, *Industry, Economy, War and Politics*, London: Routledge.
Philo, G. and Miller, D. (2001) 'Media/cultural studies and social science' in G. Philo and D. Miller (eds) *Market Killing*, Harlow: Longman.
Picard, R. (2001) *Audience Economics of European Union Public Service Broadcasters*, Turku: Turku School of Economics and Business Administration.
Picciotto, S. (1992) *International Business Taxation*, Oxford: Clarendon Press.
Pilkington (1962) *Report of the Committee on Broadcasting*, London: HMSO.
Pimlott, B. (1998) 'Monarchy and the message' in J. Seaton (ed.) *Politics and the Mass Media*, Oxford: Blackwell.
Pines, J. (1997) 'British cinema and black representation' in R. Murphy (ed.) *The British Cinema Book*, London: British Film Institute.
Plumb, J. (1983a) 'The commercialization of leisure' in N. McKendrick, J. Brewer and J.H. Plumb, *The Birth of a Consumer Society*, London: Hutchinson.
—— (1983b) 'The acceptance of modernity' in N. McKendrick, J. Brewer and J.H. Plumb, *The Birth of a Consumer Society*, London: Hutchinson.
Political and Economic Planning (PEP) (1952) *The British Film Industry*, London: PEP.
Pool, I. de Sola (1963) 'The mass media and politics in the development process' in L. Pye (ed.) *Communications and Political Development*, Princeton, NJ: Princeton University Press.
—— (1973) 'Newsmen and statesmen – adversaries or cronies?' in W. Rivers and

N. Nyhan (eds) *Aspen Papers on Government and Media*, London: Allen & Unwin.

Poster, M. (1988) 'Introduction' in M. Poster (ed.) *Baudrillard: Selected Writings*, Stanford, Cal.: Stanford University Press.

—— (1996) 'Cyberdemocracy: the internet and the public sphere' in D. Porter (ed.) *Internet Culture*, New York: Routledge.

Potter, J. (1989) *Independent Television in Britain: Politics and Control 1968–80*, vol. 3, London: Macmillan.

—— (1990) *Independent Television in Britain: Companies and Programmes 1968–80*, vol 4, London: Macmillan.

Pound, R. and Harmsworth, G. (1959) *Northcliffe*, London: Cassell.

Price, R. (1972) *An Imperial War and the British Working Class: Working Class Attitudes and Reactions to the Boer War 1899–1902*, London: Routledge & Kegan Paul.

Pronay, N. (1981) 'The first reality: film censorship in liberal England' in K. Short (ed.) *Feature Film as History*, London: Croom Helm.

—— (1982) 'The political censorship of films between the wars' in N. Pronay and D. Spring (eds) *Propaganda, Politics and Film 1918–45*, London: Macmillan.

—— (1987) 'Rearmament and the British public: policy and propaganda' in J. Curran, A. Smith and P. Wingate (eds) *Impacts and Influences*, London: Methuen.

Pronay, N. and Croft, J. (1983) 'British film censorship and propaganda policy during the Second World War' in J. Curran and V. Porter (eds) *British Cinema History*, London: Weidenfeld & Nicholson.

Protess, D., Cook, F., Dopelt, J., Ettema, J., Gordon, M., Leff, D. and Miller, P. (1991) *The Journalism of Outrage*, New York: Guilford Press.

Prothero, I. (1974) 'William Benbow and the concept of the "General Strike"', *Past and Present*, 63.

Raboy, M. (1996) *Public Broadcasting for the 21st Century*, Luton: University of Luton Press.

Radice, H. (1999) 'Taking globalisation seriously' in L. Panitch and C. Leys (eds) *Global Capitalism Versus Democracy*, Rendlesham: Merlin.

Radway, J. (1987) *Reading the Romance*, London: Verso.

Ramaprasad, J. and Ong. J. (1990) 'Singapore's guided press policy and its practice on the forum page of the *Straits Times*', *Gazette*, 46 (1).

Ranney, A. (1983) *Channels of Power*, New York: Basic Books.

Read, D. (1961) *Press and People, 1790–1850: Opinion in Three English Cities*, London: Edward Arnold.

Reid, A. (1992) *Social Classes and Social Relations in Britain, 1850–1914*, London: Macmillan.

Reimer, B. and Rosengren, K.E. (1989) 'Cultivated viewers and readers: a life style perspective' in N. Signorelli and M. Morgan (eds) *Advances in Cultivation Analysis*, Beverly Hills, Cal.: Sage.

Rheingold, H. (1994) *The Virtual Community*, London: Secker & Warburg.

—— (2000) *The Virtual Community*, rev. edn, Cambridge, Mass.: Massachusetts Institute of Technology Press.

Richards, J. (1979) *The Popes and the Papacy in the Early Middle Ages*, London, Edward Arnold.

—— (1989) *The Age of the Picture Palace*, London: Routledge & Kegan Paul.

—— (1997a) 'British film censorship' in R. Murphy (ed.) *The British Cinema Book*, London: British Film Institute.
—— (1997b) *Films and British National Identity*, Manchester: Manchester University Press.
Riddell, P. (1991) *The Thatcher Era and Its Legacy*, Oxford: Blackwell.
Roach, J. (1965) 'Education and public opinion' in Crawley, C.W. (ed.) *War and Peace in an Age of Upheaval 1793–1830*, Cambridge: Cambridge University Press.
Robertson, G. and Nicol, A. (1992) *Media Law*, 3rd edn, Harmondsworth: Penguin.
Robertson, J. (1985) *The British Board of Film Censors*, London: Croom Helm.
—— (1989) *The Hidden Cinema*, London: Routledge.
Robins, K. (1995) 'The new spaces of global media' in R.J. Johnston, P. Taylor and M. Watts (eds) *Geographies of Global Change*, Oxford: Blackwell.
—— (1997) (ed.) *Programming for People*, Newcastle: Centre for Urban and Regional Studies, University of Newcastle.
Robins, K., Cornford, J. and Aksoy, A. (1997) 'Overview: from cultural rights to cultural responsibilities' in K. Robins (ed.) *Programming for People*, Newcastle: Centre for Urban and Regional Development Studies, University of Newcastle and European Broadcasting Union.
Roe, K. and Meyer, G. de (2000) 'Music television: MTV-Europe' in J. Wieten, G. Murdock and P. Dahlgren (eds) *Television Across Europe*, London: Sage.
Rogers, E. and Dearing, J. (1988) 'Agenda-setting research: where has it been and where is it going?' in J. Anderson (ed.) *Communication Year Book*, vol. 11.
Rogers, E. and Shoemaker, F. (1971) *Communication of Innovations*, New York: Free Press.
Rogers, P. (1972) *Grub Street: Studies in a Subculture*, London: Methuen.
Rolston, B. (1991) (ed.) *The Media and Northern Ireland*, London: Macmillan.
Rolston, B. and Miller, D. (1996) (eds) *War and Words*, Belfast: Beyond the Pale Publications.
Rønning, H. and Kupe, T. (2000) 'The dual legacy of democracy and authoritarianism: the media and the state in Zimbabwe' in J. Curran and M-Y. Park (eds) *De-Westernizing Media Studies*, London: Routledge.
Rose, R. (1970) *People in Politics: Observations Across the Atlantic*, London: Faber & Faber.
—— (1974) *Politics in England*, London: Faber & Faber.
Rosengren, K. E. (1981) 'Mass media and social change' in E. Katz and T. Szecsko (eds) *Mass Media and Social Change*, Beverly Hills, Cal.: Sage.
—— (1993) 'From field to frog ponds', *Journal of Communication*, 43 (4).
—— (1996) 'Combinations, comparisons, and confrontations: towards a comprehensive theory of audience research' in J. Hay, L. Grossberg and E. Wartella (eds) *The Audience and Its Landscape*, Boulder, Col.: Westview.
Rosengren, K., Wenner, K. and Palmgreen, P. (1985) (eds) *Media Gratifications Research*, Beverly Hills, Cal.: Sage.
Rostenburg, L. (1971) *The Minority Press and the English Crown: A Study in Repression 1558–1625*, Nieuwkoop: De Graaf.
Rowbotham, S. (1997) *A Century of Women*, London: Viking.
Rowland, W. (1993) 'Public service broadcasting in the United States: its mandate, institutions and conflicts' in R. Avery (ed.) *Public Service Broadcasting in a Multichannel Environment*, White Plains, NY: Longman.

Rowland, W. and Tracey, M. (1990), 'Worldwide challenges to public service broadcasting', *Journal of Communication*, 40 (2).
Royal Commission on the Press 1947–9 Report (1949) (Cmd 7700), London: HMSO.
Royal Commission on the Press 1961–2 Report (1962) (Cmnd 1811), London: HMSO.
Royal Commission on the Press 1974–7 Final Report (1977) (Cmnd 6810), London: HMSO.
Rubin. A. (1986) 'Uses, gratifications, and media effects research' in J. Bryant and D. Zillmann (eds) *Perspectives on Media Effects*, Hillsdale, NJ: Lawrence Erlbaum.
Rubinstein, W. (1998) *Britain's Century*, London: Edward Arnold.
Rude, G. (1962) *Wilkes and Liberty*, Oxford: Clarendon Press.
Sanchez-Tabernero, A. with Denton, A., Lochon, P-Y, Mournier, P. and Woldt, R. (1993) *Media Concentration in Europe*, Düsseldorf: European Institute for the Media.
Sanderson, M. (1972) 'Literacy and social mobility in the industrial revolution', *Past and Present*, 56.
Sandford, J., 1997: 'Television in Germany' in J. Coleman and B. Rollet (eds) *Television in Europe*, Exeter: Intellect.
Scammell, M. (1995) *Designer Politics*, London: Macmillan.
Scannell, P. (1980) 'Broadcasting and the politics of unemployment, 1930–1935', *Media, Culture and Society*, 2 (1).
—— (1989) 'Public service broadcasting and modern public life', *Media, Culture and Society*, 11 (2).
—— (1990) 'Public service: the history of a concept' in A. Goodwin and G. Whannel (eds) *Understanding Television*, London: Routledge.
—— (1992) 'Public service broadcasting and modern public life' in P. Scannell, P. Schlesinger and C. Sparks (eds) *Culture and Power*, London: Sage.
Scannell, P. and Cardiff, D. (1982) 'Serving the nation: public service broadcasting before the war' in B. Waites, T. Bennett and G. Martin (eds) *Popular Culture*, London: Croom Helm.
—— (1991) *Serving the Nation, 1922–39*, Oxford: Blackwell.
Schiller, H. (1969) *Mass Communication and American Empire*, New York: Kelly.
—— (1976) *Communication and Cultural Domination*, White Plains, NY: Sharpe.
—— (1981) *Who Knows*, Norwood, NJ: Ablex.
—— (1998) 'Striving for communication dominance' in D. Thussu (ed.) *Electronic Empires*, London: Edward Arnold.
Schlesinger, P. (1978) *Putting 'Reality' Together*, London: Constable.
—— (1987) *Putting 'Reality' Together*, rev. edn, London: Methuen.
—— (1990) 'Rethinking the sociology of journalism: source strategies and the limits of media centrism' in M. Ferguson (ed.) *Public Communication*, London: Sage.
—— (1998) 'Scottish devolution and the media' in J. Seaton (ed.) *Politics and the Media*, Oxford: Blackwell.
—— (1999) 'Changing spaces of political communication: the case of the European Union', *Political Communication*, 16 (3).
Schlesinger, P. and Tumber, H. (1994) *Reporting Crime*, Oxford: Clarendon Press.
Schlesinger, P., Murdock, G. and Elliott, P. (1983) *Televising Terrorism*, London: Comedia.
Schoyen, A. R. (1958) *The Chartist Challenge: A Portrait of George Julian Harney*, London: Heinemann.

Schramm, W. (1963), 'Communication development and the development process' in L. Pye (ed.) *Communications and Political Development*, Princeton, NJ: Princeton University Press.

Schramm, W. and Roberts. D. (1971) (eds) *The Process and Effects of Mass Communication*, rev. edn, Urbana: University of Illinois Press.

Schroder, K. (1989) 'The playful audience: the continuity of the popular cultural tradition in America' in M. Skovmand (ed.) *Media Fictions*, Aarhus: Aarhus University Press.

Schudson, M. (1978) *Discovering the News*, New York: Basic Books.

—— (1982) 'The politics of narrative form: the emergence of news conventions in print and television', *Daedalus*, 111.

—— (1987) 'The new validation of popular culture: sense and sentimentality in Academia', *Critical Studies in Mass Communication*, 4 (1).

—— (1989) 'The sociology of news production', *Media, Culture and Society*, 11 (3).

—— (1991a) 'The sociology of news production revisited' in J. Curran and M. Gurevitch (eds) *Mass Media and Society*, London: Edward Arnold.

—— (1991b) 'Historical approaches to communication studies' in K.B. Jensen and N. Jankowski (eds) *A Handbook of Qualitative Methods for Mass Communication Research*, London: Routledge.

—— (1993) 'Was there ever a public sphere? If so, when? Reflections on the American case' in C. Calhoun (ed.) *Habermas and the Public Sphere*, Cambridge, Mass.: Massachusetts Institute of Technology Press.

—— (1994) 'Question authority: a history of the news interview in American journalism, 1860s–1930s', *Media, Culture and Society*, 16 (4).

—— (1996) 'The sociology of news production revisited' in J. Curran and M. Gurevitch (eds) *Mass Media and Society*, 2nd edn, London: Edward Arnold.

Schulz, W. (2000) 'Television audiences' in J. Wieten, G. Murdock and P. Dahlgren (eds) *Television Across Europe*, London: Sage.

Sears, D. and Freedman, J. (1971) 'Selective exposure to information: a critical review' in W. Schramm and D. Roberts (eds), *The Process and Effects of Mass Communication*, rev. edn, Urbana: University of Illiniois Press.

Segal, L. (1997) 'Generations of feminism', *Radical Philosophy*, 83.

Seiter, E., Borchers, H., Kreutzner, G. and Warth, E.M. (1989) (eds) *Remote Control*, London: Routledge.

Select Committee of the House of Commons on Newspaper Stamps Report (1851) *Parliamentary Papers*, xvii, London: Hansard.

Sendall, B. (1982) *Independent Television in Britain: Origin and Foundation, 1946–62*, vol. 1, London: Macmillan.

—— (1983) *Independent Television in Britain: Expansion and Change, 1958–68*, vol. 2, London: Macmillan.

Sepstrup, P. (1990) *Transnationalization of Television in Western Europe*, London: Libbey.

—— (1993) 'Scandinavian public service broadcasting: the case of Denmark' in R. Avery (ed.) *Public Service Broadcasting in a Multichannel Environment*, White Plains, NY: Longman.

Serra, S. (1996) 'Multinationals of solidarity: international civil society and the killing of street children in Brazil' in S. Braman and A. Sreberny-Mohammadi (eds)

Globalization, Communication and Transational Civil Society, Cresskill, NJ: Hampton Press.
—— (2000) 'The killing of Brazilian street children and the rise of the international public sphere' in J. Curran (ed.) *Media Organisations in Society*, London: Edward Arnold.
Seymour-Ure, C. (1975) 'The press and the party system between the wars' in G. Peele and C. Cook (eds) *The Politics of Reappraisal, 1918–1939*, London: Macmillan.
—— (1977) 'National daily papers and the party system' in *Studies on the Press*, Royal Commission on the Press Working Paper no. 3, London: HMSO.
—— (1989) 'Prime ministers' reactions to television: Britain, Australia and Canada', *Media, Culture and Society*, 11 (3).
—— (1996) *The British Press and Broadcasting Since 1945*, 2nd edn, Oxford: Blackwell.
—— (2000) 'Northcliffe's legacy' in P. Catterall, C. Seymour-Ure and A. Smith (eds) *Northcliffe's Legacy*, Basingstoke: Macmillan.
Sharpe, S. (1976) *Just Like a Girl*, Harmondsworth: Penguin.
Shattuc, J. (1997) *The Talking Cure*, New York: Routledge.
Shaw, B. (1979) cited in *Oxford Dictionary of Quotations*, Oxford: Oxford University Press.
Shawcross, W. (1993) *Murdoch*, London: Pan.
Shevelow, K. (1989) *Women and Print Culture*, London: Routledge.
Shils, Edward (1961) 'Mass society and its culture' in N. Jacobs (ed.), *Culture for the Millions?*, Princeton, NJ: Van Nostrand.
Shoemaker, R. (1998) *Gender in English Society, 1650–1850*, London: Longman.
Siebert, F. (1952) *Freedom of the Press in England, 1476–1776*, Urbana: University of Illinois Press.
Siebert, F., Peterson, T. and Schramm, W. (1956) *Four Theories of the Press*, Urbana: University of Illinois Press.
Sigal, L. (1987) 'Sources make the news' in R. Manoff and M. Schudson (eds) *Reading the News*, New York: Pantheon.
Silj, A. (1988) *East of Dallas*, London: British Film Institute.
Silverstone, Roger (1994) *Television and Everyday Life*, London: Routledge.
Silvey, R. (1974) *Who's Listening?*, London: Allen & Unwin.
Simon, R. (1982) *Gramsci's Political Thought*, London: Lawrence & Wishart.
Simonson, P. (1996) 'Dreams of democratic togetherness: communication hope from Cooley to Katz', *Critical Studies in Mass Communication*, 13 (December).
Sinclair, J., Jacka, E. and Cunningham, S. (1996) (eds) *New Patterns in Global Television: Peripheral Vision*, Oxford: Oxford University Press.
Sinha, N. (1996) 'Liberalisation and the future of public service broadcasting in India', *Javnost*, 3 (2).
Skeggs, B. (1992) 'Paul Willis, *Learning to Labour*' in M. Barker and A. Beezer (eds) *Reading into Cultural Studies*, London: Routledge.
—— (1997) *Formations of Class and Gender*, London: Sage.
Sklair, L. (2000) 'Globalization' in S. Taylor (ed.) *Sociology*, Basingstoke: Palgrave.
Skogerbo, E. (1990) 'The concept of the public sphere in an historical perspective: an anachronism or a relevant political concept', *Nordicom Review*, 2.
—— (1997) 'The press subsidy system in Norway', *European Journal of Communication*, 12 (1).

Smith, A. (1977) *Subsidies and the Press in Europe*, London: Political and Economic Planning (PEP).
—— (1978a) 'The long road to objectivity and back again: the kinds of truth we get in journalism' in G. Boyce, J. Curran and P. Wingate (eds) *Newspaper History*, London: Constable.
—— (1978b) *The Newspaper: An International History*, London: Thames & Hudson.
Smith, A. and Patterson, R. (1998) *Television: An International History*, 2nd edn, Oxford: Oxford University Press.
Smith, A.C.H. (1975) *Paper Voices*, London: Chatto & Windus.
Snape, R. (1995) *Leisure and the Rise of the Public Library*, London: Library Association.
Solum, O., 1994: 'Film production in Norway and the municipal cinema system', unpublished paper, Department of Media and Communications, University of Oslo.
Somerville, C.J. (1996) *The News Revolution in England*, New York: Oxford University Press.
Southern, R.W. (1959) *The Making of the Middle Ages*, London: Grey Arrow.
—— (1970) *Western Society and the Church in the Middle Ages*, London: Penguin.
Sparks, C. (1998) *Communism, Capitalism and the Mass Media*, London: Sage.
—— (2000) 'Media theory after the fall of European communism: why the old models from East and West won't do any more' in J. Curran and M.-J. Park (eds) *De-Westernizing Media Studies*, London: Routledge.
Spender, J.A. (1927) *Life, Journalism and Politics*, 2 vols, London: Cassell.
Spraos, J. (1962) *The Decline of the Cinema*, London: Allen & Unwin.
Sreberny, A. (1998) 'Feminist internationalism: imagining and building global civil society' in D. Thussu (ed.) *Electronic Empires*, London: Edward Arnold.
—— (2000) 'Television, gender, and democratization in the Middle East' in J. Curran and M.-J. Park (eds) *De-Westernizing Media Studies*, London: Routledge.
Sreberny-Mohammadi, A. (1996) 'Globalization, communication and transnational civil society: introduction' in S. Braman and A. Sreberny-Mohammadi (eds) *Globalization, Communication and Transational Civil Society*, Cresskill, NJ: Hampton Press.
Sreberny-Mohammadi, A. and Mohammadi, A. (1994) *Small Media, Big Revolution*, Minneapolis: University of Minnesota Press.
Sreberny-Mohammadi, A., Winseck, D., McKenna, J. and Boyd-Barret, O. (eds) (1997) *Media in Global Context*, London: Edward Arnold.
Stepp, C. (1990) 'Access in a post-social responsibility age' in J. Lichtenberg (ed.) *Democracy and the Mass Media*, Cambridge: Cambridge University Press.
Stevens, J.D. and Garcia, H.D. (1980) *Communication History*, Beverly Hills, Cal.: Sage.
Stone, L. (1969) 'Literacy and education in England 1640–1900', *Past and Present*, 42.
—— (1972) *The Causes of the English Revolution, 1529–1642*, London: Routledge & Kegan Paul.
—— (1990) *The Road to Divorce*, Oxford: Oxford University Press.
Strange, S. (1996) *The Retreat of the State*, Cambridge: Cambridge University Press.

Stratton, J. (1996) 'Cyberspace and the globalization of culture' in D. Porter (ed.) *Internet Culture*, New York: Routledge.
Street, S. (1997) *British National Cinema*, London: Routledge.
Strid, I. and Weibull, L. (1988) *Mediesveridge*, Göteborg: Göteborg University Press.
Stuart, C. (1975) (ed.) *The Reith Diaries*, London: Collins.
Sussman, G. and Lent, J. (1998) *Global Productions*, Cresskill, NJ: Hampton.
Sutherland, J. (1986) *The Restoration Newspaper and its Development*, Cambridge: Cambridge University Press.
Swann, P. (1987) *The Hollywood Feature Film in Postwar Britain*, London: Croom Helm.
Swanson, D. (1996) 'Audience research: antinomies, intersections and the prospect of comprehensive theory' in J. Hay, L. Grossberg and E. Wartella (eds) *The Audience and Its Landscape*, Boulder, Col.: Westview.
Syvertsen, T. (1992) 'Serving the public: public television in Norway in a new media Age', *Media, Culture and Society*, 14 (2).
—— (1994) *Public Television in Transition*, Oslo: Levende Bilder.
—— (1996) *Den Store TV-Krigen, Norsk Allmennfjernsyn 1988–96*, Bergen-Sandviken: Fagboklaget.
Tan, A. (1985) *Mass Communication Theories and Society*, 2nd edn, New York: Wiley.
Taylor, A.J.P. (1972) *Beaverbrook*, London, Hamish Hamilton,
Taylor, P. (1981) *The Projection of Britain*, Cambridge: Cambridge University Press.
—— (1997) *Global Communications, International Affairs and the Media Since 1945*, London: Routledge.
Tebbit, N. (1989) *Upwardly Mobile*, London: Futura.
Thane, P. (1991) 'Towards equal opportunities? Women in Britain since 1945' in T. Gourvash and A. O'Day (eds) *Britain Since 1945*, London: Macmillan.
Thatcher, M. (1995) *The Downing Street Years*, London: HarperCollins.
Tholfsen, T.R. (1976) *Working-Class Radicalism in Mid-Victorian England*, London, Croom Helm.
Thomas, J.A. (1958) *The House of Commons 1906–11*, Cardiff: University of Wales.
Thomas, K. (1973) *Religion and the Decline of Magic*, Harmondsworth: Penguin.
Thompson, D. (1984) *The Chartists*, London: Temple Smith.
Thompson, E. (1963) *The Making of the English Working Class*, London: Gollancz.
Thompson, J. (1995) *The Media and Modernity*, Cambridge: Polity.
Thomson. J. (1965) *The Later Lollards, 1414–1520*, Oxford: Oxford University Press.
Thornton, S. and Gelder, K. (1996) (eds) *The Subcultures Reader*, London: Routledge.
Thumim, J. (1992) *Celuloid Sisters*, New York: St Martin's Press.
Thussu, D. (1998) (ed.) *Electronic Empires*, London: Edward Arnold.
—— (2000) *International Communication*, London: Edward Arnold.
Tiffen, R. (1989) *News and Power*, Sydney: Allen & Unwin.
Todd, J. (1989) *The Sign of Angelica: Women, Writing and Fiction, 1660–1800*, London: Verso.
Tomlinson, J. (1991) *Cultural Imperialism*, London: Pinter.
—— (1999) *Globalization and Culture*, Cambridge: Polity.
Tracey, M. (1998) *The Decline and Fall of Public Service Broadcasting*, Oxford: Oxford University Press.
Tracey, M. and Morrison, D. (1979) *Whitehouse*, London: Macmillan.

Trevor Roper, H. (1983) 'The invention of tradition: the Highland tradition of Scotland' in E. Hobsbawm and T. Ranger (eds.) *The Invention of Tradition*, Cambridge: Cambridge University Press.

Troyna, B. (1981) *Public Awareness and the Media: A Study of Reporting on Race*, London: Commission for Racial Equality.

Tuchman, G. (1972) 'Objectivity as strategic ritual: an examination of newsmen's notions of objectivity', *American Journal of Sociology*, 77.

—— (1978a) *Making News*, New York: Free Press.

—— (1978b) 'Introduction: the symbolic annihilation of women by the mass media' in G. Tuchman, A. Kaplan and J. Benet (eds) *Hearth and Home*, New York: Oxford University Press.

Tulloch, J. (1993) 'Policing the public sphere: the British machinery of news management', *Media, Culture and Society*, 15 (3).

Tunstall, J. (1971) *Journalists at Work*, London: Constable.

—— (1993) *Television Producers*, London: Routledge.

Tunstall, J. and Machin, D. (1999) *The Anglo-American Connection*, Oxford: Oxford University Press.

Tunstall, J. and Palmer, M. (1991) *Media Moguls*, London: Routledge.

Turkle, S. (1995) *Life on the Screen*, London: Weidenfeld & Nicolson.

Turow, J. (1991) 'A mass communication perspective on entertainment industries' in J. Curran and M. Gurevitch (eds) *Mass Media and Society*, London: Edward Arnold.

Ullmann, W.W. (1969) *The Carolingian Renaissance and the Idea of Kingship*, London: Methuen.

—— (1970) *The Growth of Papal Government in the Middle Ages*, 4th edn, London: Methuen.

—— (1975) *Medieval Political Thought*, Harmondsworth: Penguin.

—— (1977) *A Short History of the Papacy in the Middle Ages*, 2nd edn, London: Methuen.

—— (1978) *Principles of Government and Politics in the Middle Ages*, 4th edn, London: Methuen.

Ullswater (1936), *Report of the Broadcasting Committee*, London: HMSO.

Van Ginnekin, J. (1998) *Understanding Global News*, London: Sage.

Vedel, T. and Bourdon, J. (1993) 'French public broadcasting: from monopoly to marginalization' in R. Avery (ed.) *Public Service Broadcasting in a Multichannel Environment*, White Plains, NY: Longman.

Veljanovski, C. (1989) 'Competition in broadcasting' in C. Veljanovski (ed.) *Freedom in Broadcasting*, London: Institute of Economic Affairs.

Vickery, A. (1993) 'Women and the world of goods: a Lancashire consumer and her possessions, 1751–81' in J. Brewer and R. Porter (eds) *Consumption and the World of Goods*, London: Routledge.

Vidmar, N. and Rokeach, M. (1974) 'Archie Bunker's bigotry: a study in selective perception and exposure', *Journal of Communication*, 24 (2).

Vincent, J. (1972) *The Formation of the British Liberal Party 1857–68*, Harmondsworth: Penguin.

Wagg, S. (1992) 'You've never had it so silly: the politics of British satirical comedy from *Beyond the Fringe* to *Spitting Image*' in D. Strinati and S. Wagg (eds) *Come on Down?*, London: Routledge.

Waisbord, S. (2000a) *Watchdog Journalism in South America*, New York: Columbia University Press.
—— (2000b) 'Media in South America: between the rock of the state and the hard place of the market' in J. Curran and M.-J. Park (eds) *De-Westernizing Media Studies*, London: Routledge.
Waller, J. and Vaughan-Rees, M. (1987) *Women in Wartime*, London: Macdonald Optima.
Waller, R. (1988) *Moulding Political Opinion*, Beckenham: Croom Helm.
Walvin, J. (1978) *Leisure and Society 1830–1950*, London: Longman.
Ward, K. (1989) *Mass Communications and the Modern World*, London: Macmillan Education.
Waters, M. (1995) *Globalization*, London: Routledge.
Watney, S. (1987) *Policing Desire*, London: Comedia.
Weaver, D. and Wilhoit, G. (1991) *The American Journalist*, 2nd edn, Bloomington: University of Indiana Press.
Webb, M. (1995) *The Political Economy of Policy Co-ordination*, Ithaca, NY: Cornell University Press.
Webb, R.K. (1950) 'Working class readers in Victorian England', *English Historical Review*, lxv.
—— (1955) *The British Working Class Reader, 1790–1848*, London: Allen & Unwin.
Weeks, J. (1977) *Coming Out*, London: Quartet.
—— (1991) *Against Nature*, London: Rivers Oram Press.
Weibull, L. (1994) 'Media diversity and choice' in K. Gustafsson (ed.) *Media Structure and the State*, Gothenburg: University of Gothenburg Press.
Weiss, L. (1998) *The Myth of the Powerless State*, Cambridge: Polity.
Werkmeister, L. (1963) *The London Daily Press, 1772–1792*, Lincoln: University of Nebraska Press.
Westmacott, C.M. (1836) 'The stamp duties: serious considerations on the proposed alteration of the stamp duty on newspapers', London: *The Age* Office.
Weymouth, T. and Lamizet, B. 1996 (eds) *Markets and Myths*, Harlow: Longman.
Whale, J. (1977) *The Politics of the Media*, London: Fontana.
Whannel, G. (1979) 'Football, crowd behaviour and the press', *Media, Culture and Society*, 1 (4).
White, C. (1970) *Women's Magazines, 1693–1968*, London: Michael Joseph.
Whitelaw, W. (1989) *The Whitelaw Memoirs*, London: Aurum.
Wickwar, W. (1928) *The Struggle for the Freedom of the Press 1819–32*, London: Allen & Unwin.
Wiener, J. (1969a) *A Descriptive Findings List of Unstamped Periodicals:1830–36*, London: Bibliographical Society.
—— (1969b) *The War of the Unstamped: The Movement to Repeal the British Newspaper Tax 1830–36*, Ithaca, NY: Cornell University Press.
—— (1996) 'The Americanization of the British press, 1830–1914' in M. Harris and T. O'Malley (eds) *Studies in Newspapers and Periodical History: 1994 Annual*, Westport, Conn.: Greenwood.
Wieten, J., Murdock, G. and Dahlgren, P. (2000) (eds) *Television Across Europe*, London: Sage.
Wilensky, H.L. (1964) 'Mass society and mass culture', *American Sociological Review* xxix.

Wiles, R.M. (1965) *Freshest Advices: Early Provincial Newspapers in England*, Columbus: Ohio State University Press.
Wilhoit, G.C. and Bock H. de (1976), 'All in the Family in Holland', *Journal of Communication*, 26 (3).
Wilks, M.J. (1963) *The Problem of Sovereignty in the Later Middle Ages*, London: Cambridge University Press.
Williams, F. (1957) *Dangerous Estate: The Anatomy of Newspapers*, London: Longmans, Green.
Williams, K. (1993) 'The light at the end of the tunnel: the mass media, public opinion and the Vietnam War' in J. Eldridge (ed.) *Getting the Message*, London: Routledge.
—— (1998) *Get Me a Murder a Day!*, London: Arnold.
Williams, R. (1965) *The Long Revolution*, Harmondsworth: Penguin.
—— (1966) *Communications*, rev. edn, London: Chatto & Windus.
—— (1970) 'Radical and/or respectable' in R. Boston (ed.) *The Press We Deserve*, London: Routlege & Kegan Paul.
—— (1973) *The Country and the City*, London: Chatto & Windus.
—— (1974) *Television: Technology and Cultural Form*, London: Collins.
—— (1979) *Politics and Letters*, London: Verso.
—— (1984) 'Socialists and coalitionists' in J. Curran (ed.) *The Future of the Left*, Cambridge: Polity.
Willis, P. (1977) *Learning to Labour*, London: Saxon House.
—— (1990) *Common Culture*, Milton Keynes: Open University Press.
Wilson, C. and Gutierrez, F. (1985) *Minorities and the Media*, Beverly Hills, Cal.: Sage.
Wilson, T. (1970) (ed.) *The Political Diaries of C.P. Scott 1911–28*, London: Collins.
Wiltenburg, J. (1992) *Disorderly Women and Female Power in the Street Literature of Early Modern England and Germany*, Charlottesville: University of Virginia Press.
Windlesham, L. and Rampton, R. (1989) *The Windlesham/Rampton Report on Death on the Rock*, London: Faber & Faber.
Winship, J. (1987) *Inside Women's Magazines*, London: Pandora.
Winston, B. (1998) *Media Technology and Society*, London: Routledge.
Women's Studies Group (Birmingham Centre for Contemporary Cultural Studies) (1978) *Women Take Issue*, London: Hutchinson.
Woodward, L. (1962) *The Age of Reform 1815–70*, rev. edn, Oxford: Oxford University Press.
Woolf, V. (1965) *Jacob's Room*, Harmondsworth: Penguin.
Wrench, J.E. (1955) *Geoffrey Dawson and Our Times*, London: Hutchinson.
Wright, C. (1959) *Mass Communication*, 1st edn, New York: Random House.
—— (1975) *Mass Communication*, 2nd edn, New York: Random House.
Wyndham Goldie, G. (1977) *Facing the Nation*, London: Bodley Head.
Young, J. (1971) *The Drugtakers*, London: Paladin.
—— (1974) 'Mass media: drugs and deviance' in P. Rock and M. McIntosh (eds) *Deviance and Social Control*, London: Tavistock.
Zillmann, D. and Bryant, J. (1986) 'Exploring the entertainment experience' in J. Bryant and D. Zillman (eds) *Perspectives on Media Effects*, Hillsdale, NJ: Lawrence Erlbaum.

Zoonen, L. van (1991) 'Feminist perspectives on the media' in J. Curran and M. Gurevitch (eds) *Mass Media and Society*, London: Edward Arnold.
—— (1994) *Feminist Media Studies*, London: Sage.

以下は著者が本書日本語版に寄せた新稿（第5章、第6章）の参考文献である。第8章については本文の最後の注が文献になっている。

〔第5章〕Chapter 5

Albarran, A. (2002) Media Economics, 2nd edition. Ames IO：Iowa University Press.

Alexander, J. and Jacobs, R. (1998) 'Mass communciation, ritual and civil society' in T. Liebes and J. Curran (eds.) Media, Ritual and Identity. London：Routledge.

Atkins, W. (2002) The Politics of Southeast Asia's New Media. London：Curzon.

Brook, L. (1988) 'The public's response to AIDS' in R. Jowell, S. Witherspoon and L. Brook (eds.) British Social Attitudes：The 5th Report. Aldershot：Gower.

Barnett, S. and Gaber, I. (2001) Westminster Tales. London：Continuum.

Bennett, W. L. (2003) 'New media power：the Internet and global activism' in N. Couldry and J. Curran (eds.). Contesting Media Power. Lanham, MA：Rowman and Littlefield.

Burston, J. (2003) 'War and entertainment industries：new research priorities in the era of cyber-patriotism' in D. Thussu and D. Freedman (eds.) War and the Media. London：Sage.

Carey, J. (1998) 'Political ritual on television：episodes in the history of shame, degradation and excommunication' in T. Liebes and J. Curran (eds.) Media, Ritual and Identity. London：Routledge.

Chomsky, N. (1997) Media Control, 1st edn. New York：Seven Stories Press.

Chomsky, N. (2002) Media Control, 2nd edn. New York：Seven Sisters Press.

Chomsky, N. (2003) 'Interview' in D. Miller (ed.) Tell Me Lies. London：Pluto.

Compaine, B. and Gomery, D. (2000) Who Owns the Media?, 3rd edition. Mahwah,

NJ : Lawrence Erlbaum.

Couldry, N. and Curran, J. (2003) (eds.) Contesting Media Power. Lanham, MA : Rowman and Littlefield.

Croteau, D. and Hoynes, W. (2003) Media Society, 3rd edition. Thousand Oaks, CA : Pine Forge Press.

Curran, J. (1990) 'New revisionism in mass communication research : a reappraisal', European Journal of Communication, 5 (2-3).

Curran, J. and Seaton (2003) Power Without Responsibility,6th edition. London : Routledge.

Davis, A. (2000) Public Relations campaigning and news production : the case of new unionism in Britain' in J. Curran (ed.) Media Organisations in Society. London : Arnold.

Davis, A. (2002) Public Relations Democracy. Manchester : Manchester University Press.

Davis, A. (2003) 'Public relations and news sources' in S. Cottle (ed.) News, Public Relations and Power. London : Sage.

Ferguson, R. (1998) Representing 'Race'. London : Arnold.

Gough-Yates, A. (2003) Understanding Women's Magazines. London : Routledge.

Harper, S. and Porter, V. (2003) British Cinema of the 1950s. Oxford : Oxford University Press.

Herman, E. (1999) The Myth of the Liberal Media. New York : Peter Lang.

Hesmondhaulgh, D. (2002) The Cultural Industries. London : Sage.

Hill, K. and Hughes, J. (1998) Cyberpolitics. Lanham, MA : Rowman and Littlefield.

Introna, L. and Nissenbaum, H. (2000) 'Shaping the web : why politics of search engines matters', The Information Society, 16.

Leys, C. (2001) Market-Driven Politics. London : Verso.

Lichtenberg, J. (1990) (ed.) Democracy and the Mass Media. Cambridge : Cambridge University Press.

McChesney, R. (2003) 'The problems of journalism : a political economic contribution to an explanation of the crisis of contemporary US journalism', Journalism Studies, 4 (3).

Meikle, G. (2002) Future Active. New York : Routledge.

Miller, D, Kitzinger, J., Williams, K. and P.Beharrell (1998) The Circuit of Mass Communication. London : Sage.

Murdoch, G. and Golding, P. 'Digital possibilities, market realities : the contradictions of market convergence' in L. Panitch and C. Leys (eds.) A World of Contradictions [Socialist Register 2002]. London : Merlin.

Negroponte, N. (1996) Being Digital. London : Hodder and Stoughton.

Norris, P., Curtice, J., Sanders, D., Scammell, M and Semetko, H. (1999) On Message. London : Sage.

Papathanassopoulos, S. (2002) European Television in the Digital Age. Cambridge : Polity.

Patterson, T. (2003) The Vanishing Voter. New York : Vintage Books.

Schiller, D. (2000) Digital Capitalism. Cambridge, MA : MIT Press.

Schudson, M. (2003) The Sociology of News. New York : Norton.

Seib, P. (2002) Going Live. Lanham, MA : Rowman and Littlefield.

Seymour-Ure, C. (2003) Prime Ministers and the Media. Oxford : Blackwell.

Sparks, C. (2001) 'The Internet and the global public sphere' in W. L. Bennett and R. Entman (eds.) Mediated Politics. New York : Cambridge University Press.

Street, J. (2001) Mass Media, Politics and Democracy. Basingstoke : Palgrave.

Wieten, J., Murdock, G. and Dahlgren, P. (2000) (eds.) Television Across Europe. London : Sage.

Zaller, J. (2003) 'A new standard of news quality : burglar alarms for the monitorial citizen', Political Communication, 20.

〔第 6 章〕Chapter 6

Advertsing Association (2002) Advertising Statistics Yearbook 2002. London, Advertising Association.

Alaskary, Y. (2002) 'Iraq after Saddam : two generations in dialogue' (18 December), www.opendemocracy.net

Baird, N.(2001) 'On street safari' (29 November) , www.opendemocracy.net

Barnett, A. and Scruton, R. (eds) (1998) Town and Country. London, Jonathan Cape.

Belden, D., Kingsmith, P. and Watt, P. (2002) 'Dialogues on globalisation - left, right and in-between' (2 May) , www.opendemocracy.net

Carre, J.Le (2003) 'A predatory and dishonest war' (12 January), www.opendemocracy.net

Cassells, M. (2001) The Internet Galaxy. Oxford, Oxford University Press.

Chippendale, P. and Horrie, C. (1998) Disaster! The Rise and Fall of News on Sunday. London, Sphere.

Curran, J. (2002) Media and Power. London, Routledge.

Curran, J and Seaton, J. (2003) Power Without Responsibility. London : Routledge, 6th edition.

Dikotter, F. (2002) 'Bring out the beast : body hair in China' (4 December), ww.opendmocracy.net

Downing, J. (1984) Radical Media. Boston, MA, South End Press.

Elstein, D. (2001) 'The BBC no longer washes whiter' (16 May), www.opendemocracy.net

Gary 1970 (2003a) posted contribution (1348), (February 4) www.opendemocracy.net/debates/viewpost.

Gary 1970 (2003b) posted contribution (1383), (February 5) www.opendemocracy.net/debates/viewpost.

Garnham, N. (1986) Capitalism and Communication. London, Sage.

Gitlin, T. (2001) 'Is this our fate?' (12 September), www.opendemocracy.net

原著掲載の参考文献リスト、および新章用追加文献 443

Graham, A. (2001) 'Quality not profit' (16 May), www.opendemocracy.net

Graham, A. and Davies, G (1998) Broadcasting, Society and Policy in the Multimedia Age. Luton, John Libbey.

Held, D., McGrew, A., Goldblatt, D. and Perraton, J. (1999) Global Transformations. Cambridge ： Polity.

Hesmondhalgh, D. (1997)'Post-punk's attempt to democratise the music industry ： the success and failure of Rough Trade', Popular Music, 16 (3).

Jabar, F. (2002) 'Iraq after Saddam Hussein ： two generations in dialogue' (18 December), www.opendemocracy.net

Introna, L. and Nissenbaum, H. (2000) 'Shaping the web ： why the politics of search engines matters', The Information Society, 16.

Kramarae, C. (1999) 'The language and the nature of the internet ： the meaning of global', New Media and Society, 1(1)

Landry, C et al.(1985) What a Way to Run a Railroad. London, Commedia.

Lax, S. 'The Internet and democracy' in D. Gauntlet (ed) Web Studies. London, Arnold.

Lewis, P. and Booth, J. (1989) The Invisible Medium. Basingstoke, Macmillan.

Leys, C. (2001) Market-Driven Politics. London ： Verso.

McEwan, I. (2003) 'Ambivalence on the brink of war' (12 January), www.opendemocracy.net

McChesney, R. (1999) Rich Media, Poor Democracy. Urbana, University of Illinois Press.

Minority Press Group (1980) Here is the Other News. (London, Minority press Group.

Negroponte, N. (1996) Being Digital. London, Hodder and Stoughton.

Office of National Statistics (2002) Omnibus Survey (April), www.statistics.gov.uk

Ossman, S. (2002) 'Hair goes global ： the view from the salons of Casablanca, Cairo and Paris' (19 December), www.opendemocracy.net

Patelis, K. (2000) 'The political economy of the Internet', in J. Curran (ed) Media

Organisations in Society. London, Arnold.

Pospisil, M. (2001) 'Holiday homes : The Czech enthusiasm for weekend cottages and allotments'(12 December), www.opendemocracy.net

Poster, M.(1997) 'Cyberdemocracy : Internet and the public sphere' in D. Porter (ed) Internet Culture. New York, Routledge.

Roma, S. (2003) 'The east is offering its riches to Britannia', 22 January, www.opendemocracy.net

Schiller, D.(2000) Digital Capitalism. Cambridge, MA, MIT Press.

Sparks,C. (1985) 'The working class press : radical and revolutionary alternatives', Media, Culture and Society, 7.

Weizman, E. (2002) 'The politics of verticality' (25 April), www.opendemocracy.net

監訳者あとがき

　本書は2002年に発表された、Curran, James. (2002) Media and Power, London：Routledge.（ジェームズ・カラン著『メディアと権力』2002年、全8章）をベースにし、そのうちの3章を著者自身が日本の読者と現代の社会情報環境に合わせて入れ替えたものの全訳である。
　カラン氏の著作でこれまでに日本語になっているものは以下の二冊である。
　　ジェームズ・カラン／マイケル・グレヴィッチ編、児島和人／相田敏彦監訳『マスメディアと社会：新たな理論的潮流』（勁草書房、1995年）
　　ジェームズ・カラン／朴明珍編、杉山光信／大畑裕嗣訳『メディア理論の脱西欧化』（勁草書房、2003年）
　いずれも共編書であるうえに、後者ではいくつかの原著収録論文が省かれている。その意味では本書『メディアと権力』が日本語で紹介されるカラン氏の著作としては、文字通り、最初の「単著」であると同時に、カラン氏のメディアと社会・権力についての考え方と、英国を拠点として欧米のメディア・コミュニケーション研究の問題点の概要をまとめて読めるものとしては最初のものである。また本書の内容はメディアの専門研究者だけではなく、情報政策にたずさわる官僚や政治家、市民運動家にとっても中・長期的視点を持つうえできわめて実用的かつ有益な内容となっている。

　新編の本訳書と原著はそのタイトルを同じくし、主題に対する姿勢も同じであるが、先述のように、内容的にはオリジナル英語版とはいくらかの相違がある。それは日本における一部既訳の関係と、現在の世界のメディア状況をより効果的に反映させ、収録論文を差し替えたためである。またこの日本

語版では、著者と監訳者である私との直接の面談や数十回のメールのやりとりで、原著収録の論文訳も日本語としてのわかりやすさを優先するように努力し、若干の単語や文章を変更したところがある。

監訳者と著者カラン氏が最初に出会ったのは、監訳者が英国文化振興会の招請により、英国の四つの大学で講演をした1996年のことである。それ以来、親しい友人としてつきあってきているが、本書の翻訳依頼があったのは原著発行翌年の2003年末であった。その後の世界のコミュニケーション研究の進展と自説のさらなる展開のなかで、オリジナル英語版をよりよい形で活かしながら、現代のメディア情況にいっそう効果的な問題提起をしたくなられたのであろう。日本語版用に改稿したり、まったくの新稿としか思えない原稿を何回か送ってこられた。翻訳担当者を決め、作業を開始してからも何回かの改稿をされた。英国のメディア史研究の系譜を基に、メディア論を思想史的に比較検証した関連章をのぞけば、英語版オリジナルとはいくらか違ったものになっているのはそのためである。しかしそのことにより、カラン氏の主張としての「メディアは権力支配政治のなかで市民の声の代弁者であれ」(the fourth estate, the voice of the people in the corridors of power. 第1章)、「男性中心のメディア史に女性の視点からの修正を加えよ」といった考え方（第1章）がより鮮明になった。また単純かつ情緒的に権力批判をしているだけではなく、その実相を精確に把握しようではないか、印刷技術の発達がマス・コミュニケーションの革命となっただけではなく、情報伝達という視点に立てば、それ以前のローマカトリック教会のミサや教会の組織的教宣活動による情報伝達のほうが規模も影響も大きかったのではないか（第2章）といった、権力とメディアと社会、そしてコミュニケーション技術に関わるカラン氏にしかできない学問的考察がより具体的、かつシャープになったといえる。

カラン氏の研究から学ぶべきことはいくつもあるが、その一つはメディア

が社会構造と密接かつ複雑に結びついており、両者の着実な理解のうえに初めて確実なメディアの研究と理解ができる、そしてメディア研究もそれに対応した精緻さをもたねばならないと主張し、それを実践している姿勢である。先の件に例をとれば、メディア学ではしばしば、活版印刷術の発明までは大量に同一の情報を広範囲に伝達することは困難であったという「神話」が語られる。が、カラン氏はそれに反論してこういう。「中世中頃、日常的にミサに出席するヨーロッパの成人の数は、現在のヨーロッパで日常的に新聞を読む人口よりも比率として確実に多かったにちがいない」(第2章)。

このことからカラン氏は、メディアが現代社会において中世のキリスト教ほどの力はもってはいないうえに、社会制度の役割としては同種の存在になっているのではないかという示唆をすることになる。社会に固陋かつ不可解な面があるように、学問にも根拠に基づいて批判精神を発揮することなく、習慣的な継承をしている面があるのではないかという指摘である。

また、広告の増大と新聞発行・読者層との歴史的関係の説明も見事である(第3章)。さらには、メディアの影響について、その内容よりも何が社会で起きているかを知らせることで機能しているし、受け取り方は視聴者の社会的背景によって大きく異なっているという説明も、ラディカル派の議論の位置づけをする仕方にもうなずかせるものがある(第5章)。

そうした意味では本書は日本だけではなく世界の情報学・メディア学・コミュニケーション研究にその革新を迫る内容にあふれている。監訳者が本書の副題を「～情報学と社会環境の革新を求めて～」としたゆえんである。

それはたとえば、ドイツ・フランクフルト学派、ユルゲン・ハーバーマスの公共圏論に関する冷静かつ着実な考察にも表れている(第1章)。ハーバーマスの一見学問的な議論については監訳者もこれまで各処で指摘、批判してきている(渡辺武達『メディアと情報は誰のものか』潮出版社、2000年、等)。その点でも本書は、装いとしての学問的姿勢をとったハーバーマスの衒学性に欺されやすく、その公共圏論の受け売りをしている日本の一部学者たちの脆弱性についてもじつに適切な講評となっている(第1章)。先述したロー

マカトリック教会の成立の過程で、その権威づけのために、法王庁みずからが法典や宗教文書等の偽造をしたり、政治的支配の強化のためにあらゆる手練手管が使われたことなどが記述されている。それが宗教だけではなく、あらゆる権威や「偉大な」イデオロギー創造の過程における通弊であることも本書が精確に指摘しているところである。また、脚光を浴びる「調査報道」もしばしば、それが権力内部の別の勢力によるリークであり、記者が利用されている面があることに注意すべきだという、通常のメディア学の教科書にはあまり見られない指摘などもある（第8章）。そうした点でも、本書には、なんらかの理由で社会的背景に目をつぶり、つごうのよい所のつまみ喰いで社会現象を読み解いたふりをするポストモダニズムとその信奉者たちには耳の痛いものだろう。また権力論といえば、すぐミシェル・フーコーを引用したり、そこから議論を始めるケースが日本でもしばしば見られるが、それらもまたハーバーマスへの誤った傾倒と同種のもので底が浅い。そうして、すべてのものを表面でしか理解できない、ないしは周囲や背景、深層の力学関係に目配りしながら理解することができない学者やジャーナリストにも本書は耳が痛い部分を多くもっている。
　さらに注目しておきたいことは、新しい編集によって本書がコミュニケーションツールとしてのインターネットとデモクラシーとの関係の今後について、技術の進歩を人間社会の進歩とするにはどうすべきかという難問を、アップツーデートされたデータと透徹した論理によって考察している点である。

　日本でもカラン氏の著作、研究論文の愛好者は多いが、とくに本書における英国のメディア史論の分析を基軸にした学説批判は大量の文献を確実に読み込んでいなければなし得ないものである。蓄積された学識とそれらの安定した理解と卓越した理論組み立て能力が、鋭い角度からの着実な主張として、読むものに圧倒的な力で迫ってくる。またカラン氏の魅力は世の中に問題があれば、それをはっきりと指摘し、その是正を求める姿勢にある。その点でも本書は日本におけるメディア学とメディアの発展史へのアプローチに影響

を与えずにはおかないばかりか、ナショナリズム的回顧主義、結果としての権力迎合主義に陥りがちな日本の新聞史、放送史、言論史研究の危うさに骨太のくさびを打ち込むものとして刮目される。

　ジェームズ・カラン氏は1945年生まれ、ケンブリッジ大学のトリニティカレッジを卒業、現在、ロンドン大学ゴールドスミス・カレッジでメディア学を講じ、英国だけではなく、世界のメディア研究者でその名を知らぬものはない斯界の代表的学者である。インターネット検索ですぐ出てくる二〇冊以上の編著書が示しているように、英国的な深度と幅のあるメディア研究の泰斗であるとともに、メディアを社会的存在として解説できる世界の第一人者である。そのため、世界各地の大学からの特別講義の招請も多く、若い学徒への影響も大きい。もちろん、カラン氏といえども、日本語をよく理解しないことがあり、日本の研究水準と内容に通暁しているわけではない。そのカラン氏が2007年春、同志社大学の招きで来日し、集中講義をするとともに日本マス・コミュニケーション学会放送研究部会でも問題提起をする。この機会に日本の研究者・メディアの実務者等との意見交換が活発に行われれば、本書の翻訳関係者としてとてもうれしいことである。

　本訳書では原著者の希望により、いくつかの章が新たな論文として代替挿入されている。それにしたがって、各章を要約している日本語版序文も新たに執筆された。英語版オリジナルと日本語版との関係については著者が日本語版に寄せた序文に記されており、ここでは繰り返さない。新たに挿入された章は以下のとおりである。
　　第5章　メディア社会学の中心課題　旧稿は「革新の伝統の再考」
　　第6章　グローバル・ジャーナリズム：インターネットのケーススタディ
　　　旧稿は「グローバル化の理論における議論の欠如」
　　第8章　民主制の維持とメディア　旧稿は「メディアと民主制：第三の方法」

最初の英語版からの改稿が少なくなかったことなどで、翻訳担当各位にはお手数をおかけしたし、出版社にも迷惑をかけた。その他の困難があったにもかかわらず、出版にまでこぎつけられことを関係各位、とりわけ出版を引き受け、翻訳の完成をしんぼう強く待っていただけた論創社の森下紀夫社長とそのスタッフの皆さんにまずもって感謝したい。また企画の助言をしてくれた佐々木利明氏や訳文の調整、図版制作をしてくれた伊藤高史・野原仁・阿部康人・岩間優希氏など、知人のみなさんの助けがあったこともここに記して感謝する。

　高度なカラン氏の学問的業績、独特の連結法を多用した用語法と文章、考え抜かれた思考と研究法をできるだけ原意に近い言葉で訳出しようとした。各章の翻訳担当者は若手のメディア研究者だが、監訳者の私をふくめ、著者カラン氏が通じているヨーロッパの社会史と思想史、キリスト教を中心とする宗教史に関する博覧強記を深く理解して、達意の日本語にするだけの力に不足している。内容がいわゆるコンピュータ的な情報、辞書的な蓄積にとどまっていないため、訳文が著者の思索的深度に追いついていない部分があるのは、ひとえに私たちの浅学のためである。そのため、各分野の専門研究者の目から見れば、誤解をしたうえでの訳文になっている場合もあるに違いないし、監訳者の私にも、訳文を原著と照らし合わせるたびに多くの章で新たな訂正箇所が見つかった。私たちもたえず思索と研究を積み重ね、それらを発展させている著者との交流のなかで、今後、この日本語版についても改訂し、よりよいものにしていきたい。読者諸氏からの忌憚のないご批判と問題提起により、版を重ねていければ、関係者としてこれにまさる喜びはない。

　最後に、この翻訳は同志社大学メディア・コミュニケーション研究センター「メディア学基本図書翻訳プロジェクト」の支援によって可能となった。本書と平行して、デニス・マクウェール『メディア・アカウンタビリティと

表現の自由』(McQuail, Denis. (2003) Media Accountability and Freedom of Publication. London：Oxford University Press.)の翻訳出版が本書とおなじ論創社から準備されている。ご期待いただきたい。

2007年1月10日
　　　同志社大学メディア・コミュニケーション研究センターにて
　　　　　　　　　　　　　　　　　　　　　　　　渡辺　武達

〔訳者紹介〕

渡辺武達（わたなべ・たけさと）＊本書監訳者　　「1・2・5章」担当

　1944年、愛知県生まれ。現在、同志社大学社会学部教授、同大メディア・コミュニケーション研究センター代表。『テレビー「やらせ」と「情報操作」』（三省堂、1995年）、『メディアと情報は誰のものか』（潮出版社、2000年）、"A Public Betrayed."『裏切られた大衆』（2004年、Adam Gambleと共著、米国Regnery刊）など、著書、編訳書多数。

伊藤高史（いとう・たかし）　　「4章」担当

　1967年、東京生まれ。慶應義塾大学大学院法学研究科博士課程退学、博士（法学）。2006年から創価大学文学部社会学科助教授。著書に『表現の自由の社会学』（八千代出版、2006年）、論文に「権力とジャーナリズム研究の系譜」（大石裕編『ジャーナリズムと権力』世界思想社、2006年）など。

小川直人（おがわ・なおと）　　「8章」担当

　東京生まれ。京都大学大学院法学研究科博士課程前期修了、修士（法学）。現在：大阪市立大学都市プラザ特別研究員。「戦前期の入江泰吉と光藝社」『都市文化研究』7号（大阪市立大学文学部都市文化研究センター、2006年3月）、「旧制小樽高等商業学校カメラ部、昭和17年の光芒」『緑丘アーカイブス』4号（小樽商科大学百年史編纂室、2006年9月）など。

河崎吉紀（かわさき・よしのり）　　「6章」担当

　1974年、奈良県生まれ。同志社大学大学院文学研究科博士課程新聞学専攻退学、博士（新聞学）。現在：同志社大学社会学部専任講師。著書に『制度化される新聞記者』（柏書房、2006年）、論文に「新聞記者資格制度の言説分析──戦前期における保護と統制」『マス・コミュニケーション研究』第63号（2003年）、など。

訳者紹介

中谷聡（なかや・さとる）　「2章」担当

　1974年、大阪府生まれ。同志社大学大学院文学研究科博士課程新聞学専攻退学、修士（新聞学）。現在、京都光華女子大学、関西福祉科学大学非常勤講師。共著：『マスコミがやってきた！取材・報道被害から子ども・地域を守る』（人権と報道関西の会編・現代人文社　2001年）

野原仁（のはら・ひとし）　「3章」担当

　1966年、岐阜県生まれ。同志社大学大学院文学研究科博士課程新聞学専攻満期退学、修士（新聞学）。城西国際大学専任講師を経て、現在岐阜大学地域科学部助教授。主著：『メディアの法理と社会的責任』（共著、ミネルヴァ書房、2004年）、など。

三井愛子（みつい・あいこ）　「5章」担当

　1971年、岐阜県生まれ。米、ミズーリ州セントルイス大学卒、同志社大学大学院文学研究科博士課程新聞学専攻満期退学、修士（新聞学）。現在：同志社大学社会学部非常勤講師。論文に「国際紛争報道に見る情報管理社会構造～旧ユーゴスラビア連邦における紛争とメディアの関係から～」『新聞学』21号（2006年）など。

宮原淳（みやはら・あつし）　「7章」担当

　1973年、愛知県生まれ。中日新聞記者を経て、ブリティッシュコロンビア大学院修士（ジャーナリズム）。同志社大学大学院社会学研究科メディア学専攻博士後期課程満期退学。現在：金城学院大学非常勤講師。主論文：「デジタル化に伴うカナダのメディアの変化」『カナダ研究年報』第25号（2005年）。

【著者紹介】
ジェームズ・カラン（James Curran）
　1945年生まれ。ケンブリッジ大学で歴史学を学び、放送大学を経て1983年よりロンドン大学へ移籍し、コミュニケーション学部長などを歴任。現在、同大学ゴールドスミスカレッジ教授。欧米の多くの大学で特別講義を行い、メディア社会学の分野で世界的な注目をあびる研究者の一人。編著書は20冊以上に及び、本書『メディアと権力』は『マスメディアと社会：新たな理論的潮流』、『メディア理論の脱西欧化』に続く、3冊目の日本語訳書である。

メディアと権力

2007年4月20日印刷
2007年4月30日発行

著　者……………ジェームズ・カラン

監訳者……………渡辺武達
　　　〔同志社大学メディア・コミュニケーション研究センター
　　　　翻訳プロジェクト〕

発行者……………森下紀夫

発行所……………論創社
　　　東京都千代田区神田神保町2-23　北井ビル2F
　　　郵便番号　101-0051
　　　電話　03-3264-5254
　　　FAX　03-3264-5232
　　　http://www.ronso.co.jp/

印刷所……………中央精版印刷

©2007, Printed in Japan　ISBN978-4-8460-0674-7
乱丁・落丁本はお取り替えいたします